사망선고 브랜드의 화려한 부활 전략

푸마
리턴

DIE PUMA STORY
by Rolf-Herbert Peters
Copyright@2007 Carl Hanser Verlag, Munich/FRG

All rights reserved. No part of this book may be used or reproduced in any manner whatever without written permission
except in the case of brief quotations
embodied in critical articles or reviews.
Korean Translation Copyright @ 2011 by Garam Publishing Co.
Korean edition is published by arrangement with Carl Hanser Verlag
through BC Agency, Seoul

이 책의 한국어판 저작권은 BC에이전시를 통한 저작권자와의 독점계약으로 브레인스토어에 있습니다.
저작권법에 의해 한국 내에서 보호를 받는 저작물이므로 무단전재와 복제를 금합니다.

사망선고 브랜드의 화려한 부활 전략

푸마 리턴
PUMA RETURN...!

롤프 헤르베르트 페터스 지음 | 박여명 옮김

브레인스토어

들어가는 말

내가 스포츠 브랜드 푸마를 만난 것은 70년대 후반, 나의 고향 바르부르크에서였다. 당시 스스로를 사회에 어울리지 않는 반항아로 여겼던 우리는 파카와 청바지, 운동화만을 고집했고 이것은 젊은이들 사이에서 일종의 유니폼과도 같았다. 브랜드 인지도에 대한 집착은 오늘날의 청소년들과 비교했을 때 그리 유별날 것은 없었지만 그래도 우리 역시 아무 브랜드에나 손을 뻗지는 않았고 무엇보다 '쿨' 해 보이는 데 중점을 뒀다.

나는 당시에 그리 비싸지 않은, 황갈색의 곡선 '폼 스트라이프' 가 있는 푸마 운동화 한 켤레를 장만했다. 유행은 아니더라도 우리 사이에서 인정되는 수준에 속하는 운동화였다. '푸마' 라고 했을 때 딱히 특별한 이미지를 떠올리는 친구는 없었다. 당시 우리가 보기에 푸마는 그리 혁신적이지도, 반항적이지도 않았다.

오늘날의 소비자들이 '푸마' 하면 곧바로 그런 이미지를 떠올릴 수 있는 것은 모두 오랜 기간의 파워 마케팅 덕분이다. 당시에 우리는 축구의 '축' 자만 들어도 열광하는 광팬이었고 '슈포르트샤우' [1]를 하루도 빠짐없이 챙겨 보았다. 그러나 누가 갑자기 '푸마가 어떤 축구팀을 후원하지?' 하고 물으면

---

[1] 독일 공영 방송 ARD의 스포츠 하이라이트 뉴스

세 군데도 대답하지 못했다. 모르긴 해도 그중에 보루시아 묀헨글라트바흐2 는 절대 빠지지 않았을 것이다. 1970년대에 이 '암망아지들'3은 푸마 유니폼을 입고 챔피언 타이틀을 세 번이나 거머쥐었기 때문이다.

나의 80년대 대학 시절에는 나이키와 리복 제품들이 운동화 진열대를 점령했다. 푸마는 존재감을 느낄 수 없는 깊은 곳에 가라앉아 있었다. 그러던 중 1985년 7월 7일 다시 포효하기 시작했다. 젊은 피 보리스 베커가 남아공 출신의 케빈 커렌을 제치고 윔블던에서 챔피언 타이틀을 거머쥔 바로 그 순간이었다. 당시 베커가 하늘 높이 뻗은 테니스 라켓에는 푸마의 로고가 뚜렷하게 박혀 있었다. 당시에 나는 학교 기숙사에서 이 경기를 지켜보고 있었다.

"어, 푸마? 저거 아직도 있었냐?"

라켓 커버에서 푸마 로고를 발견한 대학 동기 녀석이 그때 나에게 이렇게 물었다. 보리스 베커에 대한 열광은 뜨거웠지만 푸마는 곧 또다시 나의 관심 밖으로 사라졌다.

푸마가 다시 내 눈에 들어온 것은 90년대 중반이었는데, 나는 그 사이에

---

2 독일의 묀헨글라트바흐를 연고로 하는 축구 클럽이다. 2008~09 시즌 분데스리가 1부 리그에 소속되었다. 독일에서 네 번째로 큰 전통 있는 축구 클럽이다.
3 FC 보루시아 묀헨글라트바흐를 가리키는 별명이다.

경제부 기자가 되었다. 거의 빈사 상태에 처해 있던 이 맹수는 요헨 차이츠라는 젊은 열혈한의 손에 길들여져 증권 시장에서 갑작스러운 도약을 시작했다. 전후 시대에 엄청난 매출과 주가 상승을 이룩한 놀라운 기업 스토리가 시작된 것이었다. 이미 포화 상태의 시장에서 브랜드 파워 하나만으로 성공을 이뤄낸 푸마의 이야기는 수많은 경영인에게 귀감이 되었다.

2006년에 나는 가족과 함께 터키의 리베라로 여행을 떠난 적이 있다. 그때 그곳 관광 시장에 가득했던 푸마 이미테이션을 보고 깜짝 놀랐다. 푸마 이미테이션이 프라다나 구찌를 제치고 더 인기가 있다는 사실에는 더욱 그러했다. 나는 정말 궁금했다. 많은 사람이 이처럼 푸마를 원하게 된 이유는 과연 무엇일까? 이제는 정말, 지난 60년간 끊임없이 이어져 온 '푸마의 자본주의', 푸마를 파헤쳐보고 한 권의 책으로 정리할 때가 된 것 같다. 형제지간인 루돌프와 아돌프 다슬러의 갈등에서 시작해 성장과 몰락이라는 드라마 같은 사건들이 담겨 있는 이 기업의 역사를 말이다.

푸마의 지난날을 돌아보는 것은 매우 흥미진진한 일이었다. 게릴라 마케팅에서 시작해 밀실 외교, 셀러브리티 포커, 적대적 인수, 주식 놀이까지 이 모든 것이 등장하는 푸마의 역사 속에는 마치 한 편의 추리물을 보는 듯한 다양한 이야기가 담겨 있었다. 그리고 이 모든 사건 속에는 매력적인 인물들의 숨결이 흐른다. 스포츠, 영화, 음악 할 것 없이 다양한 분야의 수많은 스타도 지금의 푸마가 이룩한 명성에 영향을 끼쳤다. 테니스 스타 세리나 윌리엄스, 브랜드 디자이너 질 샌더, 팝의 디바 마돈나, 포뮬러1세계 최고의 자동차경주대회 영웅 미하엘 슈마허는 물론 월드컵 우승을 거머쥔 이탈리아 축구 대표팀이 없었다면 푸마의 아이디어는 아직 빛을 발하지 못했을지도 모를 일이다.

푸마와 흔쾌히 대화에 응해준 푸마 관계자들에게 감사의 인사를 전하고 싶다. 이들은 인터뷰를 위해 기꺼이 오랜 시간을 할애해주었다. 특히 기업과 관련된 모든 정보를 자유롭게 열람할 권한을 허락해준 푸마 경영진에게도 감사의 인사를 전하지 않을 수 없다. 그리고 마지막으로, 내 작품의 첫 번째 독자이자 평론가로서 지난 몇 달간 집중적인 지원을 아끼지 않은 나의 아내 클라우디아 라이샤우어를 감사 인사를 전하고 싶다.

슈토멜른Stommeln에서

차 례

들어가는 말 · 4

1장 다슬러 형제 - 한 명문가의 성장과 몰락

1. 형제가 함께 · 15
2. 치명적인 사건 · 36
3. 독일, 한여름의 꿈 · 46
4. 잘못된 길로 들어서다 · 58
5. 타인의 돈 · 66
6. 스니커즈, 소리없는 아우성 · 80
7. 몸값 · 89
8. 자만심으로 무장한 클럽 · 101
9. 나락으로 · 109
10. 혼란 · 119

2장 푸마의 귀환

1. 모범생 · 140
2. 타인의 삶 · 180
3. 미션 임파서블 · 206
4. 뭐라고요, 할리우드로 간다고요? · 232
5. 인디펜던스 데이 · 251
6. 여자들이 바라는 것 · 259
7. 믿을 수 없는 일들 · 275
8. 제국의 반격 · 288
9. 차이나 커넥션 · 305
10. 백만장자의 마음 · 320
11. 명예의 문제 · 335
12. 푸마의 미래 · 344

부록 : 연대기 · 364

다슬러 형제
한 명문가의 성장과 몰락 1

1981년 6월 30일 화요일 저녁 9시 45분. 독일 TV 역사의 새로운 시대가 막을 올렸다. 독일 공영 방송 아에르데ARD가 미국 TV 드라마 시리즈 〈댈러스Dallas〉를 방영하기 시작한 것이었다. 독일에서 최초로 방영된 이 미국 드라마의 내용은 온갖 파렴치한 방법으로 수많은 재산을 끌어모으고 자신들의 욕망으로 고향땅을 지배하려 했던 한 가족 기업의 이야기였다. 이미 3년 전에 수많은 미국인을 사로잡았던 이 드라마는 독일에서도 높은 시청률을 자랑하며 4천만 명에 이르는 시청자를 매주 TV 앞으로 끌어들였다. 기업가의 삶 속에 미움, 질투, 음모, 섹스…… 등 독일인들은 때로는 감동을, 때로는 혐오를 느끼면서 이 드라마에 빠져들었다.

드라마 줄거리의 중심에는 한 형제의 치열한 싸움이 자리하고 있다. 'J. R'이라고 불리는 존 로스는 목적을 실현하기 위해서라면 타인의 희생 따위는 염두에 두지 않는 가차없는 인물이고, 그와 갈등을 겪는 또 한 명의 주인공 보비는 공명정대한 한편 단순한 성격의 애국자다. 두 사람은 권력, 그리고 석유 시장에서 자신의 몫을 두고 치열하게 싸운다.

〈댈러스〉의 작가인 데이비드 제이콥스David Jacobs가 헤르초겐아우라흐 Herzogenaurach[4]를 알았더라면 하는 아쉬움이 남는다. 만일 그랬더라면 극본을 창작하기 위한 상당한 두뇌 작업을 덜 할 수도 있었을 테니 말이다. 프랑켄 지역Franken[5]의 소도시 헤르초겐아우라흐는 제이콥스에게 〈댈러스〉 못지않은 형제간의 치열한 갈등을 담은 아주 이상적인 작품 소재를 던져주었을 것이 분명하다.

1920년대에 함께 신발 공장을 세워 세계 시장을 정복했고, 창업한 지 약 25년 후에는 각기 '푸마'와 '아디다스'라는 회사의 대표가 되어 일체의 양보 없이 치열하게 싸웠던 한 형제의 성공과 몰락 이야기는 〈댈러스〉의 극본과 놀라울 정도로 닮았다. 프랑켄 지역에서 벌어지는 이들의 이야기 속에도 매력적인 스포츠 비즈니스와 함께 미움, 질투, 음모가 가득하기 때문이다.

서로 다른 성격의 두 형제가 근면함으로 무장해 함께 창업을 이뤄낸 기업가적 성취는 의심할 여지없는 깊은 감동을 선사한다. 이들 역시 다른 공장 소유주들과 마찬가지로 독일 바이마르 공화국, 제3세계, 전후 시대의 소용돌이에 휘말렸다.

그러나 1970년대에 아디다스와 푸마를 이끌며 형제는 스포츠용품 업계에서 압도적인 일인자 자리를 굳혔고, 이들은 '구두장이 도시Schlappenschusterstadt' 헤르초겐아우라흐에서 시작해 전 세계로 퍼져 나가며 기업 신화를 만들어냈다. 형제간의 불화에서 비롯된 지저분한 인신공격도 없지 않았다.

---

4 독일 남동부 바이에른 주(Bayern) 프랑켄 지역(Franken)에 위치한 작은 마을. 푸마와 아디다스의 본사가 이곳에 있다.
5 바이에른 주(Bayern) 북쪽에 위치해 있다. 프랑켄 지역의 대도시로는 뉘른베르크(Nürnberg)와 뷔르츠부르크(Würzburg)가 있다.

1925년경의 다슬러 형제의 생가

그러나 이에 대해서는 알려진 바가 많지 않다. 당시 증인들의 이야기를 모아놓은 자료를 집중적으로 살펴보면, 푸마와 아디다스 일가의 직원들은 이들을 업계 최고로 만들어줄 단 하나의 기회를 차지하기 위해 적나라한 반칙 행위와 은밀한 행동들도 서슴지 않았음을 알 수 있다. 상대보다 앞서가고, 더 많은 매출을 기록하고, 더 유명한 선수들과 계약을 체결하려던 이들의 노력 속에는 복잡한 심리전이 얽혀 있는데, 그 심리전이라는 것이 절대 단순하지 않아서 심지어 심리학 박사 과정을 밟는 학생들에게 좋은 자료가 될 수 있을 것이라는 생각이 들 정도다.

거두절미하고 먼저 지난 세기로 돌아가 보도록 하자. 신발과 유니폼을 정복한 다슬러 제국의 역사가 시작된 그때로. 소박한 벽돌집에서 한 사내아이가 세상의 빛을 본 그때로. 그 누구도 막을 수 없을 만큼의 엄청난 공명심과 아슬아슬할 정도의 뻔뻔함, 그리고 허용될 수 있을 정도의 악의로 시장 전체의 발전을 일으킨 그때로. 그리고 그 정신으로 파멸의 끝자락에 있던 회사를 일으켜 세운 그때로. 20세기로의 전환을 얼마 남겨두지 않은 바로 그때, 한 남자가 있었다. 루돌프 다슬러, 바로 '푸마'라는 이름을 탄생시킨 사람이었다.

작하면서 차츰 변화가 싹트기 시작했다. 중세 이후로 직접 생산한 상품을 팔아서 생계를 꾸리는 사람이 많아졌다.

루돌프의 증조부 게오르크 요제프Georg-Joseph도 19세기 초에 직공 일을 시작했다. 직물 공장들은 신발, 그중에서도 단순한 펠트 슬리퍼를 생산하는 공장으로 발전했다. 이 때문에 헤르초겐아우라흐는 당시 독일 신발 제조업의 메카였던 피르마젠스Pirmasens[8]의 지명을 따라 '프랑켄의 피르마젠스Pirmasens'라는 별명도 얻었다. 헤르초겐아우라흐에는 시골식 생활 방식과 문화도 번창했다. 주민들은 하나둘씩 저마다 목적을 가지고 단체를 만들었다. 미식가협회인 '배부름을 모르는 먹기 협회', 애연가협회인 '바바리아 흡연 협회'와 같은 것들을 비롯해 여성협회인 '여성의 정신적 관심사를 위한 협회' 등등의 단체들이 생겨났다. 그리고 1864년에는 체조 단체와 최초의 축구 클럽도 만들어졌다. 루돌프 다슬러에게 이러한 지역 스포츠 협회는 이후의 성공적인 공장 운영에 원동력이 되어주었다.

이러한 배경에서 신발 제조업에 뛰어드는 것은 루돌프에게 너무나도 당연한 일이었다. 루돌프는 열다섯 살부터 프랑켄 연합 신발 공장에서 신발 만드는 법을 배웠다. 어린 루돌프는 어느새 머리를 매끈하게 뒤로 빗어 넘기는 잘 생긴 소년으로 자랐고, 그의 솔직하면서도 조금은 요란스럽게 느껴지는 기질이나 호감을 주는 외모는 사람들의 마음을 움직였다. 그는 인기가 많아서 어디에서나 환영받는 존재였다. 또 적응력이 워낙 뛰어나 친구들에게서 '퓨마아메리카 표범'[9]라는 별명을 얻기도 했다. 헤르초겐아우라흐의 여학생들

---

[8] 독일 서부에 위치한 라인란트팔츠 주(Rheinland-Pfalz)에 위치한 도시.
[9] 퓨마(puma)는 '아메리카 표범'이라고 불리기도 한다. 적응력이 뛰어나서 이곳저곳을 돌아다니며 다양한 장소를 서식지로 삼아 사냥 활동을 하는 것으로 알려져 있다. '퓨마'의 독일식 발음이 '푸마'이고, 여기서 브랜드명이 비롯되었다.

창 던지기를 좋아했던 루돌프 다슬러, 1930년

은 길을 가다가 루돌프를 발견하면 어김없이 뒤돌아 그를 훔쳐보았다. 루돌프도 그런 시선을 즐겼다. 특히 그는 금발머리 여학생들을 아주 좋아했다. 그러나 평온한 시간은 그리 오래가지 못했다.

루돌프가 막 16살이 되던 1914년, 오스트리아의 페르디난트 황태자가 사라예보에서 암살당하는 사건이 발생했다. 제1차 세계대전의 발발을 이끈 사건이었다. 루돌프는 군복을 입고 프랑스 북부 플랑드르 전선에 참전했다. 전쟁이 끝나고 그가 고향으로 다시 돌아왔을 때는 1918년. 다시 돌아온 고향은 이전의 헤르초겐아우라흐가 아니었다.

신발 공장의 절반 이상이 없어진 상태였고, 루돌프 역시 옛날의 루돌프가 아니었다. 전쟁은 그에게도 흔적을 남겼고 그를 바꾸어놓았다. 그는 이제 신발을 만드는 일에 흥미를 느끼지 못했다. 대신 자립해서 혼자의 힘으로 무언가 새로운 것을 시도해보겠다는 꿈을 키웠다. 그는 장사를 하고 싶었다. 그리하여 20살이 되던 해에 루돌프는 친구의 소개로 한 도자기 공장에서 매니저로 일했고 22살에는 뉘른베르크에 있는 가죽 도매상점으로 자리를 옮겼다. 가죽과 신발, 그리고 스포츠. 이곳에서 루돌프는 신발 제조업에 종사하는 오랜 친구들을 다시 만났을 뿐 아니라 신발에 대한 자신의 오랜 열정을 재발견했다.

우리 사업 공동체의 시작

　루돌프는 축구나 스키를 열광적으로 즐기는 청년이었다. 그의 동생인 아돌프도 작지만 스포츠로 단련되어 몸이 탄탄했다. 아돌프는 축구를 좋아했고, 권투와 육상도 잘했다. 당시에 그는 미래를 놓고 자기 자신과 치열한 싸움을 하고 있었다. 전쟁이 시작되던 해, 그는 헤르초겐아우라흐 밤베르크가에 있는 바이스 제빵점에서 견습공 수업을 받기 시작했다. 사실 아돌프는 빵에 전혀 관심이 없던 터라 매일같이 탐탁지 않은 걸음을 해야 하는 것이 곤혹스럽기 짝이 없었다. 아돌프의 모든 열정은 오로지 스포츠와 스포츠용품만을 향해 있었다. 그래도 그는 3년 후에 제빵사 장인 시험을 치렀다.

　그러나 그것도 잠시, 아돌프 역시 루돌프의 뒤를 따라 독일 제국에 징집되어 1917년에 벨기에 전선으로 떠나게 되었다. 그는 2년 후 19살이 되어 고향으로 돌아왔고, 신발을 만들고 싶어 하는 데는 변함이 없었다. 어머니는 전쟁으로 상황이 어려워지면서 세탁소 운영을 포기한 상태였다. 이에 아돌프는 세탁소 자리에서 신발을 만들고 싶다고 어머니를 설득했다. 허락을 받아낸 아돌프는 그곳에 자리를 잡고 수공업에 대한 아버지의 조언을 받으며 신발을 만들어나갔다. 펠트 슬리퍼와 조깅화를 결합한 신발을 개발했을 때는 잔뜩 신이 나서 산책하러 갈 때마다 직접 신발을 신고 실험했다.

　이후 가죽 도매상점에 있으면서 세일즈 전문가로 성장한 루돌프가 신발 공장의 판매와 경영을 맡았고 이로써 형제가 힘을 합친 '우리 사업 공동체 Wir-AG'가 탄생했다. 주말이면 형제는 손수 작업한 상품들을 뉘른베르크 Nürnberg 시장에 내다 팔았다. 이렇게 해서 버려진 세탁통과 양동이가 자리하던 좁디좁은 세탁소는 이후 전 스포츠계와 패션계에 혁신을 불러일으킨 세계적인 기업의 시발점이 되었다.

아돌프 다슬러(왼쪽)와 체육부 장관 바이쳐(가운데), 그리고 루돌프(오른쪽)

그러나 시대는 다슬러 형제처럼 스포츠 분야에서 사업 수완을 발휘하던 이들에게 절대 녹록하지 않았다. 1920년, 제1차 세계대전이 끝난 후 다시 시작된 올림픽의 첫 개최지는 벨기에의 안트베르펜이었지만 독일은 올림픽에 참가할 수 없었다. 국제 사회는 전쟁에서 벌어진 잔인한 학살에 대해 독일에 죗값을 물었고, 그 결과 독일은 올림픽 참가가 금지되었다. 이는 당시 많은 젊은이와 마찬가지로 머릿속에 온통 스포츠뿐인 다슬러 형제, 그중에서도 아디에게는 너무나도 호된 처사였다. 그러나 해가 바뀌어도 스포츠용품 사업의 상황은 호전될 기미를 보이지 않았고 도리어 악화됐다. 전쟁 피해 배상 문제로 독일 국민 경제는 숨도 쉬기 어려운 상황이었고, 더욱이 1923년에는 하이퍼인플레이션hyper inflation[10]이 절정에 달하면서 헤르초겐아우라흐에서도 그 영향을 받았다. 그해 10월 19일, 1달러에 120억 마르크를 기록하던 환율은 사흘 후 500억 마르크로 치솟았다. 밤베르크가에 있는 바이스 제빵

점에서 빵 하나를 사려면 계산대에 무려 17억 마르크를 올려놓아야 했다. 그 결과 신발 공장들은 하나둘 문을 닫았고 실업률은 폭발적으로 증가했다.

그야말로 최악의 상황이었다. 그러나 루돌프 다슬러는 지금이야말로 절호의 기회라고 생각했다. 1923년 여름, 루돌프는 아버지 크리스토프, 동생 아돌프와 부엌 테이블에 둘러앉아 결정을 내렸다. 바로 사업 공동체를 정식 회사로 등록하겠다는 것이었다. 독립하는 것, 돈을 관리하고 부를 누리는 것, 이것은 루돌프의 오랜 꿈이었다. 그러나 공장을 설립할 자본이 부족했던 세 사람은 우선 그들의 능력과 인맥을 동원했다. 신발을 만들 수 있는 아돌프는 생산을 전담하기로 했고, 루돌프는 재정과 판매를 맡았다. 기록에 따르면 같은 해에 이들은 '타자기 한 대의 자본'을 출자하면서 다슬러 회사를 공식적으로 등록했다고 한다.

첫 사업연도에는 큰 성과를 올리지 못했다. 인플레이션 이후 새로운 화폐 단위가 도입됨에 따라 첫해에 거둬들인 수익은 3,357라이히스마르크가 전부였다. 그러나 주민이 3,500명에 불과한 지역에서, 더욱이 기존의 공장들이 활발하게 영업하는 곳에서 신발 사업에 도전했다는 것을 고려하면 그리 나쁘지 않은 출발이었다. 당시 아디의 컨디션은 최고였다. 그는 여름 내내 축구를 했고 육상 경기에도 참가했다. 현 시대에 견주어 보자면 아디의 이러한 활동은 일종의 '고객에게서 배우기' 전략이라고 할 수 있었다. 운동화에 대한 관심이 커지는 것은 당연지사였다. 마침 헤르초겐아우라흐에도 스포츠 바람이 불었다. 비록 자국 선수들은 참가하지 않았지만 독일 언론은 연일 올림픽 관련 소식을 보도하며 주민들의 스포츠 본능을 자극했고, 여기에 이웃 도

---

10 경제학적으로 물가상승이 통제를 벗어난 상태를 의미한다. 1년에 수백 퍼센트 이상으로 물가상승이 일어나는 경우를 지칭하며 전쟁이나 경제불안 등으로 인한 재화와 서비스의 희소성이 증가하여 가격이 상승하고, 정부가 이를 통제하지 못하고 계속된 화폐발행을 실행할 때 나타난다.

시 퓌르트Fürth와 뉘른베르크Nürnberg가 독일 축구 리그 결승전에 오르는 등 좋은 성적을 거두면서 헤르초겐아우라흐의 스포츠 열기는 한층 뜨거워졌다.

1924년, 제8회 파리 하계올림픽과 함께 루돌프와 아돌프는 또 한 번 혁신적인 결정을 내렸다. 앞으로는 스포츠화의 개발과 제작에만 집중해서 사업을 해나가기로 한 것이었다. 이에 다슬러 형제는 그해 7월 1일 '다슬러 형제 신발 공장 헤르초겐아우라흐'를 설립했다. 아마도 이들은 이 20년대가 자신들의 기억 속에 금빛 찬연한 모습으로 남아 있을 것이라는 희망에 잔뜩 부풀었을 것이다. 시작 분위기도 나쁘지 않았고 세상이 변하는 속도도 점차 빨라졌다. 어두웠던 정치, 경제의 국면은 급작스럽게 성장한 예술, 문화, 과학의 발전과 뒤섞였다. 아방가르드와 자유로운 사고방식은 변화를 꺼리는 프랑켄 지역의 견고함까지 흔들어댔다. 당시 한 여성이 배우자의 간통을 사유로 제기한 이혼 신청이 영국 법원에서 인정받은 일이 있었는데, 행실 바른 헤르초겐아우라흐의 주민들은 그러한 판결은 말도 안 된다며 분노했다. 그러나 이웃 도시인 뉘른베르크에서만 해도 여자들이 아무 거리낌 없이 바에 앉아서 그 판결에 만족감을 드러내며 위스키를 즐기고 담배 연기를 뻐끔거렸다.

공식적으로 신발 공장 사업을 시작한 첫 해, 루돌프와 아돌프가 가진 최고의 무기는 자부심이었다. 비즈니스맨인 루돌프는 흰 와이셔츠를 차려입기 시작했다. 반면에 강단 있는 생산자인 아돌프는 여전히 활동적인 옷을 선호했다. 다슬러 형제 신발 공장은 자기 자본이 그리 많지 않았다. 주문량은 더 적었다. 그러나 두 형제는 모두 행운은 유능한 사람에게 찾아온다는 사실을 의심하지 않았다.

모든 비즈니스는 지역적이다. 그리고 경영자 루돌프 역시 이와 같은 방식으로 비즈니스를 했다. 관계를 쌓고, 상황을 풀어가는 데 그 관계를 이용할 줄 아는 루돌프의 능력이 곧 발휘되기 시작했다. 처음으로 지역 체육협회에서 대량 주문을 따내는 데 성공한 것이었다. 주문서에는 '4개월 안에 운동화 1만 켤레 이상 제작'이라는 내용이 적혀 있었다. 당시 운동화 한 켤레의 가격은 2.39라이히스마르크였다. 1924년 8월 말부터 새로운 화폐 가치가 통용되었고 이에 따라 1923년의 1조 마르크가 1라이히스마르크로 교체되면서 하이퍼인플레이션과 함께 끝을 모르던 물가 상승에도 마침표가 찍혔다.

다슬러 공장의 장부에는 자산 6,000라이히스마르크가 기록되어 있었다. 사용 중인 타자기나 회사 가구, 부품과 같은 투자 자산과 아직 출고되지 않은 신발 재고품을 모두 포함한 액수였다. 월급을 받는 직원은 총 네 명이었다. 세탁소집 아들일 때부터 자신의 몫을 쉽게 쓰는 법이 없던 비즈니스맨 루돌프는 생산 설비를 마련하는 데 380라이히스마르크를 투자하고, 새로운 직원들을 고용했다. 그리고 운동화와 러닝화 외에도 축구화를 생산 품목에 추가했다. 이미 1926~27년부터 축구가 국민 스포츠 1위 자리를 쟁탈할 조짐이 있었기 때문이다.

과연 얼마 지나지 않아 다슬러 형제가 제작하는 운동화가 시대의 핵심을 정확히 찔렀다는 것이 증명되었다. 형제는 미끄러운 트랙에서 뛰는 육상 선수, 젖은 잔디 위에서 뛰는 축구 선수들에게 필요한 것이 무엇인지를 정확하게 알고 있었다. 당시 선수들은 달리기를 멈출 때마다 운동화 안쪽에서 발톱이 꺾이는 고통에 시달렸다. 달관한 수도자가 아닌 이상 그런 상황에서 피를 흘리는 것은 당연한 일이었다. 이 점에 착안한 형제는 운동화 바닥에 미끄럼을 방지해주는 스터드stud[11]를 박아 고정했다. 이 새로운 운동화는 엄청난 호응을 얻었고, 신발 공장을 설립한 지 3년 만에 루돌프 다슬러가 관리하는 장

---

[11] 일명 '징'이라고 한다. 선수들이 경기 중에 미끄러지지 않고 빠르게 움직일 수 있도록 지면과 신발 밑창 사이 마찰력을 적절하게 유지하는 역할을 한다.

> **Deutschlands billigster Fußballstiefel!**
> ist unser Artikel 153, aus braun oder schwarz **Rindlederkern, (kein Spalt)** mit **Spannband und Streifenbeschlag,** zum Preise von
> RM **5.95** für die Größe 31/34
> „ **6.45** „ „ „ 35/38   Diese Preise sind **rein netto,** freibleibend,
> „ **6.95** „ „ „ 39/46   ab Fabrik, bei Kasse sofort mit 3% Skonto, 30 Tage 2% oder 60 Tage netto bar.
> Bei Bestellungen unter 12 Paar kommt ein Kleinmengenzuschlag von 5% in Anrechnung ● Wir leisten, trotz dieses unerreicht niedrigen Preises, Garantie für Haltbarkeit der Vorderkappen ● Wollen Sie Ihren Umsatz in diesem Artikel heben, dann empfehlen wir Ihnen wenigstens einen Versuch mit diesem Fußballstiefel zu machen.
>
> **Sportschuhfabrik Gebr. Dassler**
> Herzogenaurach b/Nbg.
> Alleinhersteller der bewährten Olympia-Rennschuhe „Modell Waitzer"

1932년 최초의 광고물

부의 상단에는 1만 7,287.75라이히스마르크라는 숫자가 적혔다. 직원도 12명으로 늘었다. 빼곡한 장부 덕분에 다슬러 형제는 과거에 신발 공장으로 사용되던 역 근처 건물로 회사를 옮겼다.

이들은 1928년이 오기만을 손꼽아 기다렸다. 암스테르담에서 제9회 하계 올림픽이 펼쳐질 예정이었던 것이다. 46개국에서 참가한 선수들이 109개 종목에서 메달을 다투며 세계 각국 국민의 스포츠에 대한 열정을 깨울 것이고, 이는 다슬러 신발 공장 사업에도 엄청난 매출 증가를 가져다줄 것이 분명했다.

그러나 타산적이면서 냉철한 전략가인 루돌프는 섣불리 행동하지 않았다. 그는 어떤 경우에도 쉽게 만족하는 법이 없었다. 일부러 정상에 오르지 않으려고 안간힘을 쓰는 사람 같아 보일 정도였다. 루돌프는 집요하게 자신의 일기장에 같은 글귀를 반복해서 썼다.

"사업에 정진하고, 그 어떤 것에도 만족하는 일이 없도록 하자. 만족하는 사업가는 발전할 수 없다. 사업가는 칭찬을 받아도 쉬지 않는 법이다."

루돌프의 이러한 비관주의에는 분명히 어떤 이유가 있지 않을까 하고 예상한 독자들이 있을 것 같다. 실제로도 그렇다. 1927년 독일의 상황은 기대와 달리 다시 한 번 돌변했고 세계적인 경제 위기를 일으킬 징후들이 하나둘씩 나타나더니 결국 1929년에 산업 국가의 국민 경제는 무너져 내렸다. 기업들은 하나둘 깊은 나락으로 떨어졌고 쓰디쓴 가난에 시달리게 된 가구도 많았다. 불안정한 시기가 되면 으레 그렇듯 독일인들은 이번에도 씀씀이 절약에 나섰다. 이런 상황에서 운동화를 산다는 것은 사치 그 이상도, 이하도 아니었다.

다슬러 신발은 승리의 신발

이러한 상황 속에서도 러닝화는 눈부신 성장을 이어갔다. 아돌프는 발바닥 보호창, 발등 밴드, 크레이프crape12 고무창을 개발해냈고, 선수들은 아돌프에게 한없는 감사 인사를 전했다. 그러나 장기적으로 봤을 때 선수들의 감사 인사만으로 사업을 성공시킬 수 있는 것은 아니었다. 루돌프는 이 사실을 분명하게 직시했다. 지금까지의 직업적, 개인적 관계를 다시 출세를 위한 네트워크로 확장할 필요가 있었다.

1928년, 형제는 각 분야 스포츠 감독들과 접촉을 시도했다. 특히 이들은

---

12 강하게 꼰 명주실이나 압축가공한 레이온 또는 필라멘트실을 날실이나 씨실 중의 한쪽에만 사용하든가 아니면 양쪽 모두에 사용해서 짠 피륙을 쭈글쭈글해지도록 끈손질을 가해서 완성시킨 피륙.

가장 전망이 밝은 사업 종목으로 축구와 육상을 꼽았다. 당시 독일 육상 대표팀 감독은 요제프 바이처Josef Waitzer가 맡고 있었는데 짧은 머리의 그는 엄하지만 정중한 사람으로 선수들에게 큰 영향력을 미쳤다. 형제는 바이처와 함께 최신 트렌드를 파악하고 그와 함께 첫 번째 러닝화를 개발해냈다. 고위층 인사와 맺은 인연은 그만큼의 보상을 가져왔다.

심각한 경제난 속에서도 다슬러 형제는 1928년에 8,000켤레에 달하는 운동화를 팔아치웠다. 암스테르담 올림픽 참가 선수 중 절반 이상이 헤르초겐아우라흐 상품에 깊은 신뢰를 보냈다. 이번에는 1차 세계대전의 죗값을 치르고 다시 올림픽에 참가할 수 있게 된 독일 선수들도 있었다. 불과 몇 주 만에 선수들 사이에서 '다슬러 신발=승리의 신발' 이라는 공식이 탄생했다. 그때부터 다슬러 형제의 상품은 경기에서 사용할 수 있는 최첨단 장비로 여겨지기 시작했다. 국민적 사랑을 받는 각 분야 대표 선수들의 평가보다 좋은 홍보 방법이 있을 리 없었다.

올림픽은 다슬러 형제 신발 공장에도 금메달을 선사했다. 매출은 폭발적으로 증가했으며, 이미 은퇴한 지 오래인 아버지 크리스토프까지 꼭두새벽부터 재봉틀 앞에 앉아 손을 보태야 할 지경이었다. 그렇게라도 하지 않으면 일손이 턱없이 부족해서 쏟아지는 주문을 도저히 감당할 수가 없었던 것이다.

이렇게 한 회사가 성공하면 언제나 모방 회사가 슬그머니 등장하는 법이다. 다슬러 형제의 집에서 20km가 채 떨어지지 않은 곳에 역시 축구화 생산에 집중하는 브뤼틱Brüttig이라는 회사가 생겼고 이것을 계기로 그동안 자급자족할 줄만 알았던 헤르초겐아우라흐 출신의 루돌프도 사업을 독일에서만 하지 않겠다는 결정을 내렸다. 그는 시장을 세계로 확장할 계획을 세우고, 나라 밖으로 시선을 돌렸다. 특히 축구 국가 헝가리와 스위스, 오스트리아를 겨냥할 생각이었다. 얼마 지나지 않아 다슬러 회사를 대표하는 판매 대리인들이 각국의 스포츠 협회를 찾아가 프랑켄 지역 신발 공장에서 생산한 최신형 축구화 홍보에 나섰다.

그리고 얼마 후, 신문을 통해 미국이라는 거대 시장과 루돌프의 만남이 이루어졌다. 신문에서 전하는 미국은 소비자들이 운동화 구입을 위해 매장 계산대에 올려놓는 금액만 수백억 달러에 이르는 그야말로 어마어마한 시장이었다. 그중에서도 미국이라는 신세계에서 자리를 굳힌 컨버스사는 루돌프에게 강렬한 인상을 남겼다컨버스는 2003년 나이키에 인수되었다. 컨버스 러버 슈 컴퍼니Converse Rubber Shoe Company의 설립자는 제조업자 출신의 마키스 밀스 컨버스Marquis Mills Converse였다. 그는 1908년 겨울에 신을 수 있을 정도로 견고한 장화를 생산하는 것으로 사업을 시작했고 이후 즈크doek[13]를 사용해 신발을 만들었다. 당시 신문은 전 시대를 통틀어 가장 많이 팔리는 발목 운동화를 생산하는 회사로 컨버스를 소개했다. 컨버스의 그 주인공은 바로 미국 농구의 전설적인 스타 척 테일러Chuck Taylor가 프로모션에 나서 전 세계적으로 무려 6억 켤레나 판매된 '올스타Allstar'다. 올스타는 오늘날에도 여전히 전 세계적인 패션 아이콘으로 사랑받고 있는데 많은 사람이 이를 두고 '척 테일러'라고 하는 것도 이 때문이다.

반면 고향 헤르초겐아우라흐에서는 기뻐할 일이 점점 줄어만 갔다. 또다시 몰아닥친 경제 위기로 지역은 다시 침체를 겪었다. 직물 공장들은 문을 닫았고, 1928년이 끝날 무렵에는 헤르초겐아우라흐에서 일자리가 없는 사람이 전체 주민의 70%에 달했다. 차라리 미국이나 브라질에서 새롭게 기반을 닦기로 결정을 내리고 이민을 떠나는 사람도 많았다. 작은 도시에 몰아닥친

---

[13] 네덜란드어. 삼실이나 무명실 따위로 두껍게 짠 직물. 인도에서 많이 나며 평직으로 튼튼하게 짜여 두께에 따라 천막이나 신, 캔버스, 수예, 자수 따위의 재료로 쓰인다.

위기였다.

그러나 다슬러 가족은 고향에 남았다. 같은 해 5월 6일, 루돌프는 퓌르트Fürth14 출신의 여자친구 프리들Friedl과 결혼했고 그로부터 다섯 달 뒤 첫째 아들 아르민 아돌프Armin Adolf가 태어났다. 아디는 아르민의 대부가 되어주었다. 루돌프는 가문과 회사를 이을 후계자가 태어난 것에 매우 기뻐했고 더욱 열심히 일했다. 물론 아디도 마찬가지였다. 형제는 혼신을 다해 자신들의 앞에 놓인 최악의 시대 상황에 저항했다. 그리고

바이처의 결혼식에 나치 유니폼을 입고 참석한 아디 다슬러(오른쪽)

그동안 쌓아놓은 관계들이 몰락으로부터 자신들을 구해줄 것이라는 희망을 버리지 않았다. 같은 해 공장에서 출하된 운동화는 조깅화가 1만 500켤레, 그리고 축구화가 1만 8,500켤레였다.

지역 경제 구조가 무너지는 상황에서도 루돌프는 결코 투자를 멈추지 않았다. 마침 엘리트 사회에서는 테니스가 주목을 받고 있었는데, 테니스의 미래 투자 가치를 알아차린 루돌프는 테니스 사업에 뛰어들었다. 아디는 새하얀 테니스 운동화를 개발했다. 그리고 이 신발을 신고 윔블던을 제패한 프랑스 출신의 테니스 선수 수잔 렝글렌Suzanne Lenglen은 할리우드 사진기자들 앞에서 포즈를 취하면서 일약 세계적인 스타로 떠올랐다. 25명의 직원을 데

---

14 프랑켄 지역 중부에 있는 도시.

리고 사업을 진행했던 1931년, 루돌프는 24만 5,629라이히스마르크라는 짭짤한 수입을 장부에 적어넣을 수 있었다.

1932년에는 미국 로스앤젤레스에서 제10회 하계 올림픽이 개최되었다. 그러나 4년 전 암스테르담 올림픽과 비교하면 이번 올림픽이 다슬러 공장에 안겨준 성공은 그리 크지 않았다. 어려운 경제 상황으로 독일 선수들 역시 저 멀리 태평양 너머까지 여행할 만한 경비가 없었기 때문이다. 그래도 올림픽에 참가할 여력이 되는 선수들은 모두 다슬러 운동화를 신었다. 전 세계적으로 불어닥친 경제 위기 때문에 로스앤젤레스 올림픽에 참가한 선수들의 수는 암스테르담 올림픽 때의 절반에 불과했다. 그러나 올림픽 분위기는 그 어느 때보다도 뜨거웠다. 콜리세움 경기장에서 무려 18개의 세계 신기록이 수립 또는 갱신되었던 것이다. 그리고 가장 높은 단상 위에 오른 선수 대부분은 헤르초겐아우라흐에서 제작한 운동화를 신고 있었다. 그 영향으로 매출은 늘었지만 이렇다 할 수익이 남지 않은 것에 대해서는 루돌프 다슬러도 어찌할 도리가 없었다. 수입보다 지출이 많았던 것이었다.

나치 상품

1933년 1월 30일. 히틀러가 권력을 잡으면서 다슬러 형제 신발 공장의 사업은 또다시 추락하기 시작했다. 청년 대부분이 나치스 돌격대Sturmabteilung[15]에 가입했고, 젊은이들의 일상은 스포츠가 아닌 반半군대식 교육으로 채워졌다. 다슬러 형제 신발 공장은 히틀러 유겐트Hitler jugend[16]의 교육용 신발을

---

15 1921년 나치스 대중집회의 경호원 모임이 조직화된 단체로, SA라고도 한다.

제작할 업체로 선정되는 데도 실패했다. 더군다나 축구화 생산량은 기존의 3분의 2로 줄었고 신 제국 정부가 세관을 통제하면서 무엇보다 대對 스위스 수출에도 타격을 입은 상황이었다. 불행 중 다행인 것은 1년 전 루돌프가 스위스 연합 회사 그라프Graf에 다슬러 신발의 생산을 허락한 덕분에 그곳에서의 판매 수익 9%가 들어온다는 것이었다. 많지는 않았지만 꾸준한 수입이었다. 그런 중에 다슬러 형제는 신발 종류를 늘려 갔다. 먼저 어린이 신발을 만들었고, 곧이어 스키용 장화, 캔버스로 된 워킹 슈즈를 출시했다.

루돌프가 손이 아닌 머리로 공장을 운영하며 직원 70명을 이끌어가는 동안, 손으로 직접 신발을 만들던 아돌프는 자신의 창의적 재능이 한계에 부딪혔음을 느꼈다. 장기적인 관점에서 봤을 때 수공업 지식 없이 영감만으로 발전을 계속하기는 어렵다고 확신한 그는 32살의 나이에 신발전문학교에서 기술을 익히기로 마음을 먹었다. 전문가들 밑에서 자신의 재능을 갈고 닦을 요량이었다. 아돌프는 곧 피르마젠스Pirmsens로 떠났다. 일반적으로 피르마젠스의 교육 과정을 이수하는 데는 2년이 걸렸다. 그러나 아돌프는 3교대로 일하면서까지 노력을 기울인 끝에 1년 만에 교육 과정을 마쳤다. 게다가 그 와중에 선생의 딸에게 반해서 사랑에까지 빠졌다.

아디가 사랑에 빠진 그녀는 카타리나 마리아 마르츠Katharina Maria Martz로 이제 막 열다섯 살이었고, 아돌프와는 무려 열일곱 살이나 차이가 났다. 아돌프는 그녀를 '캐테Käthe'라고 불렀고 그런 캐테를 데리고 헤르초겐아우라흐로 돌아왔다. 이들은 그로부터 2년 후인 1934년 3월에 결혼식을 올렸고, 다시 2년이 흘렀을 때 장남 호르스트 다슬러Horst Dassler가 태어났다. 호르

---

16 1933년에 히틀러가 청소년들에게 나치의 신조를 가르치고 훈련하기 위하여 설립한 나치 독일의 청소년 조직.

아버지 크리스토프 다슬러, 사진 속에서는 손자 아르민, 호르스트와 함께

스트의 대부는 루돌프 삼촌이 맡았다. 아돌프 가족은 증축한 다슬러 가옥 1층으로 이사를 왔다. 이 건물은 형제가 공장 건물 옆에 지은 것으로 헤르초겐아우라흐의 주민들은 이 건물을 '빌라'라고 불렀다. 루돌프와 프리들은 1929년 9월 15일에 태어난 아들 아르민과 2층에서 생활했고, 부모님인 크리스토프와 파울리네는 3층을 사용했다.

다슬러 가족은 '계속 나아질 것'이라고 긍정적으로 생각했다. 그렇게 생각하는 것은 주민들도 마찬가지였다. 히틀러는 전쟁을 준비하기 위해 산업 시설과 사회 기반 시설을 갖춰나갔고 덕분에 독일 국민은 오랫동안 그려왔던 호황을 누릴 수 있었다. 지난 몇 년간 실업자 수는 700만 명에서 200만 명으로 줄어들었다. 스포츠 업계에도 호의적인 바람이 불어왔다. 국가사회주의적 세계관에서 볼 때 군사적 미덕을 함양하는 데 가장 적합한 도구는 스포츠였고 이는 결국 스포츠용품 업계에서의 낙관적인 경제 전망을 가능케 했기 때문이다. 히틀러는 《나의 투쟁》에서 이렇게 말했다.

"스포츠 정책은 흠잡을 데 없이 단련된 신체를 지닌, 광적인 조국애로 불타오르며 극도의 공격적 성향을 훈련받은 600만 명을 스포츠를 통해 국가에 확보해준다. 이렇게 되면 국가는 필요에 따라 2년 안에 이들로 군대를 조직할 수 있다."

나치들의 자부심은 불타오르고 있었다. 이어 나치 정권이 1936년 올림픽 유치에 성공하자 독일인들도 점차 나치의 선전에 미혹되었다. 나치 정권에 대한 국민의 신뢰는 헤르초겐아우라흐에도 영향을 미쳤다. 히틀러는 엄청난 국민 세금을 스포츠에 쏟아 부었고, 이는 다슬러 공장에도 폭발적인 매출로 돌아왔다. 1935년에 기록된 매출은 40만 라이히스마르크에 달했다. 작년보다 무려 35%나 늘어난 수치였다. 아디는 다슬러 공장 역사상 처음으로 홍보 포스터를 제작하고 손으로 직접 로고를 그려 넣었다.

"다슬러 운동화, 신어본 사람은 칭찬합니다."

비록 상품에 비해 조금은 재치가 덜한 광고 문구이긴 했지만 말이다.

베를린 올림픽이 개최된 1936년은 독일인들에게 그야말로 '한여름의 꿈'과 같은 해였다. 히틀러가 베를린 올림픽 경기장에서 올림픽 개막을 선포할 때 루돌프와 아돌프 다슬러도 침묵을 지킨 채 VIP 관람석에 앉아 있었다. 두 사람은 사실 비정치적인 쪽에 더 가까웠다. 토착적이고 오히려 순진한 쪽에 가까운 아돌프는 언젠가 '나의 정치는 스포츠이며, 나머지에는 관심이 없다'라는 기록을 남긴 적이 있다. 그러나 그는 이미 시대정신에 물들어 있던 형 루돌프를 따라 1933년에 민족사회주의 독일 노동자당 NSDAP[17], 즉 나치당에 가입했다. 1935년에는 히틀러 유겐트 회원으로 가입했고, 그곳에서 교관이

---

[17] 1919년부터 1945년까지 존재했던 독일의 정당. '나치(Nazi)' 또는 'NSDAP'로 줄여서도 부른다. 민족주의, 반유대주의, 반공주의, 전체주의와 군국주의를 중점으로 정책을 내세웠고 이른바 아리아인, 게르만인이나 독일인의 우월주의를 주장했다.

자 하청업자 직무를 수행하며 공식적으로 나치 제복을 입고 다녔다. 나중에 루돌프는 이렇게 고백한 적이 있다. 보수적인 헤르초겐아우라흐 주민의 4분의 3이 충성스럽게 독일 바이마르 공화국 대통령인 힌덴부르크를 지지하던 1932년부터 자신은 이미 사업가적 직감에 따라 나치스를 지지했다고 말이다.

베를린 올림픽이 개막하기 전부터 친親나치 신문 〈폴키셔 베오바흐터 Völkischer Beobachter〉[18]는 흑인이 아리아인의 행사에 참가해서는 안 된다고 선동하고 나섰다. 1935년, 히틀러는 뉘른베르크 법에 인종 분리법을 추가했다. 그러나 아디 다슬러는 개의치 않고 요제프 바이처를 통해 미국 출신의 뛰어난 흑인 선수이자 앨라배마 목화 재배인의 아들인 J. C.

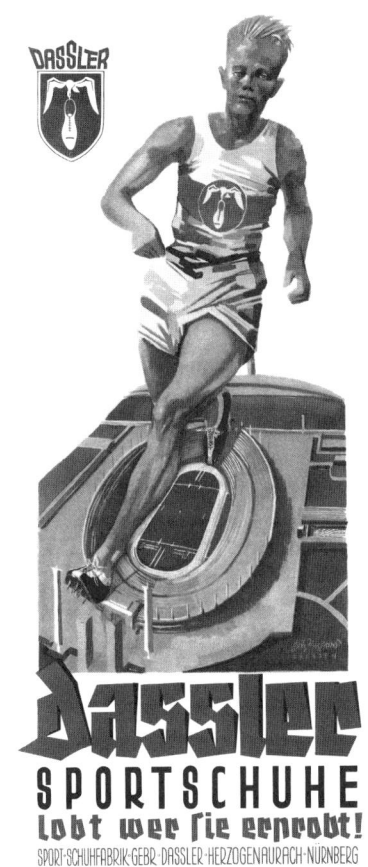

1936년 광고 포스터

"제시" 오언스J. C. "Jesse" Owens, 따옴표에 들어간 이름은 보통 애칭을 뜻한다. 이 선수의 경우 풀네임이 James Cleveland "Jesse" Owens인데, '제시(Jesse)'라는 이름으로 불러주길 바란다는 의미에서 따옴표를 붙여서 애칭을 집어넣은 것이다-옮긴이에게 자신의

---

[18] '민족의 관찰자' 라는 의미

러닝화를 제공했다. 비스듬한 스파이크가 달리고 힐 쿠션이 장착되었으며 무게가 169g에 불과한 운동화였다. 오언스는 계주에서 3관왕에 오른 것도 모자라 멀리뛰기에서도 우승을 거뒀다. 그리고 그때마다 그의 발에는 다슬러 운동화가 신겨져 있었다. 그런데 경기가 끝난 이후 오언스가 히틀러에 대한 경의의 표시를 거절하면서 한차례 소동이 벌어졌다.

어쨌거나 루돌프와 아돌프 다슬러는 승자가 되어 고향으로 돌아왔다. 다슬러 형제의 운동화를 신은 선수들은 금메달 일곱 개, 은메달 다섯 개, 동메달 다섯 개를 목에 걸었고 그뿐만이 아니라 세계 신기록 두 개, 올림픽 기록을 세 개나 수립했다. 같은 해 다슬러 형제 신발 공장의 매출은 약 20% 상승한 48만 4,000라이히스마르크를 기록했다.

처음으로 '홍보용 전단'이라는 항목이 매출의 1.7%를 차지하며 장부에 기록되었다. 연말에 형제는 회사 자산으로 아주 반질반질한 자동차 두 대를 마련했다. 사업에도 계속해서 투자를 이어갔고 일단은 회사의 미래도 안정적일 것으로 전망했다. 1938년, 이들은 2만 5,000라이히스마르크를 투자하여 회사 건물을 짓고 창고 건물을 증축했다.

저명한 역사학자 요아힘 페스트Joachim Fest는 히틀러 전기에서 이렇게 말했다.

"만일 히틀러가 1938년 말에 암살당했다면 그를 독일의 위대한 정치인 중 한 사람, 또 어쩌면 역사의 완성자라고 평가하는 데 주저하는 사람은 많지 않았을 것이다."

다슬러 형제도 나치 시대의 정책 덕분에 경제적 안정을 누릴 수 있었다. 형제는 기업을 번창시키기 위해 나치의 늪에서 얌전하게 헤엄쳤다. 루디는 갈수록 멋쟁이 신사가 되어갔다. 그는 제일 큰 벤츠를 몰고 다니면서 출세를 위해 자신의 카리스마를 십분 발휘했다. 반면에 순수한 아디는 조용히, 기술적으로 정교한 상품을 만들어내고자 지칠 줄 모르고 열심히 일했다. 정치적 상황은 불안했지만 그런 가운데서도 회사는 호황을 누렸다. 특히 히틀러가 전쟁을 일으키지 못하게 하고자 1938년 9월 30일 밤 영국과 프랑스, 이탈리아 정부 수장들이 뮌헨 협정을 체결한 이후에는 더욱 그러했다. 이 협정으로 수데텐란트Sudetenland가 히틀러에게 할양되었고 이는 다슬러 형제에게 판매 시장의 확대를 의미했기 때문이었다. 루디는 만족했다. 비록 자신의 일기장에 고백한 것과 같이 이런 나치 치하의 경제적 평화를 신뢰하지는 않았지만 말이다.

2 치명적인 사건

형제의 불화
고위층 인사들과의 관계, 정사, 밀고자, 그리고 분리

형제는 약 25년 동안 한 길을 걸으며 우애가 깊어졌다. 형제는 인플레이션을 극복해냈고 최악의 경제 위기 속에서도 다슬러 형제 신발 공장을 지켰다. 피부색이 다른 육상계의 스타 선수 제시 오언스의 발에 자신들의 신발을 신기고 동시에 히틀러의 정책을 사업에 활용할 줄 알았다. 그러나 거기까지였다. 동시대인들에게 다슬러 형제의 불화는 그야말로 마른하늘의 날벼락이었다. 불화로 말미암은 형제의 갑작스러운 결별은 가까운 지인들에게도 전혀 예상치 못한 일이었다. 말하자면, 형제 사이에 벽이 하나 생겼는데 그 크기가 너무나 커져 온갖 노력을 해도 죽을 때까지 겨우 몇 번 넘을까 말까 할 정도였던 것이다. 두 사람 사이에 휴전 이상의 화해를 기대하는 것은 무리였다. 그들의 결별 과정은 프랑켄 지역에서 가장 잘 지켜져 오는 비밀 중 하나에 속했다. 그도 그럴 것이 보수적인 가톨릭 신자가 많은 헤르초겐아우라흐

신발 공장, 1940년

주민들은 진실을 알아도 절대 입을 열려고 하지 않았기 때문이다.

처음에는 모든 것이 평온해 보였다. 그러나 1939년 그 평온함 뒤로 전쟁이 조용히 시작되고 있었다. 회사 규모가 확장되면서 루돌프는 5만 4,000라이히스마르크를 투자해 뷔르츠부르크가Würzburger Straße에 있는 건물을 매입했고 그해 7월 11일에는 아내 프리들이 둘째 아들 게르트Gerd를 낳았다. 아돌프는 여전히 작업장에 틀어박혀 더 성능이 뛰어난 스파이크를 연구하느라 여념이 없었다.

그러나 같은 해 히틀러가 폴란드에 대한 공격을 선포한 9월 1일이 다가오면서 어딘가 의심스럽기 짝이 없는 이 고요함도 마침내 그 실체를 드러냈다. 나치 정권의 국가경제부는 모든 주요 물자와 마찬가지로 신발에 대해서도 의무 배급제를 도입했다. 그때부터 다슬러 공장의 운동화는 물표가 있어야만 살 수 있었다. 형제는 이러한 상황에 맞춰 생산을 절반으로 줄일 수밖에 없었다. 나치에게 필요한 것은 운동화가 아닌 군용 부츠였기 때문이다.

다슬러 형제 신발 공장에서 근무하는 직원 수는 110명에서 55명으로 줄어들었다. 심지어 1940년 1월 1일에는 스포츠화만 생산하는 공장은 문을 닫으라는 명령이 내려왔다. 형제는 특히 요제프 바이처를 통한 인맥을 이용해 경제부에 항의했고, 그 항의는 효과를 나타냈다. 나치 경제부가 다슬러 형제 공장에 스포츠화 6,000켤레를 생산하도록 허용해준 것이었다. 엄청난 군용 부츠 생산으로 자재가 부족한 상황이었지만 같은 해 말에는 내무부와 경제부의 중재 덕분에 1만 켤레까지 생산할 수 있었다. 그 대신 나치는 다슬러 형제에게 배낭, 혁대, 전차 부품 등을 비롯해 이른바 '바주카포'라고 하는 대전차 로켓 발사기 등 '군수용품' 생산 지원을 요구했다. 다슬러 회사의 직원 엘리자베스 코포르Elisabeth Cofor는 당시 동료들과 함께 용접공 수업을 받아야 했던 일, 그리고 그 후부터는 아예 '군비軍備 직원'이 되어버렸던 일을 회상했다.

1940년 12월, 루돌프에 이어 아돌프도 군대에 소집되었다. 그러나 그는 루돌프와는 달리 생산 과정에 없어서는 안 될 인물로 인정되어 3개월간의 짧은 복무 후 군사적 의무를 면제받았다. 그래도 시대가 시대인지라 이후 그가 만든 스포츠화에는 '투쟁Kampf', '번개Blitz'와 같은 이름이 붙여졌다. 10월에는 인력 부족을 이유로 러시아 전쟁 포로들을 동원해 생산에 일손을 보태기도 했다. 한편, 루돌프는 히틀러가 내린 '총동원령'으로 1943년 3월 1일에 작센Sachsen19 주의 글라우하우Glauchau로 보내졌다. 4주 후 루돌프는 다시 현재 폴란드 중부 도시인 우치Łódź, 당시 리츠만슈타트Litzmannstadt라고 불린 지역의 독일 제국 재무행정부에 배속되었다. 당시 증인들의 말에 따르

---

19 독일 동부에 있는 주.

면 루돌프는 그곳에서 야맹증에 시달리는 척했다고 전한다.

1945년 1월 18일에 러시아군이 진군해오자 나치의 항복을 예상한 루돌프는 리츠만슈타트에서 탈주를 시도했다. 일주일이나 걸려 간신히 헤르초겐아우라흐에 도착했을 때 그의 몸은 이미 기진맥진한 상태였다. 탈주 과정에서 루돌프는 심한 동상에 시달렸는데 이는 그의 생애 내내 장애가 되어 그를 괴롭혔다. 몸이 채 회복되기도 전에, 또 다른 운명적인 사건들이 루돌프를 공격해 왔다. 그해 4월 2일 아버지 크리스토프가 사망했고, 그로부터 사흘 후에는 나치 보안대로의 배치 명령에 응하지 않았다는 이유로 탈주범이 되어 게슈타포에 연행되었다. 나치는 여전히 항복 전이었다. 루돌프는 다른 수감자 26명과 함께 다하우Dachau[20] 강제수용소로 끌려갔다. 다행히 이 호송 행렬은 파펜하임Pappenheim 부근에서 미군에 의해 풀려날 수 있었다. 그러나 고향으로 돌아가 머문 것도 잠시 루돌프는 또 미군에 체포되었다. 이번에는 나치 방첩부, 보안부, 검열부에서의 과거 나치 행적이 체포의 이유였고 미군은 그 어떤 기소나 공판도 없이 1년간 그를 함멜부르크Hammelburg[21] 수용소에 집어넣어 버렸다. 루돌프는 자신을 밀고한 사람으로 아돌프를 의심했다. 1946년 7월 31일, 루돌프는 친분이 있는 미국 출신 신발 사업 관계자의 도움으로 석방될 수 있었다.

루돌프에게는 아돌프가 군 복무를 면제받고 자기 대신 공동 운영 체제인 회사의 지휘권을 가질 수 있었던 것이 큰 상처였다. 캐테 다슬러가 후에 증언한 바에 따르면 루돌프는 심술궂게도 동생에게 편지를 보내 정부에 조업 중단 신청을 하라고 협박했다고 한다. 그러나 형이 수감되어 있는 동안 그는 형

---

[20] 독일 바이에른 주 중부의 도시. 1933년 3월, 유대인 강제 수용소가 처음 개설된 곳이다.
[21] 독일 프랑켄지역 소도시.

캐테와 프리들 다슬러, 1940년

을 위해 손가락 하나 까딱하지 않았다. 오히려 형이 쇠창살 안에 갇혀 있다는 사실이 편한 듯 보이기도 했다.

수감 번호 2597을 단 루돌프가 함멜부르크 수용소에서 석방된 1946년 여름, 아돌프 역시 문제가 있는 사람으로 여겨지고 있었다. 루돌프가 석방되기 2주 전에 탈脫나치화22 위원회는 아돌프를 '괴롭힌 자Belasteter'로 분류했다. 이는 아돌프가 나치를 적극적으로 지지하여 나치 정권에서 이득을 취했다는 것을 의미했다. 자치구 정치인들의 도움으로 몇 번의 중재가 이루어지고 난 후 미국인들은 아돌프의 등급을 '조금 괴롭힌 자Minterbelateter'로 하향 조정했다. 석방 이후 루돌프는 나치에 대한 무기 생산 지원은 전적으로 아돌프가 담당한 것이었으며 자신은 그에 단호하게 반대했다며 동생을 비방하는 보고를 탈나치화 위원회에 전달했다. 이에 루돌프의 제수인 캐테 다슬러가 펄쩍 뛰며 그 진술을 반박했고, 덕분에 그녀의 남편은 다시 '동조자Mitläufer' 등급으로 분류될 수 있었다. 이 싸움은 몇 달 동안이나 지속되었고 싸움이 커지면서 캐테와 아돌프가 루돌프에게 모든 관계를 끊겠다고 선언하기에 이르렀다. 1947년 크리스마스 이후, 처음으로 다슬러 형제의 불화 소문이 회사 직원들 사이에 퍼지기 시작했다.

---

22 1945년 독일을 점령한 연합국(미국, 영국, 프랑스, 구소련)이 나치시대의 잔재를 일소하기 위해 정치분야, 경제분야, 교육분야에서 실시한 작업이다.

사랑이 깨지다

다슬러 일가의 분열은 반드시 나치 정권하에서 생긴 형제간의 불신 때문이라고 할 수만은 없다. 사실 형제의 분열은 이보다 훨씬 오래전에 형제의 사이를 갈라놓은 한 사건에서 시작되었다. 일부 다슬러 일가의 후손들과 지인들의 진술에 의하면 이 모든 불행의 씨앗은 시간을 거슬러 올라간 5년 전의 한 사건이었다고 한다. 바로 1940년대 초에 루돌프가 캐테와 금지된 관계를 맺은 일이었다. 아마도 두 사람의 외도는 아돌프가 군 복무 중이던 3개월 동안 벌어진 일이었을 것으로 추측된다. 물론 이에 대한 어떤 문서상의 증거가 있을 리 만무하고 이 또한 제삼자의 진술에 불과하다. 그러나 이 사건의 진실성에는 의심의 여지가 없다. 회사를 꿰뚫고 있는 인물 중 한 사람으로 지금은 고인이 된 회사 초창기의 회계 담당자 뢰시Rösch 부인도 이 비극적인 사건에 대해 잘 알고 있었다. 그녀는 이 은밀한 사건을 가족이 모인 개인적인 자리에서 폭로했다고 한다.

캐테가 본능적인 연애 감정에 소극적이었을 것으로 생각한다면 오산이다. 오히려 그녀는 성적 매력이 있는, 유혹에 능수능란한 여자였다. 정사에 쉽게 빠져드는 그녀의 성벽은 1978년에 남편이 세상을 떠난 이후 극명하게 드러났다. 그녀는 금세 브라질의 어느 신발 공장 사장에게 반해 스위스 출신의 이 남자에게 끈질긴 구애를 펼쳤다. 그리고 그가 구애를 받아들이지 않자 그녀는 곧 또 다른 신발 공장 소유주에게 접근했다. 딸이 느낄 모욕감에 대해서는 신경도 쓰지 않는지 그녀가 이번에 고른 상대는 그녀보다 훨씬 어린 남자였다. 게다가 그는 아디다스 오스트리아 지사 지배인이었다.

두 사람의 간통과 그로 말미암은 결과를 암시하는 내용은 연보에서도 찾아볼 수 있다. 루돌프의 70번째 생일을 맞아 아들들이 작성한 기록을 보면,

푸마 조깅화, 1948년

1940년부터 1948년까지는 '인간에 대한 쓰디쓴 실망'의 시기로 표현되어 있다. 1974년에 루돌프가 세상을 떠났을 때도 그랬다. 루돌프에게 남길 한 마디를 부탁받은 아돌프는 거의 냉소적인 말투로 "아돌프 다슬러 가족은 경건한 마음으로 루돌프 다슬러의 죽음을 맞아 아무런 말을 하지 않을 것이다"라고 전했다. 어쨌거나 제수와의 은밀한 관계가 형제의 불화를 일으킨 결정적인 사건이었다는 사실만은 분명하다. 두 사람의 금지된 관계는 아무리 조심했다고 하더라도 결국에는 드러날 수밖에 없었을 것으로 추측된다. 당시 다슬러 형제의 공장에서는 작은 공간에서 캐테를 포함한 모든 가족이 함께 일한 데다 행정과 경리 업무가 한 공간에서 이뤄졌으니 더 말해 무엇 하겠는가?

눈에 띄는 사실은 자존심이 상한 다슬러 형제의 아내들이 형제의 결별을 적극적으로 부추겼다는 것이다. 당시 지역에서 모든 이의 존경을 받던 지그베르트 카일링Siegbert Keiling 목사는 간절한 기도로 형제의 화해를 구했지만 평화를 가져오지는 못했다. 특히 가차없기로 유명한 캐테는 갈등을 더욱 악화시켰고 네 딸도 그녀의 목소리에 힘을 보탰다. 아돌프 일가를 잘 아는 호르스트 비드만Horst Widmann 전 아디다스 매니저는 형제의 갈등이 나중에는 여자들의 싸움으로 변질했다고 이야기한다.

시간이 상처를 치
유해준 덕분인지 형
제는 통화하는 횟수
가 차츰 늘어났다.
비드만은 이들이 만
나는 자리에 함께한
적이 두 번 있었다.
한번은 70년대 초 아
돌프의 생일에 프랑
크푸르트 국제공항
에서였다. 당시 독일

스탠더드 축구화, 1952년

축구 대표팀과 함께 비행기 이륙 시간을 기다리던 아돌프의 눈앞에 돌연 루돌프가 나타났고 형제는 마주앉아 20분간 대화를 나눴다고 한다. 또 한번은 비드만이 뉘른베르크 역 그랜드 호텔로 아돌프 사장을 데려다 주었을 때였다. 현재는 르 메르디앙 호텔이 들어선 이곳에서 루돌프가 아돌프를 기다리고 있었다. 이들의 만남은 30분간 이어졌다. 아디는 형을 만날 때마다 캐테가 행여나 이 사실을 알아차릴까봐 들키지 않으려고 애를 썼다고 한다. 그뿐만 아니라 그는 가끔 지인들에게 "우리 루디 형"이라는 말을 하기도 했고, 루돌프 역시 "우리 아돌프"라는 표현을 사용했다고 한다.

예나 지금이나 이 이야기가 나오려고 하면 다슬러 형제 가족과 후손들은 입을 굳게 다물어버린다. 설사 이야기를 꺼낸다고 해도 다른 정치적 이유를 댄다. 실제로 형제의 결별에 대한 공식 입장을 찾아보면 언론은 '기업 전략에서의 극복할 수 없는 견해 차이'와 같은 이유를 전한다. 그러나 이는 진실에 대한 빙산의 일각이자 제한된 정보에 불과하다. 인류의 역사만큼이나 오래된 깨달음의 하나가 바로 사랑이 식으면 미움이 되기 쉽다는 것이지 않은가! 그러므로 캐테가 자신의 전 연인 루돌프에 대해 '군주적 인간'이라고 비방했다거나, 경멸조로 그를 이름이 아닌 '푸마'로 불렀다는 것도 그리 놀랄 일은 아니다. 그녀는 동생을 향한 루돌프의 비난에 분노했고 마치 되돌려주어야 할 앙갚음이 많은 양 아돌프를 변호하고 나섰다. 이러니 루돌프의 눈에 캐테는 나쁜 여자로 보일 수밖에 없었을 것이다.

프랑켄의 분단

가족 간에 불화가 일어나면 어김없이 이어지는 절차가 있다. 바로 재산 분할인데 다슬러 가족도 예외는 아니었다. 몇 달 동안 이어진 언쟁 끝에 1948년 초 형제는 기업을 둘로 나눴다. 자신감에 가득 차 잘난 체하던 아돌프는 가족이 살던 빌라와 큰 공장을 차지했고, 자기 없이는 어차피 다슬러 형제 신발 공장은 망할 것이라고 확신하던 루돌프는 회사가 1936년에 사들인 아우라흐 강 상부 뷔르츠부르크가의 작은 공장을 가졌다. 어머니인 파울리네는 루돌프의 손을 들어주었다. 회사의 여직원 프란치스카 가인처Franziska Geinzer는 "티끌 하나까지도 나눠 가졌다"며 당시를 회상했다. 사무실 직원과 기술자들은 앞으로 누구에게서 월급을 받을지 자유롭게 선택할 수 있었다. 생산을 담당하던 기술자 47명은 자연스럽게 아돌프의 곁에 남았고 사무실 직원 13명과 일부 프리랜서 판매 직원은 루돌프를 따라나섰다. 회사의 자산은 최종적으로 1948년 6월 21일, 화폐 개혁이 이루어지면서 분할이 완료되었다.

혼자 남은 자신에게 '다슬러 형제 신발 공장'이라는 이름이 부담이었던 아디는 서둘러 새로운 회사 이름을 찾아 나섰다. 그리고 곧 자신의 애칭인 '아디Adi'와 성의 첫 음절 '다스das'를 결합해서 회사 이름을 아디다스 Adidas로 바꿨다. 아돌프의 이런 창의적인 아이디어를 나쁘지 않게 생각한 루돌프도 비슷한 방법으로 회사 이름을 루다Ruda로 바꾸려 했지만 가족은 물론 직원들에게도 호응을 얻지 못하면서 무산되었다. 얼마 후 루돌프도 오래전부터 자신의 별명과 이름을 넣어 '푸마 루돌프 다슬러 신발 공장'이라는 새 이름을 회사명으로 내세웠다. 푸마는 회사 홍보 이미지로 사용하기에도 안성맞춤이었다. 푸마의 신발을 신는 모든 선수가 끈기 있고, 힘이 넘치고, 날쌔고, 세련된 푸마의 특성을 띠게 된다는 것. 바로 '푸마'라는 이름이 상징하는 것이었다.

헤르초겐아우라흐에서 다슬러 형제의 분열은 15년 후 베를린이 동서로 갈라졌을 때와 같은 충격을 불러일으켰다. 마치 베를린 분단의 축소판인 양, 헤르초겐아우라흐도 돌연 두 진영으로 분단되었다. 주민들은 헤르초겐아우라흐를 '시선을 아래로 향하는 도시'라고 불렀다. 다른 사람을 볼 때 가장 먼저 그 사람이 신은 신발을 확인했기 때문이다. 헤르초겐아우라흐 출신들에게는 "엄마가 좋아, 아빠가 좋아?"와 같이 대답하기 곤란한 질문이 하나 있다. 바로 "말해봐. 너는 어느 파야? 푸마 파야, 아디다스 파야?"이다. 물론 베를린 장벽과 달리 루돌프 제국과 아돌프 제국을 가르는 아우라흐 장벽은 주민들의 상상 속에만 존재한다. 그러나 이와 같은 현상은 이 지역에 끼치는 두 회사의 영향력이 얼마나 큰지를 증명해준다. 오늘날 헤르초겐아우라흐에는 두 회사 모두 경영과 행정 부서만 남아 있어 신발은 물론 어떤 직물 제품도 생산되지 않지만 푸마와 아디다스의 영향력은 여전하다.

3
독일, 한여름의 꿈

푸마의 첫 해
케이크와 얼음 조각, 거절당한 젭, 스터드 전쟁

　기업가로서 두 번째 인생을 시작했을 당시 루돌프의 나이는 50이었다. 홀로 서게 된 그는 이제 제품 연구와 개발에서도 능력을 보여줘야 했다. 당시의 평균 수명을 고려하면 사실 루돌프가 발휘할 수 있는 최고 능력은 이미 정점을 찍고 하강할 시기였다. 그러나 그는 마치 신들린 사람처럼 일에 몰두했다.
　성실한 그의 직원들은 뷔르츠부르크가에 있는 2층 건물에서 하루에 14시간씩 일할 때도 있었고 어떤 때는 일요일 근무도 마다하지 않았다. 회사 건물 2층에는 가죽 창고와 누비 작업장이, 그리고 루돌프의 아내 프리들이 일하는 1층에는 라스트last23 작업장과 경리부가 있었다. 어머니 파울리네는 고령에도 1955년에 생을 마감하기 전까지 집안 살림을 도맡았다. 루돌프는 직원들에게 언제나 '우리는 가족이다'라는 선서를 시켰다. 직원들 역시 그

푸마 회사 야유회, 1955년

가 공장을 돌아볼 때면 "아버지 오십니다"라고 외쳤다. 피르마젠스에서 구두장이 견습공 과정을 성공적으로 마친 장남 아르민은 아버지의 회사에서 일을 시작했다. 사실 전기공학을 공부하고 싶어 했지만 아버지가 허락하지 않아 시작하게 된 일이었다. 한편, 루돌프는 형 프리츠와는 좋은 관계를 유지하고 있었다. 프리츠는 여전히 히르텐그라벤에 있는 부모님의 벽돌집에 살면서 '크락슬러Kraxler' 사의 가죽 바지를 만드는 일을 했다.

회사의 주인인 루돌프는 직원들에게 열성이었다. 오후 3시가 되면 직원들을 위해 커피와 케이크 타임을 마련했고, 여름이면 서늘한 온도를 유지하기 위해 창틀에 얼음 조각을 놓아두었다. 그리고 높은 매출을 기록한 월말에는

---

23 신발골. '신발틀'이라고도 한다. 신발을 만들기 위한 원형으로 나무나 합성수지, 금속 등을 발 모양에 기초하여 조형한다.

전 직원에게 보크비어24와 샴페인을 섞어 만든 폭탄주, 일명 '푸마 주스'를 한 잔씩 돌렸다. 그러나 정작 그는 돈에 인색했다. 갈수록 작은 것 하나에도 집착하는 구두쇠가 되어갔고 이 때문에 직원들은 보잘것없는 월급에 만족해야 했다. 일이 끝나면 가죽 노조원들은 스티칭 작업장에 모여 다음번 임금 협상을 준비했다.

라스트 기계공인 프리츠 말케Fritz Malke는 "어느 날 임금 협상을 하는 엄격한 분위기의 회의실에 루돌프가 들어오더니 옷걸이에 연미복을 집어던지고는 '이것도 줘?'라며 호통을 쳤지요"라고 회상했다.

푸마는 일차적으로 소비자가 원하는 상품들을 생산했다. 과거와 비교해 고객층에도 큰 변화는 없었다. 처음에는 조깅화가 가장 많이 생산되어 나갔고 나중에는 '예더만 슈즈Jedermannschuh' 25가 추가되었다. 단순하면서도 비싸지 않은 검은색의 '부르쉔 슈즈Burschenschuh' 26도 있었다. 당시 푸마는 바덴뷔르템베르크 주Badenwürttemberg27의 소도시 바크낭Backnang에서 가죽을 떼어다가 사용했는데 가죽이 딱딱해서 신발 착용감이 편하지가 않았다. 루돌프는 이러한 문제들을 해결하고 사업을 번창시키려면 스포츠용품 업체 대표들과의 교류가 필요하다고 생각했다. 그들을 아디다스가 아닌 푸마의 편으로 끌어들여야만 성공할 수 있다고 판단한 것이다. 그는 이러한 관계 형성을 위해 1년에 한 번씩 헤르초겐아우라흐에서 회의 자리를 마련했다. 루돌프는 마우저 커피숍Café Mauser 등에서 모임을 열어 자신의 의견을 말하고 프레젠테이션을 발표하며 끈기 있게 사람들의 마음을 설득해나갔다.

---

24 알코올 함유량이 많고 갈색을 띠는 독일 맥주.
25 '모두의 신발'이라는 뜻.
26 '사내의 신발'이라는 뜻.
27 독일 남서부에 있는 주.

그러나 직원들의 경외와 존경을 불러일으킬 수 있는 이러한 순간들은 계속 줄어만 갔다. 루돌프는 해가 갈수록 변덕스럽고 고집스러운 사람으로 변했다. 예전에는 몇 시간씩 낚시를 하거나 여러 친구, 사업 파트너와 카드놀이를 즐기는 것이 삶의 낙을 누리기 위한 것이었다면 이젠 그 모든 것은 점차 치료를 목적으로 하는 활동으로 변질했다. 극심한 과로 때문에 그는 고요한 호숫가에서 시간을 보내며 치료를 받아야 했다. 그리고 햇살 가득한 이탈리아를 여행하며 즐기는 대신 보덴제Bodensee28 랑게나르겐Langenargen으로 요양을 떠나야 했다.

한편, 아우라흐 강 반대편의 아디는 점핑부츠29를 통해 큰 격차로 푸마를 앞서가고 있었다. 형보다 한 단계 수준 높은 기술적, 창의적 재능을 갖춘 데다 지난 몇십 년간 스포츠 인사, 선수들과 좋은 관계를 이어온 덕분이었다. 경기장을 자주 찾았던 그의 과거가 아디다스에 보상을 해준 셈이었다. 아디는 이미 1950년대부터 상품을 수출하기 시작했고 삼선 로고가 박힌 아디다스 상품은 스위스와 미국, 스칸디나비아에서 판매되었다.

물론 푸마라고 성장의 조짐이 아예 없는 것은 아니었다. 1950년에 뷔르츠부르크가의 푸마에는 직원 수가 50명이었고, 상업 도제살이를 하러 온 여학생도 있었다. 엘프리데 바그너Elfriede Wagner라는 이름의 이 열여섯 살 소녀는 도제살이 첫해 한 달에 45마르크를 받았고 이듬해에는 10마르크 정도 더 받기도 했다. 또 건물을 개조하면서 경리부가 1층에서 2층으로 이동했고 2

---

28 독일과 스위스 국경에 있는 호수. 독일에서 가장 큰 호수로 여름에 독일인들이 즐겨 찾는 휴양지로 유명하다.
29 정식 명칭은 '세븐 리그(Seven League)'다. '스카이 콩콩'과 같은 운동 기구로 원래는 재활 치료 목적으로 독일에서 개발한 특허 제품이다. 오스트리아를 시작으로 프로 점퍼들과 재활 전문의들이 스포츠로 발전시켰다고 한다. 2m까지 점프할 수 있고 시속 40km 속도로 달릴 수도 있다.

층에는 루돌프의 개인 공간이 마련되었다. 루돌프는 로비의 벽에 커다란 액자 하나를 걸어두었는데 액자 안에는 '고객이 왕이다!' 라는 문장이 새겨져 있었다. 맞은 편 벽에는 화려한 푸마 엠블럼이 자태를 뽐냈다. 알파벳 D 속으로 뛰어드는, 금방이라도 물 것 같은 기세의 푸마였다.

기회를 놓치다

루돌프의 우울증과 탐욕은 갈수록 심해졌다. 이는 루돌프에게서 기회를 분별할 수 있는 눈을 앗아갔고 결국 그는 몇 가지 좋은 기회를 놓치고 말았다. 그중 하나가 1951년 비스바덴 스포츠용품 박람회에서 있었던 사건이다. 당시 푸마의 부스 앞에는 오랜 친구 한 명이 앉아 있었다. 바로 만하임 출신 노동자의 아들이자 전 독일 축구 대표팀 선수 요제프 "젭" 헤르베르거 Joseph "Sepp" Herberger였다. 그는 1949년부터 축구 대표팀 감독으로 활동하면서 독일축구협회 임원들에까지 이르는 넓은 인맥이 있었다. 그는 과거 푸마에 출입이 잦았는데, 다슬러 가족과의 옛 인연으로 헤르베르거는 일부 선수가 루디의 푸마 축구화를 신고 뛸 수 있게 손을 써주었다. 동시에 자신의 오랜 친구인 아디를 배려해 선수들이 자유롭게 아디다스 신발을 신을 수 있게 해주었다.

푸마를 찾아온 그는 자신의 노력에 대한 보상을 이야기하고 있었다. 그는 자신의 중개 역할과 개발 자문의 대가로 한 달에 1,000마르크를 원했다. 루돌프 다슬러는 말없이 그를 바라보았다. 그러고는 고개를 절레절레 흔들었다. 상품에 돈을 쓰는 일은 있어도, 상대방의 호의에 쓰는 일은 없어야 한다는 것이 루돌프의 철칙이었기 때문이다. 분노한 헤르베르거는 "자네는 나를 깊이 실망시켰네!"라며 화를 내고는 작별의 손을 내밀었다. 헤르베르거는 즉각 돌아섰다. 이로써 그들의 관계는 끝났고 이 전설적인 축구 감독은 곧장 아디다스로 발걸음을 옮겼다.

1954년에 독일 축구 대표팀이 스위스 월드컵에서 우승을 거머쥐며 '베른의 기적' 30을 이뤘던 그 순간 푸마 축구화를 신은 선수는 단 한 명도 없었다. 사실 일 년 전까지만 해도 대부분 선수에게 총애를 받던 것은 아디다스가 아닌 푸마의 신발이었다. 특히 FC 카이저슬라우테른31에서 뛰던 호르스트 에켈Horst Eckel이나 베르너 리브리히Werner Liebrich의 푸마 사랑은 알아줄 정도였다.

루돌프가 비스바덴에서 내린 결정은 곧 그의 걱정거리로 변해버렸다. 자신의 원칙에 사로잡혀 내뱉은 거절의 말로 인생의 기회를 놓치고 만 것이었다. 반면에 동생 아돌프는 중개 사례금에 대한 헤르베르거의 요구 사항을 기꺼이 받아들였다. 이는 이후 수십 년간 이어진 아디 다슬러와 젭 헤르베르거의 인연을 만드는 계기가 되었으며 동시에 아디다스와 독일 축구 대표팀 파트너십의 기반이 되었다. 아무리 외면하려고 애를 쓴들 스위스 월드컵에서 독일 축구 대표팀이 우승컵을 거머쥐고 온 국민이 아디다스의 삼선이 분명하게 새겨진 축구화를 신은 선수들에게 열광하는 데야 루돌프도 자신이 아끼려 했던 1,000마르크가 이듬해 백만 배의 매출을 기록하며 돌아왔으리란

---

30 제2차 세계대전 이후 독일은 전범국으로서 엄청난 질타를 받았을 뿐 아니라 국제축구연맹으로부터 4년간 국제경기 금지라는 중징계를 받아 1950년 월드컵 참가 자격조차 부여받을 수 없었다. 이로 인해 서독 축구의 발전 속도는 다른 서유럽 국가들에 비해 한 걸음 뒤처졌고 1954년 월드컵을 앞둔 시점에서 서독을 주목하는 사람들은 많지 않았다. 그러나 서독 대표팀 선수들은 국민들에게 희망을 되찾아주기 위해 군대식 정신으로 중무장했고 아무도 예상치 못했던 첫 우승을 차지했다. 사람들은 이 사건을 '베른의 기적'이라 부른다.
31 독일 분데스리가 1부에 소속된 프로축구클럽. 라인란트팔츠 주의 카이저슬라우테른을 연고로 하고 있다.

푸마가 미국 올림픽 대표팀 후원사로 활동할 당시의 포스터

사실을 부인하기는 어려웠다. 마치 부부 관계처럼 이어져 오던 아디다스와 독일축구협회의 관계는 2006년에 이르러서야 흔들리기 시작했다. 나이키가 2011년부터 8년간의 계약 조건으로 5억 유로를 제시했던 것이다.

후에 아디 다슬러는 비로 젖은 움푹한 잔디 구장에서 '베른의 기적'을 일으킬 수 있었던 것은 탈착식 스터드의 개발 덕분이었다는 전설적인 이야기를 국민에게 알렸다. 사실 이 신기술은 1948년에 푸마가 먼저 시도한 것이었다. 당시 쾰른 스포츠대학에서 축구 강의를 하던 젭 헤르베르거가 자문으로 나서 같은 시스템의 스터드를 개발했고, 푸마를 설립한 지 얼마 지나지 않아 이를 내놓았던 것이다. 그 축구화의 이름이 바로 '아톰Atom'이다. 정상급 축구 선수들은 이미 1952~53 시즌에 이 '슈퍼 아톰'을 신고 경기를 뛰었다. 1954년에 제작된 한 포스터에서도 '독일의 축구 엘리트'라는 문구와 함께 교체 가능한 탈착식 스터드를 입에 침이 마르도록 칭찬하는 판매업자의 편지글이 소개된 것을 볼 수 있으며, 결정적으로 월드컵을 일주일 앞둔 1954년 5월 23일에 하노버 96[32] 선수 여덟 명이 리그 결승전에서 스터드가 장착된 축구화를 신고 경기를 치른 모습도 과거의 사진들 속에 그 흔적을 남겼다. 물론 아디다스 관계자들의 생각은 달랐다. 아디다스 역시 이미 1948년에 스터드 교체 시스템을 실험한 바 있으며 이어서 1949년에 최초로 축구화 스터드 특허를 받아 실험용으로 시장에 내놓았다는 것이다. 그러나 이 세상 어디에서도 이 진실을 확인할 방법은 없다. 심지어 최근에는 이미 몇십 년 전에 영국과 미국에서 교체 가능한 잔디 스포츠용 스터드를 실험한 바 있다는 이야기도 나오고 있다. 스포츠 브랜드 리델 스포츠Riddell Sports의 창업자인 존 T. 리델John T. Riddell의 경우가 바로 그러한 사례로, 이에 따르면 그는 이미 1913년 에바스턴 하이스쿨에 재학 중일 때 이 기술의 가능성을 고민했고 1920년대에 이를 실행에 옮겼으나 별다른 성공을 거두지 못했다고 한다. 추측하건대 루돌프와 아돌프 다슬러도 1930년대에 각 회사 이름으로 이 특허를 냈고 후에 이 기술을 따로 도입한 것으로 보인다.

독일의 올림픽 참가 금지령이 풀리고 선수들이 1952년 헬싱키 올림픽에 참가하면서 푸마도 다시 국제무대에 섰다. 푸마 스포츠화를 신은 선수들이 상당한 메달을 따냈음에도 애송이 브랜드, 푸마에 대한 환호는 없었다. 그러나 루돌프 다슬러에게는 여러 팀, 협회와 국제적인 관계를 쌓을 수 있었다는 사실이 더 중요했다. 올림픽을 통해 주춤거리던 해외 사업에 활기를 불어넣을 기반을 닦을 수 있었기 때문이다.

---

32 하노버 96(Hannoverscher Sportverein von 1896)은 하노버에 위치한 AWD 아레나 경기장을 근거로 하는 독일의 축구 클럽이다.

푸마의 스타 하인츠 퓌터러, 1959년

1954년에도 행운이 따랐다. 푸마가 최초로 슈퍼스타와 인연을 맺게 된 것이었다. 그 주인공은 바로 하인츠 퓌터러Heinz Fütterer로, 월드컵이 끝나고 2주 후에 개최된 유럽 선수권 대회에서 100m와 200m 계주 우승을 차지한 육상 선수였다. 퓌터러와의 관계를 만든 푸마의 마케팅 디렉터는 과거에 루돌프와 함께 함멜부르크 수용소에 수감되었던 인연이 있었다. 루돌프는 이 젊은 선수의 재능에 신뢰를 보내며 그에게 캥거루 가죽으로 만든 매끄러운 검은색 스파이크 두 켤레를 보냈다. 1953년에 그가 파리에서 흑인 선수 네 명을 상대로 60m 계주 우승을 차지했을 때 프랑스의 스포츠 일간지 〈레퀴프L'Equipe〉는 "이 독일인은 경기장에서 마치 흰 섬광과 같이 번쩍였다"라는 기사를 내기도 했다. 퓌터러의 별명이 생긴 순간이었다. 이후 퓌터러는 푸마의 판매 대리인이자 대외 홍보 부장으로 활동하기도 했다.

장미 전쟁

이러한 성공에도 루돌프는 마음 놓고 기뻐할 수 없었다. 엄밀히 말하면 그는 아직 냉전 상태에 있었다. 동생 아돌프가 더 많은 주목을 받는 한 그는 결코 평화로울 수 없었다. 그 점은 아돌프도 마찬가지였다. 형제는 서로 상대방이 혁신적인 상품을 내놓는 것을 절대 허용하지 않았고 상대방의 그러한 상품이 사실은 자신의 아이디어라며 권리를 주장하는 통에 양 진영의 변호사들이 법정에서 마주하는 일도 갈수록 잦아졌다. 아디는 후에 형이 뻔뻔하게도 자신의 상품을 따라 제품을 만들어 내놓았다고 주장하기도 했다. 그러나 그렇게 생각하기는 루돌프도 마찬가지였을 것이 분명했다.

형제의 아내들 역시 싸움을 부추겼다. 특히 아디의 아내 캐테 다슬러는 자신이 이용할 수 있는 모든 기회를 동원해 아우라흐 강 건너편의 가족을 비꼬았다. 그녀는 사업 파트너들이 푸마와 너무 가깝게 지내거나 행여나 약속 자리에 푸마의 신발을 신고 나타나기라도 하면 저주를 퍼부으며 그들을 쫓아냈다. 혹시나 상대방이 몰래 자신들을 염탐하지는 않을까 하는 두려움은 거의 노이로제에 가까울 정도로 발전했다. 그래서 푸마와 아디다스는 비스바덴이나 쾰른 박람회가 열릴 때면 박람회장들에게 부탁해 부스에 도청기가 있지는 않은지 살펴보았다. 또 푸마와 아디다스는 서로에 대한 견제가 어찌나 심했던지 자기 회사의 성공보다 상대의 실패를 더 짜릿하게 여길 정도였다.

다슬러 형제는 서로 상대방을 화나게 하기 위해서라면 그 어떤 교활한 행동도 서슴지 않았다. 한번은 1956년 실내 육상 대회에 참가한 하인츠 퓌터러가 운동화 끈을 묶고 있을 때였다. 갑자기 트렌치코트를 입은 아디 다슬러가 나타나 그의 앞에 섰다. 당시 퓌터러는 푸마의 후원을 받고 있었다. 그가 인사를 하자 아디는 자신의 뿔테 안경 너머로 그에게 눈짓을 건네고는 퓌터러의 코앞에 신발 몇 켤레를 들이밀었다. 그러고는 아디다스의 최신 스포츠화를 신어볼 생각이 없느냐고 물었다. 그리 중요하지 않은 경기에서는 신어볼 수 있지 않겠느냐는 것이었다. 퓌터러는 이에 응했고 아디다스 스포츠화를 신고 뛰어 경기에서 우승을 거뒀다. 물론 결승전에서는 푸마 신발을 신었다. 그러나 다음 날 신문에는 온통 삼선 로고의 운동화를 신고 뛰는 퓌터러의 사

1959년 생일을 맞은 루디. 헤르베르거를 놓쳐 비웃음을 당했다.

진뿐이었다. 어떻게 매수했는지는 몰라도 그 사진만 실도록 아디가 손을 써 둔 덕분이었다. 형 루디는 광분했다.

　그로부터 2년 후 회사에 새로운 가죽 압착기가 필요해진 루돌프 다슬러는 개인적으로 친분이 있는, 아디다스 진영에서 활동하는 납품업자를 찾아갔다. 압착기는 2주 만에 공장에 도착했지만 이틀 후에 반품되었다. 기술자의 실수로 축구화 제작에 적합하지 않은 기계가 배송되었던 것이다. 루돌프는 다시 돈을 주고 기계를 교체할 수밖에 없었다. 그런데 또 이틀 후, 아디다스에서도 압착기가 교체되었다는 소식이 전해졌다. 내막은 이러했다. 스파이 한 명이 푸마가 새로운 압착기 구매 계약을 했다는 사실을 아디다스에 알렸고 이에 아디 다슬러가 형과 똑같은 기계를 주문했던 것이다. 그 사실을 알게 된 루돌프는 자신이 본 손해는 까마득히 잊은 채 동생의 낭패에 배꼽을 잡았다.

형제가 일으킨 전쟁의 소용돌이는 〈댈러스〉에서와 마찬가지로 헤르초겐아우라흐 주민들에게로 이어졌다. 특히 6,70년대에는 푸마와 아디다스 직원들 사이에 폭력까지 동원한 싸움이 잦았다. 지지 회사가 다르다는 이유로 손님에게 술을 내주지 않는 술집도 있었고, 다른 편 손님에게는 절대 빵을 팔지 않는 제과점도 있었다. 헤르초겐아우라흐의 분단은 축구 클럽 FC 헤르초겐아우라흐와 ASV 헤르초겐아우라흐의 관계에서 정점에 이르렀다. 오늘날까지도 양 팀 선수들은 상대팀의 라커룸에서는 절대 옷을 갈아입지 않는다.

1954년의 월드컵 후원 전쟁에서 동생 아돌프에게 쓰라린 패배를 맛본 형 루돌프는 오랫동안 후유증에 시달렸다. 4년 후 있을 스웨덴 월드컵에서는 보란 듯이 더 잘 해보일 작정이었다. 그때는 무슨 일이 있어도 선수들의 발에 지금도 푸마의 브랜드 로고로 사용되고 있는 폼 스트라이프가 새겨진 축구화를 신겨야 했다. 아디다스의 삼선 로고는 선수들은 물론 스포츠팬들 사이에서도 인기 만점이었다. 이는 절대로 용인해서는 안 될 일이었다.

푸마는 이를 악물었다. 그리고 결국 1958년 스웨덴 월드컵 결승전에서 브라질 선수들의 발에 푸마 신발을 신기는 데 성공했고 그중에는 당시 열일곱 살이었던 축구 황제 펠레도 있었다. 브라질은 스웨덴을 상대로 우승컵을 거머쥐었다. 그런데 성공적으로 보이는 푸마 홍보의 이면에는 사실 과감한 과대 포장 전략이 숨어 있었다. 당시 브라질 선수들은 수작업으로 만들어진 자국 제품만을 선호했기 때문에 푸마의 제품을 신을 생각이 없었다. 이에 푸마는 선수들에게 몇백 달러씩 사례금을 쥐여주고는 그 신발 위에 폼 스트라이프를 새겨넣는 데 성공한 것이었다. 새로운 차원의 축구 경기 상업화를 알리는 사건이었다.

4 잘못된 길로 들어서다

확장
오스트리아에서 싹튼 사랑, 산악 말가죽, 날아다니는 신발, 프랑스 축구팀과의 계약

　루돌프의 아들 아르민은 어느덧 회사에서 전문 영업인으로 자리를 잡았다. 그러나 아들에 대한 아버지의 불만은 갈수록 커져만 갔다. 사실 이 부자는 단 한 번도 상대방을 이해해본 적이 없었다. 두 사람의 관계는 갈수록 냉랭해졌다. 아르민은 자신의 일기장에서도 아버지와 이렇다 할 싸움을 한 적이 없기 때문에 자신도 두 사람의 관계를 도무지 설명할 수가 없다고 썼다. 어쨌거나 사업은 사업이었다. 오스트리아의 관세법이 까다로워지면서 수출이 어려워지자 루돌프는 1962년에 아들을 잘츠부르크Salzburg로 보내 그곳에 재외 자회사를 설립하게 했다. 떠나기 전 그는 아들에게 현금 5만 마르크와 메르세데스 벤츠 한 대, 그리고 중고 타자기를 마련해주었다. 이는 푸마 합자회사에 대한 아르민의 몫, 즉 오스트리아 푸마 자회사의 가치를 계산해서 내어준 것이었다. 아르민은 아버지에게 그 이상의 지원을 기대할 수 없었

다. 대출을 받아야 하는 상황에서도 아버지는 보증 서기를 거부했다. 당시 서른두 살에 불과했던 아들이 이렇게 혹독한 상황에 놓였는데도 아버지 루돌프가 왜 그토록 철저하게 그를 외면했는지는 아직도 설명된 바가 없다.

오스트리아로 떠나는 아르민 곁에는 해외 판매부에서 일하던 예쁘고 자신감 넘치는 동료가 한 명 있었다. 아버지 루돌프가 1956년에 해외 서신 교환 담당으로 고용한 뉘른베르크 출신의 이레네 브라운Irene Braun이었다. 채용 면접에서 그녀는 월급으로 380마르크를 요구했다. 그녀가 전에 일하던 장난감 회사 슈코Schuco에서보다 100마르크 많은 액수였다. 루돌프는 그녀의 요구를 받아들이고 그녀를 채용했다. 얼마 지나지 않아 그녀는 희망 연봉을 더 높게 불렀더라도 무리가 없었을 것이라는 사실을 깨달았다. 회사에 영어와 프랑스어를 구사할 수 있는 사람이 자신밖에 없었던 것이다.

어쨌든 루돌프는 이레네를 마음에 들어 했다. 어느 날 아들을 둔 아버지의 마음이 불쑥 튀어나와 이레네에게 대뜸 아들 아르민과 잘 어울린다는 말을 한 적도 있었다. '사내 연애 금지'라는 자신의 철칙을 스스로 깨버린 셈이었다. 그 철칙은 과거의 경험을 통해 사내 연애의 위험성을 누구보다 잘 알고 있었기에 세운 것이었고 이 때문에 동료의 사랑을 받게 된 직원들은 회사를 떠나야 했다. 그런데 얼마 지나지 않아 실제로 아르민과 이레네 사이에 로맨스가 싹트기 시작했다. 1964년 9월 10일 이들은 잘츠부르크 미라벨 성의 대리석 홀에서 영원을 약속했다. 그러나 아버지 루돌프는 이번에도 이들의 초대에 쌀쌀맞게 굴었다. 그가 전해온 메시지는 이랬다.

"너희의 결혼식 때문에 휴가를 중단하고 싶지는 않구나. 안부를 전한다. 루돌프."

1962년 2월 25일을 기점으로 푸마 오스트리아에서도 생산이 시작되었다. 매주 500켤레가 판매되어 나갔고 그중 대부분을 축구화가 차지했다. 아르민

비스바덴 스포츠용품 박람회, 1961년

은 만족했다. 사업은 성공적으로 번창해갔다. 그러나 반년이 지나자 마른하늘에 날벼락과도 같이 주문이 뚝 끊겨버렸다. 아르민은 서둘러 판매업자들에게 전화를 걸어 자초지종을 알아보았다. 그 결과 오스트리아에서는 겨울이 되면 스키화를 집중적으로 판매하기 때문에 진열대에 다른 상품들을 올려놓을 자리가 없다는 것을 알게 되었다. 아르민과 이레네는 충격을 받았다.

푸마의 첫 번째 자회사는 파산을 코앞에 두고 있었다. 갖은 노력 끝에 두 사람은 마침내 오스트리아 상류층의 거주 지역인 '골데너 히르쉬Goldener Hirsch'에 있는 베르거 은행Bankhaus Berger의 게오르크 베르거 잔트호퍼Georg Berger-Sandhofer의 도움으로 대출을 받을 수 있었다. 그리고 푸마 오스트리아는 부활을 시작했다. 아르민은 한 달에 450유로를 벌었고 그중 절반을 이레네에게 주었다. 그는 밝은 녹색의 메르세데스 280을 몰고 다녔고, 이레네는 담녹색의 폭스바겐 비틀을 타고 알프스의 목가적인 정경을 누볐다. 어쩌면 이 두 사람은 이때부터 몇 년 안에 자신들이 푸마를 이끄는 사장 자리에 앉을 것을 예상했는지도 모른다.

젊은 아르민 다슬러는 용기를 내어 점차 아버지의 손에서 벗어날 준비를 하기 시작했다. 자신만의 길을 가기로 한 아르민은 새로운 상품 개발을 진두지휘하여 '콘도르 다슬러 슈즈Condor Dassler Schuhe'를 탄생시켰다. 그는 푸마 오스트리아를 새로운 브랜드로 등록하고 고유의 로고를 만들었다. 헤르초겐아우라흐의 아버지나 삼촌보다 더 잘해내 보이고 싶었다. 아르민은 자신이 개발한 신발에 캥거루 가죽이 아닌 말가죽을 사용하면서 '오스트리아 산악 말가죽을 특수 무두질하여 만든 제품' 이라고 광고했다. 그러나 오스트리아 산악말이라는 품종 자체가 없다는 사실을 알게 되자 그는 얼른 짐마차를 끄는 데 자주 쓰였던 하플링거Haflinger[33] 옆에 서서 사진을 찍고는 광고 문구를 수정했다.

"모차르트의 도시 잘츠부르크에서 만들어진 신발입니다. 오스트리아에 오시면 방문해보십시오."

실제로 이 광고를 보고 한 미국인 부부가 푸마 오스트리아를 방문한 일이 있었다. 이 부부가 무료로 도시 관광을 시켜줄 수 없느냐고 묻자 이레네 다슬러는 얼른 코트를 집어 들고 가이드 역할을 자처했다.

젊은 다슬러 부부에게 미국 시장은 매출을 올려준 효자였다. 미국인들은 산악 말가죽으로 만든 신발을 사랑했고 덕분에 푸마 오스트리아는 1964년에 콘도르 다슬러 슈즈 하나로 바다 건너 미국에서 130만 마르크라는 매출을 올렸다. 이 결과 아르민은 아버지에게 조금이나마 인정을 받을 수 있을 것이라고 생각했다. 1964년 말 이레네와 함께 헤르초겐아우라흐를 방문한 아르민은 평소와 달리 따뜻한 환영을 받았다. 하지만, 아들에 대한 아버지의 불만에는 변함이 없었다. 아르민은 일기장에 '사장실에서는 변함없이 신발이 날아왔다' 라며 엄한 아버지에 대한 서운함을 털어놓기도 했다. 심지어 이레네가 두 사람 사이의 갈등을 중재해보려고 하자 시아버지는 집사를 시켜 그녀를 방에서 쫓아냈다.

---

33 오스트리아와 북이탈리아 남쪽 티롤 산에서 발견되는 품종의 말.

프랑스 축구팀과의 계약

아르민과 달리 동생 게르트는 불편한 관계로 힘들어할 이유가 없었다. 키는 훨씬 컸지만 아르민보다 열 살이나 어린 탓에 게르트는 언제나 '어린 동생'이었다. 아버지는 노골적으로 게르트를 편애했다. 1950년부터 1957년까지 퓌센Füssen의 호엔슈방가우Hohenschwangau 기숙사에서 생활한 게르트는 회사의 창립 시기에 어떠한 어려움이 있었는지 전혀 알지 못했다. 기숙사비는 한 달에 무려 80마르크였다. 게르트는 방학 때만 집에 왔고 그럴 때면 다슬러 가족은 열흘간 보덴제의 휴양지인 랑게나르겐으로 함께 여행을 떠났다. 크면서 게르트가 점차 집을 멀리하자 어머니 프리들은 그를 고향으로 데려와 뉘른베르크 김나지움34에 입학시켰다. 평균 정도의 성적으로 아비투어35를 마친 게르트는 군 복무 후 프랑켄으로 돌아와 경영학을 전공했다. 아버지와 형이 치열한 경쟁을 펼치고 있는 회사에 첫발을 내디뎠을 때 게르트의 나이는 27세였다.

어느 날 저녁 아버지 루돌프가 그에게 말했다.

"회사를 위해 프랑스로 가서 사업을 해라."

게르트는 아버지의 결정을 매우 고맙게 여겼다.

푸마 프랑스는 주민 1,500명이 거주하는 알자스Alsace 주의 주펠른하임Soufflenheim에 자리를 잡았다. 그곳에 정주하던 한 회사를 매입해 푸마 프랑스로 바꾸고 사업의 시작을 알렸지만 초창기에는 별 관심을 받지 못했다. 그

---

34 독일의 전통적 중등 교육 기관. 수업 연한은 9년으로, 16세기 초에는 고전적 교양을 목적으로 한 학교였으나 19세기 초에 대학 준비 교육 기관이 되었다.
35 독일의 2차 교육(한국의 고등학교 과정)을 마칠 때 보는 시험이다. 아비투어의 공식 명칭(Zeugnis der allgemeinen Hochschulreife)은 '대학 입학 종합 자격' 또는 '고등교육 자격'으로 번역된다.

프리들과 루돌프 다슬러(가운데), 아들 아르민(왼쪽), 게르트(오른쪽), 그리고 며느리들과 함께

러나 게르트 역시 월급 6,000마르크와 직원 80명을 달성하며 사장으로서 커리어를 쌓아갔고, 오스트리아에서 사업을 하는 형을 따라 새로운 신발의 개발에도 직접 나섰다. 그에게는 재능이 있었다. 그가 개발한 '푸마 호비Puma Hobby'와 '푸마 위켄드Puma Weekend'는 빈Wien 출신의 디자이너 헬무트 랑Helmut Lang이 디자인한 모던한 라이프스타일 슈즈 라인이었다. 하지만 판매 루트가 좁아 이 라인의 제품들은 부티크나 백화점에 입성하지는 못했다.

스포츠 의류 쪽에서는 상황이 괜찮았다. 6년 후 게르트는 이미 프랑스 1부 리그 축구팀 세 군데와 계약을 맺은 상태였다. 그것도 막강한 경쟁 상대인 아돌프 다슬러의 아들이자 자신의 사촌인 호르스트 다슬러가 그 지역에 진출해 있는 상황에서 이룬 업적이었다. 호르스트는 당시 스트라스부르Strasbourg 란더스하임Landersheim에서 아디다스를 이끌고 있었다.

두 사람의 인생 행보는 매우 비슷했다. 게다가 당시의 증인들은 이 두 사람이 형제가 될 수도 있었을 거라고 이야기하기도 한다. 무엇보다 두 사람은 모두 아들들이 완벽하기를 바라는 아버지의 기대를 힘겨워했다. 그리고 루돌프, 아돌프와 달리 이들은 서로 존중했다. 심지어 올림픽이 개최되던 1958년에 가문의 전통을 무시하고 호주 멜버른의 한 호텔 룸에서 공식적으로 만난 적도 있다.

호르스트는 어찌나 야망이 컸던지 사업에 뛰어든 지 얼마 지나지 않아 국내외를 막론하고 업계에서 주도적인 역할을 하며 헤르초겐아우라흐 아디다스 본사의 경쟁력을 높여가고 있었다. 아디다스 프랑스가 있는 란더스하임에는 곧 스포츠계의 주요 인사들이 출입하기 시작했다. 그들은 이곳에서 값비싼 와인과 매춘을 즐겼다. 이렇게 이곳은 후에 호르스트가 아디다스의 사장 자리에 앉아 스포츠용품 업계와 후원사 시장을 장악하기까지 그의 지원군 역할을 해준 사람들과 인맥을 형성하는 데 중요한 역할을 했다. 호르스트의 동료들은 돈과 자문 계약을 내걸어 권력자들을 끌어들이는 데만큼은 호르스트를 따라올 자가 없었다고 당시를 회상한다.

호르스트는 언제나 격자무늬의 A4 크기 연습장을 가지고 다녔다. 중요한 임원 선거가 있을 때마다 자신이 원하는 후보를 지지하는 사람과 반대하는 사람의 목록을 적어놓는 노트였다. 그해 말 아디다스 결산 장부에는 특별 지불금이라는 항목이 생겼다. 반대 의사를 표하는 이들을 포섭하기 위해 호르스트가 지출한 금액을 의미하는 것이었다.

토마스 키스트너Thomas Kistner와 옌스 바인라이히Jens Weinreich의 《억대 도박Milliardenspiel》에서 언급되는 호르스트의 이 같은 행동은 1989년 동독 서부 지역 스포츠협회에 설립된 슈타지 스포츠 정보국 IM 뫼베Möwe로부터 회계 장부를 압수당하면서 비로소 중단되었다. 그러나 호르스트는 이 로비 혐의에 대해 자신을 변호할 필요가 없었다. 이미 2년 전 51세의 나이로 사망한 후였기 때문이다.

푸마도 이 시기에 회사의 성공에 크게 공헌한 인물 한 사람을 떠나보냈다. 푸마의 새로운 기업 엠블럼을 디자인한 당시 〈키커〉의 카투니스트 루츠 바케스Lutz Backes였다. 그가 몇백 마르크와 신발 몇 켤레, 그리고 스포츠 백 하나를 받고 만들어낸 점프하는 모습의 푸마 로고는 오늘날까지도 푸마를 나타내는 로고로 사용되고 있다.

5 타인의 돈

스포츠 마케팅의 시작
의심스러운 신발 교체, 느슨한 축구화 끈, 지하 사업과 검은 주먹

50년대에 들어서면서 푸마는 화려한 발전을 이룩했다. 아디다스와 비교하면 그 속도가 확연히 느렸지만 1959년 푸마의 매출은 예년보다 25%나 오른 300만 마르크를 기록하기에 이르렀다. 푸마와 아디다스는 폴리아마이드나 나일론으로 만든 축구화와 러닝화를 내세우며 세계 시장을 점령해갔다. 형제의 혁신 능력은 놀라웠다. 예컨대 1956년에 푸마는 안티 박테리아 효과가 있는 신발을 시장에 내놓았다. 90분간의 경기 후 선수들의 땀 찬 축구화에서 올라오는 역겨운 발 냄새를 억제하는 기능이 있는 슈즈였다. 신발골도 축구화에 맞게 개조되었다. 그래서인지 이 신발골은 이후 모든 축구화의 규격이 되었다. 1958년 스웨덴 월드컵에서는 폼 스트라이프라고 하는 독특한 측면 스트라이프를 도입했고, 이것은 오늘날까지도 푸마의 브랜드 로고로 사용되고 있다.

같은 해에 푸마는 합자회사36로 조직을 변경했고 루돌프의 아내 프리들은 아르민과 게르트를 합자회사의 책임 사원으로 참여시켰다. 처음에는 게르트가 경영을 책임지지 않았고 프리들이 업무 대리 역할을 맡았다. 사장 주니어로 올라선 아르민은 회사 전체의 PR과 선수 관리를 맡았다. 그러나 독재자의 성향이 있는 루돌프와 반항아적 기질이 있는 아르민의 사이는 갈수록 악화했다. 아르민과 게르트의 사이도 좋을 것은 없었다. 아버지는 자식들의 경쟁을 부추겼고 그를 위해 일부 부당한 행동도 서슴지 않았기 때문이다.

독일 프로축구 리그에서 루돌프가 차지하는 지위는 상당했다. 뛰어난 실력을 갖춘 프랑크푸르트는 푸마가 후원하는 여러 팀 중 하나로 선수들은 매 경기에 푸마 축구화를 신고 등장했다. 그런데 아디는 루돌프보다 한 발 더 앞서 나갔다. 아디다스와 함께 국제 시장으로 진출한 것이었다. 아디의 아들 호르스트는 이미 50년대 중반부터 옷을 쫙 빼입고 경기장 지하를 어슬렁거렸다. 그는 언제나 트렁크를 끌고 다녔는데 그 안에는 아디다스 상품이 가득했다. 그리고 대범하게 아디다스 제품을 선수들에게 나눠주고 이를 통해서 선수들을 자기편으로 끌어들였다. 반면에 푸마의 아르민 다슬러는 경기장에 나타나는 일이 드물었다.

세상이 변했다는 것, 그리고 스포츠계가 갈수록 돈의 지배를 받는다는 것. 루돌프는 이 사실을 로마 올림픽이 개최된 1960년이 되어서야 깨닫기 시작했다. 그때부터 아르민의 경기장 출입도 잦아졌다. 가문 간의 이러한 최초의 스폰서 소동은 하일리겐슈타트Heiligenstadt에서 치러진 국제 경기에서 벌어졌다. 독일 단거리 스프린터 아르민 해리Armin Hary가 문제를 일으킨 주인

---

36 무한책임사원과 유한책임사원으로 구성되는 복합적 조직의 회사. 사업의 경영은 무한책임사원이 하고, 유한책임사원은 자본을 제공하여 사업에서 생기는 이익의 분배에 참여한다.

언론에 보도된 다슬러 가문의 소음, 1970년

공이었다. 독일 육상 대표팀은 애초부터 아디다스 스파이크를 신기로 되어 있었다. 그런데 100m 계주에서 최초로 10.0초를 기록한 아르민 해리가 조금 이상했다. 대표팀 선수 중 유일하게 푸마 러닝화를 신고 결승선을 통과하더니 이어서 단상 위에는 아디다스의 삼선 로고가 새겨진 신발을 신고 올라선 것이었다. 형제는 분노했다.

아디다스의 역사가 담긴 《메이크 어 디퍼런스Make a difference》의 기록에 따르면, 해리는 사전에 자신에 대한 특별 배당금 또는 미국에서의 독점 대리권, 여기에 추가로 무이자 위탁 판매품 1만 켤레를 요구한 바 있었다. 그러나 아디다스는 공식적으로 현금 지급을 거절했다. 이후 푸마와 아디다스는 스프린터에게 비자금을 줬다며 서로 비난해댔다. 의심스러운 거래가 있었다는 것은 분명하다. 그러나 실제로 어떤 일이 있었는지 사건을 재구성하기는 어럽다. 해리도 자신이 승자가 되어 로마 경기장을 떠났다는 것 외에 다른 사건에 대해서는 특별히 기억하기를 원치 않았다.

아마추어 선수들과 계약을 맺는 것은 당시까지만 해도 절대적으로 금기시되는 일이었다. 임원들과 선수들이 불법 사례금을 챙기는 것은 이미 오래전부터 계속된 일이었지만, 겉으로는 결백함의 신화를 이어가고 있었다. 최고의 스타 선수가 제품을 신어주기만 한다면 그 어떤 교활한 술책도 정당성을 얻었다. 순수한 이미지의 선수라면 더욱 금상첨화였다. 그중 한 사람이 바로 에티오피아 출신의 아베베 비킬라Abebe Bikila이다. 하일레 셀라시에 Haile Selassie 에티오피아 황제의 친위대 하사관으로 복무했던 그는 맨발로 로마 올림픽에 나서 2시간 15분 16초라는 세계 최고 기록으로 우승을 차지했다. 푸마 직원들은 즉각 사냥에 나섰다. 추적 끝에 푸마는 비킬라에게 최신 러닝화 세 박스를 선물했고 그로부터 4년 후인 1964년 도쿄 올림픽에서 그는 기대를 저버리지 않고 또 한 번의 마라톤 금메달을 거머쥐었다. 그런데 이번에는 전과 다른 점이 있었다. 그의 발에 푸마 러닝화가 신겨져 있었다. 루돌프 다슬러는 전보를 통해 그에게 축하 인사를 전했다.

푸마의 검은 표범

프랑켄 지역의 스포츠화 협찬에 기뻐한 아프리카인이 또 한 명 있었다. 바로 1942년 모잠비크에서 태어난 에우제비우 다 실바 페레이라Eusébio da Silva Ferreira였다. 벤피카Benfica[37]의 스타 공격수이자 1965년 올해의 유럽 축구선수상을 받은 그는 이듬해 포르투갈 국기를 가슴에 달고 영국 월드컵에 참가해 무려 아홉 골을 기록하면서 절대적인 슈퍼 히어로로 부상했다. 당시 모든 이를 놀라게 하며 8강까지 올라온 북한 축구 대표팀과 치른 경기에서 그는 축구의 전설로 자리매김했다. 0대 3으로 뒤지던 절망적인 상황에서 '검은 표범' 에우제비우는 눈 깜짝할 사이에 혼자 네 골을 기록했고 이어서 다섯 번째 골을 어시스트했던 것이다. 그것도 푸마 축구화를 신고서 말이다. 이 경기에서 포르투갈은 5대 3이라는 짜릿한 역전승을 거두었다. 월드컵이 끝나자마자 그는 곧장 헤르초겐아우라흐로 향했다. 더 나은 조건으로 계약해 자신의 능력을 더욱 빛나게 하기 위해서였다.

루돌프 다슬러는 에우제비우 컬렉션과 사례금 1만 마르크를 제안했다. 에우제비우는 이를 받아들였고 이어서 '에우제비우 킹Eusébio King' 컬렉션 개발에 참여했다. 이렇게 해서 세상에 선을 보인 '킹'은 그야말로 대히트했다.

소비자들은 더 이상 스포츠용품에 손을 뻗지 않았다. 그들이 사는 것은 이미지였다. 그저 하나의 상품에 불과했던 운동화가 마음만 먹으면 언제든지 소비자들의 지갑을 열게 할 수 있는 막강한 지위에 올라선 것이었다. 소비자들은 더 이상 스터드나 가죽을 두고 깐깐하게 굴지 않았다. 그들이 원하는 것은 구입하려는 상품에 어떤 방식으로든 새겨져 있는 에우제비우라는 이름이었다. 이때부터 푸마의 컬트 마케팅[38]이 시작되었다.

루돌프 다슬러는 시대의 흐름을 정확하게 파악했고 그 흐름에 동참했다. 그러나 사실 루돌프는 이런 유형의 마케팅을 불편해했다. 그는 이른바 '스타'를 원치 않았다. 즉, 터무니없어 보이는 미래를 약속하는 스포츠 스타, 협회 임원들의 중개 에이전트에게 장기적으로 돈을 주고 싶은 생각이 없었다.

---

[37] SL 벤피카(Sport Lisboa e Benfica, 약칭 SLB)는 포르투갈 리스본의 축구팀으로, 흔히 '벤피카(Benfica)'라고 부르기도 한다. 많은 팬과 폭넓은 선수층이 있다.
[38] 대중적으로 큰 성공을 거둔 대형 브랜드는 아니지만 다수의 열광하는 팬을 거느린 브랜드를 '컬트 브랜드'라고 한다.

차라리 늘 하던 대로 매출이 좋은 상품은 가격을 올리고 그렇지 않은 상품은 시장에서 빼버리는 쪽을 택했다. 그러나 스포츠 스타들이 점차 시장에서의 자신의 가치를 알아차리고 현금을 요구하는 데에야 루돌프도 어찌할 도리가 없었다.

다슬러는 팬들이 열광하는 진정한 스포츠 영웅은 정상에 오르기 위해 밑바닥에서부터 치열하게 싸워온 과거가 있음을 알아차렸다. 말하자면, 과거에는 길거리에서 방황했지만 훌륭한 어른으로 자라난 경우였다. 그러한 인물 중 한 명이 에드손 아란테스 도 나시멘토Edson

프랑스 푸마 광고

Arantes Do Nascimento였다. 1940년에 브라질 연방 미나스제라이스Minas Gerais 주의 시골 마을 트레스 코라코에스Trés Corações에서 태어난 이 소년은 가난한 세탁소집 아들로 자랐다. 그가 어렸을 때 아버지는 축구 선수로 활약했는데 당시에 에드손은 아버지가 소속된 팀의 골키퍼를 무척 좋아했다. 그 골키퍼의 이름은 빌레였는데 에드손은 그를 '펠레Pelé'라고 불렀고, 이는 곧 에드손 자신의 별명이 되었다. 그리고 오늘날 브라질 사람들은 바로 이 소년을 '펠레' 대신 '황제O Rei, 오 레이'라는 대명사로 부르는 것을 더 좋아한다. 이는 전 시대를 통틀어 그가 최고의 축구 선수로 여겨진다는 것을 증명하는 단어이다.

2006년 독일 월드컵을 맞아 푸마가 펠레와 손을 잡고 펠레 캠페인을 진행했을 때 대중은 경기장, 스튜디오를 막론하고 그에게 환호했다. 푸마는 펠레의 프랑켄 지역 발음인 '벨레'와 함께 이미 1962년에 성공 신화를 이룬 일이 있다. 칠레 월드컵에서 펠레는 푸마 축구화를 신고 월드컵의 우승컵을 들어 올렸고 '칠레 월드컵 최고 신인상'을 수상했다. 그리고 8년 후 펼쳐진 멕시코 월드컵에서 그는 축구의 황제로 우뚝 섰다. 이번에도 그는 푸마 축구화를 신고 있었고 전 세계가 그 모습을 지켜보았다. 이탈리아와의 결승전 시작을 알리는 휘슬이 울리기 직전, 브라질 출신의 이 선수는 무릎을 굽히고 여유롭게 축구화 끈을 조였다. 그 몇 초간 푸마의 폼 스트라이프는 전 세계 수백만 대의 TV 스크린에서 빛을 발했다. 그리고 이어진 브라질의 4대 1 완승은 푸마의 승리를 더욱 완벽하게 만들어주었다.

느슨한 펠레의 축구화 끈 덕분에 푸마가 톡톡히 홍보 효과를 본 것은 결코 우연이 아니었다. 월드컵이 열리기 전, 마치 할리우드 영화와도 같은 비밀스러운 사건들이 있었다. 아르민 다슬러는 리오에 사는 스포츠 기자 한스 헨닝센Hans Henningsen에게 눈에 띄지 않는 푸마 PR 임무를 맡겼다. 최고의 인맥을 자랑하는 헨닝센에게 주어진 과제는 바로 경제적 어려움을 겪는 선수들을 설득해 월드컵 무대에서 푸마 축구화를 신고 뛰게 하는 것이었다. 펠레는 이 리스트에서 제외되었는데, 그 배경에는 분명히 아르민 다슬러와 아디다스 출신의 그의 사촌 호르스트 다슬러 사이에 비밀스러운 약속이 있었던 것으로 보인다. 아마도 스타 선수를 끌어오려는 목적으로 사례금을 과도하게 올리지 말자는 내용이었을 것이다.

헨닝센은 브라질 선수 12명을 푸마 편으로 끌어들였다. 그러나 그는 거기에서 멈추지 않고 자신이 직접 펠레를 끌어들이기에 나섰다. 그는 월드컵 무대에서 푸마 축구화를 신는 대가로 2만 5,000천 달러를, 그리고 앞으로 4년간 신겠다는 조건에 응할 경우 그에 대한 대가로 10만 달러를 제안했다. 덧붙여 펠레의 이름으로 축구화 컬렉션을 출시할 것과 해당 라인 제품의 매출에 대한 배당금 10%를 약속했다. 펠레는 이를 받아들였고 아르민 다슬러도 여기에 동의했다.

아르민이 아버지에게 이 소식을 전하면서 부자의 사이는 더욱 불편해졌고 그 불편한 관계는 2주간 계속되었다. 루돌프는 여전히 '헤르베르거의 법칙', 즉 선수나 임원과는 장기 계약을 하지 않는다는 원칙을 고수하고 있었다. 끈질긴 노력 끝에, 아르민은 이 계약이 아디다스의 위세를 떨쳐버리는 데 결정적인 역할을 할 수 있다는 사실에 아버지의 동의를 얻어낼 수 있었다. 그리고 끝내는 세계적인 스타 선수 펠레에게 직접 현금을 배달해주자는 데까지도 아버지의 마음을 움직일 수 있었다.

이들은 에어프랑스를 타고 파리를 넘어 리우데자네이루Rio de Jeneiro로 향했다. 헨닝센이 공항에서 이들을 픽업해 사보이 호텔로 안내했고, 부자는 다음 날 택시를 타고 펠레가 뛰는 상파울루São Paulo의 산투스Santos로 이동했다. 펠레는 프랑켄에서 온 두 손님을 자신의 호화로운 저택으로 안내했고 세 사람은 약간의 대화를 나누었다. 얼마 후 루돌프가 돈 가방을 열어 보였다. 그러자 펠레는 오래 계산할 것도 없이 루돌프가 건넨 돈뭉치를 어떤 트렁크 안에 던져 넣었다. 그 순간 루돌프는 자신의 눈을 의심했다. 트렁크 안에는 이미 엄청난 양의 돈뭉치가 가득했던 것이다. 그에게 쓸데없이 너무 많은 돈을 준 것은 아닌지 의구심이 드는 순간이었다.

그러나 이 계약으로 푸마가 손해를 보는 일은 절대 일어나지 않았다. '킹 펠레King Pelé'는 스포츠 시장에서 대히트를 기록했다. 펠레의 사인 스탬프가 새겨진 축구화는 95마르크, 스탬프만 제외하면 모든 제작 과정이 같은 축구화는 79마르크에 판매되었다. 그런데도 대부분 고객은 더 비싼 쪽을 집어

프리들 다슬러와 펠레, 1970년

들었다. 이듬해에 푸마는 에우제비우와 펠레 외에도 창의적이고 독특한 축구계의 여러 스타 선수와 계약을 맺었다. 그 중에는 귄터 네처Günter Netzer를 비롯해 네덜란드 출신의 요한 크루이프Johan Cruyf, 아르헨티나 출신의 마리오 켐페스Mario Kempes, 디에고 아르만도 마라도나Diego Armando Maradona 등이 있었다. 물론 로타어 마테우스Lothar Matthäus와 루디 푈러Rudi Völler같이 용감하고 우직한 선수들과의 호의적인 계약도 빼놓을 수 없다.

프랑켄란트에서 울려 퍼지는 찬가

1968년 4월 29일, 헤르초겐아우라흐에서 루돌프 다슬러의 70번째 생일 파티가 치러졌을 때만 해도 모든 일이 매끄럽게 굴러가는 듯 보였다. 그해 쾰른Köln과 비스바덴에서 열린 박람회를 통해 들어온 상품 주문이 전년도 대비 50%나 늘어났기 때문이었다. 축하할 일은 이뿐만이 아니었다. 1968년은 루돌프 부부의 결혼 40주년을 기념하는 해이자 루돌프가 커리어를 쌓기 시작한 지 55주년이 되는 해였고 동시에 푸마의 창립 40주년을 축하하는 해였다. 그는 국내외 5개국 직원 600명을 축하 자리에 초대하고 마치 왕이라도

된 양 발코니에 올라 연설했다. 그런 그의 옆에서 한 남자가 비를 맞지 않도록 루돌프의 머리 위로 우산을 씌워주고 있었다.

오전에는 사무실에서 축하 시간이 마련되어 있었고 아르민은 이 자리에서 인사말을 전했다. 오후에는 뉘른베르크 심포니와 함께하는 파티가 열렸다. 각 은행, 기관, 협회 대표들은 물론 고객과 관계업자들도 이 자리에 참석해 파티의 주인공에게 박수를 보냈다. 한스 마이어Hans Maier 시장은 루돌프 다슬러가 헤르초겐아우라흐에서 '작은 경제의 기적'을 일으켰다며 매우 칭찬했다. 경영 참여 근로자 대표 협의회의 사측 대표조차 앞으로 10년 이상 일한 직원들에게는 양로보험제도를 누리는 권한을 주겠다는 화기애애한 말을 남겼다. 유쾌한 하루였다. 물론 아르민은 이 자리에서 아버지가 아직도 은퇴를 생각하지 않는다는 사실을 다시 한 번 확인해야 했지만 말이다.

사실 루돌프 다슬러는 불과 400m 떨어진 곳에 있는 아디다스의 설립자이자 동생인 아돌프 다슬러에게 매출을 비롯해 공식적인 지위 싸움에서도 여러모로 밀리고 있었다. TV를 통해 전 세계로 방영되는 큰 규모의 스포츠 행사에 아디다스의 삼선 로고가 등장하는 경우가 잦았다. 우승을 차지한 선수들이 촉촉하게 젖은 눈으로 귓가에 울려 퍼지는 국가를 들을 때면 늘 아디다스가 등장했다. 아디는 형이 스포츠계의 거물들과 신규 계약을 체결하거나 심지어 그들이 푸마 스포츠화를 신고 단상에 올라서는 일을 막기 위해 온갖 노력을 기울였다.

멕시코 하계 올림픽이 개최되던 1968년, 푸마는 선수들을 위해 준비한 푸마의 최신 스포츠화 상자들이 세관에서 모두 압류되었다는 사실을 알아내고 경악을 금치 못했다. 상공회의소가 수입 허가를 내주지 않아 푸마에서 공급된 물품들이 모두 창고에 보관되고 있다는 것이 세관 측의 설명이었다. 루돌프와 아르민은 곧 그 배후에 아디다스가 있다고 확신했다.

다슬러 부부와 FC 헤르초겐아우라흐, 1970년

아돌프의 입김으로 국제육상경기연맹이 올림픽 직전에 열린 육상선수권 대회에서 루돌프의 독창적인 스파이크 러닝화, 일명 '브러시 스파이크 Bürstenschuh'의 착용 금지를 내린 일이 있었던 것이다. 미국 출신의 빈센트 매튜Vincent Matthew는 브러시 스파이크를 신고 400m 계주에서 세계 신기록을 세웠었다. 남아메리카의 푸마 중개인은 불법으로 세관 직원을 매수한 혐의로 구속되었다가 아르민 다슬러의 도움으로 5일 후에 풀려났다. 이런 일들을 겪으면서 아르민은 획기적인 아이디어가 떠올랐다. 다음번에 상품을 공급할 때에는 상자 위에 대문자 'A'만 적기로 한 것이다. 즉, 아디다스의 상품인 체하려는 속셈이었다. 실제로 'A'가 적힌 상자는 아무런 검열을 받지 않고 세관을 통과할 수 있었다. 그러나 이 아이디어가 떠올랐을 때는 이미 대회가 막바지에 이른 상태였다.

푸마는 사실 멕시코에서 또 한 번 감격스러운 순간을 즐길 수 있었다. 그러나 그 기쁨은 조심스러웠다. 그 이유는 이러했다. 200m 계주에서 미국 출신의 흑인 스프린터 토미 스미스Tommie Smith가 19.38초로 세계 신기록을 세우며 금메달을 따냈다. 동메달의 주인공은 토미 스미스와 고향이 같고 역시 흑인인 존 카를로스John Carlos였다. 양말을 신고 단상에 오른 두 사람의 곁에는 카메라가 잘 보이는 위치에 푸마 러닝화가 놓여 있었다. 이어서 두 선수는 검은색 장갑을 낀 주먹을 하늘 높이 들어 올렸다. 아프리카계 미국 흑인에 대한 인종 차별에 저항하는 흑인 해방 운동, 블랙 파워Black Power[39]를 나타내는 상징이었다. 올림픽 경기가 한창이었지만 두 선수는 무례한 행동을 했다는 이유로 미국 올림픽위원회에서 선수 제명을 당했고 멕시코를 떠나라는 명령을 받았다. 슈퍼스타로서의 커리어는 그것으로 끝이 났다.

2년 후 멕시코는 다시 한 번 세계의 중심에 섰다. 1970년 5월 30일, 멕시코에서 월드컵이 개최되었다. 스포츠용품 업체들은 그 어느 때보다 이번 월드컵을 화려한 무대로 여겼다. 처음으로 TV로 월드컵 경기가 중계된 대회이기 때문이었다. 시청자들은 TV를 통해 선수들이 필드에서 뛰는 모습을 실시간으로, 그것도 컬러로 즐길 수 있었다. 최초로 도입된 팔 시스템Pal-System[40]도 축구화와 유니폼을 홍보하는 데 톡톡히 한몫을 했다. 혁신적인 사건들은 이 밖에도 많았다. 월드컵과 TV 중계를 위해 최초로 월드컵 공인구[41] '텔스타Telstar'가 등장한 것이었다. 텔스타는 다른 공과 달리 검은색 오각형 12개

---

39 주로 흑인학생으로 구성된 급진적인 반전(反戰)·반차별 운동단체인 학생비폭력조정위원회(SNCC) 의장 S.카마이클이 1966년 6월에 제창한 개념으로 1965년에 암살된 맬컴 엑스의 영향을 받은 것이다.
40 팔(PAL)은 아날로그 방송 시스템에서 사용되는(세계적으로 널리 쓰이는) 컬러 인코딩 방식이다. 팔은 독일의 텔레풍켄(Telefunken)사의 발터 브루흐(Walter Bruch)에 의해 개발되어 1967년에 발표되었다.

와 흰색 육각형 20개로 구성되었는데 이는 관중이 공을 더 쉽게 식별할 수 있게 하기 위함이었다. 텔스타는 '스타 오브 텔레비전Star of Television'의 줄임말로 현대 축구공의 원조가 되었다. 이로써 푸마에는 축구공의 개발도 중요한 부분으로 자리 잡게 되었다.

적자를 기록하다

같은 해 푸마의 비즈니스 수치는 자욱한 안갯속을 걷고 있었다. 매출이 2,300만 마르크에 그치면서 70만 마르크라는 적자를 기록하게 된 것이었다. 월드컵에 참가한 선수들에게 지급한 현금과 직원들의 일등석 비행기 티켓 값만 해도 손익 계산서에 기재된 금액이 무려 35만 마르크였다. 당시 스포츠 용품 회사의 PR 매니저들은 스타급 선수에게 매 경기당 500달러에서 5,000달러를 지급했다. 그러나 현실성이 떨어지는 각박한 대우 때문에 그 외의 선수들은 비밀리에 받는 불법 후원 사례금에 의지하는 상황이었다. 아르민 다슬러는 사례금의 규모를 분명하게 알고 있었다. 스타급 선수 중에서도 우승 경력이 있는 100m 스프린터를 5,000달러 후원한다는 것은 불가능한 일이었다. 이런 상황 속에서 에이전트라는 새로운 직업군이 생겨났다. 2년 후 펼쳐진 뮌헨 올림픽에서 선수 사례금은 전문 노름 시장격으로 성장했고 에이전트들은 이 과정에서 노골적으로 돈을 챙겼다. 아디다스는 스포츠 분야에 대한 후원을 주요 사업으로 여겼다. 이에 따라 아디의 부인 캐테는 지폐로 가

---

41 국제 또는 국내에서 개최되는 경기에서 해당 경기의 총괄 단체가 공식 경기에 사용할 것을 인정한 볼을 말한다.

득한 트렁크를 끌고 바이에른 주의 수도인 뮌헨으로 건너가 올림픽 경기장 지하에서 사업 파트너 관리를 했다.

 1970년, 회사가 적자를 기록하면서 루돌프 다슬러는 마치 우물 안 개구리처럼 좁은 공간에서 막무가내식의 성장 전략을 밀어붙였다는 것을 깨달았다. 항상 절약하기 위해 애써온 그였지만 매출에서 동생을 따라잡거나 추월하는 데에는 그리 신경을 쓰지 않았다. 사람들은 스포츠가 상업화되어가던 이 시기에 루돌프에게는 정상의 자리를 꿰찰 만한 결정적인 기질이 없었다고 말한다. 그것은 바로 아디와 캐테 다슬러가 보여준 사업적 대담함이었다. 물론 루돌프에게도 어느 정도까지는 대담함이 있었다. 그러나 그보다 큰 그의 고집스러움과 자기만족감은 그 대담함의 발목을 잡았다.

스니커즈, 소리없는 아우성

6

루돌프 다슬러의 마지막 해
저항의 신발, 헬란카를 입은 저격수들, 모방 상품의 등장, 전설의 끝

    1967년 6월 2일, 독일은 새로운 국면을 맞이했다. 이란의 국왕 팔레비가 왕비와 함께 국빈으로 초대받아 베를린 슈타츠오퍼Berlin Staatsoper[42]을 방문하던 날 독일에서는 그의 방문을 반대하는 독일사회주의대학생연맹의 시위가 그를 기다리고 있었다. 불법 국가의 독재자를 향해 물감 폭탄과 토마토, 밀가루 봉지가 날아갔고 시위대는 "샤, 샤, 샤를라탄Scharlatan"[43]이라는 구호를 외쳤다. 경찰은 일명 '페르시아의 환호성'이라고 하는 국왕 호위대를 오페라 앞과 시위대 사이에 배치했고 각목과 쇠파이프로 시위대를 진압했다. 일대는 순간 아수라장이 되었다. 시위는 시가전으로 확산되었고 이어

---

[42] 베를린 국립오페라극장.
[43] '협잡꾼'이라는 의미.

서 크룸메가Krumme Straße 66, 67번지 사이에 있는 한 주택의 뒤뜰에서 총성이 울려 퍼졌다. 경찰의 과잉 진압으로 시위에 참여했던 베를린 자유대학 독문과 학생 베노 오네조르크Benno Ohnesorg가 사망했던 것이다. 현재까지도 그 정확한 경위는 밝혀지지 않았다.

이 사건은 학생 운동에 불을 지폈고 전국적인 대중 운동으로 확대되었다. 전후 시대부터 이어진 관습에 최후의 일격을 가하는 운동이었다. 대학생들과 함께 거리로 나온 것은 청바지, 그리고 9.99마르크의 이름 없는 운동화 한 켤레였고 이는 기득권에 대항하는 투쟁의 반획일주의자들을 상징하는 유니폼이 되었다.

68년의 격정기를 거치면서 운동화 세대가 등장했다. 운동화가 관습에 맞서고 자유를 부르짖는 사회 운동의 상징이 되었던 것이다. 이와 같은 현상은 15년 후인 1985년 12월 12일에 녹색당 헤센 주 의회 의원이자 신임 환경부 장관 요슈카 피셔Joschka Fischer가 의회 각료 구성원으로서 유일하게 흰색의 미들-탑 나이키 스니커즈를 신고 선서를 하면서 절정에 달했다.

그러나 스포츠화와 스포츠 의류의 매출이 박차를 가하게 된 데에는 또 다른 이유가 있었다. 기적의 경제 세대 아이들의 비만 증가였다. 1969년에 독일 의료보험조합은 독일 남성 약 30%, 여성 40%의 체중이 평균보다 7파운드를 초과했다며 전국에 다이어트를 권고했다. 이에 따라 1970년 3월 16일 독일 스포츠연맹Deutsche Sportbund은 '스포츠를 통해 신체를 단련합시다!'라는 캠페인을 진행했다. '트리미Trimmi'44라는 이름의 활기찬 캐릭터가 엄지손가락을 곧추세우고 전 국민에게 스포츠를 권했다. 각 주의 시장들은 인구 밀집 지역에 장거리 경주, 체조, 기계 체조, 중량 경기를 위한 운동 기구들을

---

44 '트레이너'라는 의미.

푸마의 후원을 받은 귄터 네처

설치하면서 국민의 체중 감량 지원에 나섰다. 이듬해에 스포츠는 대중의 소유물이 되기에 이르렀다. 이제 스포츠는 메달을 목에 걸기 위해 존재하는 것이 아니라 체력 단련을 위한 도구가 된 것이었다. 아직 에어로빅, 스트레칭, 노르딕 워킹, 산악 바이크 등이 등장하기 전이었다. 그런데도 스포츠 용품 업체들은 앞다투어 트렌드에 반응했다. 이들은 대중 스포츠에 적합한 스포츠 의류와 스포츠화를 진열대에 올렸고, 이런 제품들에 '트림45 트랍Trimm Trab', '트림 퀵Trimm Quick'이라는 이름을 붙였다. 푸마는 탄력성이 강한 폴리아마이드 필라멘트 실을 이용한 '헬란카Helanca' 트레이닝복을 생산했다.

미국에서는 이미 60년대 중반부터 장거리 경주가 유행이었다. 여피족46은 아침저녁으로 해안 조깅을 하기 위해 서해와 동해 해안가로 모여들었다. 물론 스타일리시한 트레이닝복을 갖춰 입는 것도 빠뜨릴 수 없었다. 미국의 신발 디자이너들에게 영감을 준 인물은 뉴질랜드 출신의 세계적인 달리기 코치 아서 리디아드Arthur Lydiard로, 그는 100마일 이상의 기초 훈련 효과를

---

45 트림(trimmen)은 '신체를 단련하다'라는 의미.
46 출세 지향적인 도시의 젊은이를 뜻한다.

알린 인물이었다. 장거리 달리기는 패스트푸드의 고향인 미국에서 열렬한 환호를 얻었다. 이렇게 일기 시작한 조깅의 파도가 독일에 도착하기까지는 10년이 더 걸렸다. 이에 더불어 1979년에 소니가 최초로 워크맨 TPS-L2를 내놓기 시작한 이후 '트림 행렬'도 지루한 스포츠에서 벗어날 수 있었다.

70년대 초반에 들어서면서 푸마는 다시 수익을 올리기 시작했고 1972년에는 매출 8,000만 마르크를 기록했다. 아디다스는 이보다 2.5배 많은 매출을 올렸다. 매출 상승의 바탕에는 독일의 온 국민을, 그리고 더 나아가 수많은 세계인을 감염시킨 스포츠 바이러스, 바로 1972년 8월 26일에 시작해 9월 11일 막을 내린 뮌헨 올림픽이 있었다.

무시무시한 광고

올림픽을 6일 앞둔 9월 5일. 뮌헨에서는 스포츠 역사상 엄청난 사건으로 기록된 사고가 발생했다. 새벽 4시 반에서 5시 사이, 팔레스타인의 테러 조직인 '검은 9월'의 조직원 여덟 명이 올림픽 선수촌 울타리를 넘어 코놀리 31번가에 있는 이스라엘 올림픽 대표팀 숙소로 잠입해 들어갔다. 이들은 이스라엘 선수단의 두 명을 살해하고 남은 아홉 명을 인질로 붙잡았다. 이들이 요구한 것은 이스라엘에서 구류형으로 복역하는 팔레스타인 죄수 232명과 서독 출신의 적군파 요원 안드레아스 바더Andreas Baader, 울리케 마인호프Ulrike Meinhof의 석방이었다. 그러나 경찰의 대응은 미숙했고 결국 구출 과정에서 인질 아홉 명이 모두 살해되었다. 사건 이후 에이버리 브런디지Avery Brundage 국제올림픽위원회 위원장은 "게임은 계속되어야 한다!The games must go on!"라고 부르짖었다. 그런데 이 비극적인 사건은 엉뚱하게도 전혀 의도치 않게 푸마에 놀라운 PR 이벤트가 되었다.

당시 독일 국경 경비대에 스포츠광인 헬무트 피셔Helmut Fischer라는 이름의 대위가 있었는데, 헤르초겐아우라흐 출신의 그는 뮌헨 배치를 자원했다. 그는 푸마는 물론 아디다스와도 좋은 관계를 맺고 있었기 때문에 그들의 도움으로 뮌헨에 갈 수 있었고, 2주 동안 브런디지 IOC 위원장과 수영에서 금메달을 무려 일곱 개나 목에 건 마크 스피츠 등 스타 선수들의 개인 경호를 담당했다. 그런데 이스라엘 선수들이 살해당하는 사건이 발생하면서 그는 정찰대에 배치되었다. 한편, 뮌헨 중심가에 있는 이스라엘 대표팀 숙소의 바로 맞은편에는 루돌프 다슬러가 서비스센터 및 비밀 상품 공급지로 사용하던 푸마 매장이 있었다. 선수 규정에 따라 올림픽 참가 선수들에 대한 상품이나 현금 지급이 금지된 상황에서 마련해둔 조치였다. 피셔는 이 푸마 매장으로 뛰어들어갔다. 매장에서는 점장 이름가르트 하커Irmgard Hacker가 마침 영업 시작을 준비하고 있었다. 피셔는 숨 돌릴 틈도 없이 소리쳤다.

"유니폼이 필요합니다!"

인질 구출 작전 과정에서 테러 조직단의 눈에 띄지 않도록 저격수들이 선수로 위장할 계획이었던 것이다. 이름가르트 하커는 그에게 헬란카 트레이닝복 약 20벌을 건네주었다. 그리고 푸마 상품을 입은 저격수들의 모습이 전 세계 TV와 신문에 실렸다. 헬무트 피셔는 이후 푸마에서 커리어를 시작해 독일 본사에서 PR 매니저를 맡았다.

어쨌거나 스포츠 행사로서의 측면에서만 보면 1972년에 열린 뮌헨 올림픽은 독일 선수들에게 커다란 성공을 안겨주었다. 독일은 메달 40개를 획득하며 종합 순위 4위를 차지했다. 하지만 진짜 승자는 따로 있었다. 바로 프랑켄 지역 헤르초겐아우라흐의 두 스포츠용품 업체가 그 주인공이었다. 당시 푸마는 참가한 선수의 3분의 1에게 푸마 상품을 제공했다고 주장했고, 아디다스는 75%의 선수들에게 자사의 상품을 제공했다고 주장하고 나섰다. 물론 양측의 주장 모두 과장되었음이 분명하지만 아디 다슬러가 선두에 있었다는 사실은 부인하기 어렵다. 아르민 다슬러가 슈타른베르크 호수Starnberger See 인근에 있는 휴양 센터 '푸마 컨트리클럽Puma Country Club'을 찾은 스타 선수들과 기자들을 자기편으로 만들기 위해 노력하는 동안 삼촌 아돌프 다슬러는 이미 독일 올림픽 대표팀 공식 후원업체로 스포츠화와 경기용 유니폼, 평상복 등을 공급하고 있었기 때문이다.

1972 뮌헨 올림픽을 겨냥한 광고

당시 푸마의 직원은 2,000명이었고, 매일 신발 1만 8,000켤레를 생산했다. 어떻게 해서든 이 상품들을 팔 궁리를 해야 했다. 이뿐만 아니라 푸마는 전 세계 128개국에 푸마 상품을 수출하고 있었다. 해외 사업에서 벌어들이는 수익의 비율은 60%에 이르렀다. 루돌프 다슬러는 오스트리아, 프랑스 외에도 유고슬라비아, 호주, 나이지리아에 자회사를 설립했고 영국, 네덜란드에는 라이선스 생산 공장을 세웠다.

스포츠용품 사업은 갈수록 어려워졌다. 1973년 바이에른 운동화 공장 연합 총회에서 아르민 다슬러는 모방 상품이 늘어나는 현상과 해외 경쟁 업체들이 시장에 뛰어들면서 무너진 상품 가격에 대해 우려의 목소리를 냈다. 놀랍게도 그는 먼 곳을 내다볼 줄 아는 혜안이 있었고, 이 자리에서 "독일 스포츠화 사업은 앞으로 독일이 지배하는 국제적인 스포츠화 사업으로 발전할 것"이라고 전망했다. 그러나 독일 스포츠용품 업체들의 활약은 사실 '아주 좁은 무대' 위에서 이루어진 것이었음이 드러났다.

1971년, 총회가 열리기 2년 전 미국 출신 기업가 빌 바워만Bill Bowerman 과 필 나이트Phil Knight는 1962년에 설립한 블루 리본 스포츠Blue Ribbon Sports의 이름을 그리스 신화에 나오는 승리의 여신의 이름으로 개명했다. 이 회사가 바로 나이키였다. 오리건 주Oregon 비버턴Beaverton 출신의 두 미국인이 유럽 시장에 진출한 것은 1978년에 이르러서였다. 그러나 아르민 다슬러는 나이키의 등장이 프랑켄 지역의 우두머리인 푸마에 어떤 결과를 몰고 올지 예견했던 것 같다. 시대의 흐름에 따라 푸마는 같은 해에 생산 제품을 축구 유니폼으로까지 확대했다. 1974년에 푸마의 수익성은 그리 좋지 않았지만 어쨌든 회사의 성장률은 여전히 두 자리 수를 기록했다.

가장의 죽음

헤르초겐아우라흐는 깊은 슬픔에 잠겼다. 지난 세기에 태어난 독단적인 성향의 신발 공장 설립자, 루돌프 다슬러의 인생이 막을 내린 것이었다. 서독 월드컵에서 독일 축구 대표팀이 네덜란드를 상대로 2대 1이라는 멋진 승리를 거둔 지 4개월 만이었다. 루돌프는 병상에 누워 죽음을 앞두고 있었다. 아르민과 게르트가 어머니와 함께 침상을 지켰고, 주치의는 그가 할 수 있는 최선의 조치를 하고 있었다. 이때 한 성직자가 형제간의 화해를 제안하며 아디다스가에 연락을 취했다. 아디가 와서 죽음을 앞둔 형에게 먼저 손을 내밀어 주었으면 한다는 것이었다. 그러나 캐테는 거절했다. 아디는 전화상으로

75번째 생일을 맞은 루돌프 다슬러

형에게 미안하다는 말을 전했다. 루돌프가 이 사과를 전해 들었는지는 확실하게 알 수 없다. 어쨌거나 그는 그날 밤 세상을 떠났다.

아버지의 죽음으로 아르민은 양심의 가책을 느끼며 괴로워했다. 언제나 아버지와 싸우기만 했지 속내를 털어놓은 일은 한 번도 없었기 때문이다. 지칠 줄 모르고 일하던 푸마의 창업자를 떠나보내는 헤르초겐아우라흐의 장례식은 그의 행적에 대한 마지막 기록으로 남았다. 400명에 달하는 조문객 중 아디다스에서 온 사람은 찾아볼 수 없었다. 장례식에 참석한 사람들은 뷔르츠부르크가에 있는 푸마 본사를 과연 누가 이을 것인지를 두고 수군거렸다. 아르민이 사장 자리를 계승할 것이라는 게 모두의 생각이었다. 아르민 역시 자신에게 주어질 사장으로서의 역할을 생각해본 적이 있었다.

그러나 유언장이 공개되던 날, 그의 꿈은 모두 무너져 내렸다. 루돌프는 죽기 전 일주일 동안 친필 유언장을 네 번이나 수정했고, 아르민은 결국 동생에게 경영권을 빼앗기고 말았다. 아버지의 유언은 반항적인 아들의 가슴에 마지막 비수를 꽂았다. 그 후 몇 주간 아르민과 이레네는 회사 지분에 대

공장에서의 아르민 다슬러

한 상속권이라도 얻기 위해 법적 해결 방법을 찾아나섰다. 합자회사 정관에 따르면 아르민은 푸마 지분의 60%를, 그리고 게르트는 40%를 차지하게 되어 있었다. 형제간 갈등의 새로운 시즌이 시작되었다.

1975년 주현절47, 아르민은 목적을 달성해냈다. 변호사가 아르민에게 합자회사의 정관이 유언장에 우선한다는 연방 법원의 판결문을 전달해준 것이었다. 게르트가 양보할 수밖에 없었다. 며칠 후 아르민은 45세에 푸마 신발 공장 루돌프 다슬러 합자회사의 지분 60%를 소유한 무한책임사원으로서 회사의 운영권을 손에 쥐었고 게르트는 부사장을 맡았다.

---

47 1월 6일. 공현절(公現節)이라고도 한다. 그리스도가 하느님의 아들로서 온 세상 사람들 앞에 나타났던 당일, 즉 예수가 제30회 탄생일에 세례를 받고 하느님의 아들로서 공증(公證)을 받은 날을 기념하는 축절이다.

7 몸값

아르민 다슬러의 시대
돈의 권력, 보루시아 묀헨글라트바흐의 기쁨, 그리고 말 없는 종업원

아르민 다슬러는 회사의 사장 자격으로 당당하게 언론에 나섰다. 1975년 그는 매출 1억 6,000만 마르크라는 푸마의 놀라운 성장을 알렸다. 기자들이 의심스러운 눈초리를 보내자 그는 회사를 확장해야 할 상황이라고 설명했다. 이어서 아르민은 매니저는 전보다 네 명 더, 직원은 전보다 약 50% 많은 3,500명으로 늘렸다. 갑작스럽게 가격이 하락할 경우 매출에서 아무런 수익도 남지 않을 위험성이 있었지만 아르민은 개의치 않았다. 1975년 〈한델스블라트Handelsblatt〉[48]는 2월 19일자 기사에서 '푸마가 도약하고 있다'라고 전했다.

아버지의 죽음 이후 아르민은 무엇보다 한 가지 목표를 향해 맹목적으로

---

48 독일의 경제일간지.

뛰었다. 바로 아디다스를 괴롭히는 것이었다. 아르민의 경영 체제에서도 이것은 여전히 기업의 중요한 목표 중 하나였다. 사람들은 루돌프 다슬러가 죽은 후에도 여전히 가문 간의 갈등이 해결되지 않는 것과 더 나아가 협력을 통해 새로운 힘을 형성할 기회를 마다한 것을 도무지 이해할 수 없었다. 미국 〈타임Time〉지는 '어떻게 보면 이 거대한 두 회사의 합병은 당연한 일일 것이다. 그러나 다슬러 가문이 서로 대화하지 않는 이상 불가능한 일이다' 라고 해석하기도 했다. 아르민은 사촌 호르스트를 만나지 않을 이유가 없다고 말했다. 그러나 싸움을 그만둘 생각은 없다고 덧붙였다.

직원 관리에서 아르민은 아버지와 다른 독자적인 길을 걸었다. 오전에는 회사를 돌아보며 직원들과 대화를 나눴다. 직원들은 아르민의 이러한 사교성을 높이 평가했다. 또 생일을 맞은 직원의 손에는 언제나 10마르크를 선물로 주었다. 아르민은 이런 방식으로 인간관계를 유지했다.

아르민은 점점 거만한 독재자로 변해갔다. 그는 되도록 게르트의 영향력을 최소화하고 싶었다. 심지어 한번은 그를 부사장 자리에서 끌어내릴 목적으로 게르트에게 부사장 자리를 내놓는 대신 300만 마르크를 지급하겠다고 제안한 적도 있었다. 게르트는 비도덕적인 이 제안을 거절했으나, 몇 년 후 푸마가 파산 위기에 놓이면서 자신이 거절했던 것을 후회하기도 했다.

1976년, 몬트리올 올림픽이 개막됐다. 당시 스포츠화 시장은 전 세계적으로 50억 달러 규모로 성장한 상태였다. 물론 시장을 장악한 것은 아디다스였다. 푸마 역시 최상위권에 머무르면서 시장을 움직였지만 이 두 회사가 세계 시장 매출에서 차지하는 비중은 5억 달러로 일부에 불과했다. 경쟁 업체, 그 중에서도 미국 업체들의 활약은 강력했다. 운동화 제조업체 랭킹 2위는 유니로열Uniroyal의 자회사 케즈Keds가, 3위는 컨버스 러버 슈 컴퍼니Converse Rubber Co.가 차지했다. 같은 해에 약 2억 마르크의 매출을 기록한 푸마는 랭킹 4위에 그쳤다.

아디다스의 아돌프 다슬러는 이제 선수 개인이 아닌 모든 참가 팀에 아디다스 상품을 협찬할 계획을 세우고 있었다. 그리고 그의 계획은 실제로 미국 농구협회ABA, American Basketball Association를 통해 실현되기에 이르렀다. 더 나아가 아돌프는 올림픽 TV 중계 화면을 통한 홍보 효과를 놓치지 않기 위해 캐나다올림픽조직위원회COJO와 25만 달러의 계약을 체결했다. 계약 조건으로는 관리인, 안내원, 계시원은 물론 직원들에 이르기까지 올림픽 관계자 7,000명이 모두 삼선 로고의 스포츠화와 의류를 입어야 한다는 의무 사항이 제시되었다. 삼촌의 이러한 행보에 아르민 다슬러는 적잖이 놀랐지만, 곧 냉정함을 되찾고 개별적인 스타 선수 및 협회와 접촉하는 데 몰두했다. 어쨌거나 그에게는 삼촌만큼의 경제적 능력이 없었기에 아르민은 회사의 수익률을 늘리고자 구매 대리인들을 동아시아로 보내 생산 비용이 적게 드는 공장을 찾게 했다.

1976년 7월 13일자 〈함부르거 모르겐포스트Hamburger Morgenpost〉에는 '운동화 전쟁!'이라는 헤드라인이 등장했다. 몬트리올 해외 특파원은 제품 사용에 대한 대가로 푸마가 미국 선수들에게 5만 달러를 지원하겠다는 내용의 계약서가 IOC의 손에 들어왔다고 보도했다. 미국의 감독 혹은 코치들이 어딘가에서 이 계약서를 발견했다는 것이었다. 그러나 이 이야기는 수상하기 짝이 없었다. 미국이 왜 굳이 이 계약 서류를 조직위원회에 전달한 것인지 의심이 되었던 것이다. 기자는 '누군가가 이 계약서를 고발하여 경쟁 업체를 물러나게 하려는 의도가 숨겨져 있는 것으로 보인다'라고 분석했다. 아르민 다슬러의 생각도 같았다. 푸마를 공격하는 이 무리의 배후에는 분명히 삼촌이 있을 것이라고 생각했다. 그러나 어찌 되었든 올림픽 관계자들에게 찔러주기 위한 주머닛돈으로 매출의 3~5%를 '프로모션 예산' 항목으로 마련해둔 것은 푸마나 다른 경쟁 업체들이나 다를 바 없었다.

무거운 공기

푸마의 상황은 갈수록 어려워졌다. 스포츠가 대중에게 보편화하면서 경쟁 업체들이 날로 늘어났고 이 때문에 시장에서 수익을 얻으려면 엄청난 노력이 필요했다. 상품 가격을 올린다는 것 자체가 불가능한 일이었다. 오히려 스포츠화와 의류 가격은 점점 내려가고 있었다. 이에 아르민 다슬러는 1977년 3월 다수의 주요 공장을 다른 나라로 옮겨 저예산의 생산 비용과 임금을 통해 수익률을 높이겠다고 선언했다.

그러나 우울한 일만 있는 것은 아니었다. 1977년은 축하할 일도 많은 한 해였다. 축하의 이유 중에는 보루시아 묀헨글라트바흐라는 이름이 포함되어 있었다. 니더라인Niederrhein49 지역의 VfL 보루시아 묀헨글라트바흐VfL Borussia Mönchengladbach는 이미 몇 년 전부터 FC 바이에른 뮌헨Fußball-Club Bayern München과 함께 분데스리가를 장악했고 푸마가 선수들에게 투자한 돈은 두 배, 세 배의 이익이 되어 고스란히 돌아오고 있었다. 1970년 처음으로 독일 분데스리가 우승을 거머쥔 이 팀들은 이듬해에도 다시 한 번 그 타이틀을 지켰으며, 1973년에는 DFB 포칼 컵50 우승을 차지한 데 이어 UEFA컵 대회 결승전에서 FC 리버풀을 상대로 만나 간발의 차로 준우승을 거뒀다. 그리고 1975년 세 번째 분데스리가 우승을 차지한 이들은 같은 해

---

49 독일 노르트라인베스트팔렌 주(州) 북서부에 위치.
50 독일 FA컵 축구대회로 프로·아마추어 구분없이 모든 클럽이 참가하는 토너먼트 대회.

아르민 다슬러와 우도 유르겐스

FC 트벤테FC Twente를 상대로 드디어 UEFA컵 대회 우승컵을 들어 올렸다. 1976년에는 다시 한 번 분데스리가 1위를 차지했고 심지어 1977년에는 리그 3연패를 이뤄냈다. 베르티 포그츠Berti Vogts, 라이너 본호프Rainer Bonhof, 울리 슈틸리케Uli Stielike, 볼프강 크나이브Wolfgang Kneib, 유프 하인케스Jupp Heynckes 등은 그야말로 독일의 축구 영웅으로 떠올랐다. 1977년 5월 25일, 이들은 다시 한 번 불가능을 가능으로 만들어냈다. 당시 우도 라테크Udo Lattek 감독이 이끌던 보루시아 묀헨글라트바흐는 유럽 챔피언스 리그 결승전에서 또다시 FC 리버풀과 만났다.

아르민 다슬러는 '자신의 아들들'을 위해 특수 축구화를 개발했다. 뒷굽을 약 9mm 높인 이 축구화는 무게중심을 발바닥의 볼록한 부분에 실리게 해서 순발력을 높이려는 아이디어에서 탄생했다. 유프 하인케스는 경기 시작 전에 "우리 팀의 도핑은 새로운 기적의 축구화입니다"라는 말을 남겼다. 베르티 포그츠도 "공 아래로 발을 넣기가 쉬워 이 축구화를 신으면 더 빠르게, 더 정확하게 공을 찰 수 있습니다"라며 환성을 내질렀다. 그러나 거기까지였다. 결국 보루시아는 3대 1로 패하고 말았다. 그러나 푸마의 '기적의 신발'은 언론을 통해 충분히 회자되었고 덕분에 아르민도 이 씁쓸한 패배를 극복할 수 있었다.

이듬해에 푸마의 매출은 현기증을 일으킬 만큼 빠른 속도로 증가하기 시작했다. 1978년 헤르초겐아우라흐의 푸마는 5억 마르크 가치의 브랜드로 급성장했다. 독일 공장 네 곳, 프랑스 공장 세 곳에서 하루 평균 신발 5만 켤레가 생산되었고 이는 전체 매출의 85%를 차지했다.

푸마의 내부 보고서에 따르면 푸마는 전 세계적으로 시장 점유율 30%를 기록했고 독일에서는 무려 45%를 달성했다고 한다. 그러나 높은 성장률은 한편으로 회사 내에서 점점 커져만 가던 위험 요소를 가리고 있었다. 푸마가 월급을 지급해야 하는 직원은 5,000명에 달했고, 생산을 하려면 원자재가 필요한 것이 당연했다. 총수익 마진, 즉 매출에서 생산 비용을 제외한 이윤을 백분율로 환산했을 때의 값은 무려 30% 이하를 기록하는 상황이었다. 스포츠용품 업계에서 돈을 벌어들이기에는 터무니없는 수치였다. 푸마는 겨우 적자를 면하는 상황이었다.

해외 사업조차 없었다면 엄청난 적자를 기록할 판이었다. 그나마 라이선스 사업으로 벌어들이는 수입이 적자를 막아주고 있었다. 푸마의 제품을 팔아 돈을 벌고자 하는 판매업자나 제조업자들은 별문제 없이 라이선스 허가를 받았다. 아르민 다슬러는 브랜드 관리를 그리 중요하게 여기지 않았고 덕분에 해외 사업자들은 수수료를 충분히 지급하기만 하면 마음 놓고 푸마의 로고를 바꾸거나 사용할 수 있었다.

그러나 아르민은 자신이 이룩한 성과에 만족해했다. 언제나 불편하기만 했던 아버지가 세상을 떠난 것도 벌써 5년 전의 일이었다. 마침 50번째 생일을 맞은 아르민은 전 직원과 함께 생일을 축하할 예정이었다. 아르민은 헤르초겐아우라흐에 천막을 치고 파티를 하고 싶어 했다. 아내 이레네와 비서 엘프리데는 아르민을 위해 깜짝 손님을 초대할 계획을 짰다. 바로 아르민이 좋아하는 〈하지만 생크림과 함께 부탁해요〉, 〈훌륭한 집〉의 주인공인 오스트리아 출신의 가수 우도 유르겐스Udo Jürgens였다. 깜짝 손님을 섭외하기 위해 두 사람은 콘서트장으로 유르겐스를 찾아갔다. 공연이 끝난 후 두 사람은 무대 뒤로 찾아가 스위스 출신의 매니저 프레디 버거Freddy Burger에게 자신들의 계획을 전달했다. 그는 "오케이"라고 답했고 이어서 5만 마르크에 투명색 또는 흰색의 쉼멜 그랜드 피아노 한 대, 그리고 전문 무대 기술자를 요구했다. 두 여자는 이 요구 조건을 받아들였다. 생일 파티는 그야말로 대성공이었다. 아르민과 우도는 서로 얼싸안고 파티를 즐겼다. 그의 매니저 프레디 버거는 이 자리를 계기로 스위스 푸마 에이전트를 담당하게 되었고, 일 년 후 아르민 다슬러는 우도 유르겐스 라이프스타일 컬렉션을 기획하기에 이르렀다. 그러나 80년대 스포츠 상품의 규범에서 벗어난 이 독특한 컬렉션은 대중에게 외면당했다. 푸마와 패션, 아직은 이들이 만날 때가 아니었던 것이다.

말 없는 종업원

얼마면 세상을 가질 수 있을까? 돈으로 사람을 사는 것, 이것은 푸마 사장이 가장 열정적으로 추진하는 일이 되어버렸다. 그러나 이것은 가끔 엄청난 대가를 요구하기도 했다.

1979년, 아르민은 아내와 함께 콩코드 편으로 파리를 거쳐 상파울루로 향했다. 사업 관련 미팅이 있었고, 이들은 그간 그랜드 호텔에 머물 예정이었다. 두 사람을 맞이한 호텔 지배인은 특실을 내주었다. 아르민과 이레네가 당황하며 그를 바라보자 지배인은 미소를 지으며 "저는 푸마를 좋아하는 친구입니다"라고 말해주었다. 특실에 머무는 동안 부부는 '비발도Vivaldo'라는 젊은 직원의 서비스를 받았다. 독일어도, 영어도 할 줄 모르는 그는 조용히, 그러나 친절한 서비스를 제공했다. 그가 무척이나 마음에 든 아르민은 그를 붙잡고 싶었다. 아르민은 그에게 자기와 함께 독일로 갈 생각이 없느냐고 물었다. 그러나 비발도는 그 제안을 진지하게 받아들이지 않았다.

그로부터 일 년 후 아르민은 다시 한 번 상파울루의 그랜드 호텔을 찾았다. 이번에는 최고재무관리자 로베르트 벤첼Robert Wenzel이 그와 동행했다. 그리고 다시 한 번 비발도가 그들의 서비스를 담당했다. 아르민은 이번만큼은 꼭 그와 같이 돌아가고 싶었다. 그는 아내에게 전화를 걸어 비발도를 독일로 데려가겠다고 말했고, 실제로 3주 후에 브라질 출신의 비발도는 뉘른베르크 공항에 도착했다. 이레네는 깜짝 놀랐다. 그를 집에 들여놓고 싶은 생각이 없었던 아내는 이웃에 있는 아우라흐 여관에 방을 얻어주었다.

비발도는 집안일에는 별로 재능이 없었기에 구두를 닦는 일과 아르민 부부가 기르는 닥스훈트 플로리안을 돌보는 일을 맡았다. 그는 점점 헤르초겐아우라흐에서의 생활을 즐기기 시작했다. 그러더니 어느 날 사장 부부가 출장을 떠났을 때 치과 치료를 받고 머리부터 발끝까지 새 옷으로 차려입었다. 그는 돌아온 아르민 다슬러에게 1,200마르크가 넘는 금액이 적힌 영수증을 건넸고, 아르민은 당황함을 감추지 못하며 그 금액을 지불했다. 그리고 5개월 뒤에 비발도는 결국 고향으로 쫓겨났다.

아르민은 당시에 브랜딩Branding[51]이라는 개념을 알지 못했지만 어떻게 해야 돈 많은 사람들은 물론 가난한 사람들까지도 푸마 상품을 이용하게 할 수 있을지 고민하기 시작했다. 그는 아버지처럼 이성적으로 생각하는 편이 아니어서 매출 총이익에 대해서는 그다지 신경을 쓰지 않았다. 오히려 그는 직감에 따라 결정하기를 좋아했다. 이유야 어쨌든 아르민은 자신이 부유층이 아닌 노동자 계급에 속한다고 생각했다. 그래서 푸마가 거만한 권력 업체 아디다스의 뒤에서 친근한 이인자의 자리를 지키고 있는 것에 만족해했다. 그런 차원에서 푸마를 스포츠용품 전문 매장에서 빼겠다고 결정한 아르민은 재고품의 가격을 확 내려 대형 아웃렛과 대리점에서 판매하기 시작했다.

아르민이 중요하게 여긴 또 한 가지는 아디다스의 혁신력을 능가하는 것이었다. 그는 매출의 5~7%를 제품 연구와 개발에 투자했다. 1982년, 아르민은 퓌르트Fürth 노보텔에서 진행되던 푸마 중간 상인 회의에 불쑥 나타났다. 아르민의 갑작스러운 등장에 자리에 있던 이들은 모두 깜짝 놀라 그들 앞에 선 격자무늬 재킷 차림의 사장을 바라보았다. 당시 아르민은 기존 옷이 몸에 맞지 않을 정도로 계속 살이 찌고 있었다. 그는 가방에서 빨대를 하나 꺼내더니 말을 시작했다. 우선 그는 빨대의 구부러진 부분이 어떻게 작용하는지 알아내기 위해 헤르초겐아우라흐의 아이스크림 가게를 찾아가 빨대를 가져와야 했다고 설명했다. 그러고는 빨대 윗부분에 패인 홈을 보여주고 다시 가방에서 무언가를 꺼냈다. 빨대가 꺾이는 것과 유사한 원리로 밑창이 꺾이는 새로운 축구화였다. '듀오플렉스Duoflex'라는 이름이 붙은 이 밑창은 오늘날까지도 수많은 축구화를 제작하는 데 사용되고 있다.

---

51 '브랜딩(Branding)'이란 개념은 정의하기가 쉽지 않다. 간단히 말하자면 어떤 제품이나 회사를 경쟁사와 차별화하는 모든 작업을 일컫는다고 할 수 있다. 한 브랜드에 대해 사람들의 머릿속에 차별화된 아이디어를 심어주는 것이다.

일렉트릭 스포츠화

1985년 9월, 푸마는 최신 상품을 공개했다. 바로 센서와 미니컴퓨터가 탑재된 'RS 컴퓨터' 조깅화였다. 애플사의 Apple IIe나 코모도어 64[52]에 케이블을 연결하면 모니터에 개인의 달리기 기록을 그래픽으로 묘사해주는 최첨단 스포츠화였다. 유용성이 의심되는 이 스포츠화는 한 켤레에 289마르크라는 만만치 않은 가격을 자랑했다.

푸마는 계속해서 성장했고, 얼마 지나지 않아 처음으로 매출 10억 마르크를 기록했다. 매출의 3분의 1은 라이선스 사업에서 발생한 것이었다. 그리고 수익성에서도 호조를 보였다. 신발 수익의 80%는 라이선스 파트너 저임금 국가에서의 임금 노동을 통해서, 그리고 전체 수익의 4분의 1은 직물 판매에서 발생했다. 1983년 초 푸마는 물류와 운송 시스템을 개선하기 위해 1,500만 마르크가 소요되는 중앙 창고를 운영하기 시작했고, 직원 수를 2,500명 이하로 줄였다. 직원들의 절반은 헤르초겐아우라흐, 밤베르크Bamberg의 레켄도르프Reckendorf, 헤르초겐아우라흐 서쪽 바트 빈츠하임 Bad Windsheim 등 세 개의 독일 공장에서 일했다. 그럼에도 아르민 다슬러는 〈슈피겔Spiegel〉[53]지와의 인터뷰에서 "내게는 만회할 일이 아직도 많습니다"라며 아디다스를 겨냥한 발언을 하기도 했다.

그 얄미운 사촌은 그간 독일 스포츠용품 분야 무역 시장의 60%를 지배하고 있었다. 반면에 푸마는 30%에 불과했다. 아르민 다슬러는 동유럽에서만큼은 푸마가 자리를 잡을 가능성을 아예 포기한 상태였다. 얼마 전 아돌프

---

52 코모도어 인터내셔널이 1982년 8월에 내놓은 8비트 가정용 컴퓨터.
53 정치, 사회, 경제, 문화, 스포츠 등의 뉴스기사를 제공하는 독일 시사주간지.

삼촌이 소비에트연방에 아디다스 라이선스 제품을 풀기 시작하면서부터였다. 새롭게 떠오르는 미국 시장에서도 푸마는 이렇다 할 성과를 내지 못하고 있었다. 나이키가 아디다스를 2위로 밀어낸 상태였고, 푸마는 컨버스와 함께 3위 자리를 놓고 다퉜다.

거기다 노르베르트 블륌Norbert Blüm 독일 노동부 장관이 나이키 운동화를 신고 찍은 사진이 나돌자 아르민은 치밀어 오르는 분노를 억제하지 못했다. 그리고 즉각 블륌 장관에

컴퓨터 조깅화 RS 일렉트로닉

게 편지를 보내 그가 독일인들의 일자리를 위태롭게 했다며 질책하고 나섰다. 그는 외국인인 펠레조차 독일 제품을 신는데 하물며 독일 노동부 장관이 국산 제품을 외면해서야 되겠느냐고 언급하며 푸마 신발 한 켤레를 보냈다. 블륌 장관은 그에게 답변을 보내왔다. 펠레도 신는다는 이 신발을 자신도 기꺼이 신을 의향이 있으나 그 대신 펠레에게 하듯이 자신에게도 똑같은 사례금을 지불하라고 요구한 것이다. 그러나 다슬러는 이를 이행하지 않았다.

한편, 헤르초겐아우라흐의 두 회사 간에는 불법 비자금 싸움이 계속되었다. 이번에는 라인 강 인근 쾰른에서 또 한 번 부조리한 사건이 발생했다. 당시 쾰른에서는 유럽의 전 육상 10종 경기의 일인자이자 아디다스의 매니저인 베르너 폰 몰트케Werner von Moltke가 FC 쾰른과 계약을 연장한 일이 있었다. 몰트케는 과거에 푸마의 후원을 받던 선수이자 홍보 대사인 인물이기도 했다. 그들은 악수 한 번으로 계약 연장이 성사되었다고 주장했다. 5시간

동안의 협상이 있었고, 결국 합의에 도달했다는 것이다. FC 쾰른의 계약 대리인이 이 사실을 전하며 푸마와의 계약을 거절하려고 하자 아르민은 그 자리에서 아디다스와의 계약금 다섯 배를 제시했다. 이렇게 많은 액수의 돈을 거절할 사람이 어디 있겠는가? FC 쾰른 구단주는 후에 클럽의 번영을 위한 것이었다며 푸마와의 계약을 정당화했다. 그러나 FC 쾰른의 골키퍼 하랄드 "토니" 슈마허Harald "Toni" Schumacher는 푸마의 제품을 신지 않겠다고 선언했다. 오래전부터 아디다스와 독점 계약을 맺은 선수였다.

… 8

자만심으로 무장한 클럽

최고의 해
뒤뜰의 축구 선수, 붐붐 보리스, 〈베텐 다스〉로의 방문

아버지의 죽음 이후 아르민 다슬러가 사장실을 차지하게 된 지 얼마 지나지 않았을 때의 일이다. 그는 회사 건물의 뒤뜰에서 들려오는 시끄러운 소리로 업무에 방해를 받고 있었다. 회사 건물과 카페테리아를 담당하는 관리인의 13살짜리 아들인 로타어 마테우스Lothar Matthäus가 매일 같이 축구 연습을 했기 때문이었다. 그는 회사 건물 바로 옆에 있는 작은 벽돌집에서 살았다. 로타어가 연습할 때마다 아르민은 창문을 열어젖히고는 다른 곳에서 연습하라며 꾸지람을 했다. 결국 로타어는 연습 공간을 옮겼고, 얼마 후 푸마가 후원하는 FC 헤르초겐아우라흐에 미드필더로 소속되었다. 소년의 범상치 않은 재능이 드러나게 된 과정은 이랬다.

로타어가 열여덟 살이던 1979년, 푸마 PR 매니저 한스 노바크Hans Nowak는 얼마 전 보루시아 묀헨글라트바흐 감독으로 부임한 친구 유프 하인케스

푸마의 영웅 로타어 마테우스

에게 전화를 걸어 "그를 한 번 보지 않겠느냐"고 제안했다. 로타어를 지켜본 하인케스는 그에게서 강한 인상을 받았고 즉각 로타어에게 계약서를 내밀었다. 당시 월 450마르크를 받고 인테리어 디자이너 도제살이를 하고 있던 로타어는 이를 재빨리 받아들였고, 몇 달 만에 푸마 건물 뒤뜰에서 잔소리를 들으며 축구 연습을 하던 소년에서 보루시아 묀헨글라트바흐 주전 선수로 성장하게 된 것이었다.

이것이 전부가 아니었다. 1980년에는 유프 데르발Jupp Derwall 독일 축구 대표팀 감독이 그를 대표팀으로 불러들였다. 그는 같은 해 독일 대표팀이 유럽축구선수권대회에서 벨기에를 상대로 2대 1로 승리하며 우승컵을 거머쥐었을 때 절정에 달했다.

아르민과 게르트는 푸마의 트레이드마크가 된 '로다르' 54를 여전히 친아들처럼 대했다. 그가 인터뷰에서 프랑켄 지방 사투리가 섞인 어수룩한 말투로 "우리는 더 이상 현실을 외면해서는 안 됩니다"라고 말할 때면 그들의 마음도 뿌듯했다. 당시 프란츠 베켄바우어Franz Beckenbauer도 로타어에 대해 "그렇습니다. 로타어 마테우스는 이제 노련한 세계적인 선수입니다. 왼쪽, 오른쪽, 앞, 뒤 할 것 없이 그는 어디에서나 훌륭한 활약을 보여주니까요"라고 평가한 적이 있다. 그러나 잘 나가던 이 공격수도 2년 후 약간의 슬럼프에

---

54 헤르초겐아우라흐 지역의 사투리로 '로타어'의 발음이다.

빠졌다. 잠시였지만 뮌헨글라트바흐와 대표팀에서 주전 자리를 빼앗긴 것은 물론 여자친구 실비아와도 헤어진 것이었다.

한편, 아르민 다슬러는 1984년에 중대한 결정을 내렸다. 테니스 라켓 생산 사업에 나서기로 한 것이다. 독일에서만 해도 이미 100여 개에 이르는 공급 업체들이 테니스 선수들을 놓고 치열한 싸움을 벌이는 상황이었지만, 장기적인 관점에서 볼 때 중소기업이었던 푸마는 사업 영역을 넓힐 필요가 있었다. 당시 테니스는 큰 인기를 끄는 스포츠였고, 이 시기에 세기의 테니스 스타로 꼽히는 두 명의 독일 선수가 조용히 성장하고 있었다. 그 주인공은 다름 아닌 보리스 베커Boris Becker와 슈테피Steffi Graf였다.

당시 이제 막 16살이었던 보리스 베커는 하이델베르크Heidelberg[55] 라이멘Leimen에서 성장했다. 당시 루마니아 출신의 전 아이스하키 선수이자 테니스 선수인 이온 티리아크Ion Tiriac가 베커의 매니저로 일하고 있었다. 바로 몇 달 전 그는 아르민에게 붉은색이 도는 금발의 세계 랭킹 750위 선수의 재능에 대해 입에 침이 마르도록 칭찬한 적이 있었다. 푸마의 후원을 받았던 테니스의 전설 기예르모 빌라스가 몬테카를로에서 보리스 베커와 5시간 동안 연습 경기를 했는데, 훈련이 끝나자 짜증을 내며 수건을 던져 버렸다는 이야기였다.

푸마의 크리스마스 파티가 있던 1984년, 티리아크는 아르민에게 베커와의 만남을 제안했다. 당시 베커는 아디다스 라켓을 들고 경기를 뛰고 있었다. 소식통에 따르면 티리아크는 이 만남을 주선해주는 대가로 푸마에게 시즌당 40만 마르크를 요구했다고 한다. 아르민은 이를 거절했다. 그러자 티리아크는 곧장 베커를 데리고 아우라흐 강 건너편의 호르스트 다슬러를 찾아

---

[55] 독일 남서부 바덴뷔르템베르크 주(州)에 있는 도시.

1985년 윔블던 우승을 거머쥔 보리스 베커

갔다. 어머니 캐테가 죽고 호르스트가 아디다스의 경영을 맡고 있을 때였다. 티리아크에게서 이상한 낌새를 느낀 호르스트는 사촌 아르민에게 전화를 걸었다. 이들은 티리아크가 더 이상 높은 카드를 내놓지 못하게 협상 테이블에서 끌어내리자고 입을 맞췄다. 얼마 후 베커 쪽에서 푸마로 연락이 왔다. 그는 아디다스가 자신이 제시한 금액을 받아들였다고 전했다. 그러나 모든 사정을 알고 있는 아르민 다슬러는 반격에 나섰고, 그 결과 협상 금액을 대폭 줄일 수 있었다. 1985년 1월 15일, 계약이 체결되었다. 이때 푸마가 베커에게 얼마를 주었는지는 아직도 알려지지 않고 있다.

그로부터 1년 후, 아르민 다슬러는 〈빌트Bild〉56지와의 인터뷰에서 이런 말을 했다.

"나는 티리아크에게 전화를 걸어 보리스 베커를 갖고 싶다고 말했습니다. 당시 그는 이제 겨우 세계 랭킹 100위권에 들어선 상태였지만 나는 그가 엄청난 선수가 될 것이라는 사실을 예측했거든요."

그러나 사실 계약이 체결된 지 6개월 후에 일어날 일에 대해서는 예측은 커녕 상상조차 하지 못하고 있었다. 1985년 7월 7일의 뜨거웠던 여름날, 보리스 베커는 케빈 커렌Kevin Curren을 상대로 에이스를 날렸다. 관중은 환호

---

56 독일 일간지.

성을 질렀고 베커는 기쁨에 찬 나머지 무릎을 꿇으며 바닥에 주저앉았다. 베커는 17세의 나이로 윔블던 우승컵을 거머쥐었고 이로써 테니스계의 정상에 올랐다. 그의 손에는 테니스 라켓이 들려 있었고, 그 라켓에는 푸마 엠블럼이 새겨져 있었다.

라켓 전쟁

그 후 몇 주 동안 스포츠용품 매장에 사람들이 몰렸다. 불과 며칠 만에 베커가 들고 있던 것과 똑같은 라켓 만 개가 팔려나갔다. 당시 그 라켓은 199마르크에 판매되고 있었다. 라켓에는 '기예르모 빌라스Guillermo Vilas'라는 이름이 새겨져 있었지만 그 누구도 개의치 않았다. 베커가 들고 있던 이 라켓은 사실 과거에 푸마가 아르헨티나 출신의 빌라스를 위해 개발한 모델이었던 것이다. 그러나 여름이 되면서 푸마는 이 라켓을 'B. 베커 라켓', '보리스 베커 위너 라켓'이라고 소개했다. 라켓은 30만 개 이상이 팔려나갔지만 이윤을 남기기에는 가격이 너무 저렴했다.

아르민 다슬러는 신이 나서 "보리스는 내 자식, 내 막내아들"이라고 이야기하고 다닐 정도였다. 아르민의 진짜 아들들은 당시에 사업을 시작했거나 준비 중인 상태였다. 장남 프랑크 다슬러Frank Dassler는 법학을 전공하고 푸마 미국을 맡아서 경영했다. 또 다른 아들 요르크Jörg는 푸마 의류 광고 모델로 팝스타들을 섭외하는 일을 맡았고, 미하엘Michael은 미국 보스턴에서 경영학을 공부하고 있었다. 아르민은 "내 아들들이 조금 더 쉽게 사업할 수 있도록 할 것입니다"라고 단언했다.

베커에 대한 사람들의 열기는 좀처럼 식을 줄을 몰랐다. 심지어 교황 요

(오른쪽부터) 다슬러의 친구들 프랑크 엘스트너, 베커, 코치 귄터 보쉬

한 바오로 2세가 바티칸에서 최고의 테니스 선수인 베커는 물론 그의 라켓에까지 축복 기도를 해주는 모습이 언론을 통해 전해지자 푸마 매니저들은 할 말을 잃었다. 1986년 4월 초, 이온 티리아크는 5년간의 계약 연장을 제안했다. 그리고 만일 베커가 세계 랭킹 10위 안에 들면 2,700만 달러를 지급해달라는 터무니없는 조건을 내걸었다. 그 대신 베커는 언제나 푸마의 라켓과 신발, 옷을 사용하겠다는 것이었다. 매니저 중 반이 이 아찔한 액수에 분개하며 반대 의사를 밝혔다. 게르트는 아르민에게 2,700만 달러를 만회하려면 회사가 베커와 관련된 상품을 팔아서 10억 마르크라는 매출을 올려야 한다고 설명해주었다. 그러나 아르민은 완고했다. 그는 베커를 통한 브랜드 인지도의 상승을 더 중요하게 여겼다. 4월 18일, 아르민은 티리아크의 집에서 연장 계약서에 서명했다. 계약을 마치고 나서 티리아크는 베커의 또 다른 스폰

서인 에벨Ebel57의 손목시계를 흰 상자에서 꺼내 푸마 사장에게 선물했다. 다이아몬드로 장식된 시계였다. 그리고 그로부터 두 달 후, 보리스는 두 번째로 윔블던 타이틀을 거머쥐었다.

1986년에는 독일 제2TV 공영 방송사 ZDF에도 축하할 일이 있었다. 토요일 저녁에 방영되는 오락 프로그램 〈베텐 다스Wetten das〉58가 5주년을 맞은 것이다. 프로그램 기획자이자 MC인 프랑크 엘스트너Frank Elstner는 민영 방송 시대가 시작되는 시기에 〈베텐 다스〉를 통해 높은 시청률을 올리고 있었다. 9월 27일, 이 인기 많은 쇼는 바젤에서 진행되었다. 당시 이 자리에는 세계 랭킹 정상권으로 치고 올라오던 슈테피 그라프도 함께했다. 포클레인을 모는 두 남자와 분데스리가 선수 중 누가 페널티킥을 더 많이 성공시킬지를 두고 내기하는 것이 이번 회의 내용이었다.

아르민과 이레네 다슬러도 방청석에 앉아 박수를 치며 내기를 즐겁게 지켜보았다. 하지만 이들이 이곳에 온 이유는 사실 따로 있었다. 엘스트너가 슈테피 그라프와 푸마의 인연을 맺어주려고 부부를 초대한 것이었다. 다음 날 엘스트너는 아르민의 사무실에서 슈테피의 아버지 페터 그라프Peter Graf와의 만남을 주선했다. 혼자 약속 장소에 나온 페터 그라프는 그 어떤 감정의 변화도 드러내지 않고 무덤덤하게 자신이 원하는 바를 이야기했다. 그는 푸마 라켓을 사용하는 대가로 1년에 100만 달러, 푸마 옷을 입는 데도 100만 달러를 요구했다. 아르민 다슬러는 치밀어 오르는 분노를 가라앉히려 화주를 한잔 들이켰다. 당시만 해도 슈테피 그라프는 보리스 베커와 달리 아직 윔블던 우승 경력이 없는 상태였다. 두 사람은 계약을 성사하지 못한 채 헤

---

57 스위스 시계 브랜드. 보석 치장에 강한 브랜드. 세계에서 가장 비싼 시계를 제작한 바 있다.
58 '내기할까요' 라는 뜻. ZDF 인기 장수 프로그램으로서 스스로의 한계를 넘고 싶어 하는 달인들이 출연해 목표를 이루는 장면을 생방송으로 시청자에게 전달한다.

어졌다. 하지만 장기적으로 봤을 때 푸마가 슈테피 그라프와 계약을 맺었더라면 더 좋았을 것이라는 생각이 들었다.

젊은 스타들과 함께 테니스는 점차 유행하기 시작했다. 전문가들은 스포츠 의류 시장에서 테니스 관련 상품이 차지하는 비율이 30%까지 성장할 것이라고 전망했다. 1986년, 푸마는 국제스포츠용품박람회 이스포International trade fair for sporting goods and sports fashion, ISPO를 시작으로 최초의 스포츠웨어 컬렉션 판매 개시를 알렸다. 경기장이나 실내 체육관에서 입는 유니폼이 아닌 여가용 스포츠웨어 600장이었다.

당시의 홍보 매니저 헬무트 피셔는 "스포츠에 적합한 의류를 일상생활에서도 즐기는 소비자가 늘어날 것입니다"라고 전망했다. 그러나 시장 분석가들은 헤르초겐아우라흐의 패션 분야 진출에 의심스러운 눈초리를 보냈다. 이미 라코스테와 같은 기존의 강력한 브랜드 파워가 존재하는 상황에서는 성공이 어려울 것이라고 전망했기 때문이었다. 피셔는 여기에 개의치 않고 사업을 밀어붙였다. 뷘드리히 마이센 홍보에이전시Werbeagentur Wündrich Meissen의 조언을 받아 그는 네 단계 커뮤니케이션 전략을 세웠다. 첫 번째는 협회 및 클럽, 선수들을 후원하는 것이고 두 번째는 PR 활동을 벌이는 것, 세 번째는 〈키커Kicker〉[59], 〈슈테른Stern〉[60], 〈브라보Bravon〉[61]와 같은 잡지에 지면 광고를 싣는 것, 그리고 마지막으로 매장에서 판매를 촉진하는 것이었다. 푸마는 광고와 마케팅을 위한 예산 1,000만 마르크를 마련해두었다.

---

[59] 독일 축구 정보지.
[60] 독일 시사 주간지.
[61] 독일 청소년 잡지.

9 나락으로

푸마의 몰락

원만한 증권 거래, 미국에서 전해온 안 좋은 소식, 그리고 숙적의 죽음

헤르초겐아우라흐에서도 베커에 대한 열기는 뜨거웠다. 물론 헤르초겐아우라흐의 절반, 푸마에서뿐이었지만 말이다. 한편, 아우라흐 강의 건너편에 있는 아디다스에는 깊은 분노가 꿈틀대고 있었다. 경쟁 업체의 교활한 행동으로 스타 스트라이커와의 계약이 수포로 돌아간 데 대한 분노였다. 나이키 CEO 드보르도 체념하기는 마찬가지였다. 그는 미디어 산업 전문지 〈W&V〉와의 인터뷰를 통해 "독일에서 나이키는 랭킹 3위라고 봅니다. 아디다스에 훨씬 뒤처져 있지요. 게다가 보리스 베커를 통해 우리가 겨냥했던 목표 그룹을 빼앗은 푸마에도 밀려났고요"라고 말했다.

독일은 푸마와 함께 기뻐했다. 사람들은 '붐붐 보리스[62]' 에 열광했고, 누

---

[62] 서브가 강해 '붐붐 서브'로 유명했던 보리스 베커의 별명.

구라도 혹독한 트레이닝의 시간과 진심에서 우러나오는 간절함만 있다면 모든 일이든 이룰 수 있을 것 같은 희망을 보여주는 그의 모습에 환호했다. 온 국민의 이러한 환호는 푸마가 주식 시장에 상장되고 이를 통해 엄청난 재정적 어려움을 해결할 수 있는 이상적인 환경을 조성해주었다.

1985년 11월, 푸마 경영진은 합자회사를 주식회사로 변경했고, 무엇보다 시급한 투자 활성화를 위해 회사 자본을 1,400만 마르크에서 5,000만 마르크로 늘려 증권거래소에 상장했다. 아르민과 게르트는 회사 주식의 72%를 소유하고이 중 아르민은 70%, 게르트는 30%를 가졌다 나머지 28%는 장외 거래로 매각했다.

전국이 보리스라는 마약에 취하면서 동시에 푸마 주식에 대한 투자 거품도 부풀어 올랐다. 그 누구도 푸마의 파산을 예상하지 못했다. 은행들은 너도나도 푸마 주식 매입을 권유하며 푸마의 장밋빛 미래를 주장했다. 푸마의 부채 상환도 아무런 문제가 없을 것이라고 확신했다. 그러면서 그들은 "미국에서의 푸마 상품 주문 하락세도 회복되고 있다"라고만 이야기했다. 투자자들은 연간 20~30%에 달하는 엄청난 매출 증가를 놀랍게 여겼고, 베커의 우승 행진과 마찬가지로 푸마의 상황에도 큰 변화가 있을 리 없다는 데에 결코 의심을 품지 않았다. 그 누구도 과거에 푸마가 자기자본을 쌓지 못한 이유에 대해 날카로운 질문을 던지지 않았다. 그러나 아르민 다슬러가 지난 몇 년간 30마르크도 채 되지 않는 가격의 신발들과 경쟁가보다 훨씬 낮은 최대 30마르크의 트레이닝복 진입 가격으로 시장에 상품을 과잉 공급하며 총수익을 날리고 있는데 마진이 있을 리가 있겠는가?

푸마가 프랑크푸르트와 뮌헨 증권거래소에 상장되기 직전인 1986년 7월 16일, 주식 가격은 상당히 부풀려져 있었다. 의결권 없는 주식은 310마르크에 발행되었고 일주일 후 거의 600마르크로 뛰더니 8월 14일에는 영국 펀드

매니저들의 부추김으로 심지어 1,480 마르크로 발행되기에 이르렀다. 이러한 현상에 대한 〈프랑크푸르터 타게스딘스트Frankfurter Tagesdienst〉[63]의 금융 전문가들은 '전 시대를 통틀어 가장 광기 어린 주식'이었다고 평가했다.

모든 것은 마치 기름을 칠한 듯 매끄럽게 돌아갔다. 자비로운 하나님의 손길이 푸마를 보호해주는 것만 같았다. 여러모로 그렇게 보일 수밖에 없는 사건이 또 있었다.

푸마의 스타 마라도나

1986년 6월 22일, 멕시코 아스테크 경기장에서 월드컵 8강전 경기가 치러지고 있었다. 아르헨티나와 영국의 맞대결이었다. 경기가 시작된 지 51분, 아르헨티나는 경기를 주도했고 푸마의 후원을 받는 디에고 마라도나가 골을 기록했다. 사실 그의 골은 핸들링 파울이 적용되어야 했다. 그러나 이 사실을 모르고 지나친 심판은 골을 인정했고, 경기는 1대 0 상황이 되었다. 경기 후 마라도나는 인터뷰에서 만일 경기 중에 손이 사용되었다면 아마도 그 손은 '신의 손'이었을 것이라고 말했다. 그로부터 일주일 후, 아르헨티나는 독일을 상대로 결승전을 치렀다. 아르민 다슬러는 어찌할 바를 몰랐다. 푸마가 윔블던 우승을 차지한 테니스 선수는 물론 축구 월드컵 챔피언까지 후원하고 있다니 믿을 수 없는 일이었다. 이보다 좋을 수 있겠는가?

---

63 독일에서 가장 오래된 시황보고서.

취미용 슈즈 '클라이드'

그러나 냉철한 전문가들은 푸마의 사업 실적을 지켜보고 있었고 주식 시세가 앞으로도 과연 지속될 것인가 하는 부분에 의문을 제기하기 시작했다. 그리고 이윽고 푸마의 지평선에 검은 구름이 드리워졌다. 푸마의 미국 사업이 50% 이상 무너져 내린 것이었다. 〈슈테른〉은 '자력이 다한 푸마?'라는 제목의 기사를 내보내면서 푸마의 주식 발행가가 과대평가된 것이라는 의견을 내놓았다. 이 잡지는 푸마가 '커다란 바퀴를 굴리기 위해 자본이 반드시 필요한 상황이었다'라는 사실을 눈치 챘던 것이다.

그러나 다슬러 형제는 미래를 그리 심각하게 걱정하지는 않았다. 이들은 회사 CEO 자리를 내려놓고 감사원 자리에 앉았다. 10월 2일 빈첸츠 그로트가Vinzenz Grothgar가 푸마의 경영권을 물려받았다. 그는 독일의 영향력 있는 은행 베스트LB의 전 은행장이자 알프레드 헤르하우젠Alfred Herrhausen 도이체방크 은행장과 친분이 있던 인물로, 사실 스포츠와 그리 잘 어울리는 사람은 아니었다. 그는 트레이닝복보다는 고급스러운 정장을 선호했고 타탄 트랙64보다는 회사 전용기에서 더 안락함을 느끼는 스타일이었다. 그가 사장 자리에 앉음과 동시에 푸마 본사에는 갑자기 회계 감사원, 감사관, 애널리스트들이 붐비기 시작했다. 그는 마음 내키는 대로 회사를 경영했고, 주주들에

---

64 합성수지로 포장한 육상 경기용 도로.

게 회사 상황을 알리는 일을 당연한 일로 여기지 않았다. 아르민과 게르트 다슬러에게 이처럼 분열된 회사의 모습은 견디기 어려웠다.

미국 사업의 악화

그로트가가 푸마 사장으로 선출된 데는 무엇보다 그가 미국을 꿰뚫고 있는 사람으로서 미국 푸마를 일으켜주길 바란 기대가 컸다. 푸마 사업은 다슬러 형제가 관리는 물론 파악조차 할 수 없을 정도로 자영업화 된 상태였다. 이에 푸마는 일차적으로 이들에 대한 통제권을 되찾기 위해 움직였다. 그해 11월, 그로트가는 미국 서부의 퍼시픽 스포츠 주식회사Pacific Sports Inc.와 이어 동부의 애틀랜틱 스포츠 주식회사Atlantic Sports Inc.도 인수하기로 했다.

해외 사업이 무너진 것은 주제넘은 판단 때문이었다. 이 판단에 대한 대가를 치러야 했던 것은 아르민의 사촌, 아디다스의 호르스트 다슬러도 마찬가지였다. 두 사람은 미국 시장에 진출한 나이키와 리복에 대해 소비자들이 보여준 열광을 과소평가했다. 심지어 두 사람은 이런 현상을 인정하지 않았고 독일의 특기인 정밀 생산을 지속하다 보면 소비자들도 곧 브랜드의 가치를 알아줄 것이라고 확신했다. 아르민 다슬러는 후에 "우리는 안일했습니다"라는 말로 당시의 상황을 정리했다.

"값싼 제품들이 갖춘 놀라운 품질에 급습을 당한 거였죠."

그러나 1987년 초까지만 해도 그는 여전히 푸마가 나이키나 리복보다 좋은 점수를 얻을 것이라고 확신하고 있었다. 실제로도 처음에는 상황이 그리 나빠 보이지 않았다. 도매상들의 장부에 기록된 주문은 일정 수준을 유지했다. 문제는 정작 미국 매장에서 푸마 로고가 있는 상품들이 무슨 무거운 납덩이라도 매단 양 진열대에서 자리를 뜰 생각을 하지 않는다는 것뿐이었다. 미국 소비자들이 원하는 것은 최신 유행의 국산 브랜드였지 프랑켄 지방의 평범한 브랜드가 아니었다. 이러한 하락세가 이어지면서 미국 푸마는 결국 1986년에 수익률 '0'을 기록했고 이어 1987년에는 7,500만 마르크의 적자를 기록했다.

저조한 실적은 고향에서까지 지속되었고, 푸마에 드리운 실패의 그림자도 나날이 짙어졌다. 게다가 미국 푸마는 계속해서 배부른 적자를 기록하는 중이었다. 장부상으로만 보자면 푸마 본사는 수익을 보장받고 있었다. 대만 공장에서 생산된 신발들은 실제로는 미국으로 직접 조달되었지만 장부에는 상품이 우선 헤르초겐아우라흐 본사로 전달되었고 본사에서 미국으로 팔려나간 것으로 기록되었기 때문이다. 이렇게 치면 장부상으로 푸마 본사는 이익 배당 22%를 얻고 있는 데다 이익 배당이 포함된 판매 금액에 한 번 더 9%의 로열티가 붙어 수익을 얻는 셈이었다. 이렇게 계산된 이익 배당 32.98% 덕에 푸마 본사는 장부상 수익을 유지하고 있었다.

그러나 우물은 순식간에 말라버렸다. 특히 상승세를 타던 리복은 푸마 경영진에게 그야말로 수수께끼와 같은 존재였다. 당시 43세의 새로운 소유주 폴 파이어맨Paul Fireman이 지휘하고 있던 이 미국 회사는 다이내믹한 속도를 자랑하며 매일같이 성장세를 이어갔다. 1984~1987년 사이에 리복의 매출은 6,600만 달러에서 13억 3,000달러로 껑충 뛰어올랐다.

에이본Avon 매니저 출신인 파이어맨은 스포츠 패션과 관련해 여성들이, 그리고 남성들이 무엇을 원하는지 분명하게 꿰뚫고 있었다. 당시 미국에서는 에어로빅과 피트니스 스포츠가 붐을 일으키고 있었다. 소비자들에게 필요한 것은 가벼운 스포츠화였다. 이러한 유행의 파도는 미국의 영화배우 제인 폰다Jane Fonda가 샌프란시스코에 스튜디오를 열어 '에어로빅'이라는 이름의 운동을 소개하고 이후 자신의 운동 비법을 담은 《아이 필 굿I feel good》을 출간한 5년 전부터 시작된 것이었다. 파이어맨은 시장 조사를 통해 평균적으로 소비자들이 스포츠화를 구입한 지 7주 정도 지나야 신발을 편안하게 느낀다는 것을 발견해냈다. 그는 "왜?"라는 질문을 던졌다. 스포츠화를 구입한 처음 7주 동안 소비자들이 과연 무엇을, 아니 더 정확하게 운동화의 어느 부분을 불편하게 느끼는지 알아내야 했다. 그래서 스포츠화에 가벼운 가죽을 사용해보기로 하고 실험을 진행한 끝에 신고 벗기에 편리한 최초의 슬립온 슈즈Slip-on shoes[65]를 개발했다. 신발은 그야말로 선풍적인 인기를 몰고 왔다. 당시 스포츠화의 80%가 프로 선수용이 아닌, 단순한 취미 스포츠용으로 판매되는 상황을 고려하면 당연한 반응이었다.

나이키도 속력을 내기 시작했다. 나이키는 돈 없는 사람보다 돈 많은 사람들을 타깃으로 정했다. 상품의 가격을 올려 그것을 사고 싶게끔 하는 것이 그들의 전략이었다. 1.98m 키를 자랑하는 스타 농구 선수 마이클 조던Michael Jordan의 나이키 운동화를 가지고 싶은 사람들은 실제로 그것을 구입하기 위해 허리띠를 졸라맸다. 푸마가 나아갈 길을 알지 못하고 헤매는 동안, 나이키는 푸마보다 5년은 더 앞서나갔다. 나이키가 파는 것은 상품이 아니라 쿨한 인생에 대한 사람들의 욕망이었다. 스포츠화의 가격이 성능과 비교해 과연 합리적인가 하는 문제는 이제 그리 중요한 것이 아니었다. 반면에 푸마가 내놓은 값싼 '보리시모Borissimo' 컬렉션은 쿨한 것과는 전혀 상관이 없었다. 보리시모를 차치하고라도, 당시에 출시된 상품 중에는 푸마 직원들이 오늘날까지도 부끄럽게 여기는 것이 하나 있다. 바로 '시티 스포츠 슈즈City Sport Schuhe'로, 이것은 애초부터 아르민 다슬러가 대형 아웃렛에서 마

---

[65] 묶는 끈이나 죔쇠 없이 신을 수 있는 신발의 총칭.

구잡이로 팔아치울 목적으로 급하게 개발한 신발이어서 가만히 보면 꼭 피복 창고에 보관된 공급 물품 같은 느낌이었다.

쓰디쓴 보조금

푸마에 불어닥친 위기는 단지 주가의 하락에서만 그치지 않았다. 회사 역사상 처음으로 다슬러 가문은 금방이라도 무너질 듯 위태로운 상황에 처해 있었다. 아르민과 게르트는 회사 적자를 만회할 요량으로 자신들의 지분을 담보로 도이체방크에서 6,200만 마르크의 후순위 대출을 받아 회사에 쏟아부었다. 동시에 형제는 1987년 1월 9일을 기점으로 다시 푸마의 경영권을 잡았다. 다시 CEO 자리에 앉은 아르민은 당뇨병에 시달리는 데다 술을 너무 좋아해서 건강이 좋지 않은 상태였다. 2월에는 아르민이 게르트의 지분을 넘겨받았고 그로트가는 감사회에서 물러나 푸마 미국 책임자로서 그곳의 문제들을 해결하는 데 집중했다. 그러나 푸마에 대한 외부의 신뢰는 무너졌다. 애널리스트들은 하나둘씩 푸마의 주식 매각을 추천했다. 프랑크푸르트 DG 방크그룹Deutsche Genossenschafts Bank Group[66]은 "푸마에 대한 환상이 깨졌다"라며 "현 주식 흐름을 볼 때 푸마가 다시 견고해지는 데는 시간이 필요할 것으로 보인다"라고 평가했다.

이 정도의 악재로는 부족했는지 이번에는 아디다스의 사촌 호르스트까지 푸마를 공격해왔다. 사실 이들은 프랑스 사업을 하던 시기부터 사실상 휴전 상태에 있었다. 그러나 호르스트는 1987년 3월, 부다페스트의 포럼 호텔에

---

[66] 독일의 은행. 독일과 전 세계에 지점과 지사를 통해 영업 활동 중이며, 본사는 프랑크푸르트에 있다.

서 기자들 앞에 나서 푸마의 상황은 사람들의 평가보다 훨씬 심각하며 푸마는 절대 회복할 수 없을 것이라고 말하면서 휴전에 종지부를 찍었다. 그는 금융 기관이 푸마를 주식 시장에 상장시킨 것은 '엄청난 스캔들'이며 그로 말미암아 전 스포츠용품 업계에 그림자를 드리웠다고 무자비한 비난을 퍼부었다. 도이체방크는 이에 잽싸게 반격했다. 도이체방크는 증권 거래 설명서를 통해 푸마의 미국 사업 문제를 언급했으며 주식 발행가인 310마르크도 회계 법인의 근거 있는 제안에 따라 결정되었다고 설명했다. 그리고 아직은 푸마의 주가가 공모가보다 높은 상황이기 때문에 주식을 매입한 주주들이 손해를 봤다고 할 수는 없다고 주장했다.

같은 다슬러 가문 출신의 호르스트가 푸마를 공격한 데에는 그만한 이유가 있었다. 스포츠화와 유니폼이 아닌 회사의 존재 자체를 놓고 싸우던 그는 푸마가 혹여 다른 경쟁사에 합병되어 아디다스에 위협적인 존재가 될지도 모른다는 두려움이 있었던 것이다. 호르스트 다슬러는 언론에 푸마 때문에 엄청난 손해를 입은 기업들이 있었다고 알렸다.

푸마가 곧 매각될 것이라는 소문이 늘면서 푸마를 매입하게 될 잠재적 주인공의 리스트도 계속 늘어났다. 실제로 다슬러 형제는 수십억 달러가 넘는 자산을 갖춘 메트로Metro[67] 창업자 오토 바이스하임Otto Beisheim, 프랑스 혼합 합병 유한책임회사 MTR 등과 접촉하기도 했다. 바이스하임은 푸마를 1억 마르크에 인수하겠다고 했으나 인수 합병 논의는 수포로 돌아갔다. 아르민과 게르트가 인수 가격에 대해 한 목소리를 내지 못한 탓이었다.

1987년 4월 9일, 헤르초겐아우라흐는 충격에 빠졌다. 이 소식을 듣고 푸마의 CEO도 눈물을 흘리지 않을 수 없었다. 아디다스의 사장 호르스트 다슬

---

67 독일 소매업체 그룹.

러가 51세의 젊은 나이로 사망한 것이었다. 그 누구도 예상하지 못한 죽음이었다. 측근들은 호르스트의 몸에 종양이 퍼져 있었다고 전했다. 5주 전, 호르스트는 이스포에서 푸마 부스를 찾아와 친분 있는 몇몇 판매 직원과 악수를 했었다. 조문을 온 그들은 그것이 그의 마지막 인사였다는 사실을 까마득히 모르고 있었다. 그의 죽음 이후, 언제나 권력에 목말라 했고 화려한 인맥을 자랑하던 호르스트가 아디다스에서 얼마나 중요한 역할을 해왔는지가 분명하게 드러났다. 막강한 성능을 자랑하던 유조선 아디다스는 그 후 방치된 채로 표류했다. 아디다스는 푸마와 마찬가지로 하락세를 이어가며 엄청난 적자를 기록했다.

10 혼란

도이체방크 시대의 도래
비싼 선수들, 쫓겨난 형제와 계속되는 소유주 교체

    미국의 정치인 벤저민 프랭클린Benjamin Franklin은 18세기에 "만약 제군이 돈의 가치를 알고 싶으면 나가서 얼마의 돈을 빌려보라"라는 말을 남겼다. 다슬러 형제는 6,200만 마르크라는 돈을 빌린 대가로 희생을 치러야 했다. 도이체방크 대표에게 푸마의 지배권을 넘겨주게 된 것이었다. 도이체방크는 푸마의 주채권자로서 회사를 장악하고 경영을 시작했다. 하지만 이들에게 장기적인 전략이 있는 것은 아니었다. 그들이 하는 일은 주로 새로운 임원진을 구성하고 직원들을 교체하는 일이었다. 결론부터 말하자면 이들은 다슬러 형제보다 조금도 나을 것이 없었다. 오히려 그 반대였다. 도이체방크가 경영권을 쥐고 나서부터 푸마는 무려 6년 동안이나 유례없는 하락세를 지속했다. 회사는 멈출 줄 모르고 파산을 향해 내달렸다. 푸마의 몰락은 분명 도이체방크 책임자들이 보여준 최악의 경영 실수 중 하나였음이 분명했다. 이미 중상을 입은 스포츠용품 회사를 증권거래소에 상장시킨 것도 모자라 계속해서 경영진을 교체하다니! 푸마는 1992년에 새롭게 등장한 요헨 차이츠라는 젊은 CEO가 혹독한 기업 회생 과정을 거쳐 도이체방크를 경영에서 밀어내기까지 오랫동안 어두운 터널 속을 걸었다.

1987년 10월 19일, 첫 번째 주주 총회가 열렸다. 뮌헨 쉐라톤 호텔 회의장은 화려하게 치장한 채 행사 시작을 기다리고 있었다. 그러나 행사장만 화려할 뿐, 주주들은 파티 따위를 즐기고 싶어 이 자리에 온 것이 아니었다. 이들은 형편없는 사업 실적과 주식 시세 때문에 실망과 노여움으로 뒤엉켜 있었다. 이날 아르민 다슬러는 사업가로 살아온 자신의 인생에서 최악의 순간을 경험했다. 아르민은 주주들에게 증권 시장에서의 황금빛 미래를 약속해줄 수 없다는 사실 때문에 죄책감에 시달리고 있었다. 고뇌 끝에 그가 내린 결정은 증권 시장 역사상 유례없는 아주 놀라운 것이었다. 자신의 돈을 털어 주주들에게 1주당 1마르크의 이익 배당금을 주겠다고 발표한 것이었다.

이것이 다슬러 가문 출신의 CEO 아르민이 푸마를 위해 할 수 있는 마지막 일이었다. 이날을 기점으로 도이체방크는 최종적으로 푸마에서 다슬러 가문을 내쫓기로 했다. 아르민과 게르트를 위해 마련해준 감사원 자리도 형식적인 것에 불과했다. 이렇게 회사를 떠난 형제들은 그 후로 회사에 대해 공식적으로 발언하는 일이 없었으며 모든 의사 표현은 함부르크 출신의 변호사를 통해 이루어졌다.

총회 의장도 이제는 다른 사람이 맡았다. 그 주인공인 54세의 만프레드 엠케Manfred Emcke는 자아가 강하고 기업의 회생을 이끌어줄 것 같은 이미지를 가진 인물로, 과거에 '경영 컨설턴트'로 아르민 다슬러의 기업에서 일했던 경력이 있었다. 전 포르베르크Vorwerk[68]와 렘츠마Reemtsma[69] 사장이었던 엠케는 과거에도 행군 불능한 가족 회사를 일으켜 세운 경험이 있었고 그로트가와 마찬가지로 헤르하우젠 도이체방크 은행장의 신임을 얻고 있었다. 그에게는 아무런 희망이 없는 상황에서도 사람들에게 신뢰를 주는 수사학적 언변이 있었고, 총회에서 그는 이러한 능력을 유감없이 발휘했다. 이러한 낙관주의는 그가 푸마 감사회의 수장으로 올라서는 데 큰 도움이 되었다. 그리고 그 결과, 운 없는 빈첸츠 그로트가는 같은 날 책상을 비우고 회사를 떠나야 했다.

엠케는 즉시 아르민 다슬러의 뒤를 이을 인물을 데려왔다. 그가 고른 적임자는 47세의 한스 보이체츠케Hans Woitschätzke였다. 엠케는 감사회 수장으로 뽑히기 전 '적절한 시기에 적절한 인물'을 데려올 것이라고 약속한 바 있었다. 그러면서 그는 "전통적인 인물과 함께해서는 이런 일을 추진할 수 없다"라는 말로 다슬러를 겨냥하며 비아냥거렸다.

본래 아이스하키 선수를 꿈꿨던 인쇄업 전문가 보이체츠케는 실제로 무너져 내린 푸마에 꽤 괜찮은 CEO였다. 그는 스포츠 업계에서 자랑할 만한 경험도 있었다. 보이체츠케는 1972년에 노르딕 스키70 장비 제조업체 트랙Trak을 설립했고 활주로에서 스키를 탈 때 필요한 고무팁을 개발해냈다. 그리고 9년 후에는 오스트리아의 파산한 스키 제조업체 크나이슬Kneissl을 인수해서 일으켜 세웠다. 푸마 CEO 자리에 앉은 보이체츠케는 "저는 공정하지 못한 행위가 포함된 공격에 어떻게 대항해야 하는지 알고 있습니다"라며 아디다스를 겨냥한 말을 던졌다. 그리고 회사의 회생 가능성에 대해 매우 낙관적인 전망을 자부했다.

---

68 생활가전 전문업체.
69 담배회사.
70 노르웨이를 비롯한 북유럽 스칸디나비아 지방에서 발달한 스키 기술 또는 경기 종목을 통칭하는 말로서 거리 경주와 점프, 그리고 이 두 가지를 합친 복합 경기로 나뉜다.

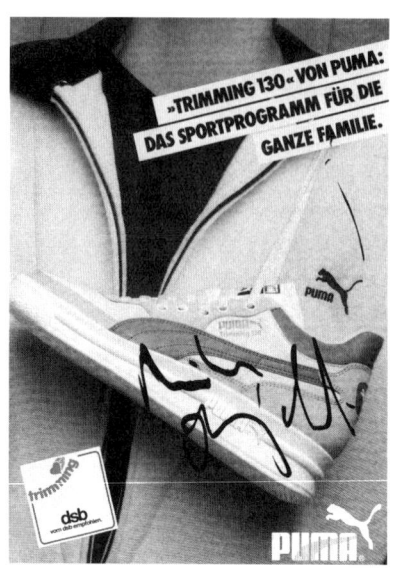

트림 트랩의 후유증으로 푸마는 백만 단위의 손해가 발생하기도 했다.

"사람들이 생각하는 것보다 우리는 더 빨리 회사를 일으킬 수 있을 것이라고 믿습니다. 큰 문제들도 해결되었고, 우리의 회생 콘셉트는 훌륭합니다."

그러나 이것은 거짓말이었다!

지출을 줄이자는 계획은 다슬러 형제들도 이미 오래전부터 세웠던 것이다. 푸마는 좋은 성적을 내는 스타 선수들과 스포츠 협회, 클럽에 매년 약 5,000만 마르크를 지불해왔는데, 이는 안 그래도 이전부터 청산할 대상으로 꼽혔다. 테니스 스타 보리스 베커와 마르티나 나브라틸로바Martina Navratilova를 제외한 다른 선수들은 이제 헤르초겐아우라흐의 후원을 받지 못하게 될 수도 있는 위험한 상황이 되었다. 그러나 더 큰 문제는 엄청난 공격을 가해오는 나이키와 리복에 대적할 만한 전략이 없다는 것이었다. 푸마와 아디다스는 미국에서 건너오는 두 제조업체의 가벼운 제품들을 그저 한때 유행에 그칠 것이라고 확신하며 이들의 성장을 별것 아니라고 여겼었다. 아디다스 사장 호르스트 다슬러는 1985년, "1987년은 우리가 무엇보다 미국과 일본을 공략한 대대적인 해로 기록될 것입니다"라며 호언장담한 적도 있었다. 당시만 해도 아디다스는 미국 시장에서 랭킹 2위를 차지하고 있었다. 그러나 1년 후 아디다스는 4위로 추락했고 푸마는 심지어 5위를 기록했다.

이제 헤르초겐아우라흐는 약 90%의 점유율을 차지하는 독일 시장에서의 주도권마저 빼앗길 위기에 처했다. 앤서니 처칠Anthony Churchill 나이키 독일 지배인은 "푸마와 아디다스의 시장 독점을 무너뜨리겠다"라며 선전포고했고 리처드 리첼Richard Litzel 나이키 독일 책임자는 심지어 1987년에 나이키가 독일에서 매출 1,000만 마르크를 달성할 것이라고 전망했다. 그리고 나이키는 실제로 이를 불과 4개월 만에 달성해버렸다. 이뿐만 아니라 나이키와 리복의 탄력성 좋은 수입 스포츠화는 뮌헨의 스포츠용품 매장 쉐크Scheck와 함부르크의 괴르츠Görtz 스토어까지 점령에 나섰고, 오르락내리락하기를 반복하며 프랑켄 지역에서 만들어진 단단한 스포츠화를 위협해왔다.

이듬해인 1988년에도 푸마의 상황은 나아지지 않았다. 패션업계와 협력하여 급하게 출시한 컬렉션은 비용만 들였을 뿐, 이를 팔겠다고 나서는 사람은 없었다. 결국 이 상품들은 백화점 체인 카우프호프Kaufhof와 카슈타트Kardstadt나 아웃렛의 할인 상품 진열대로 올라가고 말았다. 미국에서도 푸마가 발을 디딜 만한 자리는 보이지 않았다. 그러자 보이체츠케는 자신의 지인이자 법률가인 크리스토퍼 "토비" 스미스Christopher "Toby" Smith를 미국에 보내 경영자매수MBO[71]를 맡겼다. 푸마의 경영진이 회사의 도움을 받아서 미국 자회사를 인수하고 이를 통해 푸마는 미국의 한계 기업을 정리하려는 의도였다. 합법적인 방식인 것은 틀림없지만 푸마가 모든 지출과 손해를 떠안아야 하는 의심스러운 부분이었다. 물론 경영진은 주주들에게 이러한 사실을 비밀로 했다. 어쨌거나 보이체츠케와 스미스는 1988년 여름에 푸마

---

[71] 기업이 계속해서 적자를 내거나 기업 경영에 한계가 드러나 이를 팔 경우, 해당 기업의 경영진이 기업의 전부 또는 일부 사업부나 계열사를 인수하는 기업 구조조정의 한 방법이다. MBO의 주목적은 구조조정과 고용조정, 경영자와 종업원의 고용 안정을 통해 경영 능력 극대화가 가능하도록 하는 것으로 이 방식은 회사의 사정을 누구보다 잘 알고 회사에 대한 애사심이 높은 현 경영진이 최대 주주가 됨으로써 책임 경영을 가능하게 하는 이점이 있다.

미국 자회사를 미국 스포츠 엔터프라이즈 주식회사SEI로 독립시켰다.

은행 직원의 투입

당시 푸마는 도무지 도약할 것처럼 보이지 않았다. 회사 사정이 점차 좋아진다는 보이체츠케와 엠케의 말은 모두 거짓이었다. 보이체츠케는 좋지 않은 회사 사정을 결코 내색하는 일이 없었다. 한 해가 절반 정도 흐르자 그는 심지어 수지 균형을 맞추겠다는 허황한 약속까지 했다. 물론 그는 며칠도 채 되지 않아 이 약속을 수정해야 했다. 이제 그는 "수익을 올릴 수 있을 정도"라고만 이야기하고 다녔다. 경영 컨설턴트 롤란트 베르거Roland Berger 아래의 은행 직원들은 푸마의 사업 영역을 계속해서 삭제해나갔고, 전문 기자들은 과연 푸마가 언제쯤 헐값에 매각될지를 놓고 추측 기사를 써댔다. 다슬러 가문이 받은 대출의 상환금은 아직도 2,150만 마르크나 남아 있었다. 보이체츠케는 상품 라인을 대폭 줄이겠다고 밝혔고, 이에 신발과 직물 약 3분의 1이 아무런 대체 전략 없이 사라졌다.

그러나 당시에 푸마 경영진이 원한 것은 무엇보다 값비싼 파트너에게서 벗어나는 것이었다. 그들은 더 이상 보리스 베커의 후원 계약을 원하지 않았다. 2년 전, 전 국민을 테니스에 열광하게 했던 이 붉은빛 금발의 보리스 베커는 그가 가진 매력의 정점을 찍고 하락세에 있었다. 게다가 탈세와 여성 편력 등으로 파파라치의 먹잇감인 상황이었다. 보이체츠케는 1984년에 체결한 2,700만 마르크의 스폰서 계약을 해지하기 위해 윔블던 경기가 펼쳐지는 도중에 베커의 매니저 이온 티리아크를 찾아갔다. 루마니아 출신의 티리아크는 이전보다 친절하지 않은 태도를 보였고, 더 이상 몬테카를로에 있는 자

신의가 두터운 친구들. 다슬러(중앙)와 유프 하인케스, 우도 라테크, 오토 레하겔(왼쪽부터). 사진 속에서는 미국 스프린터 에브린 애쉬포드(Evelyn Ashford)도 함께하고 있다.

신의 집으로 그를 초대하지도 않았다. 어쨌든 집요한 협상 끝에 티리아크는 푸마와의 계약 해지에 동의했다. 그러나 푸마의 라켓을 고집하던 베커는 1988년 여름 도르트문트에서 열린 데이비스컵에서도 푸마 라켓을 사용했다. 다만, 그의 라켓에 푸마의 엠블럼은 없었다.

한편 베커 외에도 아르민 다슬러가 통 크게 선수 연금까지 지급하기로 계약한 스타 선수는 많았다. 그중 한 명이 독일 축구 클럽 감독으로 성공한 우도 라테크였다. 아르민은 라테크가 푸마 상품을 사용하는 대가로 천문학적 규모의 로열티를 약속해주었다. 이를 계산하면 라테크는 1년 동안 18만 마르크라는 로열티를 챙겼고, 심지어 이 계약은 그가 65세가 될 때까지 지속된다는 조건이었다. 라테크와의 계약은 이후 요헨 차이츠가 푸마 CEO로 부임

다슬러 형제 125

하고 나서야 해지될 수 있었다. 이 밖에 마르티나 나브라틸로바, 축구의 신 디에고 마라도나도 계약 해지 통보를 받았다.

보이체츠케는 새롭고 젊은 팀을 구성해서 어떻게든 회사의 방향을 돌리고 싶었다. 그러나 계약 해지에 따른 위약금을 치를 돈이 없었고, 이 때문에 나이 든 고집 센 임원진을 어떻게 처리할 방법이 없었다. 그는 해고 집행위원으로 트리움프 아들러Triumph-Adler[72] 출신의 44세 베른트 치만스키Bernd Szymanski를 임명하고, 아울러 그에게 기업 통제, 회계, 운영에 대한 책임을 맡겼다. 회사 직원들은 그를 '절약 장관'이라고 불렀다.

이전까지 푸마에서 소홀히 여겨지던 마케팅 분야는 남아공 출신 철학 박사 학위자이자 전 초콜릿바 생산업체 마스Mars의 매니저였던 38세의 칼 테일러Karl Taylor가 담당했다. 수출은 보이체츠케가 고글 제조업체 유벡스Uvex에서 스카우트해온 36세의 게르하르트 숄츠Gerhard Scholz가 맡았다. 독일 시장은 전 프록터앤갬블PROCTER&GAMBLE의 판매 책임자인 37세의 에버하르트 쾨른Eberhard Körn이 맡았다. 그는 판매업자들에게 최초로 '푸시'라는 이름의 노트북을 공급한 인물이었다. 그러나 이해의 사업 결과는 여전히 엉망이었다. 8억 마르크를 기록한 매출은 전년도와 비교하면 5,000만 마르크나 줄어든 것이고, 푸마는 또다시 1,240만 마르크의 적자를 남겼다.

아르민 다슬러는 여전히 다임러 자동차를 타고 매일 아침 푸마 본사로 출근했다. 그가 자신의 넓은 사무실 책상 앞에 앉으면 비서가 따뜻한 차를 가져다주었다. 그러나 그뿐, 그에게는 더 이상 할 수 있는 일이 없었다.

헤르초겐아우라흐 본사의 임원진이 푸마의 규모를 최소한으로 줄이고 한편에서는 도이체방크가 절박하게 아르민과 게르트 다슬러의 지분 72%에 관

---

[72] 독일의 사무용 기기 생산업체. 본사는 뉘른베르크에 있다.

심을 보이는 투자자를 찾고 있을 때, 나이키는 엄청난 속도로 오직 앞을 향해 달려가는 중이었다. 소비자는 물론이고 나이키의 직원들까지 나이키를 숭배하기에 이르렀다. 사람들은 나이키의 로고 '스우쉬swoosh' [73]로 문신을 했고 나이키의 후원을 받는, 농구의 절대 신으로 떠오른 마이클 조던에 도취했다. 푸마는 쇠약해질 대로 쇠약해져 결국 루저사전적 의미는 '실패자'의 뜻-옮긴이 브랜드가 되어버렸다. 또 학교에 푸마 신발을 신고 가면 그나마 가장 나은 반응이 동정이었고 대개는 놀림거리가 되었다.

새로운 소유주

아시아에서는 코사 리베르만Cosa Liebermann이 푸마와 협력하고 있었다. 코사 리베르만은 스위스 출신의 요한 밸흘리Johann Wächli와 에른스트 리베르만Ernst Leibermann이 1912년에 일본에서 '리베르만-밸흘리&Co.'라는 이름으로 설립한 무역 주식회사로 직물을 주 사업 상품으로 다뤘다. 1970년부터 코사 리베르만은 아시아에서 헤르초겐아우라흐의 제품을 판매하기 위한 일종의 베이스캠프를 운영했다.

코사 리베르만의 CEO 귀도 케루비니Guido Cherubini는 스위스 상트 갈렌 인근에서 태어난 인물로, 판매를 통해 푸마의 수익에 보탬이 되었을 뿐만 아니라 다슬러 가족과도 친분이 있었다. 그러나 하마터면 이러한 인연이 맺어질 기회가 날아갈 뻔한 일이 있었다. 1972년에 헤르초겐아우라흐 본사를 찾은 그는 로비에서 몇몇 푸마 직원과 이야기를 나누고 있었다. 그때 갑자기

---

[73] '승리의 여신' 날개를 형상화했다는 '스우쉬(swoosh)' 마크. 나이키의 로고이다.

푸마 '라이브' 컬렉션

그가 아디다스라는 단어를 언급하며 그 브랜드의 신발에 열광한 모습을 보였다. 그러더니 순진하게도 푸마 직원에게 물었다.

"아디다스도 이 지역에 있지 않나요?"

직원은 싸늘하게 대답했다.

"루돌프 다슬러를 2분 이상 만나고 싶으시다면 그 단어는 언급하지 마세요. 그냥 'NG' 라고 하세요."

"NG요?"

케루비니의 물음에 푸마 직원이 대답했다.

"NG, '언급하지 않는다 Nicht genannt' 의 약자입니다."

직원이 전해준 이 말은 아주 훌륭한 팁이 되었고, 루돌프 다슬러와 만남은 수월했다. 케루비니는 아르민 다슬러와도 우정을 나눴다. 그와 만난 이후로 아르민은 어느 날 갑자기 저 먼 동쪽의 예언술과 풍수 사상에 관심을 쏟기도 했다.

한편, 회사에서 가장 문제가 시급한 '상품 조달' 문제를 해결하기 위해 이들은 홍콩에 월드 캣 리미티드World Cat Limited를 설립하기도 했다.

1989년 4월 초 케루비니는 다시 한 번 헤르초겐아우라흐를 방문했다. 제네바에서 온 코사 리베르만의 사외이사 클로드 바비Claude Barbey도 이곳을 찾았다. 스위스 출신의 두 사람은 코사 리베르만이 과연 다슬러 형제의 지분 72%를 인수할 것인가를 두고 오랜 시간 논의한 적이 있었다. 최종적으로 그들은 명확한 'Yes'로 합의에 도달했다. 이들에게는 투자할 돈이 충분했고 두 사람은 무엇보다 푸마의 높은 브랜드 잠재력을 발견했다. 4월 13일, 지분 인수가 이루어졌다. 그리고 이 날 이후로 아르민과 게르트 다슬러는 법률상 푸마와 아무런 관련이 없는 존재가 되었다. 추측일 뿐이지만 코사 리베르만은 푸마의 경영권을 인수하는 데 약 8,500만 마르크를 지급했다고 한다. 사실 증권 시장 가치에 따르면 이들은 푸마에 3억 마르크 이상을 치렀어야 한다. 무엇보다 은행이 6,200만 마르크를 가져갔다는 계산은 이론상의 이야기일 뿐, 사실 아르민은 회사에 피해를 주지 않으려고 보상받기를 포기한 상태였다. 그는 은행에 편지를 보내 푸마가 다시 수익을 올리기 시작하면 그때 돈을 달라는 의견을 전달했다.

보이체츠케를 중심으로 한 푸마 경영진은 한숨을 돌렸다. 그러나 새로운 소유주가 생겼다는 안도감은 그리 오래가지 못했다. 3개월 후 코사 리베르만은 스위스 대기업 스테판 슈미드타이니Stephan Schmidtheiny에 합병되었다. 그러나 푸마에 대한 이 회사의 관심은 겨우 6개월 지속되었다. 6개월 후 회사는 새로운 투자자를 찾아 나섰지만 일은 잘 풀리지 않았다. 계속되는 회사 소유주의 교체는 누가 맡든 푸마가 분명한 노선을 걷는 것을 어렵게 했다.

1989년 8월 28일. 함부르크 출신 변호사 베르너 호퍼Werner Hofer는 푸마 주식회사의 대차대조표를 꼼꼼하게 확인했다. 그는 스웨덴 기업 아리트모스Artimos의 최고 경영자인 잉그바르 베네헤드Ingvar Wenehed와 긴밀한 사업적 관계를 유지하는 사람이었다. 호퍼는 베네헤드의 의뢰로 전 세계를 돌며 복합 기업인 아리트모스의 소유가 될 새로운 후보자를 물색하는 중이었다. 아리트모스는 테니스공 브랜드 트레통Tretorn, 골프화 브랜드 에토닉Etonic, 전기 제초기 브랜드 스티가Stiga 등을 소유한 회사로, 특히 미국 시장을 중심으로 회사를 운영했다. 대차대조표를 확인한 호퍼는 놀라운 사실 하나를 발견해내고 즉각 베네헤드에게 알렸다. 바로 푸마가 100만 마르크 이상의 수익을 올릴 잠재력이 있다는 분석이었다. 호퍼는 브랜드를 제대로 관리하기만 하면 회사는 다시 흑자를 기록하게 될 것이라고 말했고, 베네헤드는 진지하게 그의 말을 듣고 나서 결정을 내렸다. 푸마를 사자!

11월 27일에 아리트모스 CEO 베네헤드와 변호사 호퍼, 그리고 푸마 CEO 보이체츠케가 뮌헨 공항에 모였다. 그리고 루프트한자 항공편을 이용해 홍콩 코사 리베르만의 대표 케루비니를 찾아갔다. 이들은 몇 시간 만에 합의에 도달했다. 아리트모스는 1990년 1월 30일을 기점으로 코사 리베르만의 지분 49.9%를 인수하기로 했고, 나머지 22.1%에 대해서는 옵션거래에 내놓기로 했다. 이 주식 분할 덕에 새로운 대주주가 된 베네헤드는 같은 해에 적자가 많은 푸마를 일단 장부에 기입하지 않아도 되었다. 1991년 2월, 아리트모스는 곧 지분을 72%로 늘렸다.

11월 30일, 베네헤드와 호퍼는 뮌헨 칼스플라츠Karlsplatz에 있는 도이체방크를 찾았다. 푸마 관련 문제를 하루빨리 처리하기 위함이었다. 회의실로 안내받은 이들은 약속 상대를 기다렸다. 그러나 헛된 기다림이었다. 한참을 기다렸을 때야 은행의 대변인이 회의실로 들어와 그들에게 도이체방크의 은행장인 알프레드 헤르하우젠이 암살당했으며 모든 미팅이 취소되었다고 알렸다. 헤르하우젠은 하필이면 바로 지난해에 푸마의 소유주 문제의 책임자로 지정되었었다. 이 사건으로 푸마 문제의 처리는 며칠 후로 연기되었다.

동독인들이 몰려오다

1989년은 1988년만큼이나 절망적인 해였다. 푸마의 매출은 또다시 5억 2,000만 마르크로 줄어들었고 적자는 1,320만 마르크로 늘어났다. 그러나 한편으로 그해는 회사 역사상 가장 역동적인 한 해로 기록되었다. 여러 차례의 소유주 교체와 도이체 방크 은행장의 죽음도 그 이유였지만 그보다 더 큰 사건이 발생했다. 바로 11월 9일, 베를린 장벽의 붕괴를 일으킨 혁명이 시작된 것이었다. 수백만에 달하는 동독인이 서독으로 넘어왔다. 동독인들은 쇼핑센터로 몰려들었고, 대다수 동독인은 서독에 자리를 잡았다. 푸마에 베를린 장벽의 붕괴는 매출 상승의 희망을 안겨주는 어마어마한 국내 시장의 확장을 의미했다.

독일의 분위기는 나쁘지 않았고 모든 것이 통일을 향해 달려가고 있었다. 푸마의 주주들은 1990년 7월, 총회를 위해 뮌헨 쉐라톤 호텔에 모였다. 그러나 희망적인 사회 분위기와는 달리 주주들의 마음은 무거웠다. 소액주주들이 "나는 푸마에 벌써 몇 년간 이자 없는 대출을 해줬습니다"라며 불만을 터뜨린 것이었다.

"나는 세상에 이런 주주가 있을 거라고는 한 번도 생각해본 적이 없습니다. 이러느니 차라리 기부를 하겠습니다!"

소액주주들의 분노에 찬 발언에 한스 보이체츠케는 다시 회사 상황을 미화하고 나섰다.

총애를 잃어버린 아르민 다슬러

"수익을 올릴 수 있는 상황이 손만 뻗으면 닿을 수 있을 만큼 가까이 다가왔습니다."

그는 각종 수사학적 속임수로 실제로 푸마가 이미 사망 선고를 받은 상황이라는 것을 숨겼다.

은행은 이제 더 이상 푸마에 아무런 관심을 보이지 않았다. 푸마의 부채는 어마어마했고 회복되리란 희망은 보이지 않았다. 은행은 명목상의 자본을 2,000만 마르크로 늘려야 한다며 압박해왔고, 만일 이것이 실패하면 아리트모스에 주식이 넘어갈 것이라고 전했다. 결국 아리트모스는 점진적으로 지분을 늘려가며 푸마 자본의 80%를 소유하게 되었다.

아르민 다슬러는 그의 사무실에서 푸마의 몰락을 지켜보았다. 그는 푸마의 전 동료들을 한자리에 불러 모았다. 이들은 사무실 옆의 바에서 회사의 현 상황에 대해 논의했고, 이윽고 가슴으로부터 깊은 좌절을 맛보아야 했다. 늦은 오후, 이들은 장소를 옮겼다. 300m 떨어진 다슬러의 집이 이들의 목적지였다. 알프스 곤돌라가 멈춰서는 호숫가 역 같은 곳이었다. 다슬러에게 집 지하에 마련된 파티룸은 좋은 시절에 대한 기념관 같은 곳이었다. 이곳에서 그는 디에고 마라도나, 보리스 베커와 같은 선수들과 계약을 체결했다. 로타어 마테우스를 비롯한 스타 선수들은 이곳을 자주 들렀고 축구의 신 펠레도 이곳에 온 적이 있었다. 우도 유르겐스가 새 음반이 나왔다며 레코드판을 들고 이곳을 방문할 때면 사람들은 함께 노래를 부르고 술을 마셨고, 이 팝 가

수는 다슬러의 집 게스트룸에서 하룻밤을 묵고 가기도 했다.

다슬러는 중상을 입었다. 그의 신경은 이제 제대로 작동하지 않았다. 돈에 대한 걱정, 비참하기 짝이 없는 미국 사업과 금융 기관과의 고된 협상은 삶의 기쁨을 앗아갔다. 그리고 그는 과거 아내와 결혼식을 올렸던 잘츠부르크로 아내와 함께 여행을 떠나는 일이 잦아졌다. 자신을 무겁게 짓누르는 압박에서 벗어나려는 몸부림이었다. 이윽고 그의 몸은 이러한 압박에 항복하고 말았다. 암 덩어리가 그의 간을 갉아먹고 있었던 것이다. 그는 에를랑겐 대학병원에서 죽은 신생아의 장기를 이식받았다. 그러나 이마저도 허사였다.

1990년 10월 14일 오후 2시 30분. 아르민 다슬러는 61세라는 나이에 자신의 집 병상에서 죽음을 맞이했다. 아내와 아들 미하엘Michael, 프랑크Frank는 그가 죽기 직전까지 그의 곁을 지켜주었다. 유족은 가까운 가족만 참석해 그의 마지막 가는 길을 지켜주자는 결정을 내렸다. 이에 장례식에는 가족을 제외하고는 운전사 만프레드 링거와 다슬러의 비서 엘프리데 에크만만이 참석했다. 10월 17일 오전 8시. 영혼이 사라진 아르민의 시신을 상여꾼 네 명이 묘지 옆에 있는 작은 예배당으로 옮겼다. 검은빛의 빨간 장미 백 송이가 그의 관을 덮었다. 그리고 그로부터 2년 후, 아르민의 마지막 소원이 이루어졌다. FC 쾰른의 열정적인 후원자였던 그는 묘비로 쾰른 대성당의 2m 길이의 뾰족탑을 받았다.

'미스터 푸마'의 죽음이 알려지자 푸마 본사에는 충격의 파도가 밀려왔다. 직원들 대부분이 그를 존경했다. 편협한 경영 방식으로 기업을 파멸의 끝자락으로 몰아넣었던 그의 과거는 모두의 기억에서 잊힌 지 오래였다. 이제 푸마와 다슬러가는 아무런 상관이 없는 관계가 되었다. 아르민 다슬러의 아들 중 한 명이 뷔르츠부르크가의 푸마 본사에 나타나기까지는 몇 년이 더 걸렸다.

푸마의 귀환 2

2007년 4월 24일. 슈타우펜베르크가Stauffenbergstraße에 자리한 베를린 마리팀 호텔은 푸마 로고로 뒤덮였다. 이곳 대형 홀에서 국제 판매 컨퍼런스 '고우 라이브 2Go live 2'의 저녁 행사가 진행되고 있었다. 반짝반짝 빛을 발하는 매끄러운 검은 무대 위에 금발의 한 남자가 서 있었다. 44세의 그는 반짝이는 눈빛으로 드넓은 홀을 돌아보았다. 비디오 스크린에는 점프하는 모습의 푸마 로고가 기업을 대표하는 붉은빛으로 물들어 있었다. 푸마 주식회사의 CEO 요헨 차이츠Jochen Zeitz는 자신의 목표를 달성했다. 적어도 그가 세운 첫 번째 목표의 달성을 축하할 수 있는 자리였다. 44세의 젊은 CEO는 청중에게 외쳤다.

"15년 만에 드디어 푸마가 다시 고향을 찾았습니다!"

손님들, 특히 72개국에서 온 약 950명의 푸마 직원은 그 목소리에 집중하며 그를 주시했다. 그리고 차이츠는 푸마가 다시 고향을 찾을 수 있게 해준 한 남자를 무대 위로 소개했다. 바로 차이츠와 동갑인 프랑스 명품 그룹 피노프렝탕르두Pinault Printemps Redoute, PPR의 CEO 프랑수아 앙리 피노 François-Henri Pinault였다. 미소를 띠며 다가선 두 남자는 서로 얼싸안았다. 이들은 오래된 사업 친구이자 동시에 삶의 여러 부분에서 마음을 나눈 진짜 친구였다. 몇 년 전 피노는 차이츠에게 PPR의 자회사인 구찌를 맡기려고 했다. 당시 차이츠는 고민하다가 이내 거절 의사를 밝혔다. 이 명품 브랜드에 매력을 느끼지 못해서가 아니라 푸마에서 해야 할 일이 너무나도 많았기 때문이었다.

그러나 지금 이 자리에서 피노와의 인연은 다시 시작되고 있었다. 2주 전에 그는 PPR을 통해서 푸마의 주식을 인수하겠다는 의사를 밝혔고, 가능하면 기업 전체를 인수할 생각이 있다고 덧붙였다. 피노와 함께 남몰래 이 일을 추진했던 차이츠는 이제 공개적으로 그의 결정에 기쁨을 표시할 수 있었다. 차이츠는 PPR이, 명품 구찌의 소유주가 푸마의 소유주가 되어주기를 간절히 바라고 있었다. 이번에는 과거 푸마의 대주주이자 커피 로스팅 회사 취보Tschibo의 소유주인 귄터 헤르츠와 같이 인색하기 짝이 없는 투자자가 아니라 그토록 갈망해 마지않던 스포츠 라이프스타일 패션 사업에 적합한 투자자였다. 명품 그룹을 소유한, 그야말로 제대로 된 투자자였다.

17년하고도 113일 전, 차이츠는 오늘의 이 온화한 4월의 밤을 바라보며 달려왔다. 그중 CEO로 보낸 시간이 14년이다. 푸마의 타깃층을 생각하면, 이제 차이츠도 나이 든 CEO였다. 지금 이 자리에 함께한 직원 대부분은 차이츠가 독일 상장 기업 역사상 가장 젊은 CEO로 등장했을 때 아직 유치원에도 들어가기 전인 어린아이들이었다. 차이츠는 자신만의 팀을 꾸리고 이를 점차 다듬어나갔다.

그는 그저 하나의 상품이었던 것을 매력적인 상품으로 변화시켰고, 직원들이 자발적으로 엠블럼이 그려진 의류와 스포츠화를 착용하고 국제무대에서 홍보 대사를 자청할 만큼 푸마를 자랑스러운 브랜드로 탈바꿈시켰다. 이 날 저녁에도 그는 늘 그랬듯이 직원들이 이러한 지반을 지키게 하고 또 그들을 격려하는 데 최선을 다했다. 그러면서도 그는 절대 팀 플레이어처럼 행동하지 않았다. 그는 팀 플레이어 타입의 CEO가 아니었다. 그보다는 모든 면에서 언제나 한 걸음 앞서 있고 목표 지향적이며 타협과 포기를 모르는, 또 무엇보다 자기 자신을 믿는 코치였다. 말하자면 스포츠용품업계의 위르겐 클린스만Jürgen Klinsmann과 같은 유형이랄까? 2006년 독일에 꿈의 여름을 선사해준 전 독일 축구 국가대표팀 감독 클린스만처럼 차이츠도 어린 선수들을 대표팀 수준의 기량을 갖춘 선수로 다듬어내는 능력이 있었다. 그뿐만 아니라 대부분 사람이 가까이할 수 없는 존재라는 점에서도 차이츠는 클린스만을 많이 닮았다. 이처럼 두 사람은 모두 존경과 감탄의 대상이었다. 과연 푸마에서 그를 진정으로 아는 사람, 인간 차이츠를 아는 사람은 누가 있을까?

차이츠는 밤낮을 가리지 않고 푸마를 위해 일했다. 그는 늘 모든 것이 올바른 노선을 걷고 있는지를 감시했다. 근본부터 시작한 구조조정 이후 그가 올려놓은 푸마 주식의 가치는 무려 5,000% 이상이었다. 그는 직원과 주주의 지갑을 채워주었고, 자신의 지갑에도 수백만 마르크에 달하는 수익을 챙겨 넣었다. 이러한 대성공을 이루었으니 그는 축제를 즐기기에 마땅했다. DAX[74]와 MDAX[75]에 상장된 기업을 통틀어 그 어떤 CEO도 이러한 업적의 곡선을 만들어내지 못했다.

---

74 DAX 지수(Deutscher Aktien IndeX)는 프랑크푸르트 증권거래소에 상장된 주식 중 30개 대기업을 대상으로 구성된 종합 주가 지수이다. 대상 기업은 시가총액을 기준으로 가장 큰 30개 기업이 선정된다.
75 중형주로 구성된 종합 주가 지수이다.

1990년에 요헨 차이츠가 푸마의 키를 잡았을 때만 해도 이러한 성장이 가능하리라고 여긴 사람은 아무도 없었다. 단 1센트조차 푸마에 투자할 것을 권유하는 애널리스트는 없었다. 푸마의 폼 스트라이프는 젊은이들이나 선수들에게 무시를 당했고, 제품은 가판대나 아웃렛에 쌓여 있는 형편이었다. 오랜 전통의 푸마는 파산 직전에 몰려 있었다. 게다가 라이벌 아디다스와의 맹목적인 전쟁으로 녹초가 된 지 오래였다. 해가 갈수록 매출은 줄었고, 흑자를 기록한다는 것은 꿈도 꿀 수 없는 일이었다. 푸마 경영진들은 이런 상심을 그저 달래고만 있었다. 그들은 절망적인 심정을 한 잔 술과 함께 넘겨버리거나 이 모든 것을 운명에 맡겨버렸다.

자, 이제부터는 차이츠가 만들어낸 작은 경제의 기적을 보여주려고 한다. 아사 직전에 있던 푸마에게 그가 어떤 방식으로 활기를 불어넣었는지, 그리고 어떻게 그 푸마가 높이 뛰어오르도록 도왔는지를 말이다. 이 이야기는 기회와 함께 위험이 잠재해 있는 기업에 어떤 일들이 벌어질 수 있는지를 보여줄 것이다.

1 모범생

요헨 차이츠의 번개 같은 커리어
세 배의 충격, 만하임에서의 나날들, 최초의 실패, 그리고 하룻밤 사이에 CEO로

    1989년 9월 중순, 뜨거운 태양이 내리쬐는 뮌헨의 어느 가을날이었다. 뮌헨 스포츠용품 및 패션 박람회인 이스포ISPO를 찾은 수많은 방문객은 전시장 사이에 자리한 야외 벤치 근처에서 잠시 햇빛을 즐겼다. 당시 이스포는 스포츠용품 업계에서 가장 규모가 크고 중요한 전문 행사였다. 스포츠용품 시장에 상품을 내놓을 계획이 있는 사람이라면 반드시 이곳을 방문해야 했고, 더불어 각 부스 및 저녁 행사에서 술고래가 되어도 끄떡없을 만큼 간이 튼튼해야 했다. 방문객들은 이곳에서 인맥을 형성하거나 트렌드를 파악하고, 계약을 체결했다.

    그러나 이해 스포츠용품 업계의 날씨는 흐렸다. 분명히 매출은 늘었고 독일만 하더라도 스포츠용품 시장은 이제 300억 마르크 규모의 시장으로 성장한 상태였다. 그러나 상품을 팔아서 돈을 버는 사람이 없다는 것이 문제였다. 경쟁이 심해서 이윤이 남지 않았던 것이다. 그러나 걱정은 걱정이고, 참가업체들은 어쨌든 이스포의 재미를 놓치고 싶은 생각이 없었다. 사람들은 어려운 상황들을 축제 속에 감췄다.

188cm의 키에 검은 정장 차림으로 등장한 금발머리 남자를 알아본 사람은 아무도 없었다. 이 날 오전, 이 남자는 푸마 부스가 있는 방향을 향해 걸음을 서둘렀다. 아무도 이 남자가 누구인지 알지 못했다. 그도 그럴 것이 그는 스포츠화나 유니폼 사업과는 전혀 무관한, 이 업계에서는 그야말로 문외한이었기 때문이다. 26세의 젊은 이 남자는 점프하는 이미지의 엠블럼으로 장식된 푸마 부스로 들어서서 곧장 안내 직원에게 다가갔다. 그는 영어로 자신을 소개했다.

"안녕하십니까? 전 요헨 차이츠라고 합니다. 칼 테일러 씨를 만나고 싶은데요."

그 말에 판매대 뒤에서 손님들을 맞고 있던 당시 푸마의 광고 책임자 헬무트 피셔의 눈이 그 남자에게 향했다. 분명히 독일 사람인 것 같은데 영어를 쓰는 모습이 의아하게 여겨졌던 것이다. 그리고 그 순간, 피셔는 자기 앞에 서 있는 남자를 알아차렸다. 얼마 전까지 푸마의 마케팅 책임자였던 동료 테일러가 이 남자에 대해 이야기한 적이 있었기 때문이다. 테일러는 "함부르크 출신의 어시스턴트가 생길 것 같아요"라며 "콜게이트Colgate[76]에서 일했는데 아주 괜찮은 사람"이라고 잔뜩 신이 나서 말했었다. 금발인 이 남자의 첫인상은 불쾌할 정도까지는 아니었지만 피셔의 눈에 조금은 거만한 마케팅 괴짜로 보였다. 이윽고 피셔는 남자에게 최근의 정황을 일러주었다.

"죄송합니다. 테일러 씨는 지금 만나실 수 없겠네요. 이제 푸마에서 일하

---

[76] 미국 생활용품 제조회사.

시지 않거든요."

놀랍게도 테일러는 불과 며칠 전에 푸마에서 잘렸다. 사업을 깨끗하게 하지 못한다는 CEO의 의심을 샀기 때문이었다. 금발의 남자는 이 새로운 상황에 대해 아무런 감정도 드러내지 않았다. 그는 아무렇지도 않은 듯 만하임 악센트로 "그렇다면 저의 볼일도 끝났네요"라고 말하고는 돌아섰다. 피셔는 바로 그를 불러세웠다.

"잠깐만요. 마케팅 책임자 만프레트 호이슬러를 소개해드리죠."

피셔의 말에 차이즈는 발걸음을 멈췄고, 잠시 후 호이슬러와 마주 앉아 커피 한 잔을 마셨다. 호이슬러는 남자에게 푸마가 최상의 컨디션으로 회복 중이며 마케팅 부장 자리를 맡을 사람도 이미 정해졌다고 거짓말을 했다. 구조조정도 마무리 단계에 이르러 이제 전력을 다해서 앞으로 나아갈 일만 남았다는 것이었다. 그러면서 "그래도 내년 1월에 다시 도전해보시죠"라고 권하더니 11월에 있을 다음번 국제 세일즈 미팅에 청강 자격으로 그를 초대했다. 차이즈는 그 초대에 응했다. 이 자리에서 바로 매니저 자리에 대한 희망을 버리고 싶지는 않았기 때문이었다.

이때만 해도 그는 이제 얼마 후면 자신의 새로운 고용주가 될 푸마에 대해 뿌리 깊은 의문을 품게 되리라고는 전혀 예측하지 못했다. 호이슬러가 말한 세일즈 미팅은 스위스 베른Bern의 제란트Seeland에 자리한 중상급 호텔 회의실에서 열렸다. 이 자리에 참석한 차이즈는 당혹감을 감추지 못했다. 행사장 끝에서부터 판매업자들이 진열해놓은 포트폴리오를 둘러본 그는 독창성이라고는 찾아볼 수 없는 자료들과 콜게이트에 있을 당시 촌스럽다며 외면해버린 콘셉트로 프레젠테이션하는 모습에 할 말을 잃었다. 아직 채용 면접 전이었지만 차이즈의 예비 상사이자 줄담배를 피우기 좋아하는 푸마의 마케팅 부장 클라우스 포프Klaus Popp는 참가자들 앞에 서서 판매 촉진에 대한 강의를 늘어놓고 있었다. 불쾌감을 느낀 차이츠는 "아무래도 잘못 찾아온 모양입니다"라며 서둘러 함부르크로 돌아갔다. 그러나 그는 쉽게 포기하고 싶지 않았다. 그에게 어떤 일에서든 '실패'란 없었고, 그의 인생 모토는 "승리를 원하는 사람은 실패를 생각해서는 안 된다"였기 때문이다.

딱 한 달 뒤인 1990년 1월 2일, 헤르초겐아우라흐에는 차갑고 청명한 혹한의 겨울바람이 불었다. 오전 9시경, 차이츠는 뷔르츠부르크가에 있는 푸마 본사 로비에 들어섰다. 그는 이번에도 검은 정장 차림이었고 단도직입적으로 안내데스크를 향해 걸어갔다.

"요헨 차이츠라고 합니다. 오늘부터 마케팅 부서에서 일하게 되었습니다."

안내 직원은 서류를 뒤적이며 중얼거렸다.

"차이츠…… 차이츠라……."

그러더니만 그녀는 말을 이었다.

"저, 죄송합니다만 당신의 이름을 찾을 수가 없네요."

젊은 매니저 차이츠는 되물었다.

"농담하시는 거죠?"

그는 당장에라도 가방을 들고 최대한 빠른 속도로 이 케케묵은 소도시를 떠나고 싶었다. 그러나 이런 상황에서도 여전히 그의 야심은 절망에 앞섰다.

그는 이런 일들이 충격적이라고 생각했다. 푸마라는 회사에서 단 하루도 일해 본 적이 없는데 벌써 세 번째로 경험하는 실망이었다. 처음에는 이스포에서 그랬고, 두 번째는 이후 그 끔찍했던 세일즈 미팅이 그랬다. 거기에 출근 첫날까지. 그 누구도 그를 아는 사람이 없었다. 차이츠는 자신의 커리어가 이렇게 시작되리라고는 꿈에도 상상하지 못했다.

만하임이 낳은 아들

원래 요헨 차이츠의 꿈은 기업에서 일하는 것도, 매니저가 되는 것도 아니었다. 그는 외과 기술을 배우고 싶었다. 1963년 4월 6일 만하임에서 태어난 그는 부인과 의사인 아버지와 치과의사인 어머니 밑에서 자랐다. 그의 부모님은 개신교적 가치를 따라 살아가는 교양 있는 시민 계급에 속했고 딸과 두 아들 또한 이러한 분위기 속에서 자라났다. 세계 여행을 하지는 못해도 세상에 대해 열린 눈을 갖추었고, 유행에 좌우되지 않았다.

아버지는 디커니스 메디컬 센터Diakonissen krankenhaus[77]의 주치의로 활동하며 개인 병원을 운영했다. 매년 1,300명의 생명이 태어나는 곳이었는데 덕분에 아버지는 가족을 위해 내어줄 수 있는 시간이 많지 않았다. 차이츠는 도시에서 가장 역사가 오래되었고 인문주의적 전통을 이어가고 있는 룬가에 자리한 칼 프리드리히 김나지움Karl Friedrich Gymnasium을 졸업했다. 그곳에서 그리스어와 라틴어, 히브리어를 배웠고 전공 과목으로 역사와 생물을, 부전공 과목으로 기독교와 독일어를 선택해 공부했다. 차이츠는 요즘에도 고등학교 시절로 돌아가 라틴어 졸업 시험을 다시 봐야 하는 꿈 때문에 잠에서 벌떡 깨어나는 일이 있다고 한다. 오늘날까지도 그를 괴롭히는 유일한 악몽인 셈이다.

전통적으로 사냥을 즐기는 가문의 영향으로 그는 16세에 수렵 면허를 취득했다. 그밖에도 짬이 날 때마다 기타를 잡았고 차츰 실력이 쌓여 나중에는 하루 저녁에 300마르크를 받으며 밴드와 함께 로큰롤을 연주했다. 그는 어렸을 때부터 엉덩이가 큰 근육질의 몸이었다. 이는 그가 즐기던 거친 운동

---

77 사회사업 부녀회원들을 위한 병원.

덕분이기도 했다. 차이츠는 만하임의 풋볼 1부 리그 팀인 레드스킨스 아메리칸 풋볼Redskins american Football에서 선수로 뛰기도 했다. 매우 격한 스포츠를 즐기기는 했지만, 그는 다른 80년대 젊은이들처럼 반항적 기질을 보이지는 않았다. 그는 당시에 유행하던 옷보다는 리바이스 501에 라코스테 또는 랄프 로렌 폴로 셔츠와 같은 단정한 옷을 입을 때 더 마음이 편했다. 그리고 또래들이 즐겨 입던 낡은 청바지를 자신의 이탈리아제 스쿠터 베스파 Vespa 의자에 커버로 씌웠다. 게다가 그는 이때부터 이미 푸마의 제품인 '킹'과 '마라도나'를 신었다. 그의 세계관에서 볼 때 푸마는 개성을 의미했다.

그는 평점 1.7점으로 아비투어독일 중등과정 졸업 시험를 마쳤다. 나쁘지는 않았지만 의학 공부를 계속하기에 충분한 점수는 아니었다. 당시 의대에 입학할 수 있는 커트라인 점수가 1.4점이었기 때문이다. 후에 차이츠는 한 인터뷰에서 독일에서 의학 공부를 할 수 없었던 것이 그동안 인생에서 경험한 가장 큰 좌절이었다고 이야기하기도 했다. 어쨌거나 그는 외과의가 되겠다는 꿈을 절대로 포기할 생각이 없었다. 차이츠는 다른 곳에서 의대 진학을 시도하고자 플로렌스의 토스카나로 갔다. 그때까지만 해도 그의 외국어 실력은 대단할 것이 전혀 없었다.

이탈리아어는 17살 여름방학에 배운 것이었고 김나지움을 졸업할 무렵 그의 영어 실력은 그야말로 엉망이었다. 그러나 이탈리아에서 대학 입시를 준비하며 그는 집중적으로 공부했고 곧 자신이 언어에 재능이 있다는 것을 발견했다. 오늘날 그는 영어, 불어, 이탈리아어, 포르투갈어, 스페인어는 물론 스와힐리어로도 유창하게 대화할 수 있을 뿐만 아니라 스포츠 분야의 권력자들과 비즈니스를 할 때도 대부분 상대방의 모국어로 직접 협상을 진행한다. 이는 결코 그 값어치를 평가할 수 없는 차이츠의 엄청난 무기이기도 하다.

기다림의 시간 속에 2학기를 보낸 그는 무언가 다른 것을 시도해야 할 것 같은 압박감에 시달렸다. 그리고 친구의 조언에 따라 유럽 비즈니스 경영 및 경제 스쿨European Business School, EBS에서 마케팅과 금융을 전공했다.

EBS는 헤센Hessen 주 라인가우의 슐로스 라이히하르츠하우젠Schloss Reichartshausen에 있는, 독일에 얼마 되지 않는 엘리트 사립대학이었고 차이츠에게도 딱 맞는 곳이었다. 당시 차이츠의 지도 교수였고 이후 바젤 대학의 마케팅 교수로 부임한 만프레트 브룬Manfred Bruhn은 "요헨은 아주 영리하고 탁월한 인지 능력을 갖췄으며 다른 사람이 따라잡을 수 없을 정도로 커뮤니케이션에 두각을 나타낸다"라고 평가했다. 이 기간에 차이츠는 도이체방크와 바스프BASF에서 인턴 과정을 거쳤고, 그 밖에 드레스드너방크Dresdner Bank와 로스차일드Rothchild 파리에서 경험을 쌓았다. 메르세데스 벤츠Mercedes Benz 캘리포니아에서의 인턴십 과정 중에는 심지어 마돈나에게 차를 팔기도 했다. 쇼트글라스Schott-Glass 브라질에서도 경험을 쌓았다. 방학이 되면 아르바이트로 기업 수익성을 분석하는 일을 했고, 공장의 생산 능력 향상을 위한 전략을 개발하는 것에 더불어 재정과 마케팅 플랜을 세웠다. 그는 논문 점수 A 학점을 받고 EBS 최고의 졸업생 중 한 명으로 이름을 남기며 그곳에서의 생활을 마무리했다.

그의 넘치는 에너지는 지금도 여전하다. 그는 늘 무언가를 해야만 만족했고 의도치 않게 쉬는 날이 생기면 심하게 다리를 떨었다. 그럴 때면 차이츠의 어머니는 늘 "요헨, 왜 이렇게 안절부절못하니!"라며 그에게 잔소리를 한다.

그가 가장 좋아하는 일 처리 방식은 바로 멀티태스킹이다. 무릎 위에 노트북을 올려놓고 귀에 전화기를 붙인 상태로 이메일과 통화를 동시에 처리하는 것은 그만의 특별한 능력 중 하나로 손꼽힌다. 그는 절대로 시간을 낭비하는 일이 없었다. TV는 거의 보지 않는다고 하는 쪽이 맞는데, 그도 그럴 것이 그는 드라마나 쇼에는 영 재미를 느끼지 못했다. 그러느니 영화 한 편을 골라 DVD로 보는 것을 좋아했다. 물론 그가 영화를 본다고 해서 노트북이 쉴 수 있는 것은 아니다. 그가 유일하게 좋아하는 TV 쇼가 있기는 하다. 바로 귄터 야우흐가 진행하는 〈누가 백만장자가 될 것인가?Wer wird Milionär?〉78이다. 하지만 이 프로그램을 시청하는 것도 저녁 식사를 하고 있을 때나 가능한 일이다.

차이츠는 대학을 졸업하기도 전에 이미 미국 기업 콜게이트 파몰리브

풋볼 선수로 활동하던 17세의 차이츠

Colgate-Palmolive에서 채용 제의를 받은 상태였다. 당시 콜게이트 독일 지사의 인사 책임자였던 엘크 폰 라이스비츠Elk von Reisswitz가 EBS 학생들을 대상으로 면접에서의 유용한 태도에 대해 강의했는데, 학생 신분의 차이츠를 눈여겨본 그가 차이츠에게 콜게이트 함부르크에서 인턴 과정을 밟을 생각이 없느냐고 제안한 것이었다. 모범적인 학생이었던 차이츠는 이 제안을 정중히 거절하며 자신은 외국에서 일하고 싶다고 덧붙였다. 이에 차이츠는 즉각 더 나은 제안을 받았다. 바로 메디슨가에 자리한 뉴욕 콜게이트의 신제품 개발직이었다. 더 머뭇거릴 필요가 없었다. 거대한 나라, 거친 자유의 나라. 차이츠의 입맛에 딱 맞는 곳이었다.

---

78 여러 난이도로 된 다항식 문제에 올바르게 답하면 많은 현금을 제공하는 TV 게임쇼이다.

뉴욕을 선택한 것은 그에게 두 배의 행운을 가져다주었다. 그가 뉴욕에서 얻은 것은 현대적인 마케팅과 시장에 출시할 상품 기준에 대한 기본 원칙이 전부가 아니었다. 뉴욕에서 나중에 자신의 아내가 된 비르기트를 만나게 된 것이다. 그녀는 차이츠의 대학 동기의 누나로 차이츠보다 네 살 연상이었다. 그녀는 때마침 방문차 뉴욕에 머무르고 있었다. 그녀는 독일 율리히Jülich[79]에서 패션 부티크를 운영하는 부모 밑에서 자랐고, 커뮤니케이션 디자인을 전공한 후 부티크에서 구매와 마케팅을 담당하고 있었다. 두 사람은 1992년 차이츠의 아버지가 사냥을 즐기던 소도시 아이펠Eifel의 작은 마을 니데겐Nideggen의 교회에서 결혼식을 올렸다.

콜게이트의 차이츠 담당 트레이너는 그에게 2년간 미국에 더 머무를 것을 제안했다. 그러나 더 오래 미국에서 보내고 싶지 않았던 차이츠는 이를 거절하고 대신 콜게이트 함부르크로 자리를 옮겼다. 그리고 함부르크에서도 생산 매니저로 일하며 콜게이트라는 이름이 박힌 치약 등의 상품을 관리했다.

자신이 맡은 임무를 수행하는 동안 차이츠는 불행하지도 않았지만 그렇다고 행복하지도 않았다. 어쩐지 커리어의 발전이 느린 것 같다는 두려움이 그를 사로잡았다. 그러던 차에 1989년 늦은 여름 한 헤드헌터에게서 전화가 걸려왔고, 차이츠는 신중한 태도로 그의 이야기에 귀를 기울였다. 헤드헌터는 풋웨어 비즈니스 매니저로 그를 푸마에 스카우트하고 싶다고 했다. 그러니까, 그가 기꺼이 신어온 푸마 신발을 관리해달라는 것이었다. 푸마라는 회사 전체의 미래가 달린 중요한 일이었다. 의류 사업 분야가 있기는 해도 신발은 여전히 푸마 매출의 3분의 2를 차지하고 있었기 때문이다.

차이츠는 뉴욕에서 함부르크로, 그리고 헤르초겐아우라흐로 향하는 이

---

[79] 독일 노르트라인베스트팔렌 주의 뒤렌 지역의 소도시.

행로가 그리 멋진 커리어는 아니라는 생각이 들었다. 하지만 그는 용기를 냈다. 그리고 스스로 격려하듯 말했다.

"너는 젊어! 잘되지 않더라도 어쨌거나 시도를 해봤다는 게 중요한 거잖아?"

그래도 그는 회사 때문에 프랑켄의 시골 마을로 이사하고 싶은 생각은 없었다. 그는 뉘른베르크에 거주지를 마련했다.

시골에 도착하다

새로운 회사에서 보낸 처음 얼마간은 그를 또 한 번 고민에 빠뜨린 시기였다. 콜게이트를 포기한 것이 과연 옳은 결정이었는가 하는 의구심이 들었다. 그는 CEO 보이체츠케와 테일러 마케팅 부장이 장담했던 회사의 낙관적인 사업 전망이 거짓말이었다는 것을 즉각 알아차렸다. 그들이 입에 침이 마르도록 칭찬했던 푸마의 혁신력이라는 녀석의 흔적은 기업 어디에서도 찾아볼 수 없었다. 게다가 도이체방크에서 보낸 마케팅 책임자 만프레트 호이슬러Manfred Häussler는 보이체츠케와 사이가 좋지 않아 신선한 마케팅 아이디어가 있어도 추진 허락을 받지 못하는 상황이었다. 절망에 빠진 차이츠는 콜게이트 함부르크 전 인사 책임자에게 전화를 걸어 이 난감한 상황에서 자신이 어떻게 하면 좋을지를 물었다. 라이스비츠는 간단하게 조언해주었다.

"돌아와요. 아무런 희망이 없는 곳이네요."

그러나 차이츠는 푸마에 남았다. 그에게 콜게이트로 돌아간다는 것은 쓰라린 실패를 의미했다. 그는 이 난관을 뚫고 싶었다.

그는 콜게이트에서 배운 대로 움직였다. 그의 옆자리에는 헤르초겐아우라흐 토박이인 시장 조사 담당 에르빈 힐델Erwin Hildel이 앉아 있었는데, 사실 그는 할 일이 별로 없었다. 당시 푸마에는 체계적인 시장 조사 매뉴얼이 아예 없었고 오히려 그런 것을 불필요하게 여겼다. 아르민 다슬러는 심지어 한 시장 조사 관련 연구집에 '그게 무슨 쓸데없는 짓인가? 내가 곧 시장이다' 라고 쓴 적도 있다. 한 번은 차이츠가 힐델에게 부탁을 했다.

"지난 3개월 동안의 시장 조사 자료를 볼 수 있을까요?"

그러자 힐델에게서 돌아온 대답은 다음과 같았다.

"지난 3개월이라고요? 너무 많은 걸 바라는 거 아닙니까?"

시장의 트렌드는 엄청난 속도로 바뀌고 있었다. 그런데 푸마가 갖춘 최신 자료는 6개월 전의 것이 전부였다. 그나마 있는 것이 다행이었다.

과거 콜게이트에서는 전문가들로부터 시장과 관련된 모든 사항에 대한 조사 자료를 받았던 젊은 매니저 차이츠에게는 도무지 이해할 수 없는 상황이었다. 푸마 직원들이 한다는 시장 조사는 기껏해야 아우라흐 강 너머를 곁눈질하거나 아디다스에 새로운 것이 생겼다는 지인들의 목소리에 귀를 기울이는 것이 전부였다. 다슬러 가문이 회사를 떠난 지 이미 오래였지만 다슬러 형제의 갈등은 여전히 직원들의 머릿속에 남아 있는 모양이었다. 힐델은 민간 연구소 GfKGesellschaft für Konsumforschung[80]에서 받은 매출 차트를 건네주었다. 그 차트 위에는 늘 그랬듯이 아디다스 항목에 파란 밑줄이 그어져 있었고 그 아래에는 'N.G.' 라고 쓰여 있었다. 차이츠가 물었다.

"이게 무슨 뜻이에요?"

힐데는 부끄러워하며 "'언급하지 않는다'의 약자이고, 아디다스의 동의어예요"라고 대답했다. 차이츠는 "이게 무슨 쓸데없는 짓입니까?"라고 화를

---

[80] 유럽에서 시장 연구 방면의 1위를 차지하는 독일 민간 연구소.

내고는 "이제부터는 아디다스라고 하세요"라고 덧붙였다.

사업이 침체에 빠진 동안 인사 회전은 빠르게 진행됐다. 새로 직원이 들어왔다가 나가는 일이 반복되었다. 그러나 정작 기업의 절망적인 상황에 대해서는 어떤 근본적인 조치도 취하지 않는 상태에서 행해진 무의미한 인사였다. 마케팅 책임자 호이슬러는 담배 제조사 렘츠마Reemtsma로 옮기게 되어 함부르크로 떠났고, 스위스 세일즈 미팅에서부터 차이츠의 눈에 불편한 인물이었던 상사 클라우스 포프는 헤르타 부르스트Herta Würstchen[81]에서 일한 경험으로 마케팅 부장 자리를 지키려 애쓰고 있었다. 그를 무능력하게 여긴 차이츠는 마케팅과 관련된 일은 최대한 직접 처리하려고 노력했다. 사실상의 마케팅 부장 역할을 맡은 셈이었다. 포프 또한 차이츠가 그러든 말든 신경도 쓰지 않은 채 계속해서 담배만 피워대는 인물이었던 터라 가능한 일이기도 했다. 결국 얼마 지나지 않아 포프도 해고되었다. 당시 사람들의 주장으로는 포프가 해고된 데에는 차이츠의 입김이 있었다고 한다.

어쨌든 차이츠는 29살의 나이로 갑작스럽게 스포츠용품 제조업체 푸마의 공식 최고 마케팅 매니저가 되었다. 그러나 그의 승진을 바라보는 CEO의 눈초리는 매우 의심스러웠다. 차이츠를 호이슬러의 측근으로 여긴 것이었다.

그 후로 몇 달이라는 시간이 흘렀다. 그러나 위기에 처한 이 기업에는 여전히 아무런 변화가 없었다. 모든 부서는 자기 일을 하는 데만 급급했다. 게다가 남은 직원이라고 해봐야 모든 책임을 다른 사람에게 떠넘기는 데 적극적으로 참여한 덕분에 살아남은 인물들이었다. 부장으로 승진하던 당시 어차피 푸마에 아는 사람이 없던 차이츠 역시 특별하게 누구를 예의주시하거나 하지는 않았다.

---

[81] 소시지 회사.

푸마에서 사용되던 여러 로고 중 하나

어느 날 푸마 직원들은 사무실 창문 너머로 이 금발의 남자가 사진기를 들고 회사 밖으로 나가서 자동차를 찍는 모습을 발견했다. 직원들은 차이츠의 이런 행동이 선뜻 이해되지 않았다. 그러나 며칠 후 이들은 차이츠가 사진을 찍은 목적을 알게 되었다. 차이츠는 직원들에게 자신이 찍은 사진 속의 푸마 로고가 얼마나 중구난방인지를 보여주었다. 자동차든, 포장이든, 브로슈어든 푸마 직원들은 부서별로 마음에 내키는 대로 엠블럼을 수정했다. 형태는 물론 색깔까지 어느 것에서도 푸마를 상징하는 일치된 기업 이미지, 즉 CICorporate Identity를 찾아볼 수가 없었다.

마케팅 부장 차이츠는 정리에 들어갔다. 최근까지도 사용되는 점프하는 푸마 그림의 로고가 이때 확정되었고, 색깔도 어두운 녹색만 허용했다. 그는 "로고를 망가뜨리지 마십시오"라는 지시를 내렸다. 이후 그는 로고 색깔을 현재의 빨간색으로 바꿨다. 당시는 로고가 흑백으로 인쇄되던 때였지만 이후 컬러가 들어가면서 더 현대적인 느낌을 원했기 때문이다.

차이츠는 매장에서 판매를 촉진하는 방법도 가르쳤다. 그전까지는 제품 판매와 관련된 기업 차원에서의 정확한 전달 사항 관리, 즉 매장 관리에 대해 고민하는 사람이 아무도 없었다. 차이츠는 앞으로 상품 진열대에서부터 포스터 액자에 이르기까지 제품 구매를 유도하는 매장 내 모든 요소를 '푸마스럽게' 꾸미라고 지시를 내렸다. 이어서 그는 마케팅 전략도 세웠다. 과거에도 직원들은 판매 촉진 방법에 대해 고민했지만, 괜찮은 아이디어가 나오지 않았다. 이러한 직원들에게 차이츠는 창의력을 발휘해야 한다고 강조했다.

차이츠는 가속 페달을 밟았다. 그러나 제대로 된 주행을 하지는 못했다.

소비자의 감정적 측면을 공략하는 차이츠의 이러한 마케팅은 은행의 이해를 얻지 못했고, 더군다나 돈이 나가는 마케팅을 시작하기보다는 얼른 매출을 올려 투자한 돈을 돌려받고 싶은 것이 그들의 마음이었다.

　네덜란드 기업 아리트모스가 푸마의 대주주가 되면서 주가는 올랐다. 하지만 사업 실적을 보면 절로 한숨이 나오는 상황이었다. CEO 한스 보이체츠케는 기업에 변화를 일으키지도 못하면서 언론에 대해서는 언제나 전진 방어에 나섰다. 그는 그토록 단순하고 작은 구조였던 회사가 이렇게 크게 성장해서 이름을 알릴 수 있게 된 것이 너무나도 놀랍다며 또 거짓말을 해댔다. 푸마는 현재 회복 중이며 1991년이 되면 수익을 남길 것이라는 터무니없는 주장이었다.

　그러나 푸마의 실제 상황은 심지어 비관주의적인 사람들의 우려보다 심각한 수준이었다. 무엇보다 대주주인 아리트모스는 미국의 유령 회사 스포츠 엔터프라이즈 주식회사SEI에 대해 불만을 나타냈다. 보이체츠케가 이끈 지난 몇 년간의 사업 성과는 전체적으로 부끄러운 수준이었다. 게다가 그가 부임한 이후 푸마에 대한 판매 매장들의 신뢰가 급속도로 추락했다. 그나마 프랑켄 지방의 매장들이 푸마와 맺은 오랜 동료 의식에서 비롯된 호의를 보여주었기에 망정이지 그마저도 없었더라면 상황은 더욱 심각해졌을 것이다. 푸마는 시대의 흐름과 맞지 않는 고루한 상품 브랜드로 전락해버렸다. 아시아에서의 값싼 생산 비용으로 단기간에 수익성을 올리려던 시도도 상황을 악화시켰다. 결과적으로 푸마 상품의 품질은 급격하게 저하되었고, 고객들은 바닥창이 떨어져 버린 신발을 들고 매장으로 몰려와 펄펄 뛰었다.

　푸마는 금방이라도 깨질 듯한 얼음판 위에서 아슬아슬하게 버티고 있었다. 1990년 이래로 자기 자본은 4,210만 마르크로 추락했고, 이로써 상장되었던 5천만 마르크를 밑돌게 되었다. 아리트모스는 두려움에 떨었다. 몇 주

후, 결국 대주주는 CEO에 대한 신임을 잃었고 보이체츠케는 1991년 4월 말 CEO 자리에서 해임되었다. 그러나 공식적인 사퇴 이유는 개인적인 사유라고 알려졌다. 보이체츠케의 후임자로는 아리트모스가 인수한 트레통 미국의 책임자였던 스웨덴 출신의 슈테판 야콥손Stefan Jacobsson이 등장했다.

트레이닝복의 종말

90년대 초 미국의 스포츠 전문 주간지 〈스포츠 일러스트레이티드Sports Illustrated〉에 끔찍한 사건을 알리는 기사가 실렸다. 메릴랜드 출신의 마이클 유진 토마스Michael Eugene Thomas라는 소년에 대한 내용이었다. 15살인 이 소년은 아끼고 아껴서 모은 100달러로 자신의 꿈을 이뤘다. 그의 꿈은 흑인 스타 농구 선수 마이클 조던 시리즈로 판매되는 나이키의 '에어 조단'을 사는 것이었다. 당시 미국 게토에서 마이클 조던은 영웅과도 같은 존재였다. 토마스는 이 농구화에 아주 작은 스크래치 하나도 생기는 것을 용납하지 않았고 매일같이 이 사랑스러운 새 신발을 닦고 두꺼운 운동화끈을 매끄럽게 묶어두었다. 심지어 "이 신발을 빼앗아가려면 그전에 나를 죽여야 할 것"이라고 말하기까지 했다. 그러나 신발을 구입한 지 2주도 채 지나지 않아 그는 학교 근처의 숲에서 주검이 된 채 경찰에게 발견되었다. 그의 발에는 신발이 신겨져 있지 않았다. 범인을 찾는 데는 그리 오래 걸리지 않았다. 토마스를 살해한 사람은 토마스보다 두 살 더 많은 학교 친구 데이비드 마틴David Martin이라는 사실이 밝혀진 것이었다. 마이클 조던 농구화를 살 100달러가 없었던 마틴은 토마스에게서 이 신발을 빼앗으려고 했고, 그 과정에서 토마스는 질식하여 신발이 아닌 목숨을 빼앗긴 것이었다. 〈스포츠 일러스트레이티드)는 이밖에도 아홉 건에 달하는 '운동화 살인' 사건을 전했다. 미국 전체는 충격에 휩싸였다.

메릴랜드에서 발생한 이 사건은 스포츠화와 트레이닝복이 더 이상 신체 활동을 위한 유용품만이 아니라는 사실을 알려주었다. 이 제품들은 이제 소비자들의 감정적 구매 욕구를 불러일으키는 잠재력이 있는, 결코 과소평가 할 수 없는 지위로 올라선 하나의 아이콘이었다. 차이즈는 뉴욕에서 일할 때 이미 이를 경험한 바 있었다. 무거운 스니커즈와 후드 재킷을 입고 도시의 거리를 돌아다니는 청소년들이 점점 늘어났던 것이다. 이들이 몸에 걸치고 다니는 '토션Torsion', '하이드로라이트Hydrolite', '젤 스트로크Gel Stroke', '더 펌프The Pump'와 같은 이름의 상품들은 스포츠 전문 매장뿐만 아니라 공격적인 헤비메탈 음악이 쾅쾅 울려 퍼지는 백화점의 영 패션 코너에서도 구입할 수 있었다. 이들에게 상품 구매에서 가장 중요한 기준은 상품의 기능적인 완성도가 아니라 브랜드의 엠블럼이었다. 젊은이들은 마치 자신의 지위를 드러내는 상징물이기라도 한 양 엠블럼을 자랑하고 다녔다. 그리고 이런 제품들을 착용하고 향하는 곳은 체육관이나 경기장이 아니라 학교나 디스코텍, 그리고 또래와 만남의 자리였다.

이런 현상은 독일에서도 나타났다. 사람들은 원하는 이미지를 얻기 위해서라면 돈 쓰기를 마다하지 않았다. 베를린, 함부르크, 뮌헨의 유명 매장에서는 에어쿠션이 장착된 운동화가 400마르크에 팔려나갔다. 스포츠는 패션 속으로 들어왔고 컨버스, 브리티시 나이츠British Nights, 엘에이기어L. A. Gear도 이 흐름에 합류했다. 이와 같은 흐름 덕분에 심지어 리복과 나이키는 1989년 시장 점유율 1위 자리를 차지하고 있던 아디다스를 밀어내고 엄청난 매출을 기록했다. 인기 패션 디자이너들까지 스포츠웨어 디자인에 나섰고 모델들은 스포츠화를 신고 런웨이를 걸었다. 장 폴 고티에Jean Paul Gaultier,

칼 라거펠트Karl Lagerfeld, 캐서린 햄넷Katharine Hamnett 등이 그 대표적인 예다.

이와 같은 시대의 변화를 느낄 수 없는 곳은 스포츠용품 업계의 또 다른 대기업, 헤르초겐아우라흐의 아디다스와 푸마 둘뿐이었다. 이들은 80년대에 이어 또 한 번의 기회를 놓칠 위기에 처해 있었다. 시장 연구 전문가들이 제시한 수치는 분명했다. 이에 따르면 스포츠용품 중 순수 운동만을 목적으로 판매된 상품들의 비중은 전체의 20%에 불과했다. 그러나 이 두 회사는 고집스럽게도 꽤 오랫동안 이 같은 새로운 소비 형태를 무시했다. 이들은 계속해서 다슬러 형제 운동화 공장의 오랜 전통을 따라 품질과 기능에 중점을 둔 상품을 생산했고, 힙합이나 테크노에 열광하는 팬들이 선호하는 세련된 스포츠웨어보다는 값이 비싼 전문 스포츠웨어를 개발했다. 어쩌다 한 번씩 디자이너들이 서둘러 미국의 트렌드를 따라가야 할 것 같은 필요성을 느껴 트렌디한 상품을 내놓기도 했지만 핑크색 여가 스포츠용 제품이나 '레이싱 그린Racing Green' 같은 것들뿐이었다. 두 회사의 후원을 받아 이런 특이한 제품을 착용하고 TV에 출연해야 하는 선수들만 곤욕이었다.

무엇보다 가족 기업으로 이어져 오던 아디다스가 4억 4,000만 마르크에 프랑스 기업가 베르나르 타피Bernard Tapie에게 인수된 이후 아디다스의 매니저들은 시대의 흐름을 따르는 것에 특히나 반감을 느꼈다. 마르세유 출신의 타피는 아디다스를 패션 기업으로 바꾸기 위해 겐조Genzo와 같은 유명 디자이너들을 끌어들였다. 그러나 아디다스의 경영진은 90년대에는 다시 유행을 타지 않는 기능성 중심의 스포츠용품이 대세가 될 것이라고 전망하며 '본질로 돌아가야 할 때'라는 강렬한 홍보 문구와 함께 아디다스 이큅먼트Adidas Equipment라는 새로운 라인을 출시해 시대의 흐름에 정면으로 맞섰다.

이 시기에 푸마는 다른 일로 골머리를 앓았다. 파산의 기색이 갈수록 짙어졌기 때문이다. 최악의 상황에 이르렀을 때 기록된 적자는 무려 2억 1,000만 마르크였다. 나중에 최고재무관리자CFO로 승진한 재무 부장 디터 보크Dieter Bock는 매장과 상품에 따라 매출총이익을 나누어 적자를 기록한 매장과 상품을 파악하고 보고했다. 그는 계속해서 회사의 위기를 알렸지만 CEO는 별 반응이 없었다. 이에 보크도 점차 푸마에 대한 열정을 잃어갔다. 경영진 자리에 앉아 있는 인물 중 그 누구도 푸마의 목표가 무엇인지, 어디를 향해 나아가야 하는지 관심을 기울이는 사람은 없는 듯 보였다.

디터 보크 외에도 푸마를 이 시대 최고의 브랜드로 만들고자 고군분투하는 사람이 또 있었다. 바로 마케팅 부서의 요헨 차이츠였다. 그는 이 목표를 달성하기 위해 끊임없이 새로운 것을 시도하고 이를 위한 재정 지원을 요구했다. 푸마의 국제 마케팅 예산은 1,400만 마르크가 전부였다. 아마 미국의 경쟁 업체라면 이 금액을 단 2주 만에 써버릴 수도 있었을 것이다. 차이츠는 이 빠듯한 예산으로 다슬러 형제 시대부터 이어져 온 푸마의 오랜 부채를 해결해야만 했다. 독일의 전국적인 스포츠 '트림 트랍' 캠페인은 매년 푸마 예산의 50만 마르크를 꿀꺽 삼켰고 FC 베르더 브레멘과 FC 묀헨글라트바흐에도 비슷한 수준으로 지출되었다. 개인적으로 후원을 받는 루디 푈러나 우도 라테크, 로타어 마테우스 등 선수들은 사례금으로 80만에서 150만 마르크를 챙겨갔다. 이런 상황에서 회사의 전진을 위한 마케팅 전략을 펼친다는 것은 무리였다. 게다가 마케팅 전략을 밀어붙이려면 우선 푸마라는 브랜드를 일치시키는 작업이 반드시 필요했다.

당시 각국의 푸마 지사 대표들과 라이선시들은 마음 내키는 대로 푸마를 운영하고 제멋대로 푸마 컬렉션을 만들어냈다. 오스트리아, 스위스, 프랑스, 호주, 스페인과 먼 동쪽 베네룩스에 세워진 자회사들이 수익을 올리지 못한 지도 이미 오래였다. 해외 수익은 일본과 영국의 라이선시에서 들어오는 한

푸마가 행한 '턴 잇 온(Trun it on)' 캠페인

해 2,000만 마르크가 전부였다.

그러나 이러한 절망적인 상황에서도 차이츠는 자신을 존중하고 지원해줄 손길들을 얻었다. 런던 인근의 작은 호텔에서 국제부 직원들과 함께한 자리에서 생긴 일이다. 차이츠는 이 자리에서 프레젠테이션을 하며 푸마의 미래에 대한 자신의 계획을 전달했다. 대부분 직원은 CI를 일치시키고 푸마를 모두가 탐내는 유럽의 명품 브랜드로 만들자고 외치던 그의 목소리를 아직도 생생하게 기억한다.

프레젠테이션이 끝나고 그는 기립 박수를 받았다. 절망에 빠져 있던 몇몇 직원은 그에게 다가와 눈물을 흘리며 껴안기도 했다. 차이츠는 쉽게 눈물을 흘리는 감상주의적인 태도를 좋아하지 않았다. 게다가 자신이 마치 푸마의 구원자인 양 여겨지는 것도 불쾌했다. 그러나 이 자리에서만큼은 차이츠도 눈물을 흘릴 수밖에 없었다. 그만큼 그의 감정은 벅차올랐다.

뷔르츠부르크가의 불씨가 꺼지는 일을 막기 위해 아리트모스는 한 번 더 8,000만 마르크를 지원해주었다. 푸마의 CEO 슈테판 야콥손은 전임자들이 그랬던 것처럼 총회가 열리면 주주들에게 신뢰를 주기 위한 거짓말을 늘어놓았다. 그는 회사가 긍정적인 방향으로 회복되고 있다며 주주들에게 매출 상승과 흑자 기록을 약속했다. 그러나 상황은 또 역전되었다. 하반기에 들어서면서 푸마의 사업은 마치 잔뜩 부풀었다가 사르르 녹아버리는 수플레처럼 무너져내리고 말았다. 재무 책임자 치만스키는 낙담하여 "이처럼 대대적인 붕괴는 이제껏 없었다"라고 언론에 시인할 수밖에 없었다. 점프하는 푸마는 이제 고향인 독일에서조차 창의적인 외국 경쟁사에 밀려 힘을 쓰지 못했다.

회전 잠금장치

치명타를 입은 푸마도 다시 세상을 정복할 수 있을 것 같은 희망을 품게 해준 사건이 있다. 1992년의 봄, 마케팅 부장 차이츠와 홍보 부장 피셔는 이른 아침부터 보훔Bochum에 있는 공연장을 찾았다. 이곳에서 앤드루 로이드 웨버Andrew Lloyd Webber의 뮤지컬 〈스타라이트 익스프레스Starlight Express〉가 무대에 올랐다. 배우들이 롤러스케이트를 타고 연기를 펼치는 이 뮤지컬은 작고 사랑스러운 증기 기관차 로스티가 강적인 전기 기관차 엘렉트라와 디젤 기관차 그레이스볼과 싸움을 벌이는 내용이었다. 푸마가 이 공연장을 빌린 이유는 주주들에게 회사의 상황을 알리기 위함이 아니었다. 오늘 이 자리는 푸마의 넘버 원 기대주 '디스크Disc'를 소매업자들에게 소개하기 위해 마련된 것이었다.

기대주였던 푸마 '디스크'

디스크는 운동화 끈을 매고 풀어야 하는 불편함을 없애기 위해 회전 방식의 잠금장치를 도입한 푸마의 신상품이었다. 세계 시장에서 경쟁력을 확보하고자 푸마가 신기술을 앞세워 야심 차게 준비한 것이었다. 푸마는 이 디스크 잠금 시스템에 대해 특허를 보유한 스위스 기업 PDS 잠금 기술 주식회사로부터 이에 대한 권한을 사들이고 이 기술을 상품화하여 시장에 내놓기 위해 몇 주 전부터 분주하게 움직였다. 차이츠와 피셔는 이를 홍보하기 위해 비싼 돈을 들여 TV 광고까지 만들어놓은 상태였다. 제품 론칭 행사에는 예산 300만 마르크를 투입했다. 사업이 잘 풀리지 않던 푸마의 상황을 고려할 때 어마어마한 액수였다. 그래서 부수적인 지출은 조금이라도 줄여보고자 차이츠와 피셔는 고덴라트 프라이스베르크Godenrath Preiswerk 홍보 에이전시 컨설턴트와 호텔 방을 함께 썼다. 차이츠는 확신했다. 디스크는 분명히 푸마를 깊은 잠에서 깨워줄 것이었다.

론칭 행사는 할리우드 파티처럼 화려했다. 차이츠가 직접 고안해낸 '턴 잇 온Turn it on' 홍보 슬로건도 준비되었고 "디스크로 당신과 신발은 하나가 된다"라는 홍보 문구는 TV를 통해 시청자들을 찾아갈 것이었다. 상품 프레젠테이션 도중에 롤러스케이트를 탄 사람들이 넓은 무대 위에 깜짝 등장했다. 스피커에서 강렬한 비트의 음악이 쿵쾅쿵쾅 울려 퍼지고 드라이아이스로 안개가 자욱한 홀 중앙에 레이저가 빛을 발하더니 그 끝에 최신 스포츠화가 모습을 드러냈다. 이 스포츠화의 품질을 증명해줄 스타 선수 드림팀도 이 자리에 함께했다. 그해 바르셀로나 올림픽에서 멀리뛰기 금메달을 딴 하이케 드렉슬러Heike Drechsler, 디스크를 신고 허들 110m 1위를 차지한 콜린 잭슨Colin Jackson, 후에 푸마 엠블럼이 새겨진 콘택트렌즈를 착용하고 홍보 모델로 나선 영국 출신의 육상 선수 린포드 크리스티Linford Christie, 자메이카 출신의 육상 선수 멀린 오티Merlene Ottey 등이 그 주인공이었다. 게스트 자리에 앉아 의심스러운 눈초리로 행사를 바라보던 소매업자들도 곧 감동의 박수를 보냈고, 푸마 CEO도 이 화려한 행사에 환호했다. 힘들었던 하루를 보내고 차이츠는 그날 저녁 '빙고'를 외쳤다.

그는 푸마가 귀환했다는 것을 만인에게 알리고 싶었다. 홍보는 성공적이었다. TV 광고를 본 사람들은 너도나도 매장으로 달려가 120마르크가 넘는 이 푸마의 스포츠화를 찾았다. 보리스 베커가 은퇴한 1987년 이후 볼 수 없던 모습이었다. 그러나 대성공을 향해가던 이 모든 것은 끝내 수포로 돌아갔다. 디스크의 잠금장치가 제대로 작동하지 않았던 것이다. 마케팅 부장 차이츠는 잠금장치 작동에 아무런 문제가 없다고 장담하는 전문가들의 말을 믿고 하루라도 빨리 디스크를 공개하라며 압력을 넣었었다. 그런데 프로 선수들을 위해 제작한 스페셜 버전과 달리 시장에 공개된 일반 제품의 디스크는 오작동이 끊이질 않았다. 소비자들과 소매업자들은 모두 실망했고 분노했다. 차이츠는 책임자들을 호되게 꾸짖었다. 그러나 이 사건을 통해 차이츠가 받을 수 있었던 유일한 위로는 실패의 책임이 마케팅이 아닌 생산 과정에 있다는 것뿐이었다.

디스크의 잠금장치 오작동 외에도 푸마 제품의 문제는 계속 이어졌다. 이런 면에서 푸마는 문제가 발생했을 때 리콜해야 하는 자동차 회사와 다를 것이 없었다. 꼼꼼한 연구실 테스트 과정을 거쳤는데도 제품이 제대로 작동하지 않는 상황들이 발생했다. 너무 많은 신기술이 한꺼번에 추진되는 상황에서 어쩌면 당연한 일인지도 몰랐다. 한 예로 2002년 한일월드컵에서는 첨단 기술을 도입한 축구화 '셀러레이터 슈도Cellerator Shudoh'가 문제를 일으켰다. 발등 부분의 문제점이 드러났을 때는 이미 1차 물품 공급이 끝난 상황이었고, 결국 푸마는 공급된 물품 일부를 교환해주어야 했다.

적대적 인수합병

보훔에서의 프레젠테이션 이후 푸마는 너무나도 어둡고 긴 터널 속에 있었다. 멀리서나마 작은 불빛 하나라도 새어들어 오지 않을까 희망했지만 모두 허사였다. 하루하루 지날수록 푸마가 살아남을 수 있을 것이라는 희망의 불씨는 자꾸 약해졌다. 여기에 대주주인 아리트모스까지 경영난에 시달리면서 악재가 더해졌다. 아리트모스가 인수한 트레통, 에토닉, 아부가르시아 등 작은 회사들이 좀처럼 수익을 올리지 못했던 것이다.

하지만 뭐니 뭐니 해도 프랑켄의 푸마만큼 아리트모스의 사업에 타격을 주는 자회사는 없었다. 아리트모스의 CEO 잉그바르 베네헤드는 또 한 번 인사 교체로 이 상황을 해결하겠다는 결정을 내리고, 1993년 1월 31일에 자신이 좋아하는 사람이기는 했지만 무모했던 슈테판 야콥손의 자리를 닐스 스텐호이Niels Stenhoj에게 내주었다. 이때, 5년 계약서에 서명한 야콥손이 상당한 위약금을 챙겨간 탓에 푸마와 은행의 고통은 더 심해졌다. 차이츠는 사교적인 성격의 야콥손과 잘 통했다. 스웨덴 출신의 야콥손은 후에 "내가 CEO 자리에 더 오래 머물렀다면 아마도 당신이 나의 후계자가 되었을 겁니다"라고 말한 적이 있다.

스텐호이는 덴마크 출신이었다. 그는 미국에 있는 아리트모스의 낚시용품 자회사인 아부가르시아Abu Garcia를 맡고 있었다. 왜 그가 헤르초겐아우라흐에 적합한 사람으로 선정되었는지는 오늘날까지도 의문이다. 그의 강하고 공격적인 성향 때문이었을까? 아무튼, 그가 푸마의 CEO 자리에 있었던 기간은 불과 86일로, 그에게도 이 시기는 매일 같이 찾아오는 악몽으로 기억되었다. 그에게는 스포츠용품 분야의 사업에 대한 능력도, 시장에 대한 감각도 없었다.

그러는 사이 아리트모스 주식회사에 검은 구름이 드리워졌다. 금융업계는 아리트모스를 심각한 위기에 처한 회사로 평가했고, 결국 투자은행은 아리트모스를 인수 대상에 올렸다. 스톡홀름에 있는 아리트모스의 본사에서 북쪽으로 560km 떨어진 곳에 프로벤투스 ABProventus AB의 본사가 있었는데, 아리트모스와 마찬가지로 출자와 투자를 주요 사업으로 하는 기업이었다. 프로벤투스는 주식 시장 가치가 5억 유로에 이르는 우량주로, '변화는 우리 세상의 유일한 불변이다'라는 로베르트 바일Robert Weil의 원칙하에 1980년에 설립되었다. 본래 독일 출신인 바일의 부모는 30년대 후반에 유대인의 혈통이라는 아버지의 출생 배경 때문에 스웨덴으로 이민했다. 이제는 후계자가 된 그의 아들이 엄격함과 기업가로서의 도전 정신으로 프로벤투스 제국을 지배하고 있었다. 사업가 기질이 있는 그는 오직 성공, 성공만을 추구했다. 성공을 위해서라면 기습 공격도 마다하지 않았다. 그러나 동시에 그는 느슨한 모습을 보여주기도 했는데, 중요한 회의가 있을 때면 꾸벅꾸벅 조는 일이 많았다. 그럴 때면 CEO 미카엘 캄라스가 그를 대신하여 프레젠테이션 내용을 경청했다.

캄라스는 프로벤투스에서 국외 사업을 담당했다. 호감 가는 외모의 이 매력적인 남자는 사업 파트너로서 신뢰를 주었다. 1992년 말, 그는 바일의 지시로 아리트모스의 포트폴리오를 분석했다. 크리스마스가 지나고 그는 결과를 내놓았다. 위태로운 상황에 놓인 지주 회사에 몰래 투자했다가 그중 덜 위험한 지분으로 자회사를 설립하자는 것이었다. 당시 아리트모스가 지분의 80% 이상을 소유한 푸마는 이 스웨덴인의 눈에 매우 흥미로운 인수 대상이었다. 그리고 동시에 위험성도 매우 큰 기업이었다. 계속 규모가 커지는 시장에서 푸마가 지난 몇 년간 기록한 엄청난 적자가 바로 이들의 고민거리였다. 바일은 캄라스에게 푸마 인수를 추진하라고 지시했고, 그런 동시에 아리트모스의 CEO 잉그바르 베네헤드를 처리하라고 전했다.

1993년 1월 26일, 수천 킬로미터 떨어진 올랜도 메리어트 호텔에서는 또 한 명의 스웨덴인이 아리트모스를 두고 고민하고 있었다. 아리트모스의 전 매니저 토레 올슨Tore Ohlsson이었다. 12년 전에 그는 자신이 운영하던 스포츠용품 판매 회사를 아리트모스에 넘기고 그 자리에서 계약서에 서명한 후, 아리트모스의 자회사인 트레통 미국의 책임자로 부임했다. 베네헤드와 올슨은 강력한 듀오로 성장했고 친밀한 관계를 유지했다. 그러나 부CEO 자리를 내어줄 사람을 찾는 과정에서 베네헤드는 올슨을 선택하지 않았고, 이에 실망한 올슨은 1990년에 회사를 그만두었다. 그 후로 그는 여러 차례 직장을 옮기다가 현재의 골프용품 공급 업체에서 일하는 상황이었다. 이 무렵 그는 전문 박람회 방문차 플로리다에 머물렀는데, 저녁이 되어 프론트에서 키를 받아 방으로 올라가려던 그를 호텔 직원이 불러 세웠다. 그의 앞으로 메시지가 와 있다는 것이었다. 메시지의 내용은 이랬다.

"올슨 씨, 내일 오후 아래 번호로 스톡홀름 프로벤투스 CEO 미카엘 캄라스에게 전화해주십시오. 감사드리며, 안부를 전합니다."

올슨은 놀랐다.

"캄라스라고?"

프로벤투스는 내게 무엇을 바라는 것일까? 그는 알 수 없었다. 다음 날 올슨은 수화기를 들었다. 캄라스는 대화에서 자신이 아리트모스에 관심이 있다는 속내를 드러내며 이 일을 진행할 적임자로 올슨에게 호감을 내비쳤다. 이들은 2월 초에 눈 덮인 스톡홀름에서 만날 것을 약속했다.

일주일 후 올슨은 스웨덴 남부의 끝자락에 있는 팔스터보Falsterbo 마을의 자기 집에서 여행 가방을 꾸렸다. 현관으로 향하면서 그는 부인이 남긴 쪽지를 발견했다. 쪽지에는 큰 글씨로 "아리트모스에서 일하라고 하면 거절해요! 나랑 약속해요!"라고 적혀 있었다. 미소를 지은 올슨은 생각에 잠겼다. 현재 올슨은 당시를 회상하며 이 쪽지를 액자에 넣어 보관해두고 있다.

약속 장소에 나타난 바일과 캄라스는 곧장 본론으로 들어갔다. 현 아리트모스 CEO인 베네헤드를 밀어내고 자신이 전에 속해 있었던 이 회사의 CEO 자리에 앉으라는 제안이었다. 올슨은 이들이 자신에게 아첨하는 것 같은 느낌이 들어 그 자리에서 제안을 거절했다. 그는 부인이 남긴 쪽지를 떠올렸다. 바일과 캄라스는 이를 받아들일 수밖에 없었다. 올슨이 제안을 거절하리라고는 꿈에도 상상하지 못했었다. 두 사람이 작별 인사를 위해 올슨에게 손을 건네는 순간, 바일은 올슨의 귀에 조용히 속삭였다.

"토레, 우리는 곧 당신을 얻게 될 겁니다."

차이츠의 작품인 푸마 로고가 새겨진 콘택트렌즈를 착용한 린포드 크리스티

헤르초겐아우라흐에서는 푸마가 결국 물밑으로 가라앉아가는 상황이었다. 그 어떤 노력도 아무 의미가 없었고 브랜드는 점점 깊은 나락 속으로 빠져들었다. 열정이 있고 낙관적인 직원들조차 스텐호이가 새로운 CEO직에 앉으면서 하루빨리 새로운 직장을 찾아야겠다는 결심을 하고 있었다. 아무 것도 모르고 어찌할 줄도 모르는 이 무능력한 CEO는 람보 같이 굴며 그저 이 자리를 방패막이로 삼고 앉아 있을 뿐이었다. 경영진 회의가 있을 때면 그는 관료적인 공산주의자라도 되는 양 자신의 의견을 관철하려 주먹으로 회의실 탁자를 내리치기도 했다. 쉽게 낙담하거나 결코 희망을 버리는 일이 없는, 그래서 푸마에서 버티고 있던 차이츠조차 이러한 현실에 대한 실망감에 종종 동료인 마르틴 갠슬러, 울리히 헤이드와 함께 텍스 멕스 바를 찾아 데킬라를 마셨다. 다음 날 두통에 시달릴 정도로 많이 마실 수밖에 없는 깊

은 실망감이었다.

그 후 이스포에 참석한 차이츠는 아리트모스의 CEO인 베네헤드와 기업의 다른 경영진이 함께하는 저녁 식사에 초대받아 뮌헨의 고급 레스토랑 뵈트너에 갔다. 그는 이들이 자신들만의 승리에 도취하여 자축하는 모습을 지켜보아야 했다. 차이츠는 그런 그들에게 회사의 상황을 이야기했다. 이에 그들은 푸마가 지금까지 얼마나 불안정한 상황에 처해 있었는지를 그제야 제대로 알게 된 눈치였다. 자리가 파하고 나서 베네헤드가 차이츠에게 다가왔.

"거물들과 함께한 시간이 어땠는가?"

차이츠는 미소를 짓고 자신의 생각을 말했다. 그러나 그가 아직 모르는 것이 있었다. 이날 저녁 프로벤투스의 협상자들이 스톡홀름에서 아리트모스의 주주 한 명과 지분 25% 양도에 합의했다는 사실이었다. 콜 옵션은 일주일 간 지속되었다. 프로벤투스의 CEO 캄라스는 서둘러야 했다. 아리트모스의 CEO 자리에 반드시 올슨을 앉히고 싶었던 그는 다음 날 오후 이스포에 참가한 스포츠용품 업체 스팔딩Spalding 부스로 전화를 걸었다. 앞으로의 협력에 대한 이들의 대화는 10분 동안 지속되었고 올슨은 이윽고 그들의 제안을 받아들였다. 2주 내내 아내가 그 제안에 응하지 말라며 올슨에게 몇 번이고 당부했지만 소용이 없었다. 올슨의 아내도 결국에는 남편이 이 일을 원한다는 사실을 분명하게 알게 되었고, 그 후로 그녀는 최선을 다해서 남편을 지원하는 데 나섰다.

이제 인사 문제는 정리되었고 프로벤투스는 낙찰을 받았다. 프로벤투스는 여기에 추가로 소주주들의 지분 19%를 매입했다. 일주일 후 새로운 대주주들은 잉그바르 베네헤드에게 CEO로서의 그의 역할이 끝났음을 알렸다. 이와 같은 권력 싸움은 물론 적대적 인수합병에 대해 전혀 알지 못했던 베네헤드는 자신의 실패에 충격을 받았다. 곧이어 그는 자신의 요구 사항을 전달했다. 하나는 프로벤투스 감사회에 자신을 넣어달라는 것이었고 또 하나는 자신의 뒤를 이을 CEO로 토레 올슨은 절대 불가하다는 것이었다. 캄라스는 첫 번째 요구에는 응해주었지만 두 번째 요구 사항은 딱 잘라 거절했다. 이러한 결정은 작은 전쟁을 불러일으켰다. 4월 27일 총회에서 인사 교체에 대한 최종 인준이 필요했고, 이 자리에서 베네헤드는 CEO 자리를 내놓는 것을 거부했다. 결국 올슨은 CEO 사무실 옆 공간을 사용하고 자신의 전 사업 파트너이자 이제는 적이 되어버린 베네헤드와 비서를 공유해야 했다.

놀라운 제안

올슨의 사업욕은 그야말로 엄청났다. 그는 공식적으로 아리트모스 CEO로서 인준을 받지도 못한 상황에서 3월 초 헤르초겐아우라흐를 전격 방문하여 푸마 경영진과 대화를 나눴다. 한편, 푸마의 CEO 자리를 내놓아야 한다는 사실을 인정할 수 없었던 스텐호이는 당시에 거주하던 뉴욕을 떠나 푸마가 임대한 뉘른베르크의 아파트로 이사할 계획을 세우고 이를 집중적으로 추진하고 있었다. 심지어 그는 자신의 차량 사브 900까지 가져올 생각이었고, 그러자면 회사는 2만 7,000마르크를 지출해야 했다. 사실 그는 푸마 CEO 계약서에 서명하지 않은 상태였다. 곧 스텐호이에게는 미리 서명을 했다면 좋았을 법한 일이 발생했다.

스웨덴 아리트모스에서 대주주들이 방문하겠다고 하자 스텐호이는 곧장 미팅 일정을 잡고 부서장들에게 자신과 손님들 앞에서 프레젠테이션 하도록 준비시켰다. 미팅 당일, CEO는 프레젠테이션 담당자들만 회의실에 있으라고 지시했다. 그런데 프레젠테이션 담당자로 나선 개발 매니저 마틴 갠슬러가 솔직하게 회사 상황을 설명하고 오히려 CEO보다 능력 있는 모습을 보여주자 캄라스와 올슨은 그에게 관심을 보였다. 프레젠테이션이 끝나자 두 사람은 갠슬러에게 자리에 남아달라고 부탁했고, 이는 스텐호이를 화나게 했다. 또 갠슬러는 두 사람에게서 다음 날에도 와줬으면 좋겠다는 부탁을 받았다. 사실 그는 이때가 휴가로 집에서 페인트 작업을 할 계획이었지만 계속 부탁을 받자 거절하기가 어려운 난처한 입장이 되었다. 그러나 곧 갠슬러는 "내일 아침 일찍 7시 정도에 미팅을 시작한다면 올 수 있을 것 같습니다"라고 대답했고, 스웨덴 출신 대주주들은 이를 수락했다.

다음 날 일정에는 마케팅 프레젠테이션이 포함되어 있었다. 그 며칠 전에 차이츠는 아내와 함께 아내의 친정이 있는 율리히에 간 상태였다. 마침 차이츠는 몸 상태도 매우 좋지 않았다. 감기로 고열에 시달리고 있었다. 갠슬러는 그에게 전화를 걸어 말했다.

"꼭 와야 해. 너 없으면 안 돼."

그 말에 차이츠는 즉시 회사로 달려왔다. 코는 빨갛고 목은 잔뜩 부은 채 컨퍼런스 룸 앞에서 프레젠테이션을 준비하는 차이츠를 보며 갠슬러는 혹시나 그가 프레젠테이션을 성공적으로 마치지 못할까 걱정이 되었다. 그러나 고열에 힘들어하면서도 차이츠는 훌륭하게 프레젠테이션을 끝마쳤다. 갠슬러는 스텐호이의 시대가 끝났음을 느낄 수 있었다. 그리고 드디어 차이츠와 자신을 위한 시대가 다가오고 있다는 것도 함께. 갠슬러는 왠지 금발의 이 동료 앞에, 그리고 어쩌면 자신의 앞에도 엄청난 승진이 기다리고 있을 것 같은 느낌이 들었다.

마지막으로 올슨은 한 번 더 갠슬러와 상품 매니저 후베르투스 호이트Hubertus Hoyt, 그리고 지난 2월 베른트 치만스키가 에스까다Escada로 떠난 후 재무 책임자 자리에 있던 칼 하인츠 드리디거Karl-Heinz Driediger와 개인적

마라도나가 그려진 1992년의 푸마 포스터

인 시간을 가졌다. 그리고 올슨은 요헨 차이츠의 사무실 문을 두드렸다. 스웨덴 출신의 이 남자는 요헨 차이츠에게 말했다.

"나는 당신이 일을 잘할 수 있을 거란 확신이 들었습니다."

그리고 두 사람은 회사가 저지른 실수와 잠재 기회에 대해 구체적으로 대화를 나눴다. 차이츠는 조심스럽게 회사를 떠날 생각이라는 자신의 계획을 알렸다. 대화를 마친 후 사무실을 나서며 올슨은 강력한 어조로 그에게 제안했다.

"조금만 더 기다려보시죠."

아리트모스의 CEO로 임명된 올슨은 이날 복잡 미묘한 감정으로 푸마의 문을 나섰다. 그는 변화에 대한 의지가 있는 역동적인 사람들을 만났고 무엇보다 날카로운 분석력이 있는, 자신의 눈으로 보기에는 더 높은 자리에 앉힐 필요가 있을 것 같은 젊은 마케팅·판매 책임자를 만났다. 그런 동시에 푸마가 얼마나 비참한 상황에 놓였는지도 분명히 볼 수 있었다. 직원들은 모두 이직을 위해 다른 경쟁 업체에 이력서를 제출하는 상황이었다. 그리고 푸마 CEO에 대해서는 '아무런 쓸모가 없는 사람'이라고 생각했다.

그로부터 며칠이 지난 1993년 3월 13일, 차이츠와 아내 비르기트는 뉘른베르크의 집에서 아침 식사를 하고 있었다. 그때 전화벨이 울렸고, 수화기 너머에서는 올슨의 목소리가 들렸다. 그는 차이츠에게 말했다.

"푸마를 변화시키려면 어떤 일들을 해야 할지 생각해보세요."

이에 차이츠가 물었다.

"마케팅과 관련해서 말씀이시죠?"

그러자 아리트모스의 CEO는 대답했다.

"아뇨. 회사 전체와 관련해서요."

그러더니 "동료들은 물론 스텐호이에게도 아무 말 마세요"라고 덧붙였다.

일주일 후, 차이츠는 올슨과의 비공식적 만남을 위해 말뫼Malmö[82]로 향했다. 차이츠에게는 이 특수한 상황이 혼란스럽기 짝이 없었다. 법적으로는 아직 회사와 아무런 관계가 없는 이 주주에게 CEO인 스텐호이를 거치지 않고 회사의 내부 사정을 전달해야 하는 상황이었다. 차이츠는 먼저 하루 동안 휴식을 취했다. 그리고 자신에게 말했다.

"괜찮아. 어쨌거나 마지막 시도는 가치가 있는 법이니까."

그리고 그로부터 며칠간 그는 햇빛을 보지 못했다. 차이츠는 사무실에 콕 틀어박혀서 올슨과의 약속을 지키기 위해 밤낮으로 프레젠테이션 자료를 만들었다. 프레젠테이션 첫 페이지에는 우스개로 비쩍 마른 소 한 마리를 그려 넣고 아래에 이렇게 적었다.

"우리에게 있는 것은 캐시 카우Cash cow[83]가 아닌 쇠약한 카우소 한 마리뿐이다."

그리고 소의 젖을 빨고 있는 은행가, 컨설턴트들과 그 밖의 것들을 그려 넣어 푸마의 상황을 은유적으로 표현했다. 그림에 별로 소질이 없던 차이츠는 옆 자리의 에르빈 힐델Erwin Hildel에게 부탁해서 매킨토시 그림 프로그램

---

82 스웨덴 서남부 스코네 주에 있는 도시이다.
83 수익창출원. 즉 확실히 돈벌이가 되는 상품이나 사업을 의미한다.

으로 이를 완성시켰다.

3월 18일, 차이츠는 루프트한자 항공편을 이용해 뉘른베르크에서 덴마크의 수도 코펜하겐으로 이동했다. 그리고 그곳에서 40km 정도 떨어진 스웨덴의 말뫼로 향하기 위해 헬리콥터로 환승했다. 공항에 내린 그는 택시를 타고 도심에 자리한 4성급 마스터 요한 호텔에 도착했다. 올슨과 만나기로 한 곳이었다. 화사한 호텔 로비에서는 이미 간부급 매니저들이 그를 기다리고 있었다. 프로벤투스의 CEO 미카엘 캄라스와 미래의 아리트모스 CEO 토레 올슨, 그리고 새롭게 꾸며진 아리트모스에서 책임자 역할을 맡게 될 그의 심복 스타판 츠벤비Staffan Svenby였다. 세 사람은 자리에서 일어나 차이츠에게 악수를 청하고 스웨덴까지의 여행과 안부에 대해 짧은 대화를 나눴다. 그러고 나서 이들은 예약된 장소로 이동했다. 차이츠는 뭔가가 상당히 불편했다.

'무엇이 나를 기다리는 걸까?'

그는 이윽고 자신을 달랬다.

'그래, 까짓 거, 마지막으로 회사에 좋은 일을 해줄 기회일 수도 있잖아?'

어두운 정장 차림의 네 사람은 한 시간 동안 매우 진지하게, 그리고 심도 있게 푸마의 미래에 대해서 이야기를 나눴다. 차이츠는 모든 것을 솔직하게 말하고 CEO에 대한 비난의 말도 쏟아냈는데, 비난이 어찌나 날카로웠는지 듣는 이들이 놀라서 눈을 동그랗게 뜰 정도였다.

차이츠의 강력한 무기 중 하나가 바로 프레젠테이션이다. 프레젠테이션을 할 때 차이츠는 표정이나 몸짓이 아닌 자신이 말하고자 하는 단어를 강조해서 생각을 전달한다. 차이츠의 프레젠테이션이 끝나자 잠시 침묵이 흘렀다. 이윽고 캄라스가 차이츠에게 물었다.

"그럼 어떻게 해야 이 브랜드를 살릴 수 있다고 생각하나요?"

차이츠는 짧게 고민했다. 그의 날카로운 통찰력으로 볼 때 이 질문이 바로 이들이 자신에게 던진 오늘의 핵심 질문이었다. 그리고 이 대답이 자신의 미래를 결정하게 될 것이라는 사실도 알 수 있었다. 차이츠는 자신과 자신의 분석 결과에 대한 믿음이 있었기에 움츠러들지 않고 대답했다.

"푸마에는 남은 기회가 한 번밖에 없습니다. 먼저 대대적인 삭감으로 지출을 최소한으로 내려야 합니다. 그리고 명확한 비즈니스 플랜을 세워서 단계적으로 목표를 달성해야겠지요. 바로 사람들이 갖고 싶어 하는 브랜드로 만드는 것 말이죠."

매니저들의 표정이 편안해졌다. 차이츠의 말에 완전히 만족한 것이었다. 그들이 자리한 공간에는 안도감이 퍼졌고, 시작을 앞둔 들뜬 분위기가 생겨났다. 그 순간 질문이 또 한 가지 날아왔다.

"그 일을 직접 할 수 있겠습니까?"

차이츠는 자신의 귀를 의심했다. 캄라스가 지금 자신에게 물은 것인가? 놀란 차이츠는 그를 바라보았다. 내가 지금 제대로 들은 걸까? 차이츠가 대답하기도 전에 올슨이 먼저 말했다.

"더 자세히 설명할 필요는 없을 것 같은데요. 우선 잠깐 휴식하도록 하죠."

이 잠깐의 시간 동안 스물아홉 살의 젊은 매니저의 머릿속에는 여러 가지 생각이 뒤엉켰다. 지긋지긋한 헤르초겐아우라흐의 상황과 실패를 거듭한 수많은 매니저, 회사 여기저기를 돌아다니며 간섭하는 것이 전부이면서 엄청난 돈을 받아가는 경영 컨설턴트, 그리고 극심한 사업 실적들. 그런 동시에 그가 신뢰하는, 영리한 동료들의 얼굴도 떠올랐다. 마르틴 갠슬러와 후베르투스 호이트. 그들이 도와준다면 새로운 시작을 할 수 있을 것도 같았다. 모두 회의실로 돌아오자 올슨은 이제 미팅을 끝내야 할 것 같다고 말했다. 비행기 시간이 임박했다는 것이었다. 차이츠는 조금은 기죽은 듯한 목소리로

"제가 푸마를 도울 수 있을 것 같습니다"라는 말로 작별 인사를 대신했다. 스웨덴인들은 그에게 지원을 약속했고, 무엇보다 아리트모스 총회에서 반드시 비밀을 지켜달라고 부탁했다.

올슨이 차이츠를 헬리포트까지 데려다 주겠다고 했다. 차이츠는 그의 실버 AG 쾨트로에 올라타면서 방금 일어난 일들을 다시 한 번 떠올렸다. 나더러 푸마의 CEO를 맡으라던 그들의 말이 과연 사실이란 말인가? 차이츠가 이러한 생각에 빠져 있는 동안 올슨은 차 안에 설치된 전화기로 긴 통화를 했다. 차이츠는 한 마디도 알아듣지 못했다. 스웨덴어를 할 줄 몰랐기 때문이었다. 잠시 후 수화기를 내려놓은 올슨은 차이츠에게 말을 건넸다.

"요헨, 나는 당신이 약속한 변화들을 추진해나가기를 바라요. 내 말이 이해가 된다면 푸마를 맡아주었으면 해요."

차이츠는 다시 한 번 아드레날린이 솟구쳐 오르는 것을 느꼈다. 내가 주식회사의 CEO가 된다고? 55년이라는 역사가 있는 전통 기업의 CEO? 올슨은 동시에 적절한 연봉도 제시했다. 당황한 차이츠는 겨우 대답을 이어갔다.

"오케이. 공정하군요."

이성적인 차이츠는 "모든 것이 실제로 일어나기 전에는 믿지 않겠다"라는 결정을 내렸다. 그는 아내에게조차 말뫼에서 있었던 일을 말하지 않았다. 뉘른베르크의 자신의 집에 도착한 그는 자정 직전에야 이 말도 안 되는 사건을 아내에게 털어놓을 수 있었다. 아내는 눈물을 흘렸다. 차이츠로서는 기쁨의 눈물인지, 고통의 눈물인지 분간할 수 없는 눈물이었다. 아내는 그들의 앞에 힘든 시간이 다가왔음을, 그리고 그것이 부부의 삶에 큰 영향을 미치리라는 것을 예감했다.

격한 감정의 날들이 지나자 몇 주간 침묵의 시간이 이어졌다. 그의 서른 번째 생일을 축하하던 4월 30일. 여전히 그의 머릿속에는 비밀스러운 협상에 대한 생각만이 가득했다. 너무 커다란 과제를 받은 차이츠에게는 아무 일도 없었다는 듯 일하는 것이 결코 쉬운 일이 아니었다.

아리트모스의 총회가 예정된 4월 27일은 마치 어릴 적에 손꼽아 기다리던 크리스마스이브가 그렇듯이 너무나도 천천히, 느릿느릿 다가왔다. 드디어 300명에 달하는 주주들이 헬싱보리Helsingborg[84] 회의실에 모인 그날이 왔다. 감사부장이 총회의 개막을 알리며 진행된 회의에서 프로벤투스는 아리트모스와 토레 올슨이 보유한 주식 44%로 새로운 자회사인 푸마의 대주주가 되었다. 그리고 잉그바르 베네헤드가 이끈 지난 13년간의 성공적인 나날들에 감사 인사를 전하는 시간이 이어졌고, 베네헤드는 결국 CEO 자리에서 내려왔다. 주주들 사이에 섞여 있던 캄라스와 올슨은 안도의 숨을 내쉬며 곧장 뉘른베르크로 향하는 비행기를 타기 위해 공항으로 이동했다. 두 사람은 이들의 새로운 희망, 요헨 차이츠와 푸마의 변화가 시작될 것이란 사실을 알리는 데 단 하루도 지체하고 싶지 않았다.

다음 날 아침, 해고된 스텐호이의 사무실에 들어선 올슨은 예상치 못한 문제가 발생했음을 알았다. 아리트모스 감사회가 한 목소리로 스텐호이의 해고에 반대하고 나선 것이다. 이들은 스텐호이가 CEO 자리에 앉은 지 얼마 되지도 않은 시점에서 차이츠가 새로운 CEO가 되는 것을 원치 않았다. 채권은행 역시 CEO 교체는 좋은 생각이 아닌 것 같다는 의견을 밝혔다. 반대의 이유는 한 번도 회사를 경영해본 경험이 없는 서른 살의 애송이를 CEO 자리에 앉혀서 주주들에게 웃음거리가 되고 싶지 않다는 것이었다. 그러나 올슨은 자신은 이미 결정을 내렸고, 결정한 대로 밀어붙이겠다고 딱 잘라 말했다. 그리고 나서 그는 몇 시간 동안 CEO 사무실과 회의실을 옮겨가며 아리

---

[84] 스웨덴의 도시로 덴마크와 가장 가까운 지역이다.

트모스 감사회 위원들과 통화했다. 이들은 "우리는 스텐호이를 내보내지 않을 겁니다"라며 압박해왔다. 2시간 후 올슨은 드디어 감사원 한 명을 설득하는 데 성공했다. 산업 기업 카르도Cardo의 사장 레나트 닐슨Lennart Nilsson이었다. 이어서 사브의 라르스 킬베르그Lars Kyhlberg도 마음을 움직였다. 그리고 마지막으로 식품 회사 세레알리아Cerealia의 사장인 페르 소르테Per Sorte도 올슨의 의견에 동의했다. 계속해서 이곳저곳으로 전화 연결을 해주어야 했던 CEO 사무실 비서들은 이 몇 시간 동안 해고의 대상이 누구였는지 전혀 알지 못했다.

이날 저녁 캄라스는 다시 스웨덴으로 돌아갔고, 올슨은 남아서 뉘른베르크 마리팀 호텔에서 푸마의 CEO 닐스 스텐호이와 저녁 식사를 함께했다. 아리트모스에서부터 오랜 인연이 있는 두 사람이었지만 친구처럼 지내본 적은 한 번도 없었다. 올슨은 그에게 현재의 상황을 냉정하게 설명했다. 협상하기에는 자신의 카드가 그리 좋지 않다는 것을 파악한 스텐호이는 그런 상황을 이해하고 있다고 대답했다. 게다가 아직 CEO 계약서에 서명하지 않았던 그는 얼마 되지 않는 위약금에도 동의할 수밖에 없었다.

이후의 최고재무관리자를 맡게 될 당시의 경리 부장 디터 보크Dieter Bock는 인사 교체에 대해 먼저 알고 있던 사람 중 한 명이었다. 도이체방크가 4월 29일을 컨소시엄 뱅크 총회일로 잡았고 이에 보크가 스텐호이 대신 프레젠테이션을 준비했던 것이다. 보크는 미팅을 하루 앞둔 날 정오에 구체적인 사항들을 점검하기 위해 스텐호이를 만나기로 약속했었다. 12시 조금 전쯤 스텐호이의 비서가 그에게 전화를 걸어 약속 시간이 조금 지체될 수 있을 것이라는 말을 전해주었다.

시간이 흐르고, 오후 4시쯤 다시 연락이 왔을 때 보크는 위층 CEO 사무실로 오라는 지시를 받았다. 보크는 조심스레 CEO 사무실 문을 열었다. 그런데 마호가니 목재로 마감된 CEO 사무실에 IT 전문가 클라우스 바우어Klaus Bauer가 앉아 있는 것이 아닌가? 그것도 의아한 표정으로 말이다. 그때 갑자기 문이 열리더니 울리히 헤이드Ulrich Heyd가 요헨 차이츠와 함께 CEO 사무실로 들어왔다. 보크와 바우어는 이상하다는 듯 그들을 바라보았다. 헤이드는 헛기침을 몇 번 하더니 스텐호이가 방금 CEO직을 내려놓았고 이제부터는 요헨 차이츠가 이 자리에 앉을 것이라는 사실을 알렸다. 보크는 "우리는 그 순간 입이 쩍 벌어졌다"라며 당시를 회상했다. 정보를 인식할 수는 있었으나 감정이 격해져서 그 정보를 제대로 처리할 수 없을 정도의 충격이었다.

올슨은 곧이어 푸마의 경영진을 한자리에 불러 모았다. 회사의 상황에 대한 짧은 보고를 마친 그는 불안했던 회사의 미래를 언급하며 앞으로는 요헨 차이츠가 새롭게 회사를 이끌어갈 것이라고 덧붙였다. 그에게서 마지막 단어의 울림이 사라지자 자리에 있던 이들 사이에 무거운 침묵이 이어졌다. 어찌나 조용했는지 깃털이 떨어지는 소리까지 들을 수 있을 것처럼 느껴질 정도였다. 경영진 모임은 그렇게 아무런 일도 없었던 양 마무리되었다.

푸마라는 기업의 역사에 또 하나의 획이 그어졌다. 역사상 처음으로 주주들이 노련한 기업 리더가 아닌 풋내기에게 구조조정을 맡긴 것이었다. 물론 그 풋내기를 두고 전도유망한 능력이 있다고 평가한 사람이 많았지만 말이다. 어쨌거나 차이츠에게는 자신의 지성과 타협을 모르고 목표를 향해 내달리는 노력, 마케팅과 세일즈 분야에서의 지난 몇 년간 쌓은 경험을 제외하면 별다른 카드가 없는 것이 사실이었다. 게다가 CEO로서의 출발 상황도 최악이었다.

1992년에 푸마는 겨우 5억 1,200만 마르크의 매출을 올리고 한 해를 마감했다. 이는 전년보다 10%나 낮은 수치였다. 라이선스 사용료도 급격하게 줄었다. 푸마는 총 260만 마르크라는 적자를 기록했고, 직원들의 월급과 자재비 지출로 신용 대부 상한선도 매번 넘기는 상황이었다. 차이츠는 자신에게 기회가 단 한 번뿐이라는 것을 알고 있었다. 침몰해가는 푸마라는 잠수함을 구하려면 쓸데없는 것들을 냉정하게 내던져버릴 필요가 있었다.

1993년 5월 1일 노동자의 날이었다. 푸마 직원들은 휴일을 즐겼고 헤르초겐아우라흐를 감싸는 초원에서 자전거를 탔다. 은방울꽃도 이제 막 피어나기 시작했다. 그리고 이날은 요헨 차이츠가 푸마에 CEO로서 첫 출근을 하는 날이기도 했다.

그에게는 처리해야 할 일이 많았다. 심지어 다음 날 뉘른베르크 도이체방크에서 컨소시엄 미팅 일정이 있었다. 본래는 이 자리에서 닐스 스텐호이가 신임 푸마 CEO로 소개될 예정이었다. 그러나 그것은 이미 지나가버린 과거가 되었다. 차이츠는 곧 코앞으로 다가온 이 스케줄을 받아들였고 미팅을 준비했다. 그는 비즈니스 플랜에 대해 짧은 프레젠테이션을 진행하고 핀 스트라이프 정장 차림의 금융인들에게 인내심을 부탁할 계획이었다. 그리고 금융인들의 심문처럼 날카로운 질문에 만족스러운 답변을 내놓고 푸마의 구조조정 계획을 제시하려면 우선 현재 푸마의 상태를 구체적으로 분석해야 한다는 것을 분명하게 인식하고 있었다.

도이체방크의 회의실은 무거운 나무 탁자와 넓은 가죽소파로 꾸며져 있었다. 차이츠가 바라보는 곳마다 희끗희끗한 머리의 금융인들이 그를 심각한 표정으로 쳐다보았다. 게다가 채권단인 13개 은행의 대표들은 어두운 색의 정장 차림을 하고 있어서 마치 장례식 같은 분위기를 자아냈다. 이들은 모두 사전에 정보를 받아 새로운 CEO에 대해 알고는 있었지만 학생 같은 신임 CEO를 보고는 어이없다는 반응을 보였다. 또한 이들은 그가 심각한 부채에 시달리는 회사를 일으켜 세워야 할 주인공이라는 사실에도 우려를 감추지 못했다. 한 신사가 말장난하듯 물었다.

"당신 몇 살입니까?"

차이츠는 먼저 자신을 소개하고 곧장 본론으로 들어갔다. 그는 자신이 지난 2년간 푸마에서 마케팅과 세일즈 매니저로 일했으며 그 과정에서 회사의 구체적인 측면들까지 파악하게 되었다고 말했다. 그리고 회사의 상황을 있는 그대로 설명했다. 그러자 베스트 LB의 은행장이 질문을 던졌다.

"신발이 잘 팔린다는 전 CEO의 말이 사실이 아니란 거요?"

젊은 푸마의 신임 대표이사는 고개를 끄덕였다. 그러고는 더 나아가 전임자들이 회사의 상황을 미화했으며 그들의 말은 사실이 아니라고 말했다.

은행가들은 충격에 휩싸인 채 차이츠의 말에 귀를 기울였다. 푸마 CEO의 프레젠테이션은 그들 사이에 격렬한 논쟁을 불러일으켰다. 과연 저 새로운 CEO에게 기회를 주는 것이 옳은 일인가? 아니면 이제 푸마가 파산하도록 그냥 내버려둘 것인가? 이들의 의견은 전적인 동의에서 전적인 반대까지 다양했다. 결국 이들은 차이츠를 받아들였다. 그러나 이들이 원한 푸마의 구원자는 경력이 많은 기업인이었기에 무거운 마음은 어쩔 수가 없었다.

끝으로 차이츠는 이들에게 7월 26일에 총회를 다시 속회하자는 부탁을 남겼다. 이때까지 전체적인 구조조정 계획을 마련해서 제출하겠다는 것이었다. 새로운 푸마의 보스인 차이츠는 겨우 한숨을 돌렸고, 서둘러 뉘른베르크 도이체방크에서 벗어났다. 얼마 후 속회된 총회에서 차이츠는 충격적인 분석 결과를 발표했다. 푸마의 손실을 만회하려면 직원 40%를 해고해야 하며 구조조정에는 총 6,900만 마르크가 소요될 것이므로 더 많은 대부금이 필요하다는 것이었다.

2 타인의 삶

차이츠의 드림팀
산악자전거를 즐기는 세일즈맨, 구두쇠, 두 세상 사이의 방랑자, 그리고 부드러운 적대자

차이츠는 푸마를 일으켜 세우려면 어떻게 해야 하는지 정확히 알 수 없었다. 그러나 적어도 누구와 함께 움직여야 할지는 알고 있었다. 사람은 위기상황이 닥쳤을 때 신뢰할 수 있는 사람을 알아보는 법인데, 그런 면에서 차이츠에게는 지난 3년간 충분한 시간이 있었던 것이다. 차이츠의 팀에 속한 초창기 멤버들은 관리회계부의 책임자 디터 보크, 회계책임자이자 IT 전문가인 클라우스 바우어, 대표이사이자 기업 변호사인 울리히 헤이드, 그리고 홍보 책임자 헬무트 피셔였다.

그리고 이보다 조금 뒤늦게 추가된 멤버로 호르스트 비드만이 있었다. 비드만은 과거에 아디다스 창업자인 아돌프 다슬러의 오른팔이었고 이제는 푸마에서 일하고 있었다. 그러나 차이츠가 예나 지금이나 무한한 신뢰를 보내는 인물 0순위는 따로 있다. 바로 뼛속부터 세일즈맨인 마르틴 갠슬러이다.

차이츠는 후에 갠슬러를 부CEO로 임명했다.

이미 언급한 것처럼 요헨 차이츠는 사람에 대해서라면 놀라우리만치 분명한 육감이 있었다. 이러한 능력은 그의 논리정연한 태도와 함께 CEO에 적합한 성향으로 여겨진다. 지금까지도 그는 중요한 자리를 맡길 사람을 직접 선택하며, 실제로 사람을 뽑는 일에서 단 한 번도 실수한 적이 없다. 새로 CEO가 된 차이츠에게는 컨설턴트가 필요 없었다. 이미 오래전에 자신이 나아갈 길을 표시해두었고, 이제 그에게 필요한 것은 그를 따라올 직원들이었다. 그가 꾸린 팀은 2007년까지 기업의 가치를 5,000% 이상 올려놓는 업적을 세우기에 이르렀던 것이다.

어려운 상황에서도 똘똘 뭉쳐 결속할 수 있었던 이들의 정신은 푸마의 중요한 성공 요인임이 틀림없다. 리더 차이츠의 뒤에는 브랜드와 리더, 그리고 자기 자신을 믿고 자신의 능력의 한계에 이르기까지 달려갈 준비가 된 드림팀이 있었다. 무엇보다 구조조정이 이뤄지던 해에 이들의 사무실은 밤이 늦도록 좀처럼 불이 꺼지지 않았다. 밤낮을 가리지 않고 절감 플랜이나 전략을 고민한 것이다. 90년대 후반까지도 푸마의 인사부장은 밤늦도록 회사를 둘러보며 직원들에게 종종 '일하는 시기가 있는 법'이라는 말을 상기시켰다.

이런 점에서 푸마의 모든 직원은 최고의 드림팀으로 당당하게 독일 증권 역사에 기록될 자격이 있는 셈이다. 무엇보다 눈에 띄는 것은 기업에서 핵심적 역할을 담당한 이들이 결코 미국 엘리트 대학 졸업생이 아니라는 점이다.

이들은 지역 토박이이거나 실용주의자 혹은 터무니없는 이력의 괴짜들이었다. 이 중 일부는 아직도 푸마에 남아 있는데, 이제부터 이들의 이야기를 자세히 들여다보도록 하자. 그중 한 사람으로 경영협의회[85] 의장도 빼놓을

---

[85] 기업 내 피고용자의 대표기관.

수 없겠다. 그녀는 약 14년 동안 푸마와 노사 관계를 유지한 인물로, 편견 없이 때에 따라서는 경영진의 손을 들어주기도 한 유연한 적대자였다.

마르틴 갠슬러, 지칠 줄 모르는 세일즈맨

호르스트 쉬만스키와 닮은 얼굴에 검은 옷을 무척이나 사랑하는 이 남자는 상품 관리와 관련해 아주 오랜 경력이 있다. 큰일에 영향을 줄 수 있는 것이라면 아주 소소한 것도 꽉 물고 늘어지는 그의 테리어 같은 성향을 차이츠는 무엇보다 높이 평가한다. 특히 생산 기술과 조달 방법에 관련해서는 업계에서 그보다 능통한 사람을 찾아보기 어렵다.

겸손한 실용주의자 마르틴 갠슬러Martin Gänsler는 본래 푸마의 사업 파트너였다. 그러던 그는 시간이 흐르면서 푸마에 없어서는 안 될 경영진 중 한 사람이 되었다. 그는 회사에 최선의 결과를 가져다주기 위해 지칠 줄 모르고 전 세계를 누볐다. 그는 권력 따위는 중요하게 생각하지 않았고, 오늘날에도 헤르초겐아우라흐의 조그만 셋방에서 살고 있다. 많은 직원이 회사에 그가 존재하는 것을 축복으로 여겼고, 2007년 말에 그가 은퇴를 알리자 크나큰 충격에 빠졌다. 갠슬러는 아우크스부르크 인근의 게르스트호펜Gersthofen에 있는 농장이 딸린 산지기 관사에서 개와 말, 토끼를 돌보며 지내고 싶어 했다. 그렇지 않으면 자신의 할리 데이비드슨Harley-Davidson[86]을 끌고 전 세계를 누비며 크루즈 여행을 하거나, 토스카나에서 와인 농장을 할 생각이었다.

마르틴 갠슬러는 1953년 12월 1일 아우크스부르크Augsburg에서 사생아

---

86 미국제 대형 오토바이 브랜드.

마르틴 갠슬러 부CEO가 미하엘 슈마허와 함께, 2004년

로 태어났다. 그리고 몇 년 후 그의 어머니는 아우크스부르크 도심에서 전통 기업을 운영하는, 도시에서 유명한 스포츠용품 사업자와 재혼했다. 언제나 스포츠에 열광적이었던 갠슬러는 어머니의 그 선택을 멋지다고 생각했다. 후에 그는 학교를 그만두고 새아버지 밑에서 소매 사업가로서 도제살이를 시작했다. 그러면서 그는 판매에 대한 자신의 능력을 발견했다. 그런 동시에 국가에서 공인하는 스키 트레이너 및 잠수 트레이너가 되기 위한 교육도 마쳤다. 그러나 이러한 목가적인 삶은 오래가지 않았다. 갠슬러를 마치 도둑처럼 여기던 새아버지의 딸과 싸움이 벌어진 것이었다. 결국 새아버지는 갈등 끝에 회사를 주주 회사로 바꿨고 회사가 어려워지면서 재정난에 시달렸다. 새롭게 경영권을 잡은 사업 파트너는 갠슬러에게는 그야말로 끔찍한 사람이

었다. 이에 그는 회사를 그만두고 잠시 휴식 기간을 보내면서 자신의 미래를 생각했다. 그리고 앞으로는 혼자 힘으로 일어서겠다는 것, 그리고 취미와 커리어를 동시에 즐기겠다는 결심을 내렸다. 처음에 그는 여름에는 잠수 트레이너로, 겨울에는 스키 트레이너로 일하겠다는 계획을 세웠다. 그러나 곧 그것은 자신의 분야가 아님을 깨달았다.

1977년에 갠슬러는 아우크스부르크의 겨울 스포츠 매장 '스포츠 에케 Sport-Ecke'로 직장을 옮겼다. 그곳에서 그는 기회를 잡았다. 당시 상품 관리를 담당하던 사장의 아내가 아이들을 돌보는 데 더 많은 시간을 보내고 싶어해 갠슬러가 그 일을 맡게 된 것이었다. 시간이 흐르면서 갠슬러는 영업 관리 부책임자로까지 승진했다. 스포츠 에케는 그 지역에서 일인자 자리를 차지하고 있었다. 그러나 장기적으로 봤을 때 이곳은 갠슬러에게 너무 좁고 진부했다. 그는 밖으로, 계산대 반대편으로 나가서 활동하고 싶었다. 그리고 〈아우크스부르거 차이퉁Augsburger Zeitung〉에서 사원을 찾는다는 푸마의 채용 공고문을 본 1980년, 갠슬러는 주저 없이 지원서를 제출했다. 그는 푸마의 강점과 약점을 잘 알고 있었다.

당시만 해도 대리상들을 통해서 상품을 판매하던 푸마는 이제 회사에 속할 사원을 찾고 있었고, 갠슬러가 이 자리에 앉으면서 고정 임금 약 3,500마르크를 받았다. 이전 회사에서 받던 것보다 적은 월급이었고 상품 회전율에 대한 커미션도 0.25%로 그저 그런 정도였다. 그러나 판매에 능력을 보인 갠슬러는 몇 년 후 담당 판매 영역을 바덴뷔르템베르크까지 확대하면서 쏠쏠한 이익 배당을 챙기며 자신의 월급을 두 배로 늘렸다. 그는 회사 차량인 푸조 브레이크를 몰고 전국을 누비고 다녔는데, 차 트렁크에는 언제나 푸마의 정강이 보호대, 유니폼, 운동화로 가득 차 있었다.

그는 하룻밤에 18.50마르크를 받는 허름한 펜션에서 잠을 자고 옷가방이 가득 걸린 이동식 행거를 조약돌이 깔린 도로 위로, 나선형 계단으로 끌고 다니며 소매업자들을 만났다. 자신이 가는 곳에는 반드시 푸마 디아스포라를 개척하겠다는 것이 그의 목표였다. 그러나 그는 소매업자들에게서 늘 "필요 없어요. 우리는 아디다스가 있습니다"와 같은 말을 들어야 했다. 갠슬러는 상품을 팔아줄 소매업자를 찾는 일이 '전쟁'이었다고 말한다.

1987년에 그는 거리를 떠나 내부 근무자로 자리를 옮겼다. 출장 직원으로 근무하던, 그리고 보리스 베커가 푸마와 함께 일약 스타덤에 오르던 시기인 마지막 두 해 그는 엄청난 성과를 기록했다. 사실 갠슬러는 출근한 첫날부터 이미 헤르초겐아우라흐 본사가 급속도로 하강 중이라는 사실을 눈치 채고 있었다. 적절한 인간관계를 형성할 줄 아는 그는 푸마에서도 유감없이 그 능력을 발휘하여 경영진에까지 선이 닿았다. 그는 앞으로도 계속 좋은 신발을 만들어낼 것이라는 푸마의 기반 요소를 믿고 있었다. 그러나 푸마가 마치 독일이라는 지역에만 한정된 양 운영되는 것은 불만이었다. 대부분 직원이 독일 외에는 아무것도 보지 못하는 것 같았다. 그는 책임자들에게 말했다.

"트렌드에 관심을 기울여야 해요. 시대정신에 발맞춰 상품을 개발하고 현대적인 마케팅으로 시장에 내놓아야 합니다."

스웨덴 대주주가 고용한 책임자들은 이 출장 직원의 이야기를 진지하게 들었다. 그러나 결국에는 자신들만의 그 고루한 길을 갔다.

갠슬러는 이후 풋웨어 프로덕트 매니저로 승진했다. 신발과 관련해 생산에서 판매까지 전 영역을 관리하는 총 책임자가 된 것이었다. 그러나 몇 년이 지나자 그는 이 자리에도 흥미를 잃었다. 회사 내에서 끊이질 않는 사건들은 그를 괴롭게 했다. 게다가 끝 모르고 계속되는 인사 교체와 경영 방침의 부재는 회사 내에 혼돈을 초래했다. 각 부서가 독자적으로 움직이는데도 지적하는 사람이라고는 없었다. '조달부'가 사용하는 사무실 공간은 터무니없이 넓었다. 경영 컨설팅 직원들은 사무실 복도를 지나가면서 최근의 업계 트렌드가 "하청 계약"이라는 등 한마디씩 의견을 내고 부서 계획을 이것저 것 수정, 삭제, 추가하기도 했지만 이내 회사를 떠나버렸다.

1988년에 갠슬러는 처음으로 회사에 아시아 출장을 요청했다. 회사의 조달 관련 업무를 최적화하기 위한 선택이었다. 신청서를 제출하며 그는 "회사가 변화하고자 한다면"이라는 말로 부장을 설득했다. "그 변화의 열쇠는 아시아가 쥐고 있습니다"라는 것이 그의 주장이었다. 그러나 부장은 허락해주지 않았다. 이와 관련해 경험이 부족하다는 것이 이유였다. 그뿐만 아니라 아시아는 당시 헤르초겐아우라흐에서는 너무나도 멀게 느껴지는 곳이었고, 프랑켄 지방과는 그 어떤 교류도 없는 미지의 땅이었다. 그러느니 그냥 현상을 유지하겠다는 것이었다.

몇 달이 지나서야 갠슬러의 요청이 받아들여졌다. 그가 처음으로 방문한 곳은 대만과 한국이었다. 그곳에 도착한 갠슬러는 즉흥적으로 아무 공장이나 찾아갔고 일면식도 없는 공장주와 협상을 했다. 요즘에야 푸마 직원이 처음으로 중요한 출장을 떠날 때면 노련한 동료가 동행해주지만, 당시만 해도 갠슬러가 헤르초겐아우라흐에서 그러한 지원을 받는다는 것은 상상할 수 없는 일이었다. 좌절하기도 했지만 그만큼 많은 교훈을 안겨준 경험이었고, 갠슬러는 이를 바탕으로 자신의 무기를 더욱 강력하게 다듬어 회사로 돌아올 수 있었다. 그는 아시아 출장을 통해 판매가를 조절하는 법을 터득했고, 아시아에서는 아이디어 하나가 상품에 적용되는 과정이 엄청난 속도로 진행된다는 것을 알게 되었다. 당시 아시아권에서 푸마의 상품 개발을 담당한 사람은 일본인으로, 푸마의 파트너 회사인 코사 리베르만 소속이었다. 그는 대만 신발 사업의 구심점인 타이청에 머무르고 있었다. 갠슬러는 그 일본인을 만나 자신의 디자인 아이디어를 설명하고, 다시 한국으로 향했다. 그리고 일주일 후 그가 타이청에 돌아왔을 때, 그의 눈앞에는 이미 자신이 말한 디자인의 신발이 놓여 있었다. 그러나 이에 대한 갠슬러의 보고에도, 푸마의 조달 방식에는 변함이 없었다. 여전히.

1989년, 스위스 비일에서 푸마의 '인터내셔널 미팅'이 열렸다. 갠슬러와 차이츠의 첫 만남이 이루어진 곳이었다. 당시 차이츠는 푸마에서 일을 시작하기에 앞서 회사의 분위기를 파악해보려고 이 자리에 참석한 상태였다. 갠슬러의 눈에 '저 키다리 금발갠슬러는 차이츠를 이렇게 불렀다'은 상당히 외로워 보였다. 그러나 갠슬러는 그가 자신의 새로운 동료가 될 것이라고 예견했다. 프로덕트 부서는 마케팅 부서에 속해 있었고, 몇 주 후 실제로 차이츠가 갠슬러와 같은 층의 사무실로 들어오면서 이들은 서로 더 자세히 알게 되었다. 갠슬러는 차이츠를 '아주 훌륭한 청년'으로 여겼다. 그리고 얼마 후 회사에 대한 이들의 확고한 믿음은 두 사람을 더 가깝게 해주었다.

대부분의 다른 사람과 달리 갠슬러와 차이츠는 구렁텅이에 빠진 푸마가 조만간 큰일을 벌일 것이라고 확신했고, 이를 실현하기 위해 온 힘을 다했다. 갠슬러는 타협하지 않으면서도 훌륭한 주장으로서 마케팅 부서를 진두지휘하는 차이츠의 모습을 지켜보았다. 시대에 뒤떨어져 촌스럽기 짝이 없는 녹색의 신발 상자를 갈아치우는 모습까지도 말이다. 차이츠는 그야말로 전형적인 마케터였고, 갠슬러는 그런 차이츠가 마음에 들었다. 그는 경영진에게 차이츠야말로 푸마에 필요한 사람이라는 자신의 의견을 전달했다.

그러나 차이츠가 빠르게 달려나가는 동안 갠슬러는 조금씩 푸마와의 작별을 준비했다. 그의 눈에 푸마는 너무나도 소란스럽고 부패했다. 게다가 아디다스를 견제하는 데에만 모든 에너지를 탕진하는 모습을 견딜 수 없었다. 끔찍한 것은 프로덕트 부서의 책임자인 만프레드 호이슬러Manfred Häusler도 마찬가지였다. 호이슬러는 이후 렘츠마의 CEO로 부임하면서 돈세탁과 같은 스캔들에 연루되기까지 했는데, 갠슬러는 이때에 이미 그를 무능력한 인물로 여겼다.

당시 갠슬러의 머릿속은 자신의 슈즈 컬렉션을 시장에 내놓겠다는 생각으로 가득 차 있었다. 테니스 선수들이 신는 운동화에서 착안한, 아이와 어른 모두 착용할 수 있는 여가용 슈즈였다. 스포츠용품 업계에서 오랜 시간 커리어를 쌓은 그는 제조업자, 판매업자들과의 넓은 인맥이 있었다. 그는 자신의 아이디어를 디자이너의 손으로 스케치북 위에 나타내고는 이탈리아에 상품 제작을 맡겼다. 판매 통로로는 체인 스토어를 선택했다. 그렇게 해서 불과 1년 만에 16만 켤레를 팔았고, 이탈리아 제조 공장에서 공급만 충분히 해주었더라면 심지어 이 수치를 뛰어넘을 수도 있을 정도였다. 상품을 찾는 사람은 있으나 정작 상품이 없을 때의 괴로움을 처음으로 경험한 순간이었다. 부채를 만회하기 위해 돈을 아꼈던 것이 화근이었다. 그는 아우크스부르크에 있는 자신의 작고 고요한 방에서 자영업을 하겠다고 나선 것이 분명히 무언가 잘못된 선택이었음을 깨달았다.

그리고 푸마에서 떠난 지 정확히 4주 후, 그의 전화기가 울렸다. 차이츠의 전화였다. 돌아올 수 없겠느냐는 내용의 전화였다. '키다리 금발'은 프리랜서 컨설턴트로라도 어떻게 안 되겠느냐고 물었다. 이에 갠슬러는 동의했다. 하지만 동의하자마자 그는 자신의 사업과 푸마의 일을 동시에 진행하느라 하루 24시간이 모자랄 지경이었다. 그 무렵 푸마가 어떤 움직임을 보이고 있었기에 더더욱 그랬다. 당시 스웨덴 출신의 소유주들은 슈테판 야콥슨을 푸마의 CEO 자리에 앉혔다. 그리고 차이츠는 눈 깜짝할 사이에 마케팅과 세일즈 부장으로 승진해 있었다. 이에 갠슬러는 곤경에 빠진 프랑켄이 다시 회복될 수도 있겠다는 희망을 품게 되었다.

그로부터 11개월 후, 갠슬러는 헤르초겐아우라흐로 돌아가겠다는 결정을 내렸고, 풋 웨어 부서의 부부장 자리에 앉았다. 그러나 이때만 해도 그는 차이츠가 CEO 자리에, 그리고 자신은 부CEO 자리에 앉을 수 있을 것이라고는 예측하지 못하고 있었다.

디터 보크, 헤르초겐아우라흐 출신의 재정 마술사

1958년 7월 2일 헤르초겐아우라흐에서 디터 보크Dieter Bock가 태어나던 그때, 디터의 부모는 푸마와 아무런 관계없이 살아가고 있었다. 그들은 절약하는 삶을 살았고, 훌륭한 교사가 되는 것을 높은 연봉보다 가치있게 여겼다. 그래서 디터의 가족은 같은 지역에 있었어도 푸마는 물론 아디다스와 그 어떤 관계도 맺고 있지 않았다. 디터는 자랑스러운 아들로 성장했다. 그는 자신의 목적을 이루기 위해서라면 엄청난 에너지를 쏟아부을 수 있는 인내력이 강한 사람이었다. 고등학교를 졸업하고 나서 그는 지역의 전기 상점에서 도매업자 교육을 마쳤다. 디터 보크는 이 일을 매우 즐거워했지만 그가 교육을 마치던 1876년에 상점은 파산을 신청했다. 보크는 별 어려움 없이 다른 일자리를 찾을 수 있었다. 푸마의 경리과에 지원한 그는 군 복무 후 곧바로 채용되었다.

젊은 재정가인 보크에게는 흥미진진한 시간이었다. 다슬러 가문이 이끄는 푸마가 생산 비용 절감 전략을 통해 처음으로 제대로 된 매출을 기록했기 때문이었다. 그러나 이런 방식으로 계속 회사를 운영하다가는 결국 아무것도 남지 않으리라는 것은 일개 직원에 불과한 보크도 분명히 알 수 있었다. 생산 비용을 제외한 매출을 백분율로 따졌을 때의 이익, 즉 매출총이익이 30%도 채 되지 않았던 것이다. 스포츠용품 업계에서 살아남기에는 너무 낮

최고재무관리자 디터 보크

은 수치였다. 그러나 푸마에서 재정 이론에 관심을 기울이는 사람은 아무도 없을뿐더러 장기적인 전략이 있는 것도 아니었다. 전략이 있다면, 그것은 그저 막강한 동생, 아디다스를 따라잡는 것뿐이었다.

처음에 보크는 푸마에서 라이선스 사업에 대한 회계 관리직을 맡았다. 70년대에 그의 동료 헤이드가 만들고 관리하던 부서였다. 80년대 초반만 해도 라이선스 사업, 그중에서도 일본과 미국에서 들어오는 수익이 쏠쏠했다. 이어서 1983년에 보크는 회계 관리부의 팀장으로 승진했고, 이 자리에 있으면서 생전 처음으로 보리스 베커나 다른 스타 스포츠 선수들과 계약을 맺은 대가로 빠져나간 천문학적인 숫자들을 만났다. 그로부터 4년 후, 보크는 회계부의 부부장으로 승진했다. 그는 사무실 문틈으로 다슬러 가족 간에 펼쳐지는 드라마틱한 장면들을 엿볼 수 있었다. 그 무렵 은행가들은 다슬러 가족을 기업에서 몰아내고 그들의 지분을 팔아넘기기로 한 상태였고, 이로써 푸마의 CEO 자리에 오른 아르민 다슬러의 꿈도 무너져내리고 있었다. 어쨌거나 다슬러 가족의 영향권 하에 있었던 사람들도 상황이 좋지 않기는 마찬가지였다. 보크는 다슬러 가족에게 동정심을 느꼈다. 다슬러의 두 아들은 회사에서 쫓겨났고, 아르민 다슬러는 삶의 의욕을 잃은 모습으로 마호가니 목재로 꾸며진 사무실에 웅크리고 있었다. 아직 목재의 냄새가 남아 있었다.

그 후로 보크는 푸마에서 일하는 것이 도무지 편치가 않았다. 새로운 매니저들은 푸마라는 브랜드와 전혀 어울리지 않았고, 그런 그들이 대체 어떻게 푸마를 운영할 수 있다는 것인지 이해가 되지 않았다. 그 가운데 누구도 기업의 미래에 대해 고민할 의지가 없는데 그런 상황에서 어떻게 책임감이 생길 수 있겠는가 말이다. 보크의 눈에, 푸마를 오가는 CEO들은 오직 매출을 올리는 데만 관심이 있는 것 같았다. 그러나 매출은 당시 푸마의 약점이었고, 결국 이들의 무리한 전략은 혼란을 초래했다. 특히 재정부의 혼란은 극심했다. 오늘날이야 주주 가치 극대화가 중요한 시대여서 재정부가 중요한 역할을 담당하지만, 당시에는 보크와 같은 재정 책임자의 말을 주의 깊게 듣는 사람이 없었다.

그러나 이렇게 비참한 상황에서도 그는 푸마를 지켰다. 그에게는 먹여 살려야 할 가족이 있고 헤르초겐아우라흐에 집을 지으면서 받은 대출도 갚아야 하는 현실적인 문제가 있었던 것이다. 젊고 배고프던 시절 푸마를 찾은 이 남자는 밤낮 가리지 않고 일해 커리어를 쌓고 싶어 했다. 그러나 현재의 그는 마음속으로 이미 사표를 백 번도 더 냈을 만큼 절망적인 상황에 처해 있었다. 그렇다고 아디다스로 갈 마음은 없었다.

마지막으로 남아 있던 불씨 하나마저 꺼질 것 같던 1992년. 보크는 결국 다른 곳에 이력서를 내기로 마음먹었다. 그의 이력서를 본 곳에서는 즉각 반응을 보였다. 1993년 초, 다른 회사에서 보크에게 최고의 제안을 해왔다. 이에 보크는 믿음직한 동료인 마틴 갠슬러를 찾아갔다. 그는 사무실 문을 닫고 갠슬러에게 자신이 이직을 생각하고 있다고 말했다. 그 말을 들은 갠슬러는 보크의 눈을 바라보더니 "성급한 행동은 하지 마요. 조금 더 기다려봅시다"라고 말했다. 갠슬러는 감사회에도 인맥이 있었는데, 왠지 모르게 또 한 번의 CEO 교체가 있을 것 같은 예감이 들었던 것이다.

그로부터 3개월 후 경영진에게 푸마의 새로운 CEO가 소개되었다. 바로 요헨 차이즈였다. CEO로 부임한 지 30분이나 지났을까? 차이즈는 보크에게 전화를 걸어 개인적인 대화를 나누고 싶다며 자신의 사무실로 와달라고 부탁했다. 그리고 보크와 마주앉자 그는 이렇게 말했다.

"나는 당신을 믿고 있어요. 그리고 우리가 기업 회생을 위해 협력했으면 좋겠습니다."

그리고 필요에 따라 기업 발전 과정에서 가속 페달을 밟을지 브레이크를 밟을지를 결정하는 마케팅과 관리 회계의 중요성에 대해서는 더 말하지 않아도 될 것 같다는 말을 덧붙였다. 차이즈는 회사 내에서 보크의 능력과 성실함에 대해 익히 들어오며 그를 잘 알고 있었다. 이날 이후 두 사람은 긴밀한 협력 관계를 맺었다. 보크는 관리회계에 대한 총책임을 맡았고 2001년에는 명예로운 집단인 집행위원회에 재무 담당 위원으로 임명되었다. 그리고 2005년 8월, CEO는 그의 머리 위에 왕관을 씌워주었다. 프랑켄의 회계원 보크가 드디어 푸마의 최고재무관리자로 승진한 것이었다.

호르스트 비드만, 인맥 넓은 외교 책임자

호르스트 비드만Horst Widmann을 찾는 사람이 있다면 프랑크푸르트나 가나, 바레인 공항으로 가볼 것을 권한다. 공항 라운지에서 그를 찾게 될 확률이 가장 높기 때문이다. 호르스트 비드만은 언제나 여행 중이다. 그는 루프트한자 독일 항공의 혼 서클[87] 회원이다. 비행기를 기다리는 동안에는 라운

---

[87] 루트프한자 최고의 마일리지 등급.

지에서 바닷가재와 샴페인 서비스를 받는다. 그가 비행기에서 내리면 메르세데스 벤츠 S 클래스나 포르쉐 카이엔이 기다리고 있다가 원하는 장소로 그를 데려다 준다. 비드만처럼 서비스를 받을 수 있으려면 2년 연속으로 60만 마일을 쌓아야 한다. 비행기의 1A는 그의 고정 좌석이다. 이 비드만의 스포츠용품 업계 커리어는 푸마 최고의 라이벌인 아디다스에서 시작되었다.

호르스트 비드만, 외교 책임자

호르스트 비드만은 1941년에 태어났다. 작고 구부정한 이 남자의 전공은 본래 세일즈였다. 그는 뉘른베르크의 장난감 제조 업체인 슈코Schuco에서 일을 시작해 개발 책임자 자리까지 승진했다. 그는 자신의 삶에 만족하는 사람이었다. 주말이면 〈키커〉지에 지역에서 열리는 경기 소식을 전하거나 그렇지 않을 때는 직접 축구를 했다. 그는 독일 남부 지방 대표팀 선수로 뽑힐 정도로 축구를 잘했다.

아돌프 다슬러를 처음 만나던 날, 비드만은 공교롭게도 독일 축구 대표팀 훈련장에 리포터로 나가 있었다. 바로 그때 아돌프 다슬러는 볼프강 오버라트Wolfgang Overath와 필드 가장자리에 서서 부러진 스터드에 대해 이야기를 나누고 있었다. 다슬러는 아주 우연히 비드만의 옆에 앉아 점심을 먹게 되었고, 플라스틱 전문가였던 비드만은 용기를 내어 이 유명한 남자에게 말을 걸었다. 축구화의 스터드와 바닥창의 접착력을 높일 수 있는 방법을 설명하려고 한 것이었다. 그러나 다슬러는 그를 올려다보더니 뭐라고 중얼거리고는 곧 자리를 떠나버렸다. 이들의 첫 만남은 그리 성공적이지 못했다.

그로부터 6주 후, 비드만은 헤르초겐아우라흐의 아디다스 대표, 아돌프 다슬러의 빌라 앞에 서 있었다. 다슬러가 물었다.

"그 새로운 스터드 시스템을 아디다스에 적용해줄 수 있겠습니까?"

비드만은 "예"라고 대답했으며, 그날부터 그는 아디다스에 스터드 수백만 개를 조달했다.

다슬러는 비드만의 능수능란한 손재주를 높이 샀다. 그리고 얼마 지나지 않아 다슬러는 한 번 더 그의 창의적인 능력이 필요했다. 1968년 멕시코 올림픽에서는 육상 경기가 최초로 타탄 트랙에서 펼쳐졌다. 그러나 경기장 건축업자들이 고안해낸 이 혁신적인 기술은 아디다스 신발을 신는 선수들의 관절에 무리를 주었다. 뾰족한 스파이크가 합성 물질인 타탄 트랙에 박히면서 선수들의 힘줄을 늘어나게 한 것이었다. 새로운 기술적 해결책이 필요한 상황이었다. 다슬러는 비드만에게 "아디다스로 오십시오"라고 제안했고, 아디다스로 직장을 옮긴 비드만은 훌륭하게 이 문제를 해결해냈다. 그리고 당시에는 상상도 하지 못한 월급 1만 마르크에 회사 차를 받았다.

그 후 비드만은 22년간 아디다스를 지켰다. 처음 10년간은 아디 다슬러의 어시스턴트로 있었다. 아디다스가 경쟁 업체인 나이키를 과소평가하기 전인 7,80년대만 해도 사업은 술술 풀렸다. 그러다 조깅화 '아킬Achill'로 여가 스포츠 분야에 진출한 아디다스는 1975년에 3만 켤레를 팔았지만 비드만조차 거대한 미국 시장을 잘못 판단하면서 손해를 보게 되었다. 당시 미국의 도매업자들이 120만 켤레를 주문했는데, 이를 생산하려면 새로운 공장을 지어야 했다. 그래서 그 정도의 투자는 너무 위험하다고 판단한 아돌프가 주문을 거절했던 것이다. 아디다스의 이러한 결정은 나이키에 길을 터준 셈이 되었다. 푸마도 이러한 치명적인 판단 오류로 기회를 놓친 것은 마찬가지였다.

그러나 비드만은 오늘날까지도 자신의 전 사장인 아돌프 다슬러를 평가 절하하는 일이 없다. 비드만은 아돌프를 사교적이고 공정한 사람으로 여겼다. 아돌프 역시 비드만을 친아들처럼 생각했다. 아돌프가 죽은 후 비드만은 아디다스의 개발 책임자로 승진했고 자동으로 최초의 PR 책임자가 되었다. 70년대 말까지만 해도 아디다스에는 마케팅이나 프로모션을 책임지는 부서가 없었다. 그저 신발을 개발하는 사람들이 전 세계를 돌아다니며 제품을 테스트해보고, 필드 가장자리에서 선수들에게 신겨보는 것이 전부였다.

당시 푸마는 비드만의 관심 밖에 있었다. 기회가 있을 때마다 피 터지게 싸우는 아디다스와 푸마였지만, 사실 아디다스 측에서 볼 때 바로 몇 마일 떨어진 곳에 있는 형의 저 작은 회사는 자신들보다 뒤처져 있었고, 그런 만큼 신경 쓸 가치도 없었다. 그러나 축구분야에서만은 저 당돌한 푸마가 비드만의 화를 돋웠다. 푸마는 당대의 스타 축구 클럽 FC 보루시아 묀헨글라트바흐와 계약을 체결했을 뿐만 아니라 펠레나 에우제비우, 요한 크루이프, 귄터 네처와 같은 매력적인 선수들과도 후원 계약을 맺었던 것이다.

1990년에 아디다스는 프랑스의 금융 투자가 베르나르 타피Bernard Tapie에게 매각되었고, 철근 콘크리트 도안가이자 스포츠학을 전공한 스위스 출신의 르네 찰스 얘기René Charles Jäggi가 자기만족에 취해 아디다스를 경영하면서 비드만은 회사를 떠나기로 작정했다. 더 이상 그런 아디다스에서 일하고 싶은 마음이 없었던 것이다. 프랑스 소유주는 아디다스의 개발과 마케팅에 투자할 생각이 없었고 결국 비드만은 계약 기간이 끝나기도 전에 아디다스를 떠나겠다고 전달하기에 이르렀다.

한편, 아우라흐 강의 건너편 푸마에서는 한스 보이체츠케가 푸마를 이끌어나가고 있었다. 과거에 비드만은 아디다스를 대표해 오스트리아의 스키 전문 브랜드 크나이슬Kneissl과 몇 가지 협력 사업을 체결한 적이 있었는데,

그때 보이체츠케와 알게 되었다. 아디다스를 그만두려 한다는 비드만의 소식을 들은 보이체츠케는 곧장 그에게 연락했다.

"당신은 당장 내일부터라도 우리 회사에서 일할 수 있습니다."

두 사람이 함께한 저녁 식사 자리에서 보이체츠케는 비드만이 거절할 수 없는 제안을 내놓았다. 그리고 금요일 오후에 그는 아디다스 사장에게서 이직을 허락받았다. 이어서 월요일 아침, 비드만은 푸마의 사무실로 이사했고 푸마의 부CEO 자리에 앉아 보이체츠케의 오른팔로 일했다. 아디다스에 대한 신성 모독이었다. 능력 있는 매니저 한 명이 적군에게 옮겨간 것이었다. 그 후 1년 만에 비드만을 따라나선 아디다스 직원은 20명이나 되었다.

차이츠와는 세대가 다른, 게다가 쌀쌀맞아 보였지만 이 남자는 처음부터 커뮤니케이션에 범상한 재능을 보였다. 그의 인맥은 북유럽은 물론 아시아와 아프리카의 깊숙한 곳에까지 이르렀다. 2010 남아프리카공화국 월드컵 당시 푸마가 수많은 아프리카 팀과 계약을 맺어 푸마 CEO인 차이츠는 심지어 이를 자국에서 열리는 월드컵으로 여겼는데, 그 뒤에는 거의 모든 팀과 관계를 구축하고 계약을 이끌어낸 비드만이 있었다.

헬무트 피셔, 과거와 현재를 잇는 홍보 책임자

무슨 일에서든 전체 그림을 볼 줄 아는 사람은 어떤 회사에서도 중요한 역할을 한다. 이러한 유형의 직원들은 회사의 지난 역사를 보존하면서 동시에 회사의 미래까지도 바라볼 수 있는 능력이 있어 과거와 미래의 가교 역할을 한다. 또한 대부분이 편안한 동료 같은 사람이다. 적극적이고 협력적이며 동료의 문제에 언제나 자신의 마음을 열어놓는, 이들은 인간미라고는 없는 계산적인 관계에서조차 온기를 만들어낼 줄 안다. 헬무트 피셔가 바로 그러한 사람이다.

헬무트 피셔Helmut Fischer는 1949년에 헤르초겐아우라흐에서 태어났다. 아디다스 운동화 공장의 기술자인 요제프 피셔Josef Fischer와 마가레테Magarete의 장남으로 태어난 그는 1978년에 푸마에서 일을 시작했다. 그가 푸마에서 커리어를 쌓을 수 있게 도와준 인물은 다름 아닌 루돌프 다슬러였다. 헬무트 피셔의 장인은 루돌프 다슬러가 죽은 이후 1974년부터 푸마를 경영한 아르민 다슬러의 동기였다. 장인은 전쟁이 일어나기 전부터 다슬러 공장에서 일했는데 형제가 갈라지던 1948년에 루돌프 다슬러를 선택한 사람이었다. 루돌프 다슬러에 대한 장인의 신의는 사위에 대한 보상으로 돌아왔다.

피셔는 푸마의 도움으로 1978~1980년 동안 뉘른베르크에 있는 바이에른 홍보 아카데미에서 공부했고, 그 후 곧바로 푸마 역사상 최초로 홍보부를 만들어 일을 시작했다. 1980년에 그는 푸마의 공식 홍보 부장으로 승진했고 25년 이상 푸마에 머물렀다. 요헨 차이츠가 푸마를 이끌면서부터는 독일 푸마만 관리했지만 말이다.

마라톤을 좋아하는 피셔는 푸마에 남은 마지막 전통주의자이기도 하다. 독일 내 홍보를 책임지는 동시에 그는 푸마의 기록보관실 관리도 맡았다. 푸마의 역사가 담긴 과거 사진들과 광고 전단지를 정리하고, 지난 몇십 년간 푸마와 후원 계약을 맺은 선수들의 운동화와 사인을 모으며, 존경의 마음으로 푸마 창립자와 관련된 추억들을 보관했다.

루돌프 다슬러를 처음 만났을 때 피셔는 어린 소년이었다. 그의 눈에 들어온 루돌프 다슬러의 위엄 있는 모습과 플레이보이 같아 보이는 기질, 그리고 그가 기업가로서 이뤄낸 성과는 감탄을 자아낼 만했다. 어린 피셔는 언제나 흠 잡을 데 없는 세련된 차림으로 커다란 메르세데스 벤츠 리무진을 타고

마라톤을 즐기는 헬무트 피셔

헤르초겐아우라흐를 누비는 루돌프를 경외의 눈으로 바라보았다. 피셔는 푸마 경영진이 푸마의 지난 역사를 관리하지 않는 것을 안타깝게 여겼다. 실제로 푸마의 역사는 차이츠 시대에 이르러서야 빛을 보기 시작했다. 차이츠가 새로 건축한 독일 푸마 본사에 푸마 박물관을 마련한 것이었다. 그뿐만 아니라 피셔는 푸마의 본사가 자리한 곳의 주소를 '루돌프 다슬러가'로 변경하기 위해 자신의 모든 인맥을 동원하여 시 정부 관계자들을 설득하기에 나섰다. 그러나 차이츠는 피셔가 제안하는 이 도로명을 받아들이지 않았고 '푸마 웨이Puma Way' 라는 이름을 고집했다.

푸마와 아디다스, 둘로 나뉜 도시에서의 삶이 어떤 모습일지가 궁금하다면 피셔와 함께 헤르초겐아우라흐를 한 바퀴 돌아볼 것을 권한다. 푸마와 아디다스 사이에 형성된 분단선이 여전히 헤르초겐아우라흐 주민들의 머릿속에 존재한다는 것을 금세 알게 될 것이다.

유리로 된 푸마 본사 입구를 나서면 뷔르츠부르크가가 시작된다. 거리를 따라 아래로 내려가면 11번지에 있는 집 한 채를 지나게 되는데, 바로 로타어 마테우스가 태어난 곳이다. 길을 건너고 언덕 위로 올라가서 헤르텐그라벤으로 향하면 그곳에 다슬러 형제의 생가가 있다. 형제가 힘을 합쳐서 처음으로 신발을 만들어내던 곳, 바로 형제의 어머니가 세탁소를 하던 자리이다. 세탁소 건물의 벽에는 '프리츠 다슬러 가죽 바지'라고 쓰여 있는데, 이는 생활이 어려웠던 형 프리츠가 사업을 시도한 흔적이다. 현재 이 집은 다른 이의 소유로 되어 있는데, 이 역시 피서가 보기에는 다슬러 가문이 푸마의 역사를 얼마나 소홀하게 여기는지에 대한 또 하나의 명백한 증거물인 셈이다. 생가에서 몇백 미터 떨어진 우체국 광장에는 교차로가 생겼고, 옆으로는 아우라흐 강이 흐른다. 바로 이곳이 상상 속 분단선의 시작이다. 바로 여기를 기점으로 눈에 들어오는 것이 장엄한 아디다스 본사이다. 아디다스 본사는 어찌나 큰지 상대적으로 푸마 본사가 초라해 보일 정도이다. 마을 회관에는 갈등을 일으킨 형제들의 아버지인 크리스토프 다슬러의 초상화가 걸려 있다. 그리고 교회 바로 옆에 있는 헤르초겐아우라흐 박물관에는 과거의 성물들이 진열되어 있는데, 그 안에 일정한 거리를 두고 떨어져 있는 성물은 하나는 푸마, 하나는 아디다스의 소유임이 분명하다.

클라우스 바우어, 가상 세계의 인사 부장

"푸마요? 아니, 절대요!"라는 명확하고 분명한 거절의 의사가 클라우스 바우어의 입에서 튀어나왔다. 당시 뉘른베르크에서 타자기와 컴퓨터를 취급하던 회사 트리움프 아들러Triumph-Adler에서 함께 일하던 상사 베른트 치만스키에게 던진 말이었다. 치만스키는 회사가 올리베티Olivetti에 넘어가자 사표를 내고 헤르초겐아우라흐의 이웃 스포츠용품 회사 푸마의 새로운 최고재무관리자 계약서에 서명한 상태였다. 바우어와 친밀한 관계였던 치만스키는 IT 책임자인 그를 푸마로 데려가고 싶었다. 그러나 바우어는 단호했다.

"아디다스라면 기꺼이 가겠어요. 하지만 전 살면서 한 번도 푸마 신발을 신어본 적이 없어요!"

바우어는 그렇지 않아도 이참에 외국으로 나가 세상을 배우려는 계획을 세우고 있던 참이었다. 그러나 치만스키는 그를 포기하지 않았다.

"푸마로 가면 회계부 책임자 자리에 앉을 수도 있고, 홍콩에 구매 조직도 세울 수 있는데?"

홍콩이라고? 홍콩이라면 바우어의 마음을 움직일 만했다. 1989년 1월 2일, 바우어는 푸마에서 일을 시작했다. 그러나 2년 계약이었다. 만일 누군가가 당시의 그에게 "당신은 10년하고도 반이나 푸마에 재직하며 푸마에서 중심적인 역할을 하게 될 것이오"라고 예언했다면 그는 말도 안 되는 소리라며 터져 나오는 웃음을 참지 못했을 것이다.

클라우스 바우어Klaus Bauer는 1955년에 태어났다. 고등학교를 졸업한 후 산업 세일즈 과정을 밟았고 나중에 경영 전문가 교육까지 마쳤다. 트리움프 아들러에서 일하던 몇 년간 그는 '내다버린다'는 것이 무엇을 의미하는 것인지를 배웠고, 그러한 상황에 대한 날카로운 눈을 갖추게 되었다. 트리움프 아들러의 기업 철칙은 검소함이었다. 그래서 장부에 알아보기 쉽게 기입하도록 아주 작은 암나사 하나에도 상품 번호를 매겼다. 바우어도 현대 정보 기술을 이용해 회사 운영 절차의 군살을 빼는 방법을 알고 있었다.

푸마에 대한 그의 첫인상은 한 마디로 경악 그 자체였다. 1989년 2월, 처음 이스포를 방문한 그의 눈앞에 말도 안 되는 상황이 펼쳐져 있었다. 이미 사망 선고를 받은 것이나 다름없는 푸마라는 기업이 박람회 홀을 혼자서 차지하고 있었던 것이다. 그는 할 말을 잃었다.

"이게 도대체 무슨 허세인가!"

그는 고개를 절레절레 흔들었다.

"할리우드에라도 온 것 같은 기분이군. 모든 게 허울이잖아!"

바우어는 몇 달 동안 아시아에서 억척스러울 정도로 열심히 일했다. 구매 조직을 구축하기 위해서였다. 일은 재미있었다. 그러나 1991년 재계약 시기가 다가왔을 때 계약을 연장하고 싶은 마음은 없었다. 푸마는 거의 파산 지경에 이르러 있었고, 실패한 회사를 다니는 일은 그리 유쾌한 일이 아니기 때문이었다. 바우어의 상사인 치만스키는 푸마에 남으라며 바우어를 졸랐다. 그리고 그의 마음을 돌리기 위한 제안으로 그에게 IT 최고책임자 자리를 내놨다. 컴퓨터광인 바우어를 유혹하기에 충분한 제안이었다. 그 자리에서라면 새로운 IT 플랫폼을 구축해서 새로운 상품 경영 시스템을 도입할 수도 있었다. 치만스키는 거기에 자동차 한 대까지 붙여주었다. 그리고 바우어는 또 2년 계약을 맺었다.

인사 부장 클라우스 바우어

1992년 말, 바우어는 다시 한 번 계약이 끝났음을 알리고 싶었다. 치만스키도 마침 스위스의 에스까다로 이직한 상태였고, 바우어에게 자신을 따라오라는 제안을 했다. 바우어도 그럴 생각이었다. 그런데 이번에는 푸마의 새로운 CEO 닐스 스텐호이가 이스포에서 바우어에게 대화를 제안하고는 그를 만류했다. 바우어는 스텐호이에게 자신의 생각을 말했다.

"푸마는 강력한 생존의 기회가 있는 회사입니다."

그리고 한마디 덧붙였다.

"단지 그 기회를 볼 수 있는 사람이 없을 뿐이죠."

바우어는 모든 것을 단순하게 바라보았다. 해외 라이선스 사업으로 거둬들이는 돈이 이미 3,000만 마르크이므로 다른 분야에서 적자를 기록하지만 않으면 수익을 올릴 수 있다는 것이었다. 바우어의 간단한 상황 분석은 스텐호이에게 더욱 믿음을 주었다. 스텐호이는 바우어를 재무회계 팀장 자리에 앉혔다. 그러나 스텐호이가 이미 오래전부터 푸마에서 잘릴 위기에 처해 있다는 사실을 바우어는 미처 모르고 있었다.

요헨 차이츠가 CEO 사무실 의자에 앉으면서 바우어의 커리어는 한 단계 더 상승했다. 재무회계, IT와 함께 인사부도 책임지게 된 것이었다. 사실 이 인사 부장이라는 자리는 회사 내에서 친구가 좀처럼 생기지 않는 자리인 것이 사실이다. 특히 1993년부터 구조조정이 시작된 푸마에서는 더욱 그랬다. 엄청난 해고가 이루어졌다. 어느 날 저녁, 바우어는 자신의 회사 차 와이퍼에 꽂혀 있는 메모를 발견했다.

"밤에는 헤르초겐아우라흐를 돌아다니지 않는 게 좋을 거다!"

카타리나 보약체크, 이해심 많은 맞상대

1978년, 헤르초겐아우라흐에 사는 보약체크 가족은 재정적 어려움을 겪고 있었다. 카타리나 보약체크Katharina Wojaczek의 남편은 이제 막 대학 공부를 시작한 참이었고 한 살짜리 아이는 때가 되면 배고프다며 울었다. 따라서 아이의 엄마인 카타리나는 돈을 벌어야 했다. 그녀는 "당연하다는 듯 가장 먼저 푸마를 찾아갔다"라고 당시를 회상했다. 아르민 다슬러는 직원 채용 문제를 매우 중요하게 여겼다. 그가 직원을 뽑는 중요한 기준 중 하나가 바로 그 사람에 대한 호감이었다. 그가 카타리나에게 던진 첫 번째 질문은 이것이었다.

"가족 중 아디다스에서 일하는 사람이 있습니까?"

만일 그녀가 이 자리에서 "그렇다"라고 말할 수밖에 없는 상황이었다면, 아마도 취업에 대한 꿈은 일찌감치 접는 것이 좋았을 것이다. 10분간 이 젊은 여자를 파악한 푸마의 CEO는 말했다.

"좋아요. 다음 달부터 본사에서 일할 수 있습니다."

그때 카타리나가 면접을 본 곳은 나중에 카페테리아로 개조된 응접실의 바 뒤편이었다. 어쨌든 그녀는 자

경영협의회 대표 카타리나 보약체크

신의 새로운 직장을 자랑스럽게 여겼다. '푸마는 잘될 수밖에 없다'라고 생각했고 그녀를 포함한 다른 대부분 직원도 마찬가지였다. 최고의 전성기를 누리던 펠레와 계약을 맺었다는 것 하나만으로도 푸마의 성공은 보장되어 있었다. 그러나 그 이면의 비밀스러운 곳에 푸마가 겪어야 할 경제적 비극이 숨어 있었다는 것을, 카타리나 보야체크는 예견하지 못했다.

당시 경영협의회는 그 존재만 근근이 이어가는 상태였다. 회사 노동자들의 관심사에 관심을 기울이며 돌보는 사람은 회계부의 파트타임 여직원 한 명뿐이었다. 푸마라는 가족 경영체 내에서 노사 간에 합의를 본다는 것은 있을 수 없는 일이었다. 이렇게 노동자들이 약자의 위치에 서 있다는 것은 로비에서 일하는 카타리나를 화나게 했다. 전에 일한 미국 회사 실바나Silvana의 헤르초겐아우라흐 지사에서 그녀는 조직된 고용인들의 영향력이 얼마나 큰지를 경험했다. 그래서 그 일을 직접 추진하기로 마음먹은 카타리나는 1983년에 경영협의회에 들어갔고, 3년 후 협의회 대표가 되었다. 오늘날까

지 푸마는 상황이 아무리 어렵다고 하더라도 직원들의 임금을 깎는 일이 없다. 많은 직원은 이것이 무엇보다 카타리나의 업적이라고 입을 모은다.

해가 갈수록 푸마의 상황은 더욱 심각해졌다. 그리고 그녀의 책상에는 처리해야 할 일거리들이 늘어갔다. 1986년, 은행들이 코사 리베르만에 푸마 지분의 인수와 대대적인 인사 해고를 허용했다. 감사회와 고용인 대표들도 이미 여기에 동의했고, 이에 따라 사회 복지 지원 계획과 계약에 대한 긴 협상을 진행시켜야 했다. 전체 직원의 최소 30%는 회사를 떠나야 했다. 생산 설비는 60%가량 줄여야 했고, 대다수 창고의 문을 닫았다. 그러나 해고에 대해 논의할 시간은 턱없이 부족해 결국 이 의견들은 관철되지 못했다. 경영협의회 회원 중 회사에 남은 것은 카타리나 보약체크 한 명뿐이었다.

처음에 그녀는 요헨 차이즈를 별로 신경 쓰지 않았다. 그러나 얼마 지나지 않아 마케팅 부서에서 일하는 그에 대해 편견이 생겼다. 그에게 모욕을 당했다고 느낀 직원들이 그녀에게 와서 차이즈는 뻔뻔한 막무가내일 뿐만 아니라 회사 내의 불문율을 무시하는 사람이라고 투덜거렸기 때문이다. 자신들이 하는 일을 인정하지 않고 무시한다는 것이었다. 그들은 차이즈를 두고 '얼간이'라고 욕하면서 그가 괜히 콧대만 높아서 미국에서의 경력을 가지고 으스댄다고 덧붙였다. 협의회 대표답게 직원들의 이러한 불평불만에 드넓은 이해심을 보여주는 그녀였지만, 사실 자신의 의도를 숨기지 않고 행동하는 차이즈가 마음에 걸렸던 것은 그녀도 마찬가지였다. 카타리나는 가능한 한 빨리 이 마케팅 부장에 대한 자신만의 평가를 내리고 싶었다.

두 사람의 첫 대면은 대표경영협의회의 인사위원회 회의 자리였다.

"이따가 대화를 좀 하시죠."

카타리나의 제의로 이들은 오랜 대화를 나누며 서로의 눈과 영혼을 꿰뚫어보았다. 대화 도중에 알게 된 이 애송이의 성격은 그녀의 마음에 들었다.

차이츠는 문제를 제기할 줄 아는 사람이었다. 그것이 자신의 상사가 내린 결정에 대한 부분이라고 할지라도 말이다. 창립 이후 언제나 가부장적인 분위기 속에서 운영된 푸마에서는 상상조차 할 수 없는 일이었다.

대화를 마친 카타리나 보약체크는 그저 웃음만 나왔다. 그를 실제로 만나보기 전까지 그녀가 차이츠에 대해 내린 평가는 완전히 잘못되었다는 것을 알았기 때문이다. '터프한 젊은이로군' 하고 그녀는 생각했다. 게다가 그는 좀처럼 가까이 다가가기가 어렵고, 얼음장처럼 차가운 남자였다. 그녀는 홀가분한 기분으로 자리에서 일어났다. 그녀는 요즘에도 이렇게 말한다.

"차이츠는 완벽한 공상가예요. 그리고 일을 시작하면 끝장을 보죠."

그녀의 말을 듣노라면, 그녀에게 차이츠는 싸워야 할 회사 경영진이 아니라 무슨 구원자쯤 되는 듯하다는 느낌이다. 게다가 '내가 원하는 것은', '나의 노력은' 등의 표현으로 말을 시작하는 경우가 많은 차이츠의 말투도 구원자의 느낌을 더해준다. 무엇보다 처음부터 그녀의 마음에 들었던 부분은 차이츠가 회사의 상황을 전체적으로 개관하고 처리할 능력이 있다는 것이었다. 전임 CEO들은 자기 입맛에 따라 회사의 일부분만 붙잡고서 고쳐보겠다며 늘어지다가 결국에는 흥미를 잃는 경우가 많았다. 그러나 차이츠는 어떤 사람의 말도 결코 놓치는 법이 없었고, 귀 기울여 듣고 분석하고 행동했다. 둘만의 대화를 마친 협의회 대표 카타리나는 이후 직원들에게 이렇게 말했다.

"차이츠에게 기회를 주세요. 적어도 현재까지는 공정한 사람이네요."

경영협의회 대표 자리에 있었던 그녀의 지난날들을 돌이켜보면 CEO와 싸우는 일보다 조합 임원들과 싸우는 일이 더 많았다. 푸마의 구조조정을 따른 그녀의 실용주의는 이론가들의 주장과 부딪혔다. 노조는 계속해서 그녀를 끌어내리려고 했고, 이윽고 그녀는 2007년 초에 지난 20년간 고용인의 대표로 함께했던 경영협의회에서 물러났다.

3
미션 임파서블

구조조정 단계
애송이 CEO의 등장, 마지막 무도회, 작은 것에 대한 관심, 그리고 못 말리는 괴짜

    자신의 관점을 신뢰하는 선천적 능력이 있는 경영인들이 있다. 요헨 차이츠가 바로 그중 한 사람이다. 만일 그가 외부 사람들의 평가에 좌우되었다면 아마 그의 자신감도 CEO 자리에 부임한 지 며칠 되지 않아 바닥까지 떨어졌을 것이니 말이다. 과거에는 푸마에 대한 악감정을 없애는 것이 경쟁력 있는 기업으로 나아가기 위한 최고의 훈련으로 여겨졌다. 그도 그럴 것이, 나이키의 한 매니저가 푸마의 로고가 있는 상품은 'TV 앞에 앉아 맥주와 함께 스포츠 경기를 즐겨보는 아버지'에게 딱 어울리는 상품이라고 놀린 적도 있었다. 그의 말이 완전히 틀린 것은 아니었다. 19마르크짜리 플라스틱 슬리퍼가 아직도 푸마 창고에 100만 켤레 이상 쌓여 있는 상황이었다. 게다가 듣도 보도 못한 사람이 푸마 CEO 자리에 앉았다는 점이 알려지면서 무섭게 날아오는 언론의 평가도 비관적인 회사 상황에 못지않게 쓰라렸다. 언론사들의 헤드

라인은 당혹감과 조롱을 넘나들었다. 푸마가 2년 동안 CEO를 4번이나 교체했다는 것, 게다가 이번에 선택된 CEO가 파란색 BMW 525i를 타고 다니며 힙합 음악을 즐겨듣고, 저녁에는 식사하면서 MTV 뮤직 비디오를 보는 풋내기라는 점까지 공격 대상이 됐다. 〈벨트 암 존탁Welt am Sonntag〉은 '독일의 갓난아기 CEO'라는 짧은 문장으로 차이츠를 표현했다. 〈슈피겔Spiegel〉의 목소리는 조롱조였다.

'잠들어 있는 전통 기업 푸마를 깨울 주인공이 10대 음악을 좋아하는 출세한 청년이라고 한다.'

어느 〈슈피겔〉 기자는 재미있다는 듯 헤르초겐아우라흐를 방문했을 때 있었던 일을 지면에 옮기기도 했다.

"그의 커다란 엉덩이는 문틈에 꽉 찰 정도였다. 곧 사무실 안으로 요헨 차이츠의 위협적인 상체가 모습을 드러냈다. 오른손은 바지 주머니에, 왼손에는 두꺼운 서류철을 들고서 그는 직원들에게 빠른 속도로 지시를 내렸다. 상대가 그의 지시에 채 반응하기도 전에 '됐죠All clear?'라고 물었다. 질문처럼 보이지만 실은 질문을 가장한 선언이다. 2분 반이 흘렀고, 이것으로 짧은 회의가 끝났다. 밖으로 나가면서 차이츠가 외친다. '매출!' 그의 미소는 자신의 일에 대한 즐거움을 의미하는 듯했다.'

보수 성향의 〈파이낸셜타임스〉는 푸마의 새로운 CEO를 환영하지 않았다. 앵글로색슨족에게는 CEO가 젊어도 기업에는 아무런 문제가 없다는 차이츠의 주장도 소용없었다. 그가 서른 살이라는 것은 푸마가 후원하는 대부분 선수보다 어리다는 것을 의미하고 독일 기업 CEO들의 평균 나이를 따지면 '이제 갓 유치원을 졸업한' CEO인 셈이었다.

엉덩이가 넓은 이 남자는 이러한 평가에 개의치 않았다. 누군가가 그에게 경험이 많지 않다고 지적하면 그는 독일 작가 투홀스키Tucholsky의 말로 당당히 맞섰다.

"경험은 아무것도 아니다. 어떤 사람은 한 가지 일을 20년 동안이나 잘못하기도 한다."

차이츠는 캄라스에게 점차 확신을 주는 존재가 되어갔다. 차이츠의 반듯한 좌우 가르마와 부드러운 미소는 막 '죠스'를 물리치고 온 영화 속 제임스 본드, '문레이커Moonraker'의 주인공 로저 무어Roger Moore를 닮아 있었다. 〈디 차이트Die Zeit〉88의 편집장은 언젠가 캄라스에게 과연 차이츠의 어떤 모습이 대주주인 프로벤투스 사장의 마음을 움직일 수 있었느냐고 물은 적이 있다. 캄라스는 이렇게 대답했다.

"사장은 푸마 CEO로 스포츠용품 전문가를 원했어요. 그러면서도 브랜드 사업에서 국제적 경험이 있는 사람을 원했죠. 터프하고, 다이내믹하고, 독일 출신이고, 거기에 푸마를 잘 알고 있다면 금상첨화였어요. 그러자 올슨 씨가 말하더군요. 그런 사람이 딱 한 사람 있다고요."

차이츠가 푸마 CEO 자리에 앉은 첫 해, 그는 한 번도 언론에 등장한 일이 없었다. 그는 무언가 축하할 일이 있을 때만 언론에 인터뷰를 허용하는 편이었다. 그러나 첫해에 그에게는 자유 종목까지 선택할 여유가 없었다 차이츠는 언론과의 인터뷰를 스포츠에서의 '자유 종목'처럼 여겼다. 그의 근무 시간은 아침 8시에 시작해서 밤 10시에 끝났다.

헤르초겐아우라흐에 있는 이탈리아 레스토랑 '로 스티볼로Lo Stivolo'에서의 저녁 예약은 취소될 때가 많았다. 그렇다고 따로 끼니를 때우는 것도 아니었다. 또 그는 스케줄 캘린더를 사용하지도 않았다. 기억해야 할 일이 있으면 머릿속에 기록해두는 것으로 충분했다. 점심 시간에는 사무실의 책

---

88 독일 주간지.

상 앞에 앉아 딸기 요구르트를 퍼먹거나 파스타를 배달시켜서 먹는 것이 전부였다. 움직임이 없다 보니 살도 엄청 쪘는데, 결국 그의 몸무게는 100kg가 넘는 지경까지 이르렀다. 처음 TV에 출연했을 때 차이츠의 모습은 그야말로 볼이 포동포동한 젊은 CEO였다. 그에게 주말이란 건 아예 없었다. 이 때문에 아내 비르기트는 무척이나 속상해했고 차이츠는 미안함을 느낄 수밖에 없었다. 그는 "토요일과 일요일이면 나는 세기적인 결정을 내려야 한다"라고 고충을 말하기도 했다. 그러면서 차이츠는 어느 정도는 신체적 건강을 유지하고 또 그의 앞에 산적한 커다란 과제들을 견디기 위해 종종 조깅을 했다. 방 네 개짜리의 뉘른베르크 집에 벤치 프레스기를 들여놓고 운동을 하기도 했다.

놀라운 결과

푸마의 CEO로 부임한 차이츠는 처음 몇 주 동안 신뢰하는 동료들과 함께 푸마의 현 상태를 집중적으로 점검했다. 결과는 비참했다. 차이츠의 드림팀은 푸마의 구석구석을 낱낱이 파헤쳤고 계약서를 들여다보고 생산비용을 파악했으며 해외 사업을 분석했다. 차이츠가 요약한 점검 결과와 대책들이 담긴 서류는 엄지손가락 정도의 두께에 달했다. 그는 이 서류를 들고 6월 18일 주주 총회에서 스웨덴의 아리트모스 앞에 섰다. 문서 표지에 그는 프랭클린 D. 루스벨트의 명언을 적었다.

"이렇게 많은 것을 이뤘지만 시간이 부족한 적은 없었다."

차이츠는 주주들 앞에 솔직하게 나섰다. 말기 환자를 치료해야 하는 일이며, 푸마가 완치되기까지는 엄청난 돈뭉치를 집어삼킬 것이라고 말했다. 그리고 마지막으로 수익은 1995년이나 되어야 기대할 수 있을 것이라고 덧붙였다. 이러한 절망적인 전망에도, 스웨덴의 대주주들은 차이츠가 반드시 성공을 이뤄낼 것이라는 데 동의했다. 푸마가 명품 유럽 스포츠 브랜드로 도약해야 한다는 점을 강조하며 차이츠는 프레젠테이션을 진행했다. 과거에는 단순한 스포츠 상품이었지만 앞으로는 시대에 맞는 디자인과 우수한 품질을 갖춘 여가용품으로 성장할 것이라는 내용이었다. 이제 그 무엇도 우연에 맡기는 일은 없을 것이며, 모든 마케팅 활동은 그의 계획과 통지하에 이뤄질 것이라고 덧붙였다. 이에 프로벤투스는 1993년에 6,300만 마르크를 투자해 부채를 처리하고 연말에 한 번 더 1,000만 마르크를 지원하겠다고 약속했다.

그는 직원들에게 공무원 같은 기질은 버려야 한다고 재차 강조했다. 그는 직원들의 머릿속에 기업가 정신을 불어넣으며 개개인의 능력에 맞춰 책임감을 부여했다. 그는 또한 직원들에게 혁신력과 결정력을 일깨우고 싶었다. 일이 꼬일 때마다 비겁하게 뒤에 숨어서 동료에게 책임을 떠넘기던 습관들은 즉시 없어져야 했다. 앞으로는 정기적으로 회의를 열어 문제를 해결하라는 지시를 내렸다. 그리고 회사를 부서별로 구분하는 행위는 금지되었다. 변화는 '기업 전체에서, 빠르게, 100%, 타협 없이 이루어질 것'이라고 차이츠는 단언했다.

회사에서 오래 일한 50대 중반의 직원들이라고 해서 상대하는 것을 두려워하는 법도 없었다. 언젠가 차이츠는 경제 잡지 〈캐피털Capital〉을 통해 "모든 전투 상황에서 나는 언제나 승자였습니다"라고 당당하게 말한 적이 있다. 그렇다고 작년부터 그가 푸마 CEO라는 높은 자리에 앉아 있다는 사실이 그 자신에게 큰 영향을 끼치는 것도 아니었다.

"직위의 높고 낮음에는 신경 쓰지 않습니다. 내가 원한 것은 책임감, 즉 큰 과제였으니까요!"

그리고 CEO 자리에 오른 지 몇 개월이 지난 후 그는 처음으로 성취감을 느끼기 시작했다.

"드디어 회사 안에 '우리'라는 연대감이 생겼습니다. 직원들은 이제 서로를 음모할 시간이 없다는 것, 협력해야만 성공을 이뤄낼 수 있다는 것을 이해하니까요."

차이츠는 직원들에게 상당히 많은 것을 요구했다. 예를 들면 그동안 직원들이 당연하다고 여기던 모든 일에 대해 의문을 제기하거나 문제가 되는 부분을 즉각 없앴다. 아직 쓸모 있는 영역이나 자회사들은 이익 중심점이 되어 활동했다. 작업 진행에 따라 조직을 만들어 사용하던 공동 사무실도 없앴다. 임금 구조도 정비되었다. 직원들이 만들어낸 성과는 연말에 본인의 계좌로 입금된 액수로 보상되었다. 경영진의 미팅이 한 달에 한 번씩 있었고, 책임자들은 이 자리에서 중간 결산을 했다. 모든 부서의 책임자가 서로 마주 앉는 자리였다. 따라서 사업이 제대로 굴러가지 않을 때 책임을 회피할 수 있는 사람은 아무도 없었다.

무엇보다 가장 어려운 과제는 인사부에 주어졌다. 직원 750명을 해고해야 하는 상황이었고, 이는 전체 직원의 절반에 달하는 숫자였다. 그러나 장기적으로 지출을 막으려면 어쩔 수 없었다. 인사 평가와 공장 폐쇄의 절반은 차이츠가 맡아서 처리했다.

어느 날 차이츠는 우편함에 배달된 카드 한 장을 발견했다. '다음은 당신 차례입니다. 독일적군파Rote Armee Frakion[89]'라고 적혀 있었다. 워낙 대범한 성격인 차이츠는 이 메시지를 그리 진지하게 받아들이지 않았다. 그러나 바이에른 주의 귄터 벡슈타인Günther Beckstein 신임 내무장관은 차이츠에게

---

89 서독의 군사 좌익 조직.

경호원을 붙여주고 도로에 자동차를 세우거나 걸어서 다니는 일이 없도록 주의하라며 그에게 신신당부했다. 그때마다 차이츠는 "마음대로 하세요"라며 태연하게 대답할 뿐이었다. 그러나 차이츠는 6년이 지나서야 아내에게 이 사건을 털어놓을 수 있었다.

구조조정에서 살아남았다고 하더라도, 해고의 파도가 한 차례 휩쓸고 지나가면 크나큰 위기에 봉착하는 직원이 매우 많다. 자신의 환경이 급격하게 변화를 거치기 때문이다. 지난 몇 년간 7,8명이 나란히 앉아서 일하다가 갑자기 1.5명으로 축소된 판매부도 있었다. 경영협의회 노동자 측 대표인 카타리나 보약체크는 현실은 괴로웠지만 이 모든 조치가 필요하다고 확신했고, 이에 사무실을 들락거리며 작은 모임을 소집해서 인사 정리에 대한 이야기를 꺼냈다. 그러나 그녀는 차마 경영협의회 회의를 소집할 용기가 없었다. 이미 얼마 전에 있었던 위기 대책 회의에서 그녀를 향해 빗자루와 신발이 날아온 사건이 있었던 것이다. 금방이라도 최악의 폭력 사태가 벌어질 수 있을 만큼 직원들의 분노는 절정에 달했다. 그녀는 회사의 경제적 상황이 다른 대안을 허용하지 않는다고 주장하며 마치 경영진 측의 한 사람인 양 직원들을 설득했다. 회사 상황 때문에 인사 해고에 동의할 수밖에 없었다고 말이다.

그러나 쓰디쓴 해고에 대한 분노는 회사 측의 관대한 보상으로 곧 누그러졌다. 해고된 직원들은 회사에서 일한 햇수에 따라 한 달에서 두 달 정도까지 보상금을 받았다. 더불어 사회적 불이익에 대한 특별 수당도 지급되었다. 이뿐만 아니라 차이츠는 윤활 베어링 제조 업체 쉐플러Schäffler나 그 지역의 다른 회사들에 연락해서 직원들을 추천했고, 그 결과 해고당한 직원 대부분이 곧 다른 회사에서 일을 시작할 수 있었다. 아디다스로 옮긴 직원도 70명이나 되었다. 실로 엄청난 규모의 인사 정리였지만, 헤르초겐아우라흐에 사는 그 누구도 이 때문에 비극을 겪는 일은 없었다. 이 결과가 모두 경영진과 경영협의회의 노력에서 비롯된 것만은 아니었다. 오히려 해고가 쉬운 경우도 있었다.

당시 헬무트 콜Helmut Kohl 정부의 복지 정책이 푹신한 안전 매트가 되어준 덕분이다. 이에 따르면 50세가 넘은 직원은 자발적으로 이 정책의 혜택을 누릴 권리가 있었다. 30년 넘게 푸마 생산부에서 일한 일부는 보상금을 받을 수 있었기에 즉각 노동청으로 향했던 것이다. 이들은 노동청으로부터 3년간 실업 수당을 받고 연금 생활을 시작하기 전까지 배상금을 제외하고도 충분한 실업자 도움

푸마 브랜드가 힘을 되찾았다. 푸마 문신을 한 린포드 크리스티, 1994년

수당을 받을 수 있었다. 10년 이상 푸마에서 일한 일부 직원은 이직과 보상으로 구성된 이 정책의 혜택을 누릴 수 있었다. 사회 복지 혜택을 받는 것은 당연한 일이었다. 오늘날의 복지 정책 '하르츠 4'의 수혜자들이라면 아마 당시에 차이츠로부터 매몰차게 해고당하기를 기꺼이 자청했을 것이다.

대대적인 구조조정을 겪으면서 카타리나 보약체크는 이론이 전부가 아님을 알게 되었다. 그녀는 "구조조정은 회사 차원에서 결정될 문제"라고 말했다. 비관료적으로, 빠르게, 고용주와 고용인 사이에서 처리되어야 할 문제라는 것이다. 서로의 발전을 위한 공동의 목표를 두고 공정하게 말이다. 회사와 싸울 준비가 되어 있던 경영협의회 비서는 관습을 좇지 않고 경영진과 협력하는 카타리나의 태도를 계속해서 비난했다. 그러나 카타리나는 이상주

자들의 그러한 주장에 굴하지 않았다. 어쨌거나 카타리나도 노조원이었다.

기업의 구조조정이 이루어지던 몇 달은 서른 해를 보낸 요헨 차이츠의 삶에서 가장 힘든 시간이었다. 이처럼 엄청난 심리적 부담감을 견디려면 사실 건강한 체질과 침착한 정신의 축복을 받은 사람이어야 한다. 차이츠가 떠안은 부담감은 워낙 작은 헤르초겐아우라흐의 규모 때문에 더 심해질 수밖에 없었다. 다슬러 가족들은 사실 조금만 힘든 일이 있어도 CEO 사무실 옆에 마련된 위스키 바에서 술을 마시며 위로를 얻었다. 하물며 관습화된 모든 것을 깨뜨려야 하는 힘든 길을 걷는 차이츠는 오죽했으랴! 그는 어떻게 이처럼 침착하게, 아니 어떤 이들의 주장처럼 냉혹하게 그 일들을 처리할 수 있었던 것일까? 차이츠의 이러한 태도에는 젊은이들만의 무모함이 한몫한 것으로 보인다. 그는 실망감을 나타내는 직원들이나 마을 주민들의 분노 섞인 욕설과 비난, 조롱에 결코 신경 쓰는 법이 없었다. 그는 묵묵히 자신의 길을 걸었다. 그리고 자신이 걸어야 할 그 길을 세 단계로 나눴다.

먼저 1993년부터 1997년까지는 구조조정을 마무리하고 기업 부채를 청산하겠다는 계획을 세웠다. 그리고 1998년부터 2001년까지에 이르는 두 번째 단계에서는 마케팅과 상품 개발, 기업의 경제적 기반을 다지고 라이프스타일과 패션을 결합한 새로운 브랜드 이미지를 구축한 다음 마지막으로 2002년에 시작되는 세 번째 단계에서 푸마를 업계에서 가장 인기있는 브랜드로 만들어 그 브랜드의 잠재력을 수익성 있는 성장으로 구현할 계획이었다.

경쟁 업체의 CEO들은 특공대 스타일로 회사를 이끌어가는 푸마 CEO의 태도에 적잖이 놀랐다. 그러면서 동시에 차이츠를 조롱했다. 아디다스 내부 인사의 이야기에 따르면 당시에 아디다스에서는 축제가 펼쳐졌다고 한다. 마지막에 가서는 젊은 야수가 이끄는 저 얄미운 이웃 회사가 결국 파멸할 것이라고 확신했던 것이다. 분기별 상황 보고에 급급하고 주가 안정에만 주력하는 이들의 눈에는 다음 1,2년 후를 바라보는 차이츠의 이러한 계획이 오만하고 어리석게만 보였다.

구두쇠의 절약 플랜

인사 해고만으로 푸마를 살려내기란 무리였다. 고정 비용도 약 40%정도 줄여야 했다. 기업 예산은 전 분야에 걸쳐 두꺼운 빨간 색연필로 표시한 후 삭감되었다. 가장 출혈이 큰 곳은 개발과 조달부로, 심지어 마이너스 44.4%의 적자를 기록하는 상태였다. 이 밖에도 유통은 마이너스 41.3%, 마케팅은 마이너스 30.7%, 행정은 마이너스 30%를 기록했다. 이에 회사는 총 100만 마르크 이상의 월급을 챙겨가던 총책임자 자리를 모두 없앴다.

푸마 경영진은 구두쇠처럼 '100가지 절약 플랜'을 마련했다. 본래는 97개 항목이 전부였지만 100이라는 숫자가 97보다 의미가 있었기에 세 가지를 추가해서 만든 야심 찬 플랜이었다. 그중 몇 가지 항목을 소개해보겠다.

먼저 창고 여덟 개 중 여섯 개가 문을 닫았다. 청소부는 매일 청소할 수 없었고, 운전기사도 다섯 명 중 두 명이 해고됐다. 숫자가 줄어든 것은 복사기도 마찬가지였다. 또 팩스 대신 이메일을 활용해야 했고이렇게 하면 A4 용지 한 장을 기준으로 했을 때 소비되는 비용 1.08마르크를 24페니히까지 줄일 수 있었다 비싼 몸값을 자랑하는 런웨이 모델 대신 지역의 아름다운 경관을 카메라에 담아 회사 홍보에 이용했다. 이스포의 푸마 부스도 규모를 반으로 줄였다. 그리고 나중에는 이스포 참가 자체를 포기했다. 물론 그러기까지는 사업부와 박람회 관리부의 격렬한 반대가 있었지만 말이다. 국내와 국외로 나뉘어 진행되던 마케팅은 통합되었고, 행사도 회사 건물 내에서만 치를 수 있게 규정되어 비싼 호텔을 빌리는 것은 꿈도 꾸지 못할 일이었다.

그것이 다가 아니었다. 출장을 갈 때도 비즈니스석 금지령이 떨어졌다. 30시간이나 걸리는 베이징이나 도쿄로 출장을 갈 때도 이코노미석에서 버텨야 했다. 차이츠는 이에 대해 "절약 플랜을 추진하면서 가장 힘든 일이었다"라고 고백하기도 했다. 회사 차량도 줄어들었다. 임차 중이던 141대 차량은 80대로 줄였고, 회사 차를 계속 쓸 수 있는 직원들도 기존의 차량보다 한 단계 낮은 모델을 이용해야 했다. 차이츠 역시 CEO라는 자리를 고려해 BMW 7시리즈를 탈 수 있었지만 후에 자동차 회사에서 홍보용으로 BMW 740i를 선물해주기 전까지 원래 타고 다니던 5시리즈를 고집했다.

이러한 절약 활동이 성공하려면 무엇보다 자회사와 라이선스 회사들도 동참할 필요가 있었다. 그렇지 않으면 모든 것이 허사가 되어버린다는 사실을 차이츠는 분명하게 알고 있었다. 이를 핵심 과제로 내세운 차이츠는 이 공항에서 저 공항으로 옮겨 다니기 시작했다. 가장 먼저 그는 해당 조직의 책임자들을 교체했다. 거의 모든 자회사에 새로운 CEO가 부임했고, 스페인 자회사는 문을 닫는 대신 라이선스 회사로 운영되었다.

장기적인 이윤 확대를 위해 개발과 조달 부서도 일단 백지 상태로 만들었다. 과거에는 상품이 제때 시장에 출시되지 못하거나 만족할 만한 품질을 갖추지 못하면 두 부서는 서로 책임을 떠넘기며 싸우기에 바빴다. 차이츠는 이 부서를 통합해 그가 가장 신뢰하는 동료 마틴 갠슬러에게 맡겼다. 갠슬러는 가장 먼저 앞으로 상품을 생산하는 비용이 얼마까지 허용되는지를 소수점 두 자리 수까지 정확하게 계산했다. 과거에는 인도 조건이 좋지 않아 금전상의 손해를 입어도 한 번도 그것을 계산해본 적이 없었다. 계산 결과는 까다로웠다. 그에 따라 이제부터 푸마의 '킹 프로'는 과거보다 판매 비용을 30.7% 낮춰야 했고 '월드 테크 탑'은 심지어 기존 판매가에서 48.6%나 가격을 낮췄다. 이와 함께 생산은 저임금 국가의 공장에 맡기고 이미 완료된 생산 계약에 대해서도 계약 내용을 수정했다. 1993년에 유럽에서 생산된 푸마 제품은 60%에 불과했고 나머지는 아시아에서 만들어졌다.

지사별 제멋대로식 경영에도 마침표를 찍었다. 이제부터 세계 어느 곳에 있든 푸마 책임자들은 본사의 마케팅 콘셉트를 따라야 했다. 차이츠는 이들이 따라야 할 의무 사항들을 모아 문서화하고, 그 위에 '크게 보고 다르게 행동하라Look big and be different' 라고 적었다. 제철소로 유명한 도시에 자리한 푸마 지사가 마음대로 민족 경주 대회를 후원한 일이 있자 앞으로는 이런 일이 발생하지 않도록 강력한 조치가 취해졌다. 중구난방으로 다양했던 상품들도 대대적으로 줄여 몇 가지만 남겼고 분야도 축구, 육상, 농구, 실내 스포츠, 그리고 테니스만 남기고 나머지 스포츠 관련용품들은 생산을 중단했다. 그뿐만 아니라 차이츠는 푸마 홍보 대사로 '푸마 월드팀'을 구성했다. 새롭게 고안해낸 PR 전략이었다. 이 팀에는 로타어 마테우스를 비롯해 육상 선수 하이케 드렉슬러, 콜린 잭슨, 린포드 크리스티와 멀린 오티 등 '판타스틱 4'가 있었다.

차이츠와 헬무트 피셔는 또 청소년을 대상으로 한 홍보 수단으로 '스트리트 사커 컵Street Soccer Cup'을 계획했다. 이는 전 세계에서 펼쳐지는 청소년 축구 대회로, 첫해에는 10~16세 청소년 4,000명이 참가해 베를린으로 향하는 결승 티켓을 놓고 총 300경기를 치렀다. 사실 이 아이디어는 아주 새로운 것은 아니었다. 과거에 아디다스가 이와 비슷한 형태의 농구 대회 '스트리트 볼Streetball'로 한 차례 파도를 불러일으킨 적이 있었다.

회사에서 목소리를 내는 인물들도 과거의 흰 머리에 검은 정장 차림을 한 중년층에서 이제 갓 직장 생활을 시작한 청년층으로 바뀌었다. 그 대표적 인물이 직물 디자인 팀장 에이미 가버스Amy Garbers다. 차이츠가 리복에서 스카우트해온 그녀는 28세로, 농구 모자를 뒤로 돌려쓴 채 미니스커트를 입고 회사 복도를 돌아다니며 직원들을 재촉했다. 과거에 크리켓 슈즈를 담당하던 호주 출신의 존 에드거John Edgar는 최신형 스니커즈 개발을 맡았는데, 그는 미국 서부를 예의주시했다. 그곳에서는 마치 불모지에서 꽃이 피어나듯 음악 밴드, 프리클라이머, 3종 경기, 번지점프 등 혁신적인 트렌드가 생겨났기 때문이다.

차이츠는 "우리의 사업은 서핑과 같습니다"라고 가르쳤다.

"파도와 함께 서핑을 시작하는 사람은 성공합니다. 그러나 파도보다 앞서 나가면 전복되고 말죠. 또 너무 늦게 파도를 타면 서서히 침몰하는 법입니다."

당시는 미국 시애틀의 래퍼들 사이에서 시작된 '레트로'라는 트렌드의 파도가 밀려오고 있었다. 6,70년대의 오래된 옷들이 다시 유행하기 시작한 것인데, 그중에서도 '스웨이드'로 만들어진 스포츠화의 열기가 대단했다. 엘비스 프레슬리Elvis Presley가 자신의 곡 〈블루 스웨이드 슈즈Blue Suede Shoes〉를 통해 예찬을 펼친 것만 봐도 이 보드라운 가죽의 인기가 어느 정도였을지 상상할 수 있을 것이다. 푸마는 부활한 첫해에 미국에서 스웨이드 슈즈 200만 켤레를 팔았다.

어느 날 차이츠는 음악 잡지의 표지에서 팝의 여왕 마돈나를 발견하고 환호성을 질렀다. 사진 속 마돈나는 푸마의 스웨이드 슈즈인 '오리지널스Originals'에 8cm 높이의 굽을 덧대어 신었던 것이다. 차이츠는 이를 따라 만들기로 하고 그것을 '리미티드 에디션', 한정판으로 판매했다. 이 신발은 뮌헨의 '우드유Wood you'나 함부르크의 '델리리움Delirium' 같이 트렌디한 숍에서만 살 수 있었다. 푸마의 이러한 전략은 대성공이었다. 매출의 1%도 되지 않았지만, '적은 것이 많은 것보다 낫다'는 전략은 통했다. 차이츠는 일

스트리트 사커 컵 행사, 1996년

부러 일부 제품을 구하기 어렵게 해놓았다. 가지고 싶어 안달이 나는 상품. 차이츠는 푸마를 그런 상품으로 만들고 싶었다. 그러나 당시만 해도 푸마를 '패션 스포츠 라이프스타일' 브랜드로 만들겠다는 용기는 내지 못하던 상태였다. 그는 당시에 푸마라는 브랜드를 이렇게 설명했다.

"푸마는 국제적인 퍼포먼스 스포츠 브랜드입니다. 우수한 품질의 스포츠화와 스포츠 의류 및 액세서리를 가격 대비 최고의 성능으로 제공합니다."

스포츠용품 제조업체가 패션 상품을 만든다는 것은 생각조차 하지 못하던 시기였다.

그러나 그는 푸마가 어느 방향으로 가야 할지를 이미 알고 있었던 모양이다. 1995년에 줄리 벳Xuly Bet이라는 가명을 사용하는 한 남성 디자이너가 한 잡지의 헤드라인을 장식했다. 이 사람의 본명은 라미네 쿠야테Lamine

Kouyate로 서아프리카에서 태어나 파리에서 활동하고 있었다. 줄리 벳은 축구 선수 로타어 마테우스나 FC 베르더 브레멘의 골키퍼 올리버 레크Oliver Reck가 입던 푸마 트레이닝 재킷을 리폼해서 화려한 아웃피트로 탄생시켰다. 골키퍼가 입는 유니폼으로는 배꼽 티셔츠를 만들었고, 편안한 축구 바지를 몸에 딱 달라붙는 핫팬츠로 바꿔놓았다. 그는 이렇게 만든 옷에 푸마 라벨을 붙이고 유명 의류 매장에서 판매했다. 차이츠가 이 사실을 알게 된 것은 여직원이 건네준 잡지 〈엘르Elle〉를 통해서였다. 그러나 차이츠는 이 아방가르드적인 디자이너에게 경고를 보내지 않았다. 오히려 줄리 벳을 헤르초겐아우라흐로 초대해서 그의 작품에 찬사를 보내며 협업을 제안했다. 차이츠가 이러한 제안을 한 데에는 180마르크가 넘는 이러한 패션 상품을 구입하는 이들은 분명히 '트렌드세터Trendsetter[90]'라고 불리는 사람들일 것이란 생각에서였다. 푸마가 브랜드 이미지를 구축하려면 반드시 트렌드세터들이 필요했다. 그러나 위에서 언급한 이유로 차이츠는 줄리 벳과의 협업에 일면 조심스러운 태도를 취했다. 그는 이렇게 강조했다.

"푸마는 스포츠 브랜드이며, 앞으로도 그럴 것입니다."

약자의 파워

푸마 창업자인 루돌프 다슬러와 그의 후손들은 40년이 넘도록 매출에서 아디다스를 따라잡기 위해, 그리고 가능한 한 추월하기 위해 안간힘을 썼다. 하루 업무의 유일한 가이드라인은 회사의 '규모'였다. 목표는 오로지 수익

---

[90] '시대의 풍조나 유행 등을 조사하는 사람, 선동하는 사람'이란 뜻.

을 올리는 데 집중되었고 스포츠용품 시장에서 선두를 탈환하는 일이라면 어떤 일이든 감수했다. 수익만 바라보는 다슬러 가문의 목표는 결국 과거에 푸마가 쌓아온 훌륭한 이미지를 희생양으로 삼은 셈이 되었다. 이 때문에 푸마는 어느 순간 아웃렛의 가판대에나 어울리는 브랜드가 되었던 것이다. 당시만 해도 '소수의 고급스러운 상품'이 '다수의 단순한 상품'을 누를 수 있을 것이라고 생각한 사람은 아무도 없었다. 만약 푸마가 조금 더 일찍 자동차 업계에 눈을 돌렸더라면 어땠을까? 그랬다면 아무런 양심의 가책이나 방향성도 없이 결국 자기 학대라는 사실조차 자각하지 못한 채 아디다스만 추격하는 일도 그만 끝낼 수 있지 않았을까?

독일 자동차 업계가 분명하게 보여주는 성공 공식이 하나 있다. 그 공식의 주인공은 바로 폭스바겐Volkswagen과 포르쉐Porsche이다. 생산량은 두말할 것 없이 폭스바겐 쪽이 더 많다. 그러나 자동차 마니아들 사이에서는 어떤가? 그들이 가지고 싶어 안달하는 자동차는 폭스바겐일까, 포르쉐일까? 그뿐만 아니라 수익이 더 많은 쪽 역시 포르쉐이다.

폭스바겐보다는 포르쉐가 될 것. 이것이 바로 푸마의 구조조정 1단계에서부터 매니저들이 세운 목표였다. 푸마가 살아남을 수 있는 유일한 방법이었다. 푸마는 스포츠용품 업계의 상위권에서 싸울 수 있을 만한 무기가 없었다. 매출도 형편없고, 그렇다고 활동 자금이 충분한 것도 아니었다. 바로 그 때문에 차이츠가 일찍이 선택한 것이 골리앗을 무너뜨린 다윗의 캐릭터였다. 차이츠는 부지런히 직원들 사이에 다윗의 캐릭터를 선동했다. 당시 나이키나 아디다스, 리복은 푸마를 거들떠보지도 않았다. 그들과 푸마 사이에는 어떤 접점도 없었을 뿐만 아니라 그들은 차이츠나 푸마 매니저들을 만나고 싶어 하지도 않았다. 헤르초겐아우라흐의 난쟁이 푸마에 대한 이야기는 온통 조롱뿐이었다.

그러나 차이츠는 패자의 자리야말로 새로운 이미지를 구축하는 데 절호의 기회라는 사실을 알아차렸다. 스포츠 심리학자들도 관중은 자신도 모르게 약자를 응원하는 심리가 있다고 설명한다. 예를 들어 분데스리가 우승을 가장 많이 한 FC 바이에른 뮌헨이 상대적으로 약한 팀과 맞붙으면 관중은 바이에른 팬이든 아니든 간에 반사적으로 상대편을 응원하게 된다는 것이다. 차이츠도 최고의 매출을 기록하는 마이스터가 될 수 없다면 소비자들의 마음을 움직이는 마이스터가 될 것이라는 희망을 품었다. 푸마만의 특별한 길을 갈 수만 있다면 불가능할 것도 없었다. 스포츠 골리앗들과 차이를 두기 위해 차이츠는 저항적이고 흥미로운 언더도그underdog[91]의 이미지가 있는 기업 및 단체와 협업하기에 나섰다. 푸마는 기득권에 저항하는 행사인 베를린 러브 퍼레이드[92]를 후원했다.

또한 뮌스터 스케이트보드 월드컵의 후원 기업으로 나섰고, 사장 디터 고르니Dieter Gorny의 진두지휘 아래 업계의 일인자인 MTV[93]를 공격하는 데 나선 음악 전문 채널 비바Viva와도 협업했다. 그리고 유니폼의 관행을 깬 패션으로 무장한 스트리트 사커 이벤트를 진행했다. 스트리트 사커를 통해 청소년에게 장차 축구 스타가 될 수 있다는 희망을 불어넣어 줄 목적이었다. 이뿐만이 아니었다. 차이츠는 선수와 후원 계약을 맺을 때도 까다로운 기준을 적용했다. 언젠가 차이츠는 〈키커Kicker〉와의 인터뷰에서 "전 세계적으로 훌륭한 선수는 많습니다. 그러나 푸마에 어울리는 선수는 많지 않죠"라고 말한 적이 있다. 그리고 이렇게 덧붙였다.

"우리가 찾는 선수는 푸마라는 브랜드에 어울리는 선수입니다."

---

[91] 객관적인 전력이 열세여서 경기나 싸움에서 질 것 같은 사람이나 팀.
[92] 독일에서 매년 열리는 세계 최대의 테크노 음악 축제.
[93] 미국 음악 전문 방송.

푸마는 유행을 선도하는 이들과 가까워질 필요가 있었다. 그런 이들은 바로 자동차 업계에서와 마찬가지로 주로 젊은 층이었다. 당시 다른 스포츠용품 업체들이 광고에 투자하는 비용은 매출의 약 5% 정도였다. 그러나 푸마는 구조조정이 시작된 바로 다음해부터 광고에 8%를 투자했다. 소비자들이 어느 브랜드에 대한 신의를 지킬 것이라는 헛된 믿음은 버리는 것이 좋다는 판단에서 비롯된 전략이었다. 이에 대해 차이츠는 1995년 9월 〈스포츠 라이브Sports Live〉와의 인터뷰에서 "오늘은 이 브랜드, 내일은 저 브랜드가 선택되는 시대입니다"라고 설명했다.

"오늘도, 내일도 상품을 팔 수 있으려면 바로 이런 성향이 있는 소비자를 겨냥해야 합니다. 우리는 무엇보다 청소년들을 타깃으로 합니다. 청소년들은 주 소비층에 속할 뿐만 아니라 기성세대들에게도 영향을 미치니까요."

푸마 같은 기업에서 홍보와 프로모션은 하이테크 기업에서의 연구와 개발만큼 중요한 위치를 차지한다. 새로운 자재나 품질 개선 하나만으로 다른 경쟁 업체들을 이길 가능성은 1993년 이래 이미 사라진 지 오래였다. 당시 생산 업체들의 기술 수준은 모두 비슷비슷했고 심지어 일부 기업은 같은 공장에서 상품을 생산하기도 했다. 스포츠용품 업계의 이러한 상황은 품질의 차이가 거기서 거기인 다른 생산 업체들과 별반 다를 것이 없었다. 바로 그런 이유로 차이츠에게는 하루빨리 이미지를 구축하여 브랜드를 재탄생시키는 것이 더욱 중요해졌다.

차이츠가 보기에 아디다스에는 안전성이라는 이미지가, 나이키에는 자유, 그리고 모든 것을 다 걸어서 얻은 승리의 이미지가 있었다. 그렇다면 푸마가 공략해야 할 이미지는 '저항'이었다. 차이츠는 스타급 선수들이 아닌 자메이카 출신의 육상 선수나 아프리카의 축구 선수들을 계속해서 광고 모델로 세웠다. 레게와 저항의 삶을 상징하는 이들이야말로 푸마의 이미지로 적격이었다.

사실 역사적으로 볼 때 푸마라는 기업 자체는 반항과 거리가 멀었다. 푸마는 오히려 마케팅 이론을 엄격하게 따르는 회사였다. 요헨 차이츠는 '브랜드 매뉴얼'이라는 이름의 마케팅 전략을 밀어붙였다. 사람들은 몇 달러만 있어도 하루를 살아가는 데 행복을 느낀다. 푸마는 브랜드가 고객에게 그런 역할을 해줄 수 있어야 한다고 생각했다. 100달러 혹은 그 이상을 주고 산 신발과 옷으로 살아 있다는 것에 대한 기쁨을 느끼게 해주는 것이 브랜드 파워였다. 사실 푸마가 터키나 베트남 같은 곳에서 저렴한 비용으로 상품을 생산하기 때문에 해방 투쟁과 관련이 있다고 말하기는 어렵다. 명품 부티크에서 파는 펑크 드레스가 광란의 섹스 축제와 아무 관련이 없듯이 말이다. 어쨌거나 푸마는 스포츠용품 업계에서의 관습들을 계속해서 깨뜨려갔다. 알록달록한 축구화 등이 바로 그 결과물이었다. 말하자면 색을 물들인 저항이라고나 할까? 이를 통해 이미지 전환은 무엇보다 좋은 성과를 거두었다.

타오르는 불꽃

치밀한 절약 플랜과 브랜드 가치에 대한 인식은 주주들에게 놀라운 선물을 선사해주었다. 1986년부터 1993년 사이에 1,480마르크에서 무려 150마르크까지 내려갔던 주가가 소폭 오른 것이었다. 본격적인 기업 회생은 1994년부터 시작되었다. 푸마는 계획했던 것보다 1년이나 빠르게 이익을 향상시켰다. 약 3,000만 마르크였다. 푸마는 이제 은행 부채로부터 한숨 돌릴 수 있었고, 더 이상 은행 컨소시엄의 비난에 시달리지 않아도 되었다. 혹시 잊어버린 독자들이 있을지 몰라서 과거 푸마의 상황을 다시 설명하면, 당시 푸마는 채무자 보증서를 포함해 1억 8,000만 마르크의 빚을 진 상태였다. 엄청난 성공을 거두었다고 말하기는 어렵지만 당시를 고려하면 엄청난 손해에 시달리며 굶주린 지난 7년이 이제는 지나간 과거라는 사실에 안도할 수 있을 정도랄까? 그럼에도 여전히 아끼고, 조이고, 줄이는 일은 푸마의 일상적인 업무나 다름이 없었다. 차이츠와 부CEO 마틴 갠슬러는 아직도 직원들의 항공기 이용 신청서를 직접 검토한다고 한다.

 그러나 장기적으로 볼 때 사소한 것을 절약하는 일만으로 회사의 안정을 기대하는 것은 무리였다. 여기저기에서 불똥이 튀었다. 차이츠는 그 불씨를 잠재우고자 화재의 근원지를 직접 찾아 나섰다. 푸마 상품은 총 20개 국가에서 생산되고 80개국에서 판매되었다. 1995년에 차이츠가 뉘른베르크의 집에서 잠을 청한 날은 180일이 전부였다. 이를 정확하게 알 수 있는 것은 아내 비르기트가 잔소리를 하며 달력에 표시를 해두었기 때문이다. 그 180일을 제외한 날은 언제나 출장 중이었다. 홍콩, 보스턴, 부에노스아이레스, 도쿄, 두바이 할 것 없이 그는 전 세계를 헤집고 다녔다. 그는 푸마가 새롭게 나아갈 길에 대한 믿음을 심어주기 위해 고객, 생산업체, 라이선시 사업자, 세일즈 파트너 등을 찾아갔다. 차이츠의 부지런한 활동 덕분에 독일 본사는 드디어 푸마라는 이름에 걸맞은 모습을 갖출 수 있게 되었다.

 헤르초겐아우라흐의 본사에서 일하는 직원은 수위를 포함해 180명이었다. 얼마 되지 않은 직원들은 최신 커뮤니케이션 장비들을 사용하여 이 커다란 기업체를 이끌어갔다. 라이선스 사업까지 계산하면 그해 연 매출은 13억 마르크였다. 외주 업체에 일을 맡기는 것이 비용을 줄이면서 더 나은 결과를 가져올 수 있다면 지체하지 않고 그들에게 일을 넘겼다. 푸마 본사에서는 개발, 마케팅, 세일즈만 이루어졌다. 그 밖에 생산과 물류는 파트너 업체들이 담당했다. 수송로는 본사에서 관리하는 대신 영국 해운 회사 P&O에게 맡겼다. P&O는 중국 공장에서 상품을 싣고 중국 중부에 있는 항구 심천에서 세관을 거친 후 홍콩을 거쳐 유럽으로 수송했다. 이에 따라 푸마는 실시간으로 상품의 위치를 추적할 수 있게 되었다. 그리고 이는 1996년 주문 상품의 84%가 고객들에게 제때 도착할 수 있게 하는 효과를 냈다. 50%에도 미치지 못했던 3년 전과 비교하면 엄청난 발전이었다.

딱딱했던 하나의 구조를 여러 개의 미립자로 분해한 것은 잘한 일이었다. 많은 영역에서 시도한 아웃소싱은 푸마가 직접 일을 맡아서 하는 것보다 가격 면에서도 더 나았다. 그 이듬해부터 차이츠는 전통적인 매니지먼트 이론을 완전히 깨부수기로 했다. 이 이론은 경영은 본사 하나만으로 이루어지는 것이 가장 좋으며 실제로 그렇게 할 수 있다고 주장한다. 그러나 차이츠는 그 반대로 움직였다. 헤르초겐아우라흐에 있는 전통적인 기업 본사의 역할은 순식간에 줄어들었다. CEO 차이츠는 그 대신 기업의 주요 부서를 전 세계로 퍼뜨렸다. 그 역할을 가장 잘해낼 수 있는 곳으로 말이다. 마케팅과 스포츠 라이프스타일 상품 개발부는 지금도 미국 보스턴에 있다. 상품 조달과 관리는 홍콩의 '월드 캣World Cat' 팀이 도맡아 진행한다. 헤르초겐아우라흐의 본사에서 하는 일은 행정과 일부 상품 개발이 전부이다. 변한 것은 또 한 가지가 있었다. 바로 누가, 언제, 어디에 투입되느냐 하는 문제가 직원들의 직책에 따라 결정되지 않는다는 점이다. 대신 프로젝트별로 일을 진행한다. 따라서 푸마에는 경영진으로부터 시작되는 딱딱한 조직도란 없었고 점차 수평적인 관계가 자리를 잡았다.

푸마가 사업을 하는 데 독일이라는 무대는 점차 그 중요성이 줄어들었다. 이는 시장 점유율만 봐도 알 수 있었다. 독일 시장에서 푸마의 점유율은 약 11%에 불과했고, 가판대 판매를 하던 예전에도 30%에 그쳤다. 경영진은 이 정도의 점유율에 만족할 수 없었다. 그래서 다시 독일에서의 터를 다지기로 했다. 그러나 독일 시장을 점령하려면 미국 시장부터 관리해야 했다. 전 세계적으로 운동화 매출의 절반을 차지하는 스니커즈의 모국인 미국에서 대대적인 성공을 거두지 않고는 장기적으로 아무것도 달성할 수 없다고 보아야 했다. 미국 시장에서 푸마의 점유율은 1%도 되지 않았다. 매출의 72%가 유럽에서 발생하는 상황이었다. 그래서 차이츠는 과거 경영자매수MBO를 통해 신설 법인 SEI로 세웠던 미국 자회사를 다시 재매입해 푸마에서 직접 관리하기로 하고 1995년부터 이를 밀어붙였다. '셀 테크놀로지Cell Technology'라는 이름의 새로운 스포츠화 바닥창으로 푸마가 미국 전문 매장의 진열대를 다시 점령하겠다는 계획이었다. 바닥창은 공기로 채운 투명한 육각형의 셀이 장착되어 뛸 때의 충격을 흡수, 보완해주었다. 푸마는 미국에서 점수를 따고 싶었다.

마케팅 괴짜 토니 베르톤

가끔은 우연이라는 녀석이 목표 달성에 도움을 줄 때가 있다. 1994년, 북아메리카에서 가장 유명한 휴양 섬인 사우스캐롤라이나South Carolina 주의 힐튼헤드 아일랜드에서 세일즈 컨퍼런스가 열렸다. 차이츠는 그곳에서 염소수염을 기른 안토니오 베르톤Antonio Bertone, '안토니오'를 애칭으로 '토니'라고 부르기도 한다-옮긴이라는 이름의 젊은 청년을 만났다. 과거 컨버스사에서 컨설턴트로 일한 그는 푸마 세일즈 팀 앞에서 청소년 트렌드에 대한 프레젠테이션을 준비하고 있었다. 스트리트 보이즈와 같은 분위기를 풍기는 20대 초반의 이 젊은이는 스케이트보드를 탈 때 즐겨 입는 옷차림을 하고 슈트 차림의 어른들 앞에 섰다. 그는 잔뜩 긴장한 채로 기이하면서도 분석적인 말들로 프레젠테이션을 했다.

"멋진 사람이군."

차이츠는 생각했다.

"푸마의 타깃이 누구인지를 정확하게 꿰뚫고 있어."

우연의 일치인지, 그 후 두 사람은 마이애미 공항에서 다시 만났다. 차이츠가 먼저 말을 꺼냈다.

"프레젠테이션 멋지더군."

그러자 베르톤은 겸손함이라고는 없는 사람인 양 "저도 그렇게 생각합니다"라고 대답했다. 차이츠만큼이나 자신에 대한 확신으로 가득 찬 사람인 것 같았다. 아니, 더했으면 더했지 결코 덜하지는 않은 것 같아 보였다. 두 사람은 함께 다이어트 콜라를 마셨고 이윽고 서로 호감을 느꼈다. 비행기에 탑승한 베르톤은 비즈니스석에 가서 앉았다. 그런데 차이츠가 저 뒤 이코노미석에 앉아 있는 것이 아닌가? 혹여 이 때문에 푸마에서 일할 기회를 놓쳐버릴까봐 두려웠던 베르톤은 얼른 이코노미석으로 좌석을 변경하려고 했다. 그러나 차이츠는 그런 그의 모습에 웃음을 터뜨리고는 좋은 여행이 되라는 말을 덧붙였다.

이탈리아 출신 이주민의 아들인 베르톤은 1973년에 보스턴 인근에서 태어났다. 그의 마케팅 지식은 사실 평탄치 않았던 삶을 통해서 얻은 것들이었다. 베르톤은 열한 살 때 기득권에 대한 반항의 표시로 왼쪽 귀를 뚫었고, 캔디 머신에서 뽑은 반지를 끼고 다녔다. 그뿐만 아니라 머리도 땋고 다녔고 언제나 선생님들을 화나게 하는 학생이었다. 어렸을 때부터 그의 꿈은 단 하나였다. 그는 스케이트 보더가 되고 싶었다. 열 살 때 처음 배운 스케이트 보드가 그를 사로잡은 것이었다. 열네 살이 되면서부터는 공연 기획도 하고 펑크록 밴드의 매니저도 맡았다.

1990년, 베르톤은 열일곱 살의 나이로 고등학교를 떠나 친구가 운영하는 '분테 벨트 라덴Bunte-Welt-Laden'이라는 가게에서 일했다. 운동화나 프린트 티셔츠, LP 레코드, 악기, 스티커, 포스터 등을 판매하는 편집 숍이었다. 그런데 며칠 후부터 친구는 더 이상 가게에 나타나지 않았고, 이에 베르톤이 가게를 맡아서 운영하게 되었다. 베르톤은 열심히 일했고 밤에는 가게의 쪽방에서 잠을 잤다. 그러나 2년 후 가게는 망하고 말았다. 그는 당시의 경험에 대해 "비쌌지만 좋은 수업이었습니다"라고 말한다.

베르톤이 차이츠를 만나다.

그 후 잠시 주차장 관리인으로 일한 그는 이어 '앨스턴 비트Alston Beat'에 있는 '분테 벨트 라덴Bunte-Welt-Laden'에서 일을 시작했다. 이곳에서도 그는 능력을 발휘했다. 그는 도시 젊은이들이 무엇을 원하는지 정확하게 집어냈다. 예를 들어 그는 반항적인 이미지의 힙합 그룹 비스티 보이즈Beastie Boys가 콘서트에서 신은 푸마의 농구화 '클라이드Clyde'를 팔자고 사장님께 제안했다. 컨버스 상품처럼 상업적인 느낌이 들지 않았기 때문이었다. 이를 통해서 그는 실제로 상당한 '클라이드' 마니아들을 만들어냈고, 사장이 그에게 직접 매장을 운영해볼 생각이 없느냐고 물을 정도로 제품을 많이 팔았다.

1992년에 베르톤은 전 컨버스 직원에게서 '스트리트웨어Streetwear' 분야의 컨설턴트 역할을 맡아주지 않겠느냐는 제안을 받았다. 베르톤은 크게 흥분했다. 소비자들이 어디에 돈을 쓰는지 경영진에게 말해줄 기회였기 때문이었다. 과거에는 꿈속에서나 가능한 일이었다. 그러나 컨버스에 정식 채용될 수 있을 것이란 그의 바람은 물거품이 되었다. 면접 담당자가 그 일을 하기에는 베르톤이 너무 파격적인 것 같다고 말한 탓이었다. 잔뜩 실망한 그는 즉시 푸마 마케팅부로 전화를 걸었다. 그리고 자신이 컨버스 컨설턴트라고 거짓 소개를 하며 앞으로는 푸마에서 일하고 싶다고 덧붙였다.

푸마는 브록톤 지사로 그를 초대했다. 그곳에서 지사장인 빌 커켄덜을 만난 베르톤은 자신의 이야기를 했다. 커켄덜은 그의 스토리에 놀랐지만 곧 싱긋 미소를 지었다. 스물두 살의 이 청년은 대담함이 매력인 듯했다. 베르톤은 스케이트보더, BMX 바이커, 그리고 거리의 젊은이들이 만들어내는 브랜드의 이미지가 어떤 잠재력이 있는지 설명했고, 이는 커켄덜에게 깊은 인상을 남겼다. 그 결과 베르톤은 고정 임금을 받는 프리랜서 컨설턴트로 계약을 맺었고 얼마 후 처음으로 세일즈 미팅에 동반 출장을 가게 되었다.

미국 자회사를 재매입한 며칠 후 차이츠는 마이애미 공항에서 돌연 이 젊은 야수를 상품 책임자로 승진시켰다. 당시 스포츠 라이프스타일 부서가 새롭게 만들어졌는데, 베르톤에게 미국에서 이 부서를 책임지는 역할을 준 것이었다. 베르톤은 젊은 세대의 생명력을 흡수하고 그것을 스포츠 라이프스타일 브랜드 상품에 적용했다. 홍보 영상에는 이제 축구 선수와 육상 선수 대신 스케이터와 브레이크 댄서들이 등장했다. 해외 마케팅은 전적으로 CEO인 차이츠가 모든 결정을 내렸다.

이후 베르톤이 CEO의 생각과 회사 경영에 끼치는 영향력은 갈수록 커졌고, 이에 따라 베르톤이 인정하지 않는 마케팅 전략은 결국 수포로 돌아갔다. 과거에 괴짜였던 그는 이제 비즈니스에 반드시 필요한, 신뢰할 수 있는 마케터로 성장한 것이었다. 그러나 차이츠가 보호해주지 않았더라면 그는 아마도 회사에서 일주일도 채 버티지 못했을 것이다. 동료들은 베르톤을 곱게 보지 않았고, 그나마 가장 무난한 별명이 '미치광이'일 정도였다.

한번은 차이츠가 미국에서 돌아와 "스트리트 슈즈street shoes, 타운웨어와 함께 사용하는 신발-옮긴이를 만듭시다"라고 했을 때, 이번에도 베르톤의 입김이 작용했을 것이라는 사실을 알고 있는 푸마 직원들은 이에 반대했다. 심지어 차이츠의 지인들조차 "정신이 나갔군!"이라며 베르톤을 당장 해고하라고 했다. 헤르초겐아우라흐의 그 어떤 사람도 베르톤의 미국적인 아이디어를 신뢰하지 않았다.

"대체 스트리트 슈즈를 어디에다 판단 말이에요?"

세일즈 담당자들은 물었다. 실제로 스트리트 슈즈를 전통적인 전문 매장에서 팔 수는 없었다. 그러나 로스앤젤레스에 문을 연 최초의 푸마 매장에서는 이 스트리트 슈즈가 엄청난 매출을 올리며 팔려나갔다.

4 뭐라고요, 할리우드로 간다고요?

새로운 대주주 모나키/리전시
〈프리티 우먼〉, 스트립 클럽 방문, 그리고 감정적인 상사

1996년 8월 중순의 어느 저녁이었다. 차이츠에게 전화가 걸려왔다. 대주주 프로벤투스의 CEO 미카엘 캄라스의 전화였다. 프로벤투스는 투자 회사답게 아리트모스가 푸마의 지분을 3등분 했고, 이에 따라 아리트모스는 지분의 25%만 보유하게 됐다는 사실을 알렸다. 그러면서 현재 푸마의 나머지 주식에 관심을 보인 한 영화감독과 접촉하고 있다고 전했다. 차이츠는 '괜찮은데?' 하고 생각했다. 그는 마침 미국 시장으로 진출하기를 바라고 있었다. 하지만 영화 쪽에는 아는 사람이 없었다. 안 그래도 푸마는 오래전부터 방송을 통해 푸마의 간접 광고를 시도하고 있던 터였다. 물론 성공하지는 못했지만 말이다. 차이츠는 오래 생각할 것도 없이 말했다.

"그 감독과 이야기를 해보죠."

미국은 중요한 나라였다.

미스터리한 이 영화감독의 이름은 아르논 밀찬이었다. 텔아비브 귀족 출신인 그는 스위스와 영국에서 엘리트 학교를 졸업했고 스포츠, 그중에서도 축구와 테니스광이었다. 1970년에 밀찬은 시몬 페레스라는 이름의 '매우 영리하고 눈치 빠른 남자'를 알게 되었다. 그는 당시 창당을 준비하던 정치인이었다. 밀찬은 그를 경제적으로 지원해주었고 이후 페레스가 이스라엘의 총리가 되면서 두 사람은 좋은 친구 관계를 유지했다. 그만큼 이 유쾌한 쉰두 살 남자는 돈에 대해서는 아무런 걱정이 없는 재력가였다. 일찍이 아버지가 그에게 6만 달러와 꽤 잘 굴러가는 수입·수출 회사를 유산으로 남겨주었다. 생화학을 전공한 밀찬은 화학 기업을 설립했고 감귤나무 생산량을 4배로 늘릴 수 있는 영양소를 발견해냈다. 1년 후 그는 화학 제품 외에도 기타 물질들과 '날 수 있는 모든 것'을 팔기 시작했다. CBS 〈60분60Minutes〉의 조사에 따르면 그는 무기와 관련해서도 이스라엘 정부에 조언을 해주었다고 한다. 그러나 무기 거래상이나 무기 밀매꾼이 되고 싶은 생각은 전혀 없었다.

밀찬이 스포츠 말고 좋아하는 것이 또 한 가지 있었다. 바로 영화였다. 그는 80년대 초반부터 이미 〈마사다Masada〉라는 제목의 TV 제작물 공동 제작자로 활동했다. 이 시리즈를 통해서 그는 영화잘 가요, 내 사랑(Farewell, my lovely)의 제작인인 엘리엇 캐스트너Elliot Kastner의 눈에 띄게 되었다. L. A. 선셋 대로Sunset Boulevard에서 밀찬과 저녁 약속을 한 그는 이 자리에 매력적인 파트너를 동반했다. 바로바로 엘리자베스 테일러Elizabeth Taylor였다! 캐스트너는 밀찬이 할리우드에 진출할 기회를 마련해주었고, 몇 년 후 밀찬은 직접 제작사를 차렸다. 이 회사가 바로 1991년에 설립된 영화 제작사이자 판매사인 모나키/리전시Monarchy/Regency의 전신이다. 모나키/리전시의 주주로는 호주의 미디어 기업가 케리 팩커Kerry Packer와 영국계 호주인인 거물 루퍼트 머독Rupert Murdoch, 그리고 심지어 독일 영화 및 TV 업계의 대부인

아르논 밀찬, 이스라엘 총리 시몬 페레스와 함께한 차이츠

레오 키르히Leo Kirch가 있다. 밀찬은 빠른 속도로 업계의 최고 자리에 올라섰다. 1993년에 그는 〈프리티 우먼Pretty Woman〉으로 정점을 찍었고 4년 후 '올해의 제작자'로 선정되었다. 이로써 영화계 귀족으로서도 도장을 확실히 찍은 것이었다.

1996년, 그는 비즈니스를 스포츠업계로 확장하자는 아이디어를 떠올렸다. 사실 획기적인 아이디어는 아니었다. 당시에 전 세계의 선도적인 미디어 기업은 대부분 매력적인 스포츠 행사에 대한 중계권을 구매하거나 축구 대표팀을 후원하는 방식으로 스포츠 업계에 발을 들여놓고 있었다. 레오 키르히도 전 아디다스 사장 호르스트 다슬러가 만든 스위스 에이전시 ISL과 함께 약 17억 유로에 2002/2006년 월드컵을 미국을 제외하고 전 세계에 중계할 수 있는 권리를 사들였다. 머독은 축구 클럽인 FC 맨체스터 유나이티드FC

Manchester United에 투자했고, 자신이 보유한 TV 유료 채널 BSkyB의 가치를 높이기 위해 이 중계권을 영국 프로축구 리그에 팔았다. 그리고 밀찬은 제3의 길을 찾았다. 그는 스포츠용품 기업에 투자해 자신이 제작하는 영화에 상품을 배치함으로써 스포츠용품 매출을 극대화하는 것이 더 낫겠다는 판단을 내렸다. 처음으로 그의 머릿속에 떠오른 것은 아디다스였다. 위기를 겪었지만 빠른 속도로 극복해낸 기업이었다. 어느 날 그는 축구 경기장을 찾아 경기가 끝난 후에 곧장 아디다스 사장 로베르트 루이 드레퓌스Robert Louis-Dreyfus를 만나러 갔다. 그러나 아디다스에 투자할 수 없겠다는 사실을 금방 깨닫게 되었다. 아디다스가 부른 가격은 상당했다. 아니, 엄청났다.

멋진 제안

며칠 뒤 체이스맨해튼은행Chase Manhattan Bank의 리처드 켈리Richard Kelly가 그에게 전화를 걸어왔다. 밀찬의 투자 관리자인 그는 푸마라는 이름을 꺼냈다. 자신이 알기에 현재 푸마의 대주주인 프로벤투스가 푸마 지분 85%를 25%로 줄이고 나머지를 내놓을 생각이라는 것이었다. 밀찬과 켈리는 비행기를 타고 스톡홀름으로 향했다. 스톡홀름 도심에 있는 한 사무실에서 이들은 프로벤투스의 창립자 로버트 바일과 최고 경영자 미카엘 캄라스를 만날 예정이었다. 이들은 첫눈에 서로 반했다. 물론 사업적인 측면에서 말이다. 이 자리에 있었던 사람들의 증언에 따르면 이들은 불과 몇 분만에 이 일을 진행하기로 합의를 봤다고 한다.

밀찬은 서둘렀다. 그는 차이츠라는 인물이 누구인지 꼭 알고 싶었다. 헤르초겐아우라흐에서 만날 것을 약속하고 그는 자신의 전용기를 타고 뉘른베르크 공항에 도착했다. 공항에서는 푸마에서 보낸 운전기사가 4륜 구동의 흰색 폭스바겐 파사트를 세우고 그를 기다리고 있었고, 옆에는 밀찬을 안내할 투자 관리자 켈리가 미리 도착해 서 있었다. 밀찬이 보기에 그렇게 작은 자동차는 TV에서만 보았지 실제로 타고 다니는 사람이 있으리라고는 생각지 못한 것이었다. 대도시 출신인 그의 눈에는 헤르초겐아우라흐 어귀에 늘어서 있는 60년대 연립 주택들도 우스꽝스럽게 보였다. 밀찬의 입에서는 알파벳 F로 시작하는 단어가 계속해서 튀어나왔고, 운전기사는 저 단어가 분명히 좋은 뜻은 아닐 것이라고 추측했다.

차이츠는 밀찬과의 만남을 위해 만반의 준비를 했다. 그는 밀찬이 매력적인 모습으로 일관하겠지만 사실은 그가 양의 탈을 쓴 늑대일 것이란 사실을 분명히 알고 있었다. 회의실에서 만난 두 사람은 악수로 서로를 반겼다. 밀찬은 푸마 CEO가 이토록 젊다는 것에 놀랐다. 차이츠는 캄라스가 30분 정도 늦을 것 같다며 양해를 구했다. 워밍업이 끝나자 영화 제작자인 밀찬은 자신의 실크 셔츠와 재킷의 매무새를 정리하고는 모나키/리전시에 대한 프레젠테이션을 시작했다. 그는 먼저 자신이 제작한 영화들이 담긴 비디오를 보여주었고 이어서 자신이 이룬 수많은 업적을 자랑했다. 그런 다음, 성격이 다른 기업이 맺는 파트너십을 통해 자신이 기대하는 바를 설명하고 어떻게 해야 푸마의 상품이 영화에 등장할 수 있는지에 대한 구체적인 사례를 제시했다. 그러는 동안 프로벤투스의 CEO 캄라스도 도착했다. 차이츠는 밀찬이라는 사람의 따뜻함과 자기 자신에 대한 확신이 마음에 들었다. 그리고 밀찬에게 푸마라는 기업을 설명하고 계획경제 제2단계를 통해 미국 시장에 진출하고자 노력하고 있다고 전했다. 이 만남이 끝날 무렵 할리우드에서 온 밀찬은 자리에서 일어나 차이츠와 캄라스에게 손을 내밀었다.

"푸마의 지분을 사도록 하죠."

그러면서 이렇게 덧붙였다.

"푸마가 나의 새로운 '프리티 우먼'이 될 겁니다."

그러나 그는 지분을 얼마나 살지는 말하지 않았다. 25%를 모두 책임질지, 아니면 12%만 사들일지 잘 모르겠다고 말한 것이다. 그는 헤르초겐파크 호텔에서 저녁 식사를 하는 도중에 물었다.

"돈이 얼마가 필요합니까?"

그리고 좋은 프랑스산 레드 와인 잔을 부딪히며 거래를 성사시켰다.

이들은 구체적인 부분에 대해서는 다음 만남에서 논의하기로 약속하고 헤어졌다. 밀찬은 나머지 일을 처리하는 데 그의 오른팔인 CEO 데이비드 마탈론David Matalon을 내세웠다. 밀찬과 그는 어렸을 때부터 잘 아는 사이였다. 서로의 부모님이 알고 지낸 덕분이었다. 런던에서 같은 학교에 다니다가 졸업하면서 각자의 길을 걸었고, 12년 후 런던의 사보이 호텔에서 우연히 마주친 그들은 반가움에 서로를 얼싸안았다. 마탈론은 그동안 제작사 트라이스타 픽처스Tri-Star Pictures의 CEO가 되어 있었고 컬럼비아 픽처스Columbia Pictures의 전 세계 여러 지사를 이끌고 있었다. 오랜 친구인 밀찬은 그에게 최고 전략가이자 책임자로서 리전시의 사업을 맡아달라고 부탁했다.

마탈론은 푸마를 한번 들여다보겠다고 밀찬에게 약속하기는 했다. 그러나 속으로는 이 거래를 없던 일로 만들겠다고 굳게 마음먹은 상태였다. 밀찬은 어디로 튈지 모르는 친구였기 때문이다. 그는 밀찬에 대해 이렇게 말했다.

"밀찬은 하루에도 100개의 아이디어를 냅니다. 그럴 때마다 내가 그를 멈춰줘야 해요. 그렇지 않으면 그야말로 대혼란이 일어나거든요."

마탈론은 브랜드 파워를 거의 상실했다고 볼 수 있는 독일의 시골 회사를 사서 할리우드 사업을 한다는 것은 말도 안 되는 일이라고 생각했다.

'영화 제작사가 독일 스포츠용품 업체에 투자를 한다.'

마탈론이 던진 한마디는 간결했다.

"정신 나간 거 아니야?"

그러나 뉘른베르크 그랜드 호텔에서 비밀리에 차이츠와 만난 그는 불과 몇 분만에 차이츠의 말에 집중했다. 차이츠는 스포츠와 엔터테인먼트에 대한 자신의 아이디어로 단숨에 마탈론을 사로잡았다. 차이츠가 원하는 것은 곧장 스타 배우에게 푸마의 제품을 협찬하는 것이 아니었다. 그전에 제작사의 메이크업과 의상 담당자에게 푸마의 제품을 협찬하고 싶다고 말했다. 마탈론은 대답했다.

"문제없습니다."

브랜드의 잠재적 파워에 대한 푸마 CEO의 설명은 그의 마음을 움직였다. 서로 마음이 통한 이들은 다음 주 안에 지분 구매를 완벽하게 처리하기로 약속했다. 차이츠는 주주들에게 이 상황을 알렸다. 그러나 푸마 동료들에게는 아무 말도 하지 않았다.

몇 주 후 차이츠와 캄라스, 밀찬은 파리 남서부에 있는 몽포르 라모리 Montfort l'Amaury 별장에 모였다. 밀찬이 유럽 여행을 할 때 두 번째 거주지로 사용하는 곳이었다. 이 별장은 테니스장이 있는 커다란 공원에 둘러싸여 마치 거대한 성처럼 느껴졌다. 방마다 러시아 화가가 그린 큰 그림들이 걸려 있었다. 별로 예술적 가치가 있는 작품들은 아니었다. 복도에도 셀 수 없을 정도로 많은 사진 액자가 걸려 있었는데, 사진 속에서 레오나르도 디카프리오나 킴 베이싱어와 같은 영화배우들과 포즈를 취한 밀찬의 모습을 볼 수 있었다. 이웃 부지는 자크 시라크Jacques Chirac 프랑스 대통령의 소유였는데, 밀찬은 후에 그곳도 사들였다. 밀찬은 집을 구경시켜주고 나서 손님들을 거실로 안내했다. 그리고 스케줄 조정이 불가능해 베벌리힐스Beverly Hills에 있는 마탈론과 전화로 연결했다. 먼저 밀찬이 "가격에 대해서 이야기합시다"

라고 말하자 차이츠가 물었다.

"어떤 부분에서 협상을 원하십니까?"

이들은 주식 가격이 아닌 시장 가격으로 푸마를 인수하기를 원했고, 풋 옵션put option[94]과 콜 옵션call option[95]에 대해서도 협상을 진행했다. 그리고 이윽고 협상이 완료되면서 리젠시는 푸마의 지분 12.5%를 획득했고, 나머지 12.5%는 이후 프로벤투스가 풋 옵션 거래로 내놓았다. 그 후 리젠시는 푸마의 주가가 약세를 보일 때마다 지분을 조금씩 늘려갔고 결과적으로 푸마의 지분 40%를 소유하게 되었다.

굿바이, 독일!

"할리우드로 와서 영화계도 둘러보시죠!"

작별 인사를 하며 마탈론은 푸마 CEO 차이츠를 할리우드로 초대했다. 차이츠는 리전시의 초대를 받아들이는 데 그치지 않고 아예 자신의 거주지를 미국으로 옮기기로 했다. 최소 몇 년간이라도, 미국에서 사업이 자리를 잡을 때까지 머물 작정이었던 것이다. 그렇게 미국으로 떠난 그는 2001년이 되어서야 독일로 돌아왔다. 그는 콜게이트에서의 경험을 통해 미국이라는 나라는 먼 곳에서 통제할 수 없다는 사실을 잘 알고 있었다. 미국은 언제나 한발 앞서 나갔고, 과거의 세상에서 내린 지시는 미래의 세상에서 물거품이 되어

---

[94] 옵션거래에서 특정한 기초자산을 장래의 특정 시기에 미리 정한 가격으로 팔 수 있는 권리를 매매하는 계약.
[95] 옵션거래에서 특정한 기초자산을 만기일이나 만기일 이전에 미리 정한 행사가격으로 살 수 있는 권리.

사라져버렸다. 독일의 자동차 업계도 회사 직원들을 미국에 보내지 않으면 아무런 소용이 없다는 것을 이미 쓰라리게 경험한 바 있었다. 결정은 미국에서 하고, 나머지는 그 결정을 따라야 한다는 것. 성공적인 사업을 위해 필요한 조치였다.

"그곳으로 네가 가야 해. 직접 가야 해."

차이츠는 스스로에게 말했다. 특히 국외에서 푸마의 매출은 2,000만 달러에 그친 데다 무려 300만 달러를 손해 보고 있는 상황이었기에 더더욱 그러했다.

그러나 헤르초겐아우라흐에서는 거처를 옮기겠다는 그의 계획에 대부분 직원이 반대하고 나섰다. 감사부도 마찬가지 반응이었다. 심지어 차이츠가 신뢰해 마지않는 인사 책임자 바우어조차 조심스러운 태도를 보였다.

"그냥 괜찮은 총지배인을 뽑는 게 어때? 실패하면 자네의 커리어를 놓고 도박하는 거나 마찬가지라고."

그러나 차이츠는 단호했다.

"그렇게 할 순 없어."

그리고 자신의 뜻을 따라주는 아내와 함께 찰스 강Charles River 인근의 보스턴에 집을 구했다. 트렌디한 분위기의 뉴베리가에서 불과 몇 블록 떨어진 곳이었고 차이츠는 그곳에서 1년 7개월을 지냈다. 뉘른베르크의 집은 그대로 놔둔 상태였다. 그러나 차이츠의 이러한 선택은 무엇보다 아내 비르기트를 힘들게 했다. 보스턴에서는 사생활을 즐기거나 친구를 사귈 수 있는 환경이 조성되지 않았다. 사실 인간관계가 없으면 미국이라는 나라는 쉽게 지루해진다. 그러나 계속해서 출장을 반복해야 하는 이들에겐 친구를 만든다는 것은 불가능한 일이었다.

한편, 헤르초겐아우라흐 본사에서는 갑작스러운 기업 문화의 변화와 본사 이전을 걱정했다. 차이츠가 "본사는 헤르초겐아우라흐에 남습니다"라고 장담했지만 그의 말을 믿는 사람은 아무도 없었다. 어쨌거나 그 사이에 생겨난 인터넷과 이메일 덕분에 그는 보스턴에서 푸마 본사를 통제할 수 있었고, 시차 때문에 새벽부터 일을 시작했다.

미국에 머물렀던 푸마 CEO

그러나 계속되는 경고와 불평의 목소리는 그를 귀찮게 했다. 그는 이런 반응이 촌스럽다고 생각했다. 기업이 가야 할 새로운 길에 대한 전체상을 그릴 수 있는 사람이 아무도 없단 말인가? 헤르초겐아우라흐로 몰려드는 스웨덴, 영국, 아시아, 호주, 미국 출신의 수많은 젊은 직원이 독일 푸마는 글로벌 기업의 한 부서에 불과하다는 것을 직접 증명해주고 있지 않은가! 그는 이미 기업에서는 영어를 사용하고 있지 않은가! 그동안 인터넷, 이메일, 휴대전화, 그리고 그 밖의 최신 커뮤니케이션 도구들이 생겨나지 않았는가! 그는 이를 통해 자신이 지구상 어디에서 결정을 내리더라도 아무런 상관이 없는 시대가 왔다고 생각했다.

푸마의 미국 지사 역시 시골이긴 마찬가지였다. 무엇보다 큰 문제는 이곳이 매우 위험한 지역이라는 것이었다. 이때까지 미국 푸마는 매사추세츠 주Massachusetts 동부 도시인 브록턴Brockton의 초라한 임대 건물에 있었는데 맞은편에는 사회 복지 사무소가 자리하고 있었다. 보스턴에서 남쪽으로 반시간 정도 떨어진 이 부패한 도시에서는 한때 신발 산업이 부흥했었다. 그러

푸마 '클라이드'

나 제조업체들이 아시아라는 저임금 국가를 발견하면서 이곳의 산업은 활기를 잃었고 실업률은 점차 확대되었다. 그리고 이제는 거리의 법칙이 지배하는 도시가 되어버렸다.

푸마가 사용하는 사무실은 푸마의 대주주인 아리트모스의 자회사 에토닉 트레통Etonic-Tretorn 소유였다. 이곳에서 일하는 직원들은 감수해야 할 위험 부담이 컸다. 건물을 나설 때면 종종 총알이 귓가를 스쳐가는 일이 발생했던 것이다. 그리고 늦게 퇴근하는 사람은 반드시 경호원의 호위를 받으며 자동차로 이동해야 했다.

차이츠는 '여기서 떠나야겠다' 라고 생각하고 직원 대부분이 어디에서 사는지를 파악했다. 매사추세츠의 웨스트포드Westford였다. 보스턴 도심에 사무실을 구할 만한 돈이 없었기 때문에 푸마는 도시에서 40km 정도 떨어진 외곽으로 이전했다. 그곳에서 차이츠는 리모델링한 낡은 공장 건물을 발견하고 장기 임대 계약을 맺었다. 이 계약은 오늘날까지도 계속되고 있다. 그러나 그 사이에 엄청나게 성장한 푸마는 옆 건물까지 임대해야 했고 국제 사업부는 보스턴 도심의 디자인 센터로 이전했다. 현재 웨스트포드에서는 미국 내 푸마의 사업 관리만 이뤄진다.

스포츠용품을 제조하는 사람은 미국 시장을 지나칠 수가 없다. 바로 이곳에서 트렌드가 만들어지기 때문이다. 유럽에서는 바이어들이 정기적으로 비행기를 타고 미국으로 가서 진열대에 새로 오른 상품들을 살펴보았다. 아마그 어떤 미국 판매업자도 이러한 현상이 뒤바뀔 것이라고는 상상도 하지 못했을 것이다. 푸마는 미국에 푸마라는 브랜드 자체가 존재하지 않는다는 사실을 알아냈다. 바로 이 점을 변화시키기 위해 차이츠는 먼저 독일 에이전시와 작별을 고하고, 헤르초겐아우라흐의 반대에도 전 마케팅 부서를 보스턴으로 옮겨왔다. 차이츠는 토니 베르톤의 능력과 자신이 콜게이트에서 쌓은 경험을 믿었다. 그러나 이런 자신감은 자신에 대한 과대평가로 보일 만도 했다. 어쨌거나 그가 미국에서 보낸 시간은 2년 반 정도에 불과했기 때문이다.

헤르초겐아우라흐에 입사한 후 처음 몇 주간 그는 푸마 가족들이 아무런 배경 지식 없이 미국인들을 만나는 모습을 보고 당황했었다. 독일인과 미국인들의 첫 번째 미팅에서도 양쪽 모두 서로를 전혀 이해하지 못했다. 이는 단지 언어 차이의 문제가 아니라 문화 차이에서 비롯된 것이었다. 미국 출신 매니저들은 직업적인 호의와 유연성을 가지고 문제에 접근하는 반면 독일인들은 으레 그렇듯 객관적이고 솔직한 비판적 태도로 상대에게 다가갔다. 합의라는 개념에 대해서도 미국인들은 추후에 수정 가능한 약속으로 여겼지만 독일인들은 그것을 절대적인 약속으로 생각하고 있었다.

미국 사업을 완전히 바꾸는 것은 절대 쉬운 일이 아니었다. "우리는 마이너스 100에서 출발했습니다"라고 차이츠는 말했다. 미국에서 푸마는 브랜드 이미지가 없었던 데다 최고의 권력들을 얻기 위해 그리 많이 투자하지도 못했다. 당시 보스턴에서 푸마의 클라이드Clydes를 신은 사람을 보려면 종일 거리를 돌아다녀야 할 정도였다.

차이츠는 헤드헌터를 채용하기로 했다. 할리우드와 인맥이 있고 푸마의 잠재력을 홍보할 수 있는 사람을 찾았던 것이다. 그러나 헤드헌터를 찾는 일이란 쉽지 않았다. 이미 반쯤 죽은 이 중소기업으로 오려는 사람이 누가 있겠는가. 헤드헌터들은 IT와 인터넷 산업의 중심지인 실리콘 밸리로 향했지 매사추세츠에서 신발을 파는 데는 관심을 보이지 않았다. 실리콘 밸리가 아닌 푸마 회사의 인근에서 활동하는 헤드헌터들도 푸마로 오지 않겠느냐는 제의를 받으면 엄청난 금액의 보수를 요구하는 데 말이다. 차이츠는 모든 직원을 직접 뽑았다. 그는 처음에는 3순위였던 사람으로 만족했지만 점차 2순위로 바뀌더니 나중에는 반드시 1순위인 사람만을 뽑았다. 특히 직원과 관련된 일이면 언제나 이성적으로 행동했고, 동정심을 보여주는 일은 없었다. 이 구조조정 과정은 2년이 걸렸고, 그 사이에 전체 종업원의 60%까지 회사를 다시 떠났다. 차이츠는 자기 자신과 싸우고 있었다. 이미 4년 전 헤르초겐아우라흐의 구조조정에서 이미 한 번 견뎌내지 않았는가? 이 모든 것을 다시 한 번 직원들에게 가해야 한다는 것인가? 해고하고 고용하고? 푸마는 그에게 90년대 초 마틴 갠슬러와 함께 테킬라를 마시며 좌절을 이겨내던 날들을 떠올리게 했다.

"왜 나는 내게 이러한 일을 가하고 있는가?"

그는 가끔 고요 속에서 이렇게 자문했다.

차이츠는 계속해서 영화 제작의 메카인 미국 웨스트 코스트를 찾았다. 그는 어떻게 하면 할리우드를 기업의 목적에 맞게 사용할 수 있을지 자신만의 그림을 그리고 싶었다. 유달리 활동적인 성향의 밀찬 때문에 차이츠는 자신을 제외하고는 그 누구도 새로운 주주와 접촉하지 말아줄 것을 최우선적으로 부탁했다. 영화에 대한 리전시 매니저들의 평가 하나만으로는 그에게 충분하지 않았다. 푸마라는 브랜드를 매력적으로 보이게 하고 싶었던 그는 할리우드 인맥을 통해서 판매자들을 찾아갔다.

이윽고 그는 처음으로 리전시의 본사를 찾아갔다. 당시 리전시의 본사 건물은 워너 브러더스 부지에 있었다. 간단히 술을 마신 후 사장 밀찬이 큰소리로 말했다.

"당신을 할리우드 보스에게 소개해주리다!"

그는 스타들과 계약을 맺은 윌리엄 모리스 에이전시나 유나이티드 탤런트 에이전시UTA와 같은 거대 셀러브리티 에이전시 다섯 군데를 이야기하는 것이었다. 밀찬은 차이츠와 함께 로드쇼에 가는 것으로 자신의 말을 지켰다. 차이츠는 워너 브러더스의 사장과 인사를 했고, 전 야후 사장인 전설의 테리 세멜도 만났다. 그는 영화 관계자들이 무엇을 내놓는지를 유심히 관찰했다. 그들이 차이츠에게 제시하는 것은 그리 좋은 카드가 아니었다. 그런데도 할리우드 진출을 강조하며 그들은 수백만 달러의 돈을 요구했다. 차이츠는 계속해서 물었다.

"그렇다면 누가 우리의 상품을 입지요?"

그 질문에 에이전시들은 "우리는 그 누구에게도 그것을 강요할 수 없습니다"라고 대답했다. 결국 차이츠는 할리우드에도 별다른 것은 없다는 것을 알아차렸다. 그럼에도 밀찬은 말했다.

"훌륭해요! 하겠습니다."

차이츠는 그를 막아 세웠다.

"천천히요."

그는 리전시 매니저가 자신의 명예를 걸고 무작정 약속한 것을 계속해서 물려야 했다. 할리우드의 방식은 그에게 익숙하지 않은 일이었다. 무언가를 이야기하기보다 그저 수다를 떠는 경우가 더 많았고, 두툼한 서류 가방만 대동하면 많은 것을 이룰 수 있는 곳이었다. 그는 조금 더 조심스럽게 가고 싶었다. 그리고 후원과 관계된 일이라면 그의 생각이 밀찬과 100% 다를 때가 적지 않았다. 예를 들어, 밀찬은 배우들이 단 몇 초만이라도 푸마 스니커즈를 보여주는 데 500만 달러를 지출하려고 했다. 그러나 차이츠는 배우들이 자발적으로 푸마 신발을 신게 하고 싶었고, 이를 위한 방법을 찾아보기를 원했다. 차이츠는 이런 쓸데없는 다툼이 너무 힘겨웠다. 두 번째 할리우드를 방문했을 때는 차라리 밀찬 없이 혼자서 모든 것을 진행하고 싶은 심정이었다.

차이츠는 이뿐만 아니라 할리우드가 파티에 열광한다는 것을 알았다. 1년에 한 번씩 영화 스타의 매니저들은 베벌리힐스 자택에서 큰 파티를 열어 사람들을 초대했다. 그곳에서 모두 만나고, 그 자리에서 영화 사업의 바퀴가 굴러갔다.

"당신도 그곳에 가야 해요."

밀찬의 말에, 그런 행사를 언제나 불편하게 여기던 차이츠였지만 그의 제안을 따랐다. 그는 아널드 슈워제네거Arnold Schwarzenegger는 물론 웨슬리 스나입스Wesley Snipes, 크리스토퍼 램버트Christopher Lambert, 킴 베이싱어Kim Basinger, 로버트 드 니로Robert De Niro를 알게 되었다. 이들은 차이츠를 두고 '푸마 가이'라고 불렀다. 첫 번째 개인적인 대화상대로 차이츠는 슈워제네거를 선택했다. 그는 로스앤젤레스에서 자신이 운영하는 레스토랑 '샤치 온 마인Schatzi on Main' 바로 옆에 사무실을 두고 있었다. 그러나 그는 차이츠의 제안에 "요헨"이라고 친근하게 부르며 눈짓을 보내곤 거절했다.

"나는 이 젊은 사업을 하기에는 나이가 너무 많아요. 그래도 화주 한 잔은 함께합시다."

그는 술자리를 위해 자택 안에 작은 슈바르츠발트 하우스 모형을 지어놓고 있었다. 그는 실물 크기의 터미네이터 상과 모조로 만든 악어 사이에서 술병을 땄다. 오후였고, 차이츠는 시차 적응에 시달리고 있었으며, 게다가 다시 보스턴으로 가야 했다. 그럼에도 차이츠는 호감을 사기 위해 술을 마셨다. 그의 위는 뒤집힐 지경이었다.

할리우드 사람들은 푸마를 잘 알지 못했다. 그래서 차이츠는 푸마의 상품을 담은 선물 박스를 그들의 집으로 보냈다. 반응을 보인 할리우드 스타는 많지 않았다. 막 영화 〈콘택트〉를 촬영한 조디 포스터Jodie Foster는 귀여운 감사 인사를 보냈다. 또 밀찬이 더스틴 호프만Dustin Hoffman의 친절한 편지를 전해주었다.

"선물 감사합니다. 하지만 저는 푸마와 일하기에는 조금 비스포츠적이랍니다."

밀찬은 '큰 선물 상자'를 보내는 것에 재미가 들렸다. 푸마 신발과 옷을 가득 담은 상자를 말이다. 차이츠는 이러한 선물을 보내는 행위에 대한 밀찬의 생각을 계속해서 바꿔야 했다. 밀찬이 생각하는 극단적인 호의는 돈이 들어가는 일이었다. 푸마는 선물 상자를 채우기 위해 상자당 500~600달러를 들여야 했다. 밀찬이 심지어 키가 154cm인 땅딸막한 대니 드비토Danny DeVito에게까지 신발과 유니폼을 보내려고 하자 차이츠는 참을 수 없을 만큼 화가 치솟았다.

"그만요, 밀찬! 이건 아직 제 돈입니다!"

집요한 말다툼 끝에 이들은 리전시가 앞으로는 사업적으로 무관한 친구들에 대한 선물 상자는 스스로 부담하겠다는 데에 합의했다.

선물 상자 싸움으로 차이츠는 미국 마케팅을 리전시에만 의지하겠다는 것이 매우 경솔한 일이었음을 명확하게 알게 되었다. 그는 자신의 촉각을 할리우드 전체에 세우고 싶었다. 그래서 워너 브러더스 스튜디오에서 10분 거리인 개인 주택에 '푸마 웨스트Puma West'라는 개인 사무실을 마련했다. 리전시 제국의 지배권에 들어가지 않고 배우들과 접촉하기 위한 곳이었다. PR 매니저는 미국 푸마의 텍스타일 매니저도 동시에 담당했다. 차이츠가 고용한 사람이었고, 보스턴으로 가는 것을 단호하게 거절했던 사람이었다.

1998년 7월 전 세계의 영화 관람객들은 푸마의 첫 데뷔 무대를 보게 되었다. 처음으로 할리우드 영화에 푸마 신발이 등장한 것이었다. 영화 제목은 〈시티 오브 엔젤City of Angels〉로 내용은 다음과 같다.

푸마가 후원한 영화 〈시티 오브 엔젤〉

맥 라이언Meg Ryan이 연기한 의사 매기 라이스는 수술대 위에서 환자를 죽이게 되고, 이 일로 그녀는 절망에 빠진다. 이때, 죽은 자를 데리고 가는 천사인 제스니콜라스 케이지, Nicolas Cage는 이 여의사에게 동정심을 느낀다. 그가 그녀의 앞에 나타나면서 둘은 서로 사랑하게 된다. 제스는 결정해야만 했다. 영생하면서 천사로 남느냐, 아니면 죽음을 선택하고 의사인 라이스의 남편으로 곁에 머무느냐를 말이다. 매우 감동적인 작품으로, 영화의 사운드 트랙은 푸마가 브랜드로 표현하고 싶던 트렌드는 아니었다. 리전시는 이 사운드 트랙의 음악가로 과거의 대가들을 참여시켰다. U2, 지미 헨드릭스Jimi Hendrix, 피터 가브리엘Peter Gabriel, 에릭 클랩튼Eric Clapton, 존 리 후커John Lee Hooker 등이었다. 산뜻한 팝스타 앨라니스 모리셋Alanis Morissette도 '언인바이티드Uninvited'를 불렀다. 푸마의 모습은 2초 동안 맥 라이언의 발끝에서 볼 수 있었다. 차이츠는 이 짧은 기쁨의 순간을 넌더리가 날 때까지 최대한으로 이용했다. 그는 파트너와 고객들에게 이 장면을 계속해서 슬로우 모션으로 보여주었다.

1997년 9월, 그들의 인연이 시작된 지 약 반 년이 지났을 때 리전시와 푸마는 로스앤젤레스에서 영화업계를 위한 거대한 환영 파티를 열었다. 이들은 영화 제작자와 스포츠용품 직원을 강력한 듀엣으로 소개하고 싶었다. 행사 직전에 밀찬은 스튜디오를 바꾸겠다고 결정했다. 이제 리전시의 파트너는 워너 브러더스가 아니었고, 루퍼트 머독Rupert Murdoch이 이끄는 20세기 폭스20th Century Fox로 바뀌었다. 지난 몇 년간 〈다이하드〉, 〈나 홀로 집에〉, 〈스피드〉, 〈인디펜던스 데이〉, 〈타이타닉〉 등 히트작들을 내놓은 곳이었다. 밀찬은 특별히 자신의 스타들이 무료로 그와 푸마에 이야기를 남긴 셀러브리티 비디오를 보여주었다. 할리우드의 인사들은 프로다운 모습으로 훌륭하게 카메라 앞에 서서 축하 인사를 보냈다. 그 주인공이 누구인지 말하자면, 알 파치노Al Pacino에서부터 로버트 드 니로까지 이르렀다. 폭스 사장인 피터 체르닌은 머독의 인사말로 행사를 시작했다. 그리고 차이츠는 푸마를 위한 자신의 사업 아이디어를 프레젠테이션했다. 차이츠는 자신에게서 날개가 자라나는 것만 같은 느낌이었다. 그가 과거에 런던에서 감동의 눈물을 흘렸던 때와도 조금은 비슷했다.

저녁에는 영화인들 사이에서 시끌벅적한 파티의 밤이 펼쳐졌다. 이것은 차이츠의 5년 계획경제 2단계의 출발을 알리는 행사였다. 영화 스타들의 인사말은 그에게도 인상을 남겼지만, 차이츠는 이러한 홍보 대사들만으로 미국에서의 사업을 장기적으로 활성화할 수 있을 것이라고 생각하지 않았다. 그들이 처음으로 푸마에 제대로 관심을 보였음에도 말이다. 이제는 스포츠와 패션, 엔터테인먼트와 라이프스타일이 마케팅을 도구로 삼아 세련되게 결합하고 있었다. 그 후로 차이츠는 리전시 영화의 모든 개봉에 기업의 중요한 손님들을 초청했다. 1999년 에드워드 노턴Edward Norton과 브래드 피트Brad Pitt가 주연을 맡은 영화 〈파이트 클럽Fight Club〉이 개봉되자 라스베이거스에서 개봉 파티가 열렸다. 저녁에는 미국 복싱 선수인 오스카 델 라 호야Oscar de la Hoya가 링으로 올라가 복싱을 선보이면서 분위기가 절정에 이르렀다. 미들급 세계 챔피언을 거머쥐고 푸마의 후원을 받은 선수였다. 이어

비르기트 차이츠, 브래드 피트, 마탈론의 배우자인 다니엘레. 1997년 라스베가스에서 찍은 사진

서 차이츠는 아내 비르기트, 브래드 피트, 에드워드 노턴과 다른 파티 참석자들을 이끌고 라스베이거스의 카지노를 즐겼다. 갬블러들이 수백만 달러를 벌어들이는 모습을 지켜봤고, 마지막으로는 스트립 클럽에서 테이블 댄스를 즐기며 자리는 끝이 났다. 이 파티는 푸마에게 그야말로 빙고였다. 이날 이후로 브래드 피트와 에드워드 노턴은 자발적으로 푸마 엠블럼이 그려진 옷을 입고 다녔다.

그해에 푸마는 또 영화관에 등장했다. 벤 스틸러Benjamin Stiller와 캐머런 디아즈Cameron Diaz가 〈메리에겐 뭔가 특별한 것이 있다〉에서 푸마 스니커즈를 신고 등장한 것이었다.

5 인디펜던스 데이

누가 푸마를 살 것인가?

　차이츠는 그가 '최고가 되는 길Road to Excellence'이라고 부르는 자신의 계획경제 2단계의 개시를 알리면서 어느 정도의 만족감을 감출 수 없었다. 그는 거의 죽었다는 말을 듣던 푸마를 다시 두 다리로 설 수 있도록 도왔고 분기가 지나가면서 새로운 수익 기록을 널리 알릴 수 있게 되었다. 그러나 아직은 몇 가지 쓰디쓴 괴로움을 삼켜야 할 것들이 있었다. 푸마가 돈을 벌어들이면 다시 투자에 사용했기 때문에 매상에 따른 이윤이 그리 높지 않았고, 주식 시세는 하향 곡선을 그렸다. 경쟁 업체들보다 가파른 곡선이었다. 북미에서의 소비 부진과 이른바 아시아 위기는 투자자들의 뱃심을 무겁게 했다. 몇 년간의 강력한 성장 이후 아시아 국가들은 1997년에 예기치 못하게 깊은 경기 후퇴에 빠졌다. 자본 시장은 이에 대대적으로 반응했다. 푸마의 유가 증권 역시 하강의 소용돌이에 휘말렸다. 증권 브로커들은 프랑켄에서 온 애송이를 믿지 않았다.

차이츠는 애널리스트들의 끝을 모르는 성가신 잔소리가 불편했다. 그들은 상황이 호전된 데 대해서는 높이 샀지만, 푸마의 미래에 대해서는 아직도 신뢰하고 싶어 하지 않았다. 그뿐만 아니라 그들은 브랜드를 성공시키려면 먼저 브랜드에 투자해야 한다는 그의 주장을 믿지 않았다. 그리고 대주주인 리전시는 투자를 더 많이 하라고 압박했다. 오래전부터 차이츠는 기업을 증권 시장에서 빼고 재사유화하여 주식회사에서 벗어나는 것은 어떨까 하는 생각을 하고 있었다. 만일 새로운 자영사업자들이 정말로 푸마를 믿는다면, 브랜드에 대한 투자가 지금의 넉넉하지 않은 이윤보다 공격적인 결과를 낳을 수 있지 않겠는가 하고 그는 예측했다. 한편, 밀찬은 푸마 전체를 팔자는 아이디어 쪽으로는 마음이 기울지 않았다. 그러나 모두에게 명확한 점이 있었다. 리전시 투자자들의 동의가 없이는 이 생각이 절대로 실현될 수 없다는 것을 말이다.

1997년 초 밀찬은 자신의 대주주인 케리 팩커, 차이츠와 개인 스케줄을 잡았다. 당시 예순의 이 호주 출신 케리 팩커는 그의 표현에 따르면 자수성가한 백만장자이며 대륙에서 가장 부자인 남자로, PBLPublishing and Broadcasting Ltd.을 운영했다. TV 채널과 출판 업체 다수가 PBL의 것이었다. 그뿐만 아니라 그는 루퍼트 머독 제국에도 지분을 보유하고 있었다. 이 남자는 또한 키가 195cm나 되는 우람한 체격에 스포츠를 좋아했으며, 크리켓과 폴로를 했다. 그리고 노름도 좋아했다. 한번은 그가 라스베이거스 시저스 팰리스 호텔 카지노에서 하룻저녁에 2,000만 달러를 탕진한 사실이 뉴스 헤드라인을 장식한 적도 있었다. 밀찬은 그가 차이츠를 만나게 되면 그 역시 푸마를 좋아하게 될 것이라고 생각했다.

차이츠는 비행기를 타고 가면서 자신이 케리 팩커에게 재민영화에 대한 아이디어를 매력 있어 보이게 전달할 수 있다고 확신했다. 그와 밀찬은 먼저 팩커의 매니저인 워윅 미첼Warwick Mitchell과 만났다. 이 매니저의 아버지는 우연하게 아르민 다슬러 시기에 호주 푸마를 운영했다고 한다. 함께 자리한 이들은 팩커를 만날 때 어떤 드레스코드가 적합한지 이야기를 나눴다. 영국계 미국인인 거물들과 만날 때 차이츠는 언제나 상황에 맞지 않게 옷을 지나치게 차려입은 것처럼 느껴졌기 때문이다. 이들은 '스마트 캐주얼'로 합의를 보았다. 자유분방하면서도 품위 있게 입기로 한 것이다. 셔츠와 가벼운 재킷, 그리고 편한 바지가 결정되었다. 이들은 팩커와의 가벼운 대화에 적합한 주제에 대해서도 이야기를 나눴다. 그런 끝에 적합한 주제로는 아메리칸 풋볼 팀인 시드니 스완스Sydney Swans가 좋겠다는 결론이 나왔다. 이 팀의 유명한 골게터인 토니 로켓Tony Lockett은 푸마가 이미 후원하는 선수였는데, 차이츠는 이참에 시드니 스완스 자체를 후원할 계획이었다. 미첼은 시드니 스완스와 팀의 성과를 주제로 하는 것이 좋겠다고 제안했다. 팩커는 스완스의 팬이자 로켓은 그를 즐겁게 하는 영웅이라는 것이었다.

저녁에 이들은 시드니 항구가 보이는 높고 거대한 건물의 테라스에서 집주인의 도착을 기다렸다. 갑자기 마치 도축자 같은 캐릭터의 한 남자가 그들 앞에 서더니 차이츠에게 악수를 건넸다. 손에서 느껴지는 압력은 차이츠를 약간 위축되게 할 정도였다. 팩커는 마치 방금까지 잔디를 깎기라도 한 듯 헐렁한 셔츠를 입고 있었다.

"대체 나는 어떤 하찮은 곳에 투자를 한 거요?"

그렇게 말하고는 호탕하게 웃었다. 그는 우스갯소리를 하면서 사람들의 이목을 끄는 것을 좋아했다. 차이츠는 푸마의 성과와 천재적인 골게터 토니 로켓에 대해 이야기했다. 팩커는 이마를 찡그렸다.

"그 빌어먹을 놈의 선수! 너무 뚱뚱하고 굼떠. 그놈은 그냥 잊으시오!"

거물 케리 팩커

미첼은 그의 생각을 바꿔보려고 애썼으나, 허사였다. 밀찬이 이 미디어 거물에게 재민영화에 대한 이야기를 건네자, 그는 또 한 번 허벅다리를 내리쳤다.

"훌륭한 아이디어로군. 그렇다면 지금 곧장 리전시의 이름을 푸마로 바꾸도록 합시다."

거리낌없는 대화와 식사 이후 이들은 즉흥적으로 시드니 도심으로 내려갔다. 새벽 3시까지 거리의 카페에 들어가서 와인을 마시고 신과 세상을 주제로 수다를 떨었다. 팩커는 자신의 직업과 사적인 인생 이야기를 털어놓았다. 그는 1990년에 폴로 게임을 한 후 심근경색에 시달렸다는 것과 6분 동안 맥박이 뛰지 않은 채로 누워 있었다는 이야기를 했다.

"내가 당신들에게 이런 말을 해줘도 된다면,"

그는 자신의 청중에게 말했다.

"한 번 죽으면 아무것도 아니야. 젠장, 정말 모든 게 아무것도 아니야. 그러니까 삶을 즐기게나."

그러고는 차이츠를 바라보며 기업의 모든 구체적인 상황에 대해 듣고 싶어 했다. 차이츠는 이 유쾌하고 무례한 남자에게 깊은 호감이 갔다.

친밀한 분위기에서 협상이 계속되었지만 팩커는 푸마의 인수에 대해서는 제한적인 관심만 드러냈다. 그는 자신과 마찬가지로 리전시의 지분을 보유한 라이벌 머독이 이 일에 함께할 것인가에 따라 결정을 내리기로 했다. 그래서 밀찬과 차이츠는 당장 전 세계에서 가장 강력한 미디어 황제이자 '뉴스 코퍼레이션News Corporation'의 지배자에게 참여를 설득하기 위해 로스앤젤레스로 갔다. 머독은 할리우드 필름 스튜디오인 20세기 폭스와 미국 TV 네트워크인 폭스 텔레비전Fox Television을 소유했고, 차이츠는 그 역시 양의 탈을 쓴 늑대일 것이며 일이 쉽지 않을 것이라고 예상했다. 호주에서 태어난 머독은 거친 기업 경영 방식으로 무자비한 군주의 대명사였다. 그는 이 밖에도 수많은 영화 및 TV 기업, 신문 및 출판사 등에 참여했으며 심지어 야구 팀인 LA 다저스까지 사들였다. 그는 자신의 정치적 신념을 국민에게 전달하기 위해 편집부에까지 관여하는 일도 적지 않았다.

차이츠는 그의 미국 사업 경영자인 짐 고르맨과 부회장 재이 피콜라에게 머독을 방문할 때 자신과 동행해달라고 부탁했다. 그리고 먼저 로우스 베벌리힐즈 호텔 로비에서 만나기로 약속했다. 그들과 미리 만나 간단히 술을 한 잔 마신 후 차에 올라탔는데, 도중에 밀찬이 잠깐 차를 세워달라고 했다. 그는 차에서 내리더니 트렁크에서 실크 셔츠와 재킷, 그리고 넥타이를 꺼내 완전히 갈아입었다. 폭스 회사 건물에 도착한 이들은 회의실로 안내받았다. 처음으로 그들을 반긴 것은 폭스 그룹의 CEO인 피터 체르닌Peter Chernin이었다. 폭스 스포츠의 사장인 데이비드 힐도 그와 함께였다. 마지막으로 차이츠 일행은 머독의 사무실에서 그를 만났다. 머독은 회색 정장을 입고 있었고 정갈하고 매력적인 인상을 주었다. 모두 소개를 마치고 자리에 앉아 자유롭게 논의하기 시작했다. 30분이 넘도록 이들은 스포츠 라이프스타일 브랜드가 폭스와 동맹을 맺었을 때 나타날 강점과 잠재력에 대해 이야기했다. 갑자기 머독이 말을 꺼냈다.

"왜 신발을 월마트에서 안 팔지요?"

그 순간, 차이츠는 정신이 번쩍 들었다. 그는 몇 년간 온 노력을 다해 일을 했다. 푸마를 이 싼값의 진열대에서 해방시키기 위해서 말이다. 그런데 지금 다시 전 세계의 대규모 아웃렛에서 상품을 유통하라는 말인가? 머독은 아무것도 이해하지 못한 것이란 말인가?

또 30분간 이야기를 나눈 끝에 그들은 회의를 마쳤다. 체르닌은 자신의 하버드 출신 전략 플래너가 푸마를 조명하고 참여를 검토해볼 것이라고 약속했다. 이들은 그렇게 했다. 그리고 인수를 거절했다. 만일 푸마가 1,2년 후에도 존재한다면 그것에 기뻐해야 할 것이라고 전략가들이 사장에게 전했다고 한다. 머독은 인수에 참여를 원하지 않았다. 그 결과 팩커의 결정도 이루어졌다. 어쨌든 시드니 출신의 이 힘세고 굼뜬 남자는 푸마 주식 5%를 사들였고 자신의 아들 제임스를 감사회로 보냈다. 그 밖에도 리전시로 하여금 프랑켄 기업에 대해 보유한 지분을 40%까지 늘릴 수 있도록 허락해주었다.

차이츠는 이 새로운 인연 팩커로부터 한 번 더 도움을 받게 되었다. 비록 단 몇 시간 동안이었지만 말이다. 1999년, 칸에서 치러진 영화 축제에서 그는 팩커에게 자신의 중요한 사업 미팅을 치르는 데 사용하도록 몬테카를로에 있는 그의 요트를 빌려달라고 부탁했다. 푸마 CEO는 미국 농구 선수인 케빈 가넷과 계약을 맺기를 원하고 있었고 이를 위해 인상 깊은 무대 배경이 필요하다고 생각했던 것이다. 팩커는 2천만 유로를 들여서 전 독일의 쇄빙선을 럭셔리 요트로 개조했고 여기에 헬리콥터 착륙 장소까지 더했다. 차이츠와 가넷의 에이전시는 요트를 보고 매우 감동을 받았다. 그러나 계약 체결에는 이르지 못했다. 이 스타 선수가 제시한 금액은 푸마의 모든 예산을 뛰어넘는 것이었다. 어쩌면 계약 장소가 너무 허풍스러워서였는지도 모른다.

명품 디자이너를 방문하다

리전시의 투자 은행가들은 계속해서 투자자를 찾아나섰다. 기업 주변에서 들리는 바로는 오늘날까지 푸마의 대주주인 PPR에 속한 패션 기업 구찌와 투자 논의가 이뤄졌다는 이야기도 있었다. 그러나 푸마의 그 누구도 이 소문을 확인해주거나 이에 대해 말하려 하지 않았다.

2000년 초에 은행가들은 다른 후보를 발견했다. 밀라노의 신발 및 의류 기업 토즈Tod's의 소유주이자 CEO인 디에고 델라 발레Diego Della Valle였다. 토즈 외에도 브랜드 호간Hogan과 페이Fay를 운영하는 이 기업은 푸마와 잘 어울렸다. 델라 발레는 리전시에 연락해서 스케줄을 잡아달라고 부탁했다. 2001년 초 델라 발레와 차이츠, 밀찬과 마탈론은 보스턴에 있는 고급 이탈리아 레스토랑에서 사업 상담차 식사를 하기 위해 함께 자리했다. 이 자리에서 뉴욕에 있는 밀찬의 딸이 델라 발레의 아들 에마누엘레Emanuele와 같은 집에 산다는 것이 밝혀지면서 화제가 되었다. 이번에는 푸마 대표들의 설득 작업이 한결 수월했다. 브랜드의 지명도가 엄청나게 상승했고, 밀라노에서도 젊은이들이 푸마 라벨이 있는 옷을 입고 다녔기 때문이다. 그리고 델라 발레는 오래전부터 프랑켄 기업의 지분 4.9%를 소유하고 있었다. 지분을 더 높이고자 하는 이 이탈리아인의 관심은 순식간에 급상승했다. 그는 푸마 USA를 둘러보고는 자유롭게 직원들과 대화를 나눴다. 모든 것이 성공적으로 진행될 것으로 보였다. 주식 시세까지 말이다. 푸마의 주식 시세는 높은 가격을 기록하며 상승하는 추세였고 짧은 시간 안에 네 배로 뛰었다. 푸마는 제대로 값을 하고 있었다.

델라 발레에게 희망보다 중요한 것은 현금이었다. 그래서 그는 지분을 늘리는 대신 푸마의 지분을 팔아 현금을 챙겼다. 이 때문에 그는 토즈를 놀라게 했지만 차이츠는 개의치 않았다. 이 이탈리아인은 대화 중에 지분을 늘릴 경우 푸마 경영에 간섭할 수 있는 권리를 달라고 주장했었고, 이는 리전시는 물론 차이츠에게도 마음에 들지 않는 주장이었다. 그러나 이 두 사람은 아직도 사업 친구이다. 델라 발레는 아직도 이들과 만날 때면 종종 "당시에 일이 잘 진행되지 않은 것이 아쉽군" 이라고 말한다.

이듬해에 차이츠는 푸마를 자신이 직접 살 기회가 없었는지에 대해 가끔 생각했다. 그러나 은행들은 서른네 살의 이 남자에게 충분한 금액의 대출을 해주지 않았다. 그리고 오늘날 두 자리 수의 억대 펀드를 보유한 프라이빗 에쿼티Private Eguity[96] 금융 투자자들도 당시에는 아직 존재하지 않았다. 토즈와의 대화가 끝난 이후 푸마는 시세가 오르면서 스스로 투자를 강화할 수 있을 정도의 충분한 힘을 충전했다.

---

[96] 증권 시장과 같은 공개 시장이 아닌 기업 경영진과의 협상을 통해 지분을 인수한 후 3~5년에 걸쳐 경영을 정상화시킨 뒤 지분을 되팔아서 차익을 챙기는 자금을 말한다.

6 여자들이 바라는 것

푸마가 여성성을 갖다
흰 빌라에서 걸려온 전화, 화려한 테니스 선수, 흑인 축구 선수들

푸마라는 세상은 문제없이 돌아가고 있었다. 기업은 평범한 일상으로 돌아갔고 기업 실적과 주가도 상승 곡선을 그렸다. 미국에서는 디자이너와 상품 매니저들이 러닝, 헤리티지, 크로스 트레이닝, 스포츠 라이프스타일을 맡아서 사업을 진행했고 헤르초겐아우라흐에서는 축구, 테니스, 인도어, 아웃도어, 트레이닝과 텍스타일을 처리했다. 상품 운송 규모가 커지면서 인근 지역인 슐뤼셀펠트Schlüsselfeld에 자동화된 선반 창고를 갖춘 운송 센터도 생겼다. 그러나 패션 그 자체에 대해서는 관심을 기울이지 않은 때였다.

1998년 초 어느 날 오후였다. 헤르초겐아우라흐의 푸마 본사로 전화가 걸려왔다. 질 샌더Jil Sander 패션하우스의 직원이었다. 직원은 디자이너가 다음 패션쇼에 스테드가 있는 푸마 신발을 사용할 계획이라며 주문하고 싶다고 말했다. 패션 디자이너 질 샌더는 푸마의 훌륭한 옛 모델인 펠레 슈즈

'킹'을 보게 되었고 매우 멋지다고 생각한다고 했다. 차이츠와 부CEO 갠슬러는 푸마 신발을 런웨이에 올리겠다는 아이디어에 감동했다. 지금까지 푸마 사업에서 빠진 부분이 있었다면 바로 명품 패션으로서의 푸마였다. 그런데 이번에는 베르톤이 반대 의견을 나타냈다.

"지금 농담하는 거죠?"

그는 우아한 독일의 패션 디자이너와 협업하면 개성 있는 라이프스타일 사업이 어려워진다고 주장했다. 그러나 차이츠와 갠슬러는 이에 흔들리지 않았다. 그들은 먼저 런웨이용 '킹'의 제작을 위해 산모 섬유[97]로 된 특수 바닥창을 생산하기로 했다. 자칫 모델들이 런웨이에서 넘어져 뼈가 부러지는 일이 없게 하기 위해서였다. 두 사람은 여기에서 한 단계 더 나아갔다. 푸마가 질 샌더의 화려한 이미지로 덕을 보지 말란 법은 없지 않은가? 또 신발을 그저 공급만 할 것이 아니라 아예 푸마 라벨이 붙은 질 샌더 슈즈를 개발하는 것도 좋겠다는 생각에 이르렀다. 그리고 즉시 경영진에게 의견을 구했다. 이에 3분의 2가 반대 의사를 나타냈다. 하지만, 푸마도 한 번쯤은 반민주주의적인 결정을 내릴 수 있지 않겠는가? 어쨌거나 스포츠용품 업체인 푸마가 질 샌더와의 협업에 동의하는 데는 차이츠와 갠슬러의 목소리만으로도 충분했다. 이 일에 대한 책임은 갠슬러가 맡아서 진행했다. 얼마 후 갠슬러는 질 샌더와의 첫 미팅을 위해 함부르크로 향했다. 질 샌더 패션하우스의 본사 건물은 상당히 삭막한 느낌이었다. 차이츠는 실질적으로 질 샌더와 협업을 진행하는 데서는 발을 뺐기에 아직도 그녀와는 친분이 없는 상태이다.

첫 함부르크 방문은 무엇보다 양측이 서로를 알아가는 기회를 마련해주었다. 갠슬러는 그곳에서 매니저들과 악수를 하고 푸마와 질 샌더의 협업 가

---

[97] 괴깔: 종이, 실, 나무 따위의 곁에 보풀보풀하게 일어난 섬유.

능성과 방법에 대해 이야기를 나눴다. 그러나 최종 결정은 두 번째 미팅에서 내리기로 했다. 그때는 질 샌더 여사도 참여할 것이라고 했다. 두 번째 미팅을 3주 정도 앞둔 어느 날이었다. 갠슬러는 회사 복도에서 우연히 마케팅 부서 동료인 울프 산티에르Ulf Santjer와 마주쳤다. 갠슬러는 질 샌더와 만나기로 한 이야기를 꺼냈는데, 놀랍게도 알고 보니 산티에르와 질 샌더가 같은 고향 출신이었다. 산티에르는 디트마르셴Dithmarschen에서 태어났고 마음만은 아직도 그곳에서 살고 있는 것이나 다름없었다. 질 샌더도 마찬가지였다. 그녀의 본명은 하이데마리 질린 샌더Heidemarie Jiline Sander로 1943년에 소도시 베셀부렌Wesselburen에서 태어났고 여전히 근처에서 살았다.

"'질'이라는 이름이 어디에서 온 건지 알아요?"

산티에르가 물었다. 그러더니 질 샌더의 고향에 대해 설명하기 시작했다. 그리고 장난스럽게 덧붙였다.

"프레젠테이션할 때 그녀가 디트마르센 토박이라는 걸 잊지 마세요. 아마 사투리를 몇 가지하면 도움이 될 걸요?"

그 순간 갠슬러는 결정을 내리고 산티에르에게 말했다.

"함부르크에 함께 갑시다. 가서 직접 프레젠테이션하세요."

갑작스러운 말에 산티에르는 놀랐다. 하지만 그런 동시에 질 샌더와의 만남이 기대되었다. 며칠 후 산티에르는 갠슬러와 함께 전력을 다해 마케팅 프레젠테이션을 준비하기 시작했다. 구체적으로는 프레젠테이션에서 1990년 프랑스 월드컵을 부각시킬 계획이었다. 당시 푸마는 최초로 선수들에게 알록달록한 축구화를 신겼다. 산티에르는 프레젠테이션 자료에 월드컵 당시 카메룬 대표팀 주장 리고베르 송Rigobert Song의 사진을 넣었다. 사진 속의 그는 왼발은 노란색, 오른발은 빨간색인 푸마의 '킹'을 신고 있었다. 푸마가 전하는 메시지는 바로 '경기장에 패션과 컬러를 집어넣자'였다.

준비를 단단히 한 갠슬러과 푸마의 수석 디자이너, 그리고 산티에르는 함부르크 외알스터Auβenalster 인근에 있는 흰색 빌라를 찾아갔다. 질 샌더의 본사이자 그녀의 집으로 사용되는 건물이었다. 건물은 매우 꾸밈없는 모습이었다. 세 사람은 화장실까지 단순한 스타일인 것을 보고 적잖이 놀랐다. 건물 입구에서 검은 옷을 입은 키가 크고 마른 여자가 나타나 그들을 맞이했다. 손에 흰 장갑을 낀 이 여자는 세 사람을 회의실로 안내했다. 그 건물 내에는 남자가 없는 것 같았다. 갠슬러가 처음으로 발견한 남자는 운송 트럭의 운전기사였다. 방으로 들어서자 질 샌더 대표가 자리에서 벌떡 일어나 그들을 맞이했다. 질 샌더는 결코 쉬운 존재가 아니었다. 그녀는 냉정함을 유지하며 협상을 진행했다. 시간이 지나면서 조금 긴장이 풀린 산티에르는 준비한 내용을 자신감 있게 술술 풀어갔다. 이 협상의 포인트는 단 한 가지였다. 과연 질 샌더는 축구에 어떤 반응을 보일 것인가? 즉시 거절 의사를 밝히고 관심을 끌 것인가, 아니면 흥미롭게 경청할 것인가? 그러나 질 샌더는 어떠한 감정도 드러내지 않았다. 프레젠테이션이 끝나자 그녀는 축구와 관련해 유니폼의 디자인, 패션 등 몇 가지 질문을 던졌다. 산티에르는 월드컵 당시 카메룬 선수들의 이야기를 했다. 그러자 질 샌더는 처음으로 약간의 미소를 보였다. 협업이 시작된 것이었다.

실제로 바로 이날을 기점으로 푸마는 스포츠 패션 라이프스타일 기업으로서 성장할 튼튼한 기반을 갖추게 되었다. 이들의 협력은 몇 년 동안 지속되었고 높은 수익을 올렸다. 대중은 깜짝 놀랐다. 과거 싸구려 브랜드였던 푸마의 신발은 이제 미국에서 300달러에, 일본에서 400달러에 팔렸다. 누가 감히 이러한 상황을 상상이나 했겠는가? 질 샌더 푸마 슈즈에 대한 반응은 가히 폭발적이었다. 판매가 시작된 첫날부터 신발을 원하는 소비자들이 예약 리스트에 이름을 올렸다.

브랜드의 잠재력에 놀란 것은 푸마 경영진 또한 마찬가지였다. 질 샌더와의 협업은 푸마 경영진에게도 큰 용기를 주었다. 덕분에 푸마 경영진은 지난 50년간의 역사를 지나오며 깊이 뿌리내린 사고방식의 틀을 깨는 도전들을 이전보다 많이 시도하게 되었다. 푸마에서 아직도 샴페인을 터뜨리며 파티를 하지 않는 이유도 바로 이 때문이다. 성공에 대한 자축은 여전히 합리성과 검소함을 지향하는 푸마에서 금기시되는 일 중 하나이다. 푸마와 질 샌더가 손을 잡은 소식이 언론을 통해서 대중에게 알려지자 오히려 축제를 벌인 것은 아디다스였다. 아디다스는 푸마가 이처럼 성급하게 행동하다가 곧 시장에서 하차할 것이라고 확신한 것이었다.

푸마가 여성성을 갖게 되다. 푸마 모델, 2006년

그러나 푸마 경영진의 생각은 달랐다. 그리고 그 후 몇 주 동안 나타난 반응들은 푸마의 생각이 맞았음을 입증해주었다. 단순히 스포츠 라이프스타일 상품들만 잘 팔려나간 것이 아니었다. 이와 함께 미국에서는 푸마라는 기업의 이미지에 대한 인식 변화가 일어났다. 질 샌더와의 협력도 푸마에 긍정적인 여론몰이를 했다. 그러나 차이츠가 이 모든 것을 날카로운 판단을 통해서 예측하고 있었다거나 이를 목표로 일을 추진했다고 한다면 그것은 거짓말이다. 푸마의 성공은 대부분 마치 안갯속에서 비틀거리는 것 같은 과정을 거치고 나서야 찾아왔고, 그때마다 우연도 작용했다. 리전시의 참여, 질 샌더 본사에서 걸려온 전화, 토니 베르톤과의 만남. 이 모든 것은 우연이었고, 게다가 이 우연들은 계획할 수 있는 것 이상이었다. 차이츠는 시대의 흐름에 대한 직감을 증명해냈고, 능력 있는 사람에게만 주어지는 행운을 얻었을 뿐이다.

전설적인 인물인 루돌프 다슬러가 창업한 전통 기업 푸마는 이제 스포츠용품 업계의 역사가 되었다. 이 부분에 대해서는 더 이상 의심의 여지가 없었다. 푸마는 이제 스포츠 라이프스타일 상품과 패션 상품을 생산하는 인기 브랜드 대열에 속하게 될 것이었다. 이런 생각으로 들뜬 차이츠는 며칠 밤을 잠 못 이루기도 했다. 그러나 차이츠가 걷는 길에 믿음을 주는 동료들은 여전히 많지 않았다. 그는 공식적으로 푸마를 언급할 때 '회사' 또는 '기업'이라는 단어를 사용하지 않았다. 대신에 '브랜드'라는 단어를 강조했다. 이를 통해서 그는 푸마가 이제는 수많은 기업 중 하나가 아니라 고객들이 찾는 브랜드로서 차별화를 꾀해야 한다는 메시지를 전하고 싶었다.

그는 직원들에게 "모든 산이 흰색이라면, 우리의 산은 파란색입니다"라고 강조했다. 푸마 마크가 있는 상품을 고급스럽게 만드는 것은 상품을 착용했을 때의 편안함, 피트감, 품질이 전부가 아니었다. 푸마의 로고 그 자체만으로 구매자들이 고급스러움을 느낄 수 있게 하는 것이 중요했다. 이 같은 감정을 불러일으키는 도구가 바로 마케팅이다. 오랜 기간 노력한 끝에 이를 이뤄낸 브랜드를 예로 들면 구찌, 포르쉐, 말보로가 있다. 푸마도 이들과 같은 방식으로 고객들을 사로잡아야 했다. 푸마의 책임자들은 신제품을 출시할 때도, 홍보를 할 때도, 계약 파트너를 선정할 때도 푸마라는 브랜드에 대한 고객들의 감정적, 이성적, 문화적 연상에 유의하여 일을 진행했다. 무슨 일이 있어도 소비자를 실망시키지 말 것! 브랜드의 성공 여부는 그것에 대한 소비자의 인식에 달려 있었다.

영화배우들의 축하 인사로 화려함이 더해진 로스앤젤레스에서의 쇼 프레젠테이션은 푸마가 있는 모든 국가에서 축소된 규모로 똑같이 치러졌다. 차이츠는 프레젠테이션에서 처음으로 스포츠 라이프스타일 브랜드에 대한 자신의 비전을 설명하고 푸마의 목적지를 모두에게 선포했다. 그리고 거친 방랑자 베르톤을 국제 마케팅 책임자로 임명하며 그가 CEO와 직접 접촉하며 일을 처리할 것이라고 했다. 마틴 갠슬러를 포함한 모든 직원은 놀라움을 감출 수 없었다.

타이트한 탑과 미니스커트

푸마는 스타 선수들을 후원하는 데 경쟁 업체들처럼 많은 돈을 쏟아부을 수 없었다. 예를 들어 농구 스타 마이클 조던은 1997년 시카고 불스에서 활약한 마지막 해에 3,000만 달러를 거둬들였는데, 시카고 불스는 이 중 대부분을 후원사인 나이키를 통해 충당했다. 이에 비교하면 당시 푸마가 로타어 마테우스나 루디 푈러에게 지급하는 후원금은 큰 금액이 아니었다. 그러던 어느 날 리처드 윌리엄스후에 많은 스타와 계약한 에이전시인 인터내셔널 매니지먼트 그룹(International Managenment Group, IMG)의 직원이 되었다라는 사람이 전화를 걸었다. 수화기 너머에서 그는 자신에게 세리나와 비너스라는 두 딸이 있는데 곧 테니스 세계 랭킹 1, 2위를 차지할 것이라며 후원해줄 회사를 찾고 있다고 말했다. IMG 창업자인 마크 흄 맥코마크Mark Hume McCormark는 아직 이루지도 못한 희망 계획을 담보로 사업할 생각은 없다며 이를 거절했다. 며칠 후 그는 리전시 CEO 데이비드 마탈론에게 이 이상한 사람에 대해 이야기했다. 마탈론은 그 즉시 차이츠에게 전화를 걸어 알려주었다.

"나, 윌리엄스 알아요. 밀찬이 최고라고 여기는 선수예요. 한번 만나보세요."

당시 세리나 윌리엄스는 세상에 알려지기 전이었고 1997년 말 세계 랭킹 99위였다. 차이츠는 마케팅 매니저 토니 베르톤에게 아르논 밀찬과 함께 로스앤젤레스로 가서 검은 피부의 이 자매를 만나보라고 지시했다. 이들을 만나고 돌아온 베르톤은 차이츠에게 보고했다.

"아버지는 잘 모르겠는데 자매에게는 뭔가가 있긴 하네요."

자매의 아버지인 리처드 윌리엄스는 성과 보증 없이 3년을 계약한다는 조건으로 2,000만 달러를 요구했다. 이번에도 밀찬은 "문제없어요"라며 떵떵거렸다. 차이츠가 말도 안 되는 액수라며 허락하지 않았는데도 말이다.

차이츠와 베르톤은 흑인 선수가 강렬한 원색 옷을 입고 화이트 스포츠의 대명사인 테니스를 하는 모습을 상상해보았다. 이 자매가 세계 랭킹 1위에 오르지 못한다고 하더라도 이 사실 하나만으로 크게 히트할 수 있을 것 같았다. 같은 해 말, 이들은 두 번째 만남을 위해 플로리다 웨스트팜비치West Palm Beach에 있는 윌리엄스 가족의 집을 찾아갔다. 차이츠는 자신의 아내, 그리고 협상 전문가로 스포츠 선수 에이전트인 켄 마이어슨Ken Meyerson를 대동했다. 차이츠가 경험한 것 중에 가장 어려운 협상이었다. 우선 이들은 집에 들어서기 전에 신발부터 벗어야 했고, 집에 들어가서도 협상을 진행하는 동안 물 한 잔 대접받지 못했다. 여호와 광신도인 윌리엄스는 협상에서 엉뚱한 행위를 하기로 유명한 사람이었다. 세리나와 비너스는 그저 소파에 앉아서 아무런 말도 하지 않았다.

몇 주가 지나서야 양측은 성과 보증을 포함하여 세리나와 5년 계약을 하는 데 합의할 수 있었다. 만일 세리나가 세계 랭킹 10위 안에 들면 1,250만 달러까지 보장해주겠다는 내용이었다. 푸마의 투자는 그만큼의 보상을 받았다. 이듬해에 몸에 맞춘 강렬한 원색의 캣 슈트catsuit[98]를 입고 등장한 세리나 윌리엄스는 그랜드슬램을 석권했고 세계 랭킹 1위로 올라섰다. 그녀의 옷에는 물론 푸마 로고가 박혀 있었다. 1999년, US 오픈 결승전에서 마르티나 힝기스Martina Hingis를 상대로 6대 3, 7대 6 승리를 거둔

테니스 스타 세리나 윌리엄스

세리나는 타이트한 원피스를 입은 채로 테니스 라켓을 하늘 높이 치켜들었다. 그 순간 차이츠도 아내와 함께 관중석에 앉아 있었다. 이날 세리나는 완벽한 슈퍼스타로 도약했다. 이듬해에 세리나는 자신의 이름을 딴 세리나 컬렉션으로 치장하고 호주 오픈이 펼쳐지는 센터 코트에 등장했다. 푸마 로고가 박힌 빨간색 미니스커트와 타이트한 탑이었다. 세리나는 비록 8강에서 탈락했지만 상관없었다. 사진 기자들은 그녀를 향해 엄청나게 플래시를 터뜨렸고 그녀의 사진은 전 세계로 퍼졌다. 푸마는 보리스 베커 이후 13년 만

98 목에서 발까지 전신에 꼭 끼는, 바짓가랑이가 있는 원피스

에 다시 한 번 테니스를 이용한 PR에 성공을 거두었다. 세리나 윌리엄스는 센터 코트를 런웨이로 바꿔버렸다. 그만큼 완벽한 푸마의 홍보 무대였다. 헤르초겐아우라흐에서 다시 테니스 라켓을 생산하게 될 것이라고 상상했던 사람은 아무도 없었다.

세리나 윌리엄스, 안나 쿠르니코바Anna Kournikova와 함께 여자 선수들의 개성이 점차 부각되기 시작했다. 당시 쿠르니코바는 아디다스와 계약을 맺고 있었다. 아무것도 없이 그저 공을 치는 일만을 두고 벌이는 전쟁의 시대는 이미 지나갔다. 남녀를 막론하고 선수들의 패션 감각에 대한 관심은 다른 스포츠 분야에서도 나타나는 현상이었다. 특히 축구에서 이탈리아 선수 파올로 말디니Paolo Maldini, 영국 선수 데이비드 베컴David Beckham, 포르투갈 선수 루이스 피구Luis Figo 등은 패션 업계의 모델로 등장했다.

5년 계약이 종료되고 연장을 앞둔 시점에서 세리나의 아버지 리처드 윌리엄스는 또 한 번 어마어마한 후원금을 요구했다. 협상은 도무지 끝날 줄 모르는 타이브레이크tie break[99]처럼 계속되었다. 그러는 동안 세리나는 대가 없이 푸마의 옷을 입고 계속 경기를 치르고 있었다. 그러나 푸마는 결국 무리한 요구에 두 손 두 발을 들고 말았다. 그래도 차이츠는 개의치 않았다. 그렇지 않아도 세리나 윌리엄스의 후원사로서 이미 오래전에 정점을 찍은 상태였고 이에 따라 계약을 마무리 짓고 싶었던 것이다.

한편 시크한 푸마는 질 샌더의 눈에만 띈 것이 아니었다. 갑자기 명품 디자이너들이 하나 둘 푸마에 관심을 보이기 시작했다. 푸마는 이들과의 협력을 두고 협상하면서 일부 유명 디자이너와의 협업에 대해서는 거절 의사를 표현하기도 했다. 그중 한 사람이 프랑스 디자이너 장 폴 고티에Jean Paul

---

[99] 테니스에서 게임이 듀스일 경우 12포인트 중 7포인트를 먼저 획득한 자가 승리하는 경기 방식.

Gaultier였다. 그는 주로 일상적인 패션과 팝 문화에서 영감을 얻어 창작 활동을 하는데 차이츠는 그가 너무 바로크적이라는 느낌이 들었다. 반대로 푸마의 환영을 받은 디자이너로는 영국 '펑크의 여왕' 비비안 웨스트우드Vivienne Westwood와 일본의 미하라 야스히로 등이 있었다. 여기에서 끝이 아니다. 프랑스 출신의 디자이너 필립 스탁Philippe Starck도 푸마와 협력했고, 나쁜 남자 이미지의 영국인 알렉산더 맥퀸Alexander McQueen도 푸마와 함께했다. 푸마는 캘리포니아 출신 슈퍼 모델 크리스티 털링턴Christy Nicole Turlington과도 손을 잡고 '누알라Natural-Universal-Altruistic-Limitless-Authentic, Nuala' 컬렉션을 선보였다. 이후 누알라의 변형 컬렉션인 '마하누알라Mahanuala'도 발표해 두 배의 성공을 거두었다. 누알라 라인은 엄청나게 팔려나갔고, 심지어 그녀는 헤르초겐아우라흐 비어 가든에서 그녀의 남편감을 만나기까지 했다.

푸마는 여성을 발견해냈고, 페미닌 스포츠가 엄청난 사업이 될 것이라는 사실을 알아냈다. 디자이너들은 태극권이나 요가처럼 '정신 수련을 하는 스포츠'용 의류를 만들었다. 이러한 흐름이 계속되면서 푸마는 '로프스키핑Rope Skipping'의 도입을 시도했다. 줄넘기로 잘 알려진 이 운동은 당시 네덜란드에서 새로운 피트니스 파도를 불러일으키고 있었다. 알록달록한 줄, 음악, 그리고 피트니스 비디오. 이 셋을 조합하면 엄청난 매출을 안겨줄 상품이 되었다. 로프스키핑 캠페인의 모델로는 유럽 복싱 챔피언에서 준우승을 차지한 피크리에 비키 젤렌Fikriye Vicky Selen이 나섰다. 미소 짓는 젤렌의 모습이 인쇄된 포스터 3,500장은 플렌스부르크Flensburg에서 보덴제까지 뿌려져 홍보 역할을 했다.

2011년, 로스앤젤레스의 푸마 PPL 사무실로 전화가 한 통 걸려왔다. 마돈나의 소속사에서 걸려온 것이었다. 팝의 디바 마돈나가 푸마에서 출시한 컬렉션의 운동화를 마음에 들어 한다는 내용이었는데 그 영광의 주인공은 바로 70년대 스파이크 조깅화를 현대적으로 재해석한 베르톤의 작품 '모스트로Mostro'였다. 벨크로 방식의 이 운동화는 전쟁터에서 적의 눈을 속이기 위해 모자와 의복 등에 프린트한 카무플라주 프린트로 장식되었다. 푸마 직원들은 마돈나에게 화이트 모스트로 19켤레를 보내주었다. 이를 위해 푸마는 배송비를 포함해 몇백 달러를 들였다. 그러나 비용 대비 홍보 효과는 엄청났고 이는 백만 단위의 숫자로 나타났다. 마돈나는 모스트로를 신고 콘서트 무대에 섰고, 팬들은 잡지에 실린 사진을 통해 모스트로와 만났다. 그리고 모스트로는 엄청나게 팔려나갔다. 물량이 달릴 정도였다.

여성 고객은 2001년의 새로운 발견이었다. 물론 이전에도 여성들이 푸마 신발을 신었지만 말이다. 그렇다고 차이츠가 남성들을 외면한 것은 아니었다. 오히려 그 반대였다. 차이츠는 거친 남자 스포츠 분야에서의 활동을 늘렸다. 같은 해에 그는 에디 조던Eddie Jordan이 이끄는 거친 포뮬러1[100] 팀과 계약을 맺었다. 그리고 이 팀을 위해 패션과 기능을 동시에 갖춘 장비를 개발했다. 이 일은 그의 동료이자 모터스포츠광인 마틴 갠슬러가 맡아서 진행했다. 갠슬러의 아이디어인 '스피드 캣Speed Cat' 슈즈는 크게 히트했다. 사실 조던 팀은 이미 70년부터 푸마의 신발을 신었다. 차이츠는 모터스포츠에 대해 '빠르고, 다이내믹하고, 어떤 부분에서는 공격적인 스포츠'라고 표현했다. 그러면서 푸마 또한 그런 성향을 보여야 한다고 덧붙였다. 2001년에 양측 기업 대표는 3년 계약 연장에 합의했다. 얼마 지나지 않아 다른 포뮬러1 네 팀이 헤르초겐아우라흐의 기능성 의류를 주문했다. 자우버Sauber 팀,

---

[100] FIA(국제자동차연맹)이 규정하는 세계 최고의 자동차경주대회. 공식명칭은 'FIA포뮬러원월드챔피언십(FIA Formula One World Championship)'이고, 약어는 F1이다.

미나르디Minardi 팀, 도요타Toyota 팀, 재규어Jaguar 팀이었다. 나중에는 BMW 윌리엄스BMW Williams 팀도 추가되었다. 새로 생긴 푸마의 모터스포츠부는 이 밖에도 프리스타일 모터엑스Freestyle Moto X 챔피언인 트래비스 패스트라나Travis Pastrana를 후원했으며 월드 랠리 챔피언십에도 도전했다.

카메룬의 키커들

스포츠 라이프스타일 패션보다 사업하기에 더 어려운 분야가 바로 순수 스포츠 분야였다. 스포츠 전문 매장들은 더 이상 디자이너들이 론칭하는 세련된 컬렉션에 관심을 기울이지 않았다. 이들이 원하는 것은 경기장에서 사용할 수 있는 튼튼한 제품이었다. 푸마는 10억 마르크가 넘는 매출을 올리고 있었지만 마케팅에 사용할 수 있는 예산이 한정되었기 때문에 육상에 투자하기는 사실상 어려운 상황이었다. 따라서 푸마 경영진은 푸마 사업의 또 다른 강점 분야가 되어줄 축구에 집중하기로 했다. 차이츠와 호르스트 비드만은 어떻게 하면 적은 투자로 많은 것을 얻을 수 있을지 고민하기 시작했다. 푸마는 브라질, 이탈리아는 물론이고 심지어 독일 대표팀 후원조차 감당할 수 없는 상황이었다. 최선의 방법은 이 분야에서도 언더도그 이미지를 구축하는 것뿐이었다.

이런 생각을 하고 있을 때, 전 아디다스 네트워커로 아프리카와 좋은 관계를 맺고 있던 호르스트 비드만이 물었다.

"카메룬이라고 아십니까?"

서아프리카 대륙의 이 나라 축구 국가 대표팀은 점점 두려운 상대로 성장하고 있었다. 카메룬의 스타 선수로는 1976년에 아프리카 대륙 최고의 선수

민소매 유니폼을 입은 카메룬 대표팀

로 선정된 로저 밀라Albert Roger Miller가 있었다. 그는 1990년 이탈리아 월드컵에서 카메룬 대표팀이 4강에 오르기까지 거의 모든 골을 혼자 다 처리하며 일약 축구의 전설로 떠올랐다. 골을 넣으면 그는 언제나 코너플래그를 들고 마코사101 댄스를 선보였다. 당시에 카메룬을 후원하겠다고 나서는 업체는 그 어디에도 없었다. 이미 세리나 윌리엄스를 통해 흑인 스포츠 선수에게 컬러를 불어넣은 경험이 있는 푸마로서는 관심이 가는 대상이었다. '축구라고 안 될 게 뭐 있어?' 라고 차이츠는 생각했다. 아프리카 팀을 좋아하는 축구 팬들은 카메룬만의 느긋한 정서와 삶에 대한 환희, 자유분방함을 특징으

---

101 카메룬에서 생겨난 록 풍의 댄스 음악으로, 전통 민요에 라틴 음악과 하이라이프 등이 융합되어 생겨났다.

로 꼽았다. 차이츠는 이러한 특징이 푸마와 잘 어울린다고 생각했고 곧 결정을 내렸다. 그는 지체하지 않고 비드만에게 카메룬 축구협회와 계약 협상을 진행하라고 지시했다.

비드만은 파리를 경유하여 카메룬의 항구 도시 두알라로 가는 티켓을 예매했다. 그곳에서부터는 운전기사가 그를 카메룬의 수도 야운데로 데려다주었다. 카메룬 축구협회 회관이 있는 곳은 세계에서 가장 위험한 도로를 달리고 정글을 지나 300km나 직진해야 하는 거리였다. 이틀 후 자동차는 다시 덜컹거리며 고속도로를 지나 공항으로 향했다. 비드만은 조수석에 앉아 있었고 최상의 컨디션을 자랑하고 있었다. 그의 손에는 계약서가 들려 있었다. 푸마는 1년에 약 70만 달러를 지급하고 카메룬 대표팀에게 유니폼을 입힐 수 있게 되었다. 그런데 그 순간, 갑자기 쾅하는 엄청난 소리와 함께 자동차 유리창이 산산조각이 났다. 운전기사가 마주 오는 차량을 미처 보지 못하고 추월을 시도했다가 뒤늦게 핸들을 꺾긴 했지만 결국 목재를 실은 트럭과 부딪힌 것이었다. 비드만은 엄청난 충격을 받고 멍하니 갓길에 서 있었다. 한 시간 후, 카메룬 축구협회 임원이 현장에 도착해서 비드만을 공항까지 데려다 주었다. 공항에서는 아무런 확인 절차도 없이 그를 비행기 문 앞까지 바래다주었다. 비드만은 안전한 헤르초겐아우라흐에 도착해서야 비로소 '정말 카메룬답군' 하고 생각했다.

'불굴의 사자'라는 별명이 있는 카메룬 대표팀과 함께 푸마는 기득권층에 대한 첫 번째 공격을 시작했다. 그리고 언론사 칼럼에 언급되기 위해 게릴라 마케팅을 선보였다. 푸마는 선수들에게 다양한 색깔의 축구화와 소매가 없는 유니폼을 보냈다. 몸의 열을 식히기 위한 아이디어였다. 유니폼을 받은 이들은 감동했고, 그중에는 비드만이 2001년 9월 중순에 아프리카에 소개해준 전 분데스리가 감독이자 새로운 카메룬 대표팀 감독인 빈프리트

쉐퍼Winfried Schäfer도 있었다. 카메룬 대표팀은 2002년 2월 10일에 열린 아프리카 컵 결승전에서 세네갈을 상대로 3대 2로 승리를 거두었다. 민소매 유니폼을 입고 말이다. 그러나 피파의 거만한 관계자들은 카메룬 대표팀의 튀는 행보에 분노하면서 2002 한일월드컵에서 민소매 유니폼의 착용을 금지했다. 그러자 푸마는 즉각 선수들의 피부색과 같은 검은색 그물망으로 된 소매 부분을 만들어 붙였다. 이에 민소매 유니폼에 대한 사소한 다툼은 매일같이 언론에 등장했고 그때마다 푸마의 이름도 빠지지 않고 등장했다. 그리고 6월 11일. 카메룬 대표팀이 독일 대표팀을 만나 경기를 치르게 되었다. 순간 푸마 경영진의 가슴에는 두 개의 심장이 뛰었다. 카메룬 선수들은 매혹적이었다. 그리고 경기에서는 2대 0으로 독일이 우승을 차지했다.

7 믿을 수 없는 일들

푸마가 시장에 등장하다
카르슈타트 매니저의 분노, 굿바이 대주주, 그리고 아름다운 외로움

지난 몇 년간 시장 연구가들의 정기적인 설문 조사가 있었다. 국민을 상대로 한 이 설문 조사에서는 푸마라는 브랜드를 어떻게 평가하느냐고 물었다. 결과는 대체로 실망스러웠다. 소비자들은 경영진이 생각하는 것보다 푸마 상품을 훨씬 열등하게 여기고 있었다. 저렴하고, 남성적이고, 수익을 올리지 못하는 브랜드. 그것이 푸마의 이미지였다.

그런데 2001년, 그 평가는 돌변했다. 푸마는 명품 브랜드로 도약했고 여성적인 이미지를 나타내게 되었다. 푸마는 스포츠, 라이프스타일, 패션을 상징했고 트렌드세터들은 푸마 상품에 손을 뻗었다. 상품 진열대에서도 '스프린트Sprint'와 '모스트로Mostro'는 마놀로 블라닉Manolo Blahnik[102]의 하이힐 옆에 자리를 잡았다. 또 어느새인가 프라다 패션과 푸마 신발은 잘 어울리는 한 쌍이 되었다. 상품의 회전 속도도 점점 빨라졌다. 차이츠는 이 회전의 순간을 푸마에 적용하고 싶었다. 차이츠는 계획 경제 제3단계의 시작을 알렸다. 이미 3년 전부터 푸마는 연간 매출 증가율 20% 이상을 달성하면서 주주들을 유혹했다. 2001년 한 해에만 주가가 무려 168% 올랐다. DAX 지수를 구성하는 100개 기업 가운데 그 어떤 기업도 푸마보다 빠르게 성장한 곳은 없었다. 8년 전 구조조정이 시작된 후 이제 푸마에는 직원 약 2천 명이 속해 있었고, 이 중 일부는 주가 상승 덕을 톡톡히 보기도 했다. 지금이야말로 회사가 제대로 돈을 벌 때였다. 차이츠는 〈다스 베르트파피어Das Wertpapier〉를 통해 "푸마는 영원히 상영되는 영화가 될 것입니다"라는 말로 제3단계의 개시를 알렸다.

이제는 경쟁 업체들과 금융 전문가들도 차이츠의 말을 진지하게 받아들이고 있었다. 이는 푸마가 놀림의 대상이었던 브랜드에서 진정한 스포츠 브랜드로 탈바꿈했다는 것을 의미했다. 〈매니저 매거진Manager Magazin〉은 다음과 같이 평가하기도 했다.

"이제는 아무도 푸마를 비웃지 않는다. 많은 사람이 푸마를 놀랍게 여긴다. 애널리스트와 주주들은 높은 증권 시장 시세에, 컨설턴트들은 그의 철저한 언행일치 전략에, 직원들은 그의 가식 없는 경영 방식에 놀라고 있다."

어차피 많은 경쟁 업체가 진출해 있는 대중 시장에서 수익을 많이 올린다는 것은 어려운 일이었고, 이에 푸마를 전 세계 명품 브랜드이자 가장 비싼 브랜드로 만들겠다는 차이츠의 전략이 성공을 거둔 것이었다. 물론 푸마는 규모 면에서 제일 큰 브랜드는 아니었다. 아디다스와 나이키가 각각 61억, 106억 유로의 매출을 올리며 한참 앞서 나가고 있어 추월은 감히 생각할 수

---

[102] 영국 슈즈 디자이너. 하이힐의 대명사이자 세계 3대 구두 디자이너 거장의 뒤를 잇는 인물로 영화 〈섹스 앤 더 시티(Sex and the City)〉에서도 캐리가 마놀로 블라닉에 열광하는 모습을 볼 수 있다.

없는 상태였다. 리복34억 유로과 아머스포츠11억 유로, 필라10억 유로도 푸마보다 상위에 랭크되어 있었다.

애틀랜타 전문박람회를 방문한 푸마 CEO 차이츠는 카르슈타트Karstadt 백화점 스포츠 매장의 매니저인 요아힘 슈뢰더Joachim Schröder에게 공급 중단 통보를 전했다. 카르슈타트는 푸마의 덩치 큰 고객 중 하나였다. 그런 곳에 차이츠가 푸마 상품 일부를 납품할 수 없다고 선언한 것이었다. 푸마의 라이프스타일 상품은 가격이 비싸서 카르슈타트 스포츠용품 매장이 올리는 수익의 4분의 1을 차지하게 되므로 백화점 측이 이 상품을 소화하기 어려울 것이라는 이유였다. 업계에서 권력이 막강한 인물로 손꼽히는 요아힘 슈뢰더는 잔뜩 흥분해서 숨쉬기도 어려울 정도였다. 그는 분노를 감추지 못하고 사람들이 모인 자리에서 차이츠에게 고래고래 소리를 질렀으며 그 후로는 차이츠와 한 마디도 말을 섞지 않았다. 이해할 수 없다는 반응을 보인 것은 백화점 고객들도 마찬가지였다.

미국의 유명 스포츠용품 전문 체인 쇼핑몰인 풋락커Foot Locker도 같은 통보를 받았다. 명품 브랜드는 취급하지 않지만 상품들이 저렴하고 쿨한 스타일을 자랑해 대중에게 많은 사랑을 받는 쇼핑몰이었다. 차이츠는 이곳에도 푸마의 일부 상품을 공급하지 않겠다는 결정을 내리고 푸마 미국 책임자 제이 피콜라Jay Piccola에게 풋락커와의 미팅에 동행해달라고 부탁했다. 두 사람은 공식적인 미팅 전에 패스트푸드 피자 가게에서 만나 풋락커에서 팔게 될 최신 모델들을 선별했다. 그리고 20분 후 두 사람은 풋락커 사장 매튜 세라Matthew Sera 앞에 섰다. 미팅룸 한쪽 벽에 자리한 테이블 위에는 종이 접시 위에 샌드위치와 다진 양배추 샐러드 캔이 비즈니스 런치 메뉴로 준비되어 있었다. 푸마 컬렉션을 본 그녀는 말했다.

"멋지네요. 그런데 제품이 이게 다인가요?"

이에 차이츠가 대답했다.

"그렇습니다."

그러자 그녀가 되물었다.

"모스트로는요?"

마돈나가 신어서 유명해진 값비싼 라이프스타일 제품을 말하는 것이었다. 차이츠는 침묵했다. 후에 그는 "내가 상품을 팔지 않으려고 그렇게 노력한 적은 또 처음이었습니다"라고 당시의 어려움을 회상했다.

한편, 차이츠는 푸마에서 가장 비싼 제품, 명품 푸마를 위한 판매 통로를 늘려 갔다. 푸마 전문 매장 '콘셉트 스토어'는 이미 로스앤젤레스, 샌프란시스코, 도쿄, 파리, 뉴욕에 오픈한 상태였고 다음 달에는 프랑크푸르트, 모스크바를 포함한 세계 8개 도시에도 스토어를 늘릴 계획이었다. 시간이 흐르면서 함부르크의 토마스 I 풍크트Thomas I-Punkt, 런던의 해러즈Harrods, 뉴욕의 헨리 벤델Henri Bendel 등 고급 매장들이 푸마에 관심을 보였다. 차이츠는 또다시 끝없는 출장 행렬을 이어갔다. 그는 〈분테〉와의 인터뷰에서 "아이들과 함께할 시간도, 심지어 우리 집 개를 볼 시간도 없네요"라고 말한 적이 있다. 그러나 무엇보다 가장 힘들었던 사람은 그의 아내 비르기트였다. 그녀는 "아이들이 아빠를 한 번도 볼 수가 없는데, 이 모든 것이 무슨 의미가 있겠어요?"라며 불만을 토로한 적이 있다.

좋은 상품이 있으면 좋은 홍보 에이전시가 필요한 법이다. 브랜드 매니저 안토니오 베르톤은 오랜 시간 푸마의 홍보를 담당한 매캔에릭슨McCann-Erickson과의 관계를 마무리하고 필라델피아의 홍보 에이전시 자이로Gyro와 계약을 맺었다. 자이로의 설립자 스티븐 그라스Steven Grasse는 푸마를 잘 알지도 못하는 인물이었다. 그런데도 베르톤이 그를 선택한 이유는 그가 MTV 홍보를 담당한다는 점이었다. 푸마 경영진은 이 점이 마음에 들었고,

에이전시의 직원들도 푸마 타깃층과 정확히 맞아떨어졌다.

대주주와의 이별

푸마 본사에서는 좋은 분위기가 이어졌다. 그러나 당시에 많은 사람이 정신적 충격에 시달리고 있었다. 2001년 9월 11일, 알카에다 테러리스트들이 조종한 비행기가 뉴욕 월드 트레이드 센터의 쌍둥이 빌딩에 돌진해 2,600명이 사망하는 사건이 발생했다. 특히 서양 국가들이 받은 충격은 엄청났다. 이들은 두려움과 불안함에 떨며 지냈다. 이 테러 사건으로 충격을 받은 것은 차이츠도 마찬가지였다. 사건 하루 전날, 그는 사업 파트너 방문차 쌍둥이 빌딩 114층으로 향했고 그 아찔한 전망에 감탄했다. 그리고 다음 날 테러로 처참하게 무너진 쌍둥이 빌딩을 봐야 했던 것이다. 후에 차이츠는 자신의 휴대전화 통화 목록에 저장되어 있는 그의 이름을 9·11 테러 사망자 명단에서 발견했다.

같은 시기에 푸마의 대주주 리전시도 고민에 빠져 있었다. 이들은 지난 6년간 푸마를 기업 포트폴리오에 포함하고 있었다. 빠른 속도로 올라가는 푸마의 주가는 이 영화사에도 기쁜 일이었다. 그러나 이 때문에 리전시의 주요 사업 분야인 미디어 활동이 스포츠용품 회사 관리에 밀리면서 소유주인 케리 팩커가 아르논 밀찬에게 푸마의 주식을 파는 것이 어떻겠느냐는 의견을 전달한 것이다. 지분 처리 방법에는 두 가지가 있었다. 리전시가 소유한 모든 지분을 이어받을 대주주를 찾거나, 주식 브로커와 증권 거래소를 통해서 기관 투자자들에게 파는 것이었다. 그러나 이미 토즈 앤 코Tod's&Co.에 지분을 넘기려다가 실패한 경험이 있는 이들은 첫 번째 방법을 꺼렸고, 결국 두 번째 옵션이 선택되었다. 2002년 11월 말 리전시 CEO인 데이비드 마탈론에게 이 소식을 전해들은 차이츠는 무척 기뻤다. 푸마가 성공적으로 자리매김을 하고 나서 처음으로 대주주 없이 경영할 수 있는 상황이 되었기 때문이다.

빅딜인 만큼 준비 과정은 매우 신중하게 진행되었다. 감사회는 물론 푸마의 대표이사들에게도 이 사실을 알리지 않았다. 그러던 차에 차이츠는 아내와 함께 플로리다로 휴가를 떠났고 이곳에서 가까운 지인을 만났다. 투자은행 골드만삭스의 전무이사이자 유럽 투자 책임자인 크리스티안 마이스너 Christian Meissner였다. 두 사람은 이러한 경영 방식의 기회와 위험 요소에 대해 조용히 대화를 나눴다. 증권 시장에서 푸마의 주식은 날이 갈수록 많이 팔리는 상황이었지만 아직은 '스몰 캡Small Cap' [103]인 만큼 기회가 있었다. 그러나 동시에 감수해야 할 위험 요소도 컸다. 특히 마이스너는 새롭게 등장한 헤지펀드의 예측 불가능성에 대해서도 경고했다. 헤지펀드는 전통적인 자산 펀드와 달리 이익을 위해 기업의 주가를 흔든다는 것이었다. 두 매니저는 일단 휴가를 즐기고 난 다음에 리전시와의 스케줄을 잡기로 했다.

그러던 2003년 1월 9일. 예상치 못한 사건이 발생했다. 푸마의 주가가 68유로에서 갑자기 59유로로 떨어졌다. 주가 하락의 내막은 이러했다. 브루클린 출신의 한 성급한 젊은 애널리스트가 자신이 담당하는 지역에 있는 운동화 매장들을 다니면서 지역 연구를 했다. 그러는 중에 한 국제 무역 상인이 그에게 푸마의 상품 판매 상황이 어렵다는 이야기를 해주었다. 작년에는 푸마 상품이 55켤레가 팔려나갔는데, 올해는 겨우 9켤레를 팔았다는 것이다. 그는 푸마 제품이 더 이상 판매되지 않을 것 같다고 덧붙였다. 이 애널리스

---

[103] 소형주(Small Capital)의 약자로 '스몰캡(Small Cap)'이라 부르며 상장 또는 등록된 시가 총액이 작은 회사들인 중소기업 주를 뜻한다.

트는 전해들은 수치를 바탕으로 계산해본 결과 매출 감소 80%라는 분석을 얻었다. 그리고 즉시 푸마 주식을 매도할 것을 권고했다. 이 남자의 성급한 분석으로 푸마가 치러야 할 값은 엄청났다. 증권 시장에서 푸마 주식의 가치는 그 즉시 약 600만 유로 정도 하락했다.

나쁜 소식

여전히 플로리다에 있던 차이츠는 미국 펀드매니저를 통해 갑작스러운 주가 하락 상황을 알게 되었다. 그가 막 저녁식사를 하려던 때 그녀에게서 전화가 걸려왔다.

"차이츠 씨, 한 민영 시장연구기관에서 아주 악랄한 내용의 보고서를 냈어요."

차이츠는 깜짝 놀라 구체적인 상황을 물었다. 그는 곧 시장에 상당한 소문이 돌고 있다는 사실을 알아차렸다. 차이츠는 금융 전문가인 그녀에게 "그런 수상쩍은 시장 연구 말고 차라리 우리가 내놓는 수치를 믿으세요"라고 제안했다. 몇 시간 후 리전시 CEO인 마탈론에게서도 전화가 왔다.

"무슨 일이야?"

그는 내막을 알고 싶어 했다.

왠지 차이츠에게는 이 모든 것이 익숙했다. 반년 전에도 푸마의 주식은 놀랍게도 74유로에서 무려 47유로로 떨어진 적이 있었다. 당시 금융기관인 HSBC 트링크하우스 앤 부르크하르트 HSBC Trinkhaus&Burkhardt의 한 애널리스트가 9·11 테러 이후 조성된 좋지 않은 경제 분위기를 빌미로 매각을 제안한 것이었다. 이러한 상황에서도 차이츠는 절대 분기 전망을 수정하지 않

스트레스 해소를 위해 조깅을 하는 차이츠

았다. 그러나 시장은 뜨겁게 달아올랐고 전쟁터로 변해버렸다. 투자자들은 두려움에 떨었다. 곧이어 푸마의 대주주 중 한 명이 시세 하락에 대한 우려로 푸마에서 하차했다는 소문까지 퍼졌다.

그런 와중에도 빅딜의 참여자들은 냉정하게 침묵을 지키며 리전시의 하차를 준비해나갔다. 2003년 1월 요헨 차이츠는 골드만삭스 은행가인 크리스티안 마이스너와 회사 전용기를 타고 온 마탈론과 뉘른베르크 그랜드 호텔 회의실에서 만났다. 세 사람이 함께한 첫 만남이었다. 크리스티안 마이스너는 낯선 인물이 아니었다. 골드만삭스는 이미 1996년에 투자 회사인 프로벤투스와 일한 적이 있었다. 마탈론은 리전시가 보유한 푸마의 지분 40%에 대한 분명한 액수를 제시했다. 유가 증권 한 장당 최소 80유로였다. 그는 푸마의 지속적인 발전 가능성을 믿었고, 그보다 낮은 가격에 매도할 생각은 없었다. 그러나 이 난처한 정치적 상황에 주식 시장에서 푸마의 주가가 과연 얼마를 달성할 수 있을지, 아무도 예측할 수 없었다.

그리고 세 사람은 그다음 과정에 대해 이야기를 나눴다. 이러한 거래에서 보통 그렇듯, 이들은 솔직하게 이야기했다. 골드만삭스는 리전시가 보유한 푸마의 모든 지분을 인수하고 주식 브로커 역할을 하기로 했다. 이에 따라 기업 어음은 은행에 맡겼다가 단기간에 기관 투자자들에게 재판매될 예정이었다. 이때 마이스너는 엄청난 수수료를 요구했다. 어쨌거나 골드만삭스가 떠안아야 할 위험 부담도 적지 않았기 때문이다. 그들은 2년 전에 프랑스 미디어 기업 비방디Vivendi의 지분을 소유했다가 주식 가치가 과대 평가되면서 손해를 본 일이 있었다. 세 사람은 대화를 마치고 악수를 하며 협력을 약속했다. 차이츠는 자신이 신뢰하는 마이스너가 사업에 뛰어들었다는 사실이 기뻤다. 자신은 대표이사였기 때문에 이 과정에 관여할 수 없었던 것이다.

2003년 3월 20일, 미국 대통령인 조지 W. 부시가 이라크를 공격하겠다고 선전포고했다. 푸마 매니저는 이 전쟁이 사업에 어떤 영향을 미칠지 예상할 수가 없었다. 아프가니스탄과 파키스탄의 생산 업체에서 축구공을 수입하던 몇 대의 배는 방향을 틀어야 했다. 증권 시장에는 그다지 큰 움직임이 보이지 않았다.

차이츠는 '평소와 다를 바 없이 행동하기로' 마음먹었다. 그해 5월, 그는 영국과 미국을 방문했다. 해당 지역의 은행 분석가들과 잠재 투자자들로 하여금 이듬해 푸마의 전략에 흥미를 느끼게 하기 위해서였다. 당시 푸마는 독일 증권 시장에만 상장되어 있었기 때문에 앵글로색슨족에게는 관심의 대상이 아니었다. 당시만 해도 이들 사이에서는 푸마의 주식을 보유한 사람이 아무도 없었다. 심지어 골드만삭스의 스포츠용품 업체 전문 애널리스트 마거릿 마거Margaret Mager조차 6년간 푸마에 관심을 두지 않다가 몇 주 전에야 포트폴리오에 올린 상태였다. 한번은 차이츠가 샌안토니오San Antonio에서 예정된 미팅에 늦은 일이 있었다. 자리에 있던 한 사람이 트집을 잡았다.

"무슨 일입니까? 이제는 전용기 운행도 제대로 못한답니까?"

차이츠는 가방에서 자신의 이코노미석 티켓을 꺼내 펀드매니저들의 눈앞에 보여주며 말했다.

"죄송합니다. 저의 회사 전용기는 이코노미석이라 안타깝게도 연착이 있었습니다."

〈타게스샤우〉는 연일 좋지 않은 소식을 전했지만 푸마의 실적은 훌륭했다. 대부분의 경쟁업체들은 소비자들의 씀씀이 절약 때문에 어려운 상황에 처해 있었다. 그러나 푸마만큼은 이러한 흐름을 비켜가는 듯했다. 회사 CEO의 프레젠테이션은 효과를 나타냈다. 며칠 만에 푸마의 주가는 사상 최고치인 97.50유로까지 오르며 기록을 갱신했다. 그 즉시 리전시 매니저 밀찬과 CEO 마탈론이 마이스너에게 연락해서 주식 매도를 시작하라고 압박했다. 차이츠도 전화를 받았다. 한 영국 헤지펀드의 대표에게서 말이다. 그는 리전시가 곧 자신의 지분을 처분할 것이란 소문이 돈다고 말했다. 이에 회사 CEO가 내놓은 규격화된 답변은 이랬다.

"그건 리전시에 물어보십시오."

2003년 5월 26일 화요일, 골드만삭스와 리전시는 다음 주 월요일인 6월 2일에 일을 마무리하기로 했다. 은행은 거래소 폐장 직후인 금요일에 지분을 인수해 주말에 기관 투자자들에게 내놓기를 원했다. 일은 매우 빠르게 진행되었다. 골드만삭스는 즉각 듀 딜리전스due diligence[104] 동의를 요구했다. 푸마가 사업적으로 숨겨놓은 비밀이 없다는 것을 증명하는 일종의 문서상 동

---

104 현장 및 자산 실사.

의와 같은 것이었다. 그런데 불행하게도 IR투자자 관계을 관리하는 재정 매니저인 디터 보크가 여름휴가로 몰디브에 가 있는 상황이었다. 차이츠는 그에게 전화를 걸어 프랑크푸르트 골드만삭스 본부와의 전화 미팅을 잡았다고 전했다. 3시간에 걸친 대화 끝에 주식 매도 준비는 무사히 완료되었다.

분열되던 날

 5월 30일 금요일, 저녁 8시. 명목 주식 자본 42.3%인 푸마 주식의 2,706,960주의 소유주가 변경되었다. 같은 시간 모나키/리전시와 골드만삭스는 계약서 7장에 서명했다. 미국인들은 뜻밖에 회사 자본을 5억 7,600만 유로 더 갖게 되었고, 그중에 약 4억 유로는 푸마 지분을 통해서 벌어들인 것이었다. 4일 후, 이 돈은 그들의 계좌에 들어왔다.

 이제는 그 지분을 잠재적 투자자들에게 제대로 팔아넘기는 일이 남아 있었다. 마이스너는 이 시기에 런던에 있었고, 리전시 매니저들은 말리부에, 차이츠는 보스턴 아파트 책상 앞에, 재정 매니저 보크는 몰디브에, 커뮤니케이션 매니저인 울프 산티에르는 뷔르츠부르크 13번가에 있는 헤르초겐아우라흐 사무실에 있었다. 바깥에서는 태양이 빛을 내고 있었고, 35도가 넘는 사상 최고의 뜨거운 여름 날씨는 사람들을 아우라흐 강변 비어 가든의 그늘로 모이게 했다. 다음 날 내내, 투자은행 직원들은 사무실 또는 집에서 전 세계에 있는 그들의 고객들과 통화했다. 주식을 조금씩 나눠 파는 것이 이들의 전략이었다.

 푸마의 지분은 많은 관심을 받았다. 브랜드의 카리스마는 그 효과를 나타냈다. 푸마의 주식을 '매입'으로 수정하는 애널리스트가 갈수록 많아졌다.

푸마는 주식 가치가 높은 브랜드로 성장했다. 포르쉐와 같은 명품 브랜드로 인식될 만큼 말이다. 이는 훌륭한 사업 성적에서만 비롯된 것은 아니었다. 주주들의 눈에 애송이에서 신뢰할 수 있는 최고의 CEO로 성장한 요헨 차이츠의 공도 있었다.

일요일 밤 11시쯤, 마이스너는 마탈론에게 벌써 그의 동료들이 내놓은 주식 중 3분의 1에 대해 관심을 갖기 시작했다고 전했다. 다음 날 '북빌딩 Bookbuilding' 105 과정이 시작되었다. 이는 투자자들이 원하는 주식의 수와 최고가를 부를 수 있는 제도였다. 주식 응모 희망자에 따라 발행가가 산출되었다. 산티에르는 차이츠와 조정하여 특별 보고서 애드혹ad-hoc 리포트를 작성했다. 개시에 앞서 투자자들이 푸마의 발전 과정에 대해 정보를 얻게 하기 위한 것이었다. 그뿐만 아니라 이들은 가능한 판매 시나리오에 따른 차별화된 커뮤니케이션 전략도 약속했다.

차이츠는 보스턴에 있는 자신의 사무실에 남았고 커피로 버티고 있었다. 중유럽 시간 8시부터, 그러니까 보스턴에서는 새벽 2시부터 인터뷰를 해야 했다. 7시 43분에 애드혹 리포트가 올라갔고, 몇 분 후에 첫 번째 금융 분석가가 연락해왔다. 인터뷰 마라톤이 시작된 것이었다. 산티에르는 중요한 미디어 대변가들을 보스턴의 차이츠에게 연결했다.

6시간 반 동안, 푸마 주식 약 700만 주가 새로운 소유자를 찾았다. 감사회 위원들도 그 속도에 경영진만큼이나 놀랐다. 이는 그 누구도 예상하지 못한 것이었다. 감사회 부의장인 토레 올슨은 남스웨덴 해안 팔스터보에 있는 사무실에서 노트북을 통해 이 영화 같은 장면들을 지켜보았다. 그날 오후 차이

---

105 기업을 공개할 때 공모 가격 산정을 위해 주간사가 사전에 공모 주식 수요를 파악하여 공모 가격을 결정하는 제도.

츠에게서 메일이 하나 왔다.

"대규모 사업 기획이 성공적으로 마무리되었음을 이 글을 통해 전해드립니다. 존경을 표하며, 요헨 차이츠."

몇 분 후, 산티에르는 공식 언론 발표를 했다.

"스포츠용품 기업 푸마 주식회사는 오늘 푸마의 대주주인 모나키/리전시가 보유했던 기업 주식의 지분을 전 세계 기관 투자자들에게 넘겼음을 알립니다. 1948년에 푸마가 창립된 이후 이 기업은 역사상 처음으로 대주주 없이 운영됩니다. 이를 통해 푸마는 전 세계적으로 주주를 보유하고 있는 회사가 되었을 뿐 아니라 회사 주식의 유통주식비율을 100%로 올렸으며, 이를 통해 글로벌 자본 시장에서의 영향력을 높였습니다."

안도의 순간

차이츠는 이미 16개의 인터뷰를 했고 60통 이상 전화를 받은 상태였다. 그래도 그는 피곤함을 느낄 수 없었다. 그의 피는 아드레날린으로 가득 차 있었다. 얼마나 멋진 거래였는가! 모든 것이 딱딱 맞아떨어졌다. 언론은 리전시의 하차를 안 좋게 평가했으나 푸마에 대해서는 긍정적으로 평가했다. 한편, 리전시의 하차는 푸마가 이제 점차 파산의 길로 들어서고 있기 때문이 아니냐는 질문도 끊이지 않았다. 차이츠는 방금 마감된 분기의 성적이 푸마 역사상 최고였다는 사실을 내세우며 모나키/리전시는 앞으로도 5년간 푸마와 밀접하게 협력하기로 계약한 상태라고 반박했다. 기업 상황이 좋지 않아 기업 전략을 바꾼 것이 아니라는 주장이었다.

8
제국의 반격

푸마가 골리앗을 공격하다
런웨이에 선 라틴계 축구 선수, 미하엘 슈마허의 신발, 그리고 FIFA와의 또 한 번의 갈등

CEO 차이츠는 푸마의 새로운 상황에 만족했다. 이제 눈치를 봐야 할 대주주는 없었다. 그리고 차이츠는 자기 자신에 대해서도 만족감을 느꼈다. 지난 몇 년간 애널리스트와 언론들은 그를 향해 끊임없이 의심의 목소리를 쏟아냈다. 그런데도 푸마의 주주들은 많은 적든 수익을 올릴 수 있었다. 자기자본 비율은 최근 55%로 안정적인 수준에 머물렀고, 몇 년간 계속되던 적자도 이제 플러스를 기록하는 중이었다. 매출 총이익률은 47.5%로 스포츠용품 업계에서는 상위권에 속했다. 푸마는 제대로 수익을 만들어내고 있었다. 사람들은 푸마 상품을 가지고 싶어 했고, 디자이너들은 하나둘씩 푸마의 문을 두드리며 협업을 요청했다. 패션 잡지들은 푸마의 상품을 칭찬했다. 이러한 상황은 아디다스 매니저들을 화나게 했다. 푸마가 라이벌로 떠오르다니. 아디다스는 어떻게 해서든 애널리스트와 기자들을 통해 푸마를 트집 잡으려

노력했다.

그러나 사실은 달랐다. 뜨거웠던 2003년의 여름, 대중은 푸마 상품에 열광했다. 소비 하락세가 두드러지고 '절약하는 것이 최고'라는 인식이 대중 사이에 계속되고 있음에도 차이츠는 세 번 연속 푸마의 수익 전망을 상향 조정했다. 이제 그는 수익률 50%가 아닌 66%를 기대했고 매출은 약 30% 오를 것으로 보았다. 차이츠는 애널리스트들에게 "기대했던 것보다 성과가 좋습니다"라고 말했다. 주가는 처음으로 100유로를 넘어섰고 이러한 역동성과 함께 푸마는 아디다스를 굴복시켰다.

푸마가 DAX에 오르는 것은 이제 시간문제였다. 차이츠는 이미 그가 이뤄낸 사업 성공의 보상을 톡톡히 받은 상태였다. 그는 마케팅 전문지 〈호리촌트Horizont〉에서 '올해의 기업가'로 선정되었다. 몇 년간의 힘든 시기를 거친 푸마는 이제 수준이 다른 최상위 리그에서 뛰고 있었다. 푸마는 스포츠 라이프스타일 분야에서 아디다스와 나이키를 따돌리고 일인자의 자리를 굳힌 상태였다. 그뿐만 아니라 푸마는 과거 스포츠용품 업체들이 생각지 못했던 시장으로 진출했다. 유명 패션 디자이너들의 명품 부티크 진출이 바로 그들의 목표였다. 이처럼 놀라운 행보에 〈스포츠 빌트Sport Bild〉나 〈키커Kicker〉는 물론 패션 잡지 〈보그Vogue〉, 〈엘르〉가 푸마에 관심을 보이기 시작한 것은 그리 놀랄 일도 아니었다.

회사에서 행사가 있거나 디너 파티가 있을 때면 여자들은 푸마에서 옷을 구입했다. 남자들도 푸마에 열광했다. 푸마에서는 '96시간용 트롤리'를 3,900유로에 판매했다. 출장을 떠나는 남성들을 위해 마련된 이 패키지는 출장 시의 필수품 26개로 구성되어 딱히 짐 쌀 걱정을 하지 않아도 되었다. 여기에는 다림질이 필요 없는 셔츠와 접힌 자국이 남지 않는 바지, 그리고 매력적인 액세서리 등이 들어 있었다.

차이츠에게도 변화가 생겼다. 어릴 때부터 패션과는 별로 관련 없는 삶을 살았던 그였지만 이제는 오트쿠튀르Haute Couture[106]의 주인공들을 만나고 다녔다. 2004년 1월 12일에도 차이츠는 꽉꽉 막힌 밀라노 도심에서 꼼짝 않는 택시 안에 앉아 안절부절못했다. 패션 위크가 펼쳐지는 그때 하필이면 대중교통 담당 공무원들이 파업을 했던 것이다. 차이츠는 불안함에 떨며 계속해서 전화를 걸었다. 시간이 없었다. '슈퍼스튜디오 피우Superstudio Piu'에서 펼쳐지는 패션쇼, 즉 푸마의 첫 번째 런웨이 프레젠테이션 시작이 코 앞이었던 것이다. 이번에 소개될 상품들은 크리에이티브 디렉터 닐 바렛Neil Barrett의 작품이었다. 영국 출신의 이 디자이너는 몇 년 전까지 구찌와 프라다에서 일하다가 지난 가을에 푸마로 왔다. 유니폼에서 이브닝 드레스까지 바렛 컬렉션의 이름은 '이탈리아'였다. 이탈리아 축구 대표팀의 유니폼에서 아이디어를 얻어 만들었기 때문이다.

푸마는 1년 전에 이탈리아 대표팀과 후원 계약을 맺었다. 닐 바렛은 피렌체에서 대학을 다니던 시절부터 이탈리아 대표팀을 좋아했다. 당시에 그는 스페인 월드컵에서 이탈리아가 독일을 상대로 우승하는 모습을 보았고, 팬들의 열정에 감동했다. 그는 이탈리아 대표팀 유니폼을 만들어 당시 이탈리아 축구협회 프랑코 카라로Franco Carraro 전 회장에게 전달하는 것으로 이 감동에 보답할 수 있었다.

런웨이 위로 매력적인 축구 선수가 등장할 수 있을 것이란 기대감이 패션쇼 장내에 감돌았다. 그리고 실제로 파란 눈과 라틴계 남자의 매력적인 미소 그리고 꼼꼼한 헤어 스타일링을 자랑하며 런웨이 위로 축구 선수 한 명이 등장했다. 이탈리아 축구 대표팀 골키퍼 잔루이지 부폰Gianluigi Buffon이었다.

---

106 소수의 고객만을 대상으로 고객의 모든 요구에 맞춰 제작된 맞춤복.

닐 바렛과 차이츠

패션쇼가 끝나고 박수갈채가 쏟아졌고, 패션 기자들은 감동했다. 물론 축구 팬들은 필드 위의 영웅이 자랑하는 근육질 몸매에 열광했다.

  3월 29일 차이츠는 다시 이탈리아로 향했다. 그가 탄 택시는 메아짜 스타디움Maezza Stadium으로 가는 길이었다. 이탈리아 축구 대표팀의 새로운 유니폼을 공개하는 날이었다. 이번 유니폼 역시 닐 바렛이 디자인과 제작을 맡아 진행했다. 그는 이번 유니폼에 '레이어드 룩'이라는 이름을 붙였다. 디자인 모티브로는 검투사의 복장을 사용했다. 어깨 부분은 갑주처럼 보였는데, 이는 유니폼 소재가 금속처럼 반짝거리는 효과 덕분이었다. 양말은 앞에서 봤을 때 마치 고대의 다리 보호구를 장착한 듯한 느낌이 들었다. 선수들의 이름과 등번호는 고대 로마 글씨체로 새겨졌다. 이탈리아 대표팀의 포토 타임에 트라파토니Trapattoni 감독이 차이츠를 향해 손짓했다.

"대표님! 오세요!"

그러더니 그는 차이츠를 한가운데에 세웠다. 이렇게 해서 차이츠가 대표팀 가운데서 미소 짓는 사진이 탄생했다.

통제가 더 낫다

차이츠는 여전히 브랜딩을 푸마의 최우선 과제로 여겼다. 사업은 최고의 성과를 내며 진행 중이었다. 2004년 4월의 어느 월요일. 그는 검은색 푸마 '해머' 스니커즈를 신고 뮌헨의 슈바벤 거리를 서둘러 걸었다. 신호등에 빨간색 불이 켜졌는데도 그는 걸음을 멈추지 않았다. 어두운 하늘에서는 엄청난 빗줄기가 쏟아졌다. 그러나 그는 별로 개의치 않았다. 검은색 푸마 코트는 봄바람에 휘날렸고 푸마 로고가 박힌 속옷은 그의 몸을 따뜻하게 유지해 주었다. 그러나 그가 끌고 다니는 세 남자는 뒤에서 힘들어 죽을 지경이었다. 푸마 부CEO인 마틴 갠슬러와 세일즈 매니저인 크리스티안 비젠더Christian Wiesender, 그리고 패션 사업 책임자인 닐 비슨Neil Beeson이었다. 푸마 CEO가 잡아놓은 하루 스케줄은 어마어마했다. 그들은 오늘 하루 부티크 20군데를 방문해야 했다. 차이츠는 푸마가 상품을 공급하는 모든 부티크를 조사할 계획이었다. 그는 푸마의 상품들이 적절한 자리에 진열되어 있는지 확인하고 매장 책임자들에게 푸마 상품이 얼마나 팔리는지 물었다. 차이츠는 이러한 단거리 마라톤을 '스토어 체크Store Check'라고 부르는데, 이는 오늘날까지도 그가 선호하는 매장 관리 전략으로 전 세계 어디를 가든 이 스케줄을 빼놓지 않는다.

2004년 봄. 세상은 조금씩 인터넷 거품의 붕괴와 2001년 9월 11일 테러 공격의 악몽에서 벗어나고 있었다. 그리고 세계화는 계속 진행 중이었다. 차이츠는 이런 시대 상황에서 무엇보다 한 가지를 중요하게 여겼다. 바로 시장에서 기회를 얻는 자는 크기가 가장 큰 자가 아니라, 가장 빠른 자라는 사실이었다. 그는 '속도는 곧 성공이다'라는 계산법을 가지고 있었다. 이에 따라 페이스메이커로서의 역할을 놓치지 않기 위해 지칠 줄 모르고 달려나갔다. 전날 프랑크푸르트 광장의 슈타이겐베르거 호텔Steigenberger Hotel에서 열렸던 국제 세일즈 컨퍼런스에서 차이츠는 자리에 모인 500명의 푸마 책임자들에게 "우리는 더욱 빨라져야 합니다!"라고 강조했다. 더 빨라져야 한다고? 어떤 직원들은 놀라 이마를 찌푸렸다. 1993년에 2억 1,000만 유로를 기록한 매출을 거의 여섯 배나 끌어올려 13억 유로에 이르게 하지 않았던가! 지난날들의 노력 덕분에 마이너스 3,500만이었던 적자를 흑자 2억 6,400만 유로로 끌어올릴 수 있지 않았느냔 말이다. 그러나 차이츠는 어제의 성과에는 관심이 없었다. 전 세계적으로 스포츠 의류가 시장에서 차지하는 비율은 겨우 1%였고, 운동화는 5.3%였다. 이것은 점유율을 더 늘릴 수 있다는 것을 의미했다. 차이츠는 언제나 앞만 바라봤다. 그리고 일부 푸마 직원은 그의 이런 태도를 부당하다고 생각하기도 했다.

그는 회사 차량인 최대 출력 279마력의 메르세데스 S430를 뮌헨으로 가져와 이동 중에도 끊임없이 팜 트레오Palm Treo 휴대전화로 통화하거나 이메일로 답변하는 등 업무를 처리했다. '스토어 체크'를 끝내고 매장을 나서면 그는 가방에서 이 모바일 사무실을 꺼내 들고는 또 정신없이 자판을 두드려댔다. 중요한 소식을 기다리기라도 하는 듯 안절부절못하면서 말이다. 그는 아무리 속도를 내도 만족하는 법이 없었다. 타이핑을 할 때도 "손이 세 개가 아닌 것이 아쉽다"라고 할 정도였다. 사실 당시는 스마트폰이 보편화되기 전이었다. 그러나 차이츠는 이때부터 스마트폰을 사용했다. 어찌 보면 안 쓰는 것이 더 이상할 정도였다. 어쨌거나 차이츠도 신기술에 열광하는 얼리어답터였고 이러한 최신 커뮤니케이션 도구가 없으면 회사가 무너져 내리기라도 할 것처럼 이를 사용하여 모든 작업을 처리했다. 늘 긴장 상태에 있는 것으로는 차이츠 못지않은 푸마 책임자들도 밤낮 할 것 없이 회사와 연락이 닿지 않으면 초조해했다. 한마디로, 푸마라는 기업 전체가 커뮤니케이션 기술의 노예였던 셈이다. 차이츠는 스토어 체크를 할 때도 시차를 이용하여 다른 일들을 처리했다. 최대 수면 시간 6시간을 제외하면 그는 밤낮을 가리지 않고 헤르초겐아우라흐, 보스턴, 홍콩 지사 직원 3,200명과 소통했다. 그리고 그 소통은 대부분 각국 언어로 이루어졌다. 차이츠가 이메일에 답변하는 데 걸리는 시간은 일반적으로 2시간 이상이 걸리지 않았다.

FIFA와의 새로운 갈등

차이츠는 회사 내부의 문제에만 집중할 수 있었다. 다시 말해, 이제 푸마는 고객과 주주들의 의구심을 풀어주기 위해 기업의 전략적 방향을 구구절절 설명하지 않아도 되었다. 그만큼 푸마가 가는 길은 인정받았고 매출은 물론 수익, 푸마가 후원하는 파트너까지도 모두 탄탄대로였다. 그러나 차이츠는 그런 한편으로 자신이 가진 무기로 거대한 골리앗을 이긴 작은 다윗의 이미지를 관리하는 데 신경 썼다. 축구계 최고의 권력 집단인 국제축구연맹 FIFA과 갈등이 빚어졌을 때 차이츠의 이런 생각은 더욱 확고해졌다. 이 사건은 상당한 스트레스를 야기했지만 동시에 이에 대해 이야기하는 여론과 신문 칼럼 등도 쏟아졌다. 차이츠는 FIFA와 푸마의 싸움에서 사람들이 분명히 푸마의 손을 들어줄 것이라고 확신했다.

갈등의 원인은 카메룬이었다. 이번에도 유니폼이 문제였다. FIFA와의 갈등은 2004년 2월에 열린 아프리카 컵에서 시작되었다. 당시 카메룬 축구 대표팀은 상의와 하의로 구성된 유니폼이 아니라 상의와 하의가 하나로 연결된 푸마의 유니QT UniQT를 입고 경기에 나섰다. 타이트한 상의에 하의가 연결되어 아프리카 선수들의 단단한 근육질 몸매가 강조되는 유니폼이었다. 복근 부분에는 사자가 발톱으로 긁은 것 같은 무늬가 꿰매져 있었다. 카메룬 대표팀의 별명인 불굴의 사자를 상징하는 것이었다. 푸마에서 외교 업무를 책임지는 호르스트 비드만은 아프리카 컵이 열리기 1년 전 FIFA 본부를 찾아가 샹파뉴Champagne 전 FIFA 부사무총장과 만나 이 유니폼을 선보였다. 비드만이 저지른 실수는 단 한 가지. 당시에 샹파뉴가 그 유니폼을 허용했다는 것을 기록으로 남기지 않은 것이었다. 비드만은 제프 블래터Sepp Blatter FIFA 회장의 오른팔인 샹파뉴를 신뢰할 만한, 그리고 결단력 있는 사람이라고 믿어 의심치 않았다.

아프리카 컵이 시작되기 직전에 비드만의 호텔방으로 블래터가 전화를 걸어왔다. 30년이 넘는 세월 동안 친분을 유지해온 두 사람은 서로 말을 편하게 하는 사이였다.

"지금 서커스를 하겠다는 거야?"

비드만은 당시에 블래터가 자신에게 불같이 화를 냈다고 회상했다.

"그 유니폼은 금지야!"

그 순간 비드만은 아디다스가 뒤에서 압력을 가했을 것임을 즉시 추측해냈다. 아디다스와 FIFA의 탄탄한 관계는 다슬러 형제 때부터 이어져 왔고, 심지어 아디다스가 FIFA를 후원하는 상황이었다. 제롬 샹파뉴와 있었던 일을 이야기했으나 블래터는 인정하지 않았다. 비드만이 즉시 휴대전화를 집어들어 샹파뉴에게 전화를 걸자 그는 이렇게 된 경위를 설명해주었다. 블래터가 갑자기 그에게 유니폼 허용 여부를 결정할 권한이 없다고 이야기했다는 것이었다. 비드만은 블래터가 사태를 제대로 파악하지 못하고 지난 2002년에 문제가 되었던 카메룬 대표팀의 민소매 유니폼을 떠올리는 것은 아닌가 추측했다. 그러나 이번 유니폼은 민소매가 아니었으므로 문제 될 것이 없었다.

비드만은 다음 날까지 카메룬 대표팀의 유니폼을 마련하여 보여줄 테니 평가해달라고 제안했다. 그러자 블래터도 동의했다. 그리고 정확히 다음 날 아침 9시. 비드만은 FIFA의 호텔 룸을 찾아갔다. 비드만의 손에는 당연히 소매가 있는 유니폼이 들려 있었다. 자리에 모인 사람들은 모두 유니폼을 두고 논쟁할 준비가 되어 있었지만 블래터는 그렇지 않았다. 다른 스케줄 때문에 이 자리에 참석하지 않았던 것이다. 대신 FIFA 사무총장인 우어스 린지Urs Linsi가 블래터를 대신했다. 그러나 그 역시 이 유니폼에 대해 딱히 반대할 만한 요소를 찾지 못했다. 원피스 형식이든 어쨌든 소매가 있었기 때문이다. 그는 "나중에 결과를 알려드리겠습니다"라고 말하고는 사라졌다. 그날 오후에 비드만은 블래터의 결정을 전해들었다.

"이 유니폼은 금합니다."

비드만은 분노했다. 그러나 곧 새로운 전략을 택했다. 그는 FIFA에는 아프리카 컵에 대한 결정 권한이 없다고 주장하고 나섰다. 그와 동시에 아프리카축구협회 쪽으로 방향을 틀어 그 유니폼의 착용을 허용해달라고 부탁했다. 카메룬 출신의 이사 하야투Isssa Hayatou 아프리카축구협회 회장은 몇 년 전부터 비드만과 친분이 있었다. 하야투는 이 문제를 진지하게 받아들여 처리해주겠다고 약속했다. 그는 축구 규정을 살펴보고 나서 변호사들의 자문을 얻은 다음 최종적으로 결정을 내렸다.

"걱정하지 마십시오. 이 유니폼을 입고 경기를 치러도 좋습니다."

하야투는 블래터의 허락 없이 모든 일을 처리했다. FIFA 회장 블래터가 이를 가만둘 리 없었고, 그는 새로운 유니폼으로 교체하라고 지시했다. 그러나 현실적으로 짧은 시간 안에 새로운 유니폼을 마련할 방법은 없었다. FIFA는 이를 참작하여 처음 세 경기에서만 이 유니폼을 허용하겠다고 한 걸음 물러섰고, 비드만은 서면으로 2주 안에 새로운 유니폼을 마련하겠다고 전했다. 그러나 그 유니폼을 입고 네 번째 경기까지 치르자 FIFA는 카메룬 대표팀이 앞으로도 계속 현재의 유니폼을 입고 뛰면 징계를 내리겠다고 경고했다. 이에 비드만은 아직 새로운 유니폼이 마련되지 않은 상태라고 말했고, 카메룬 선수들은 다시 한 번 기존의 유니폼을 입고 경기에 나섰다. FIFA는 결국 월드컵 예선에서 카메룬의 승점 6점을 깎는 동시에 20만 스위스 프랑 벌금을 내렸다. 이에 비드만은 공개적으로 분노를 드러냈다.

"지난 30년간 아디다스는 FIFA의 일방적인 편애를 받았습니다. 이건 횡포입니다."

무엇보다 FIFA가 축구 선수들의 유니폼에 새겨진 아디다스의 삼선을 지난 몇 년간 한 기업의 로고가 아닌 디자인으로 평가했다는 사실이 그를 화나게 했다. 이 때문에 아디다스가 다른 경쟁 업체들보다 홍보 기회를 더 많이 얻는다는 것이었다. 비드만은 이뿐만 아니라 왠지 모르게 아프리카축구협회 회장 하야투에 대한 블래터의 보복이 있었던 것 같다는 낌새를 느꼈다. 하야투는 블래터를 날카롭게 비난하는 인사로 알려져 있었는데, 2002년에 FIFA 회장 선거에 출마하기도 했다. 비록 블래터에게 패하긴 했지만 말이다.

카메룬 축구 대표팀 감독 빈프리트 쉐퍼도 격분하기는 마찬가지였다. 그는 "사자는 궁지에 몰리면 물어버리는 습성이 있지요"라고 말했다. 승점 6점이 부족하다는 것은 다음 월드컵 본선 진출을 아예 포기하라는 것과 다를 바 없었다. 카메룬에서 기자회견이 열렸다. 넓은 어깨의 비드만은 카메룬 선수들의 분노를 잠재우기 위해 이 모든 것을 자신의 책임으로 돌릴 생각이었다. 그에게 카메룬 대표팀의 비난이 쏟아졌다. 그러나 비드만은 흔들림 없이 단호한 태도로 그들에게 약속했다.

"방법은 아직 모르겠지만 반드시 잃어버린 6점을 여러분에게 돌려주겠습니다."

그의 말에 그곳에 자리한 사람들은 모두 침묵했다. 그리고 푸마는 이때부터 FIFA에 저항하는 국제적인 PR 캠페인을 시작했다.

푸마는 카메룬 대표팀의 벌금을 회사의 몫으로 돌리는 한편 FIFA에 200만 유로의 손해 배상을 청구했다. 스포츠용품 회사가 전 세계적으로 가장 막강한 파워를 가진 스포츠 연맹에 도전장을 내민 최초의 사건이었다. 동시에 푸마 변호사들은 사법 처리가 되기 전에 합의를 보자고 FIFA에 제안했다. 그러나 블래터 회장은 이를 거절했고, FIFA의 변호사들은 푸마가 주장한 진술 대부분을 반박하고 나섰다. 4월 6일, 뉘른베르크 퀴르트 지방 법원에서 재판이 열렸다. 그리고 민사 3부는 FIFA가 독점금지법을 위반했다며 FIFA의 패소를 선언했다.

2005년 9월 10일, 비드만은 FIFA 제55회 정기 총회에 참가하기 위해 모로코의 마라케시로 갔다. 1년에 한 번씩 열리는 FIFA 정기총회는 스포츠용품 업계의 책임자들에게 의무적인 스케줄이었다. 축구와 관련있는 이들이 모두 모여 인맥을 넓히는 자리이기 때문이다. 프란츠 베켄바우어Franz Beckenbauer는 자신의 60번째 생일을 '붉은 진주' 마라케시에서 축하할 것이라고 미리 밝혔고, 이에 비드만은 비서에게 베켄바우어가 묵는 호텔을 알아보라고 지시했다. FIFA는 생각 외로 쉽게 호텔을 알려주었다. 호텔에는 베켄바우어 외에도 FIFA 임원들이 묵고 있었다. 비드만이 체크인을 하려는데 데스크의 안내 직원이 FIFA에서 호텔 룸을 예약했으므로 숙박비는 걱정하지 않아도 될 것이라고 일러주었다. 비드만은 깜짝 놀랐다. 그리고 룸으로 올라가 가방을 내려놓기가 무섭게 누군가가 문을 두드렸다. 블래터였다.

"대화를 해야 할 것 같습니다."

갈등 이후 다시 존칭을 사용하기 시작한 이들이었다. 블래터는 합의하자는 제안이 아직 유효한지 물었다. "싸움을 원하는 사람은 없으니까요"라고 비드만은 대답했다.

"단지 공격에 맞선 것뿐이었습니다."

사실 블래터는 당시 궁지에 몰려 있었다. 푸마와의 갈등이 어떻게 시작된 것인지를 해명해야 하는 공식 질의응답 시간이 예정되어 있었고, 이에 따라 그는 다음 날 열릴 의회에서 입장 표명을 해야 했기 때문이다. 그가 다급하게 화해하기를 원한 것도 이 때문이었다. 비드만이 제안했다.

"그렇다면 빨리 미팅 스케줄을 잡읍시다."

빡빡한 스케줄로 시간을 빼기가 어려운 블래터 때문에 두 사람은 다음 날 아침 일찍 7시에 블래터의 스위트룸에서 만나기로 하고 헤어졌다. 다음 날 아침 비드만은 스위트룸을 찾아갔다. 그런데 이번에도 블래터는 자리에 없었고 대신 사무총장 린지가 자리하고 있었다. 그는 비드만이 들어서자마자 소송에 대해 엄청난 비난을 쏟아부었다. 비드만은 결국 대화를 중단하고 나가려던 참이었다. 그 순간 블래터가 들어왔고, 린지는 입을 다물었다. 두 사람은 이미 몇 주 전에 양측 변호사들이 옥신각신하던 내용을 두고 또다시 밀고 당기기를 시작했다. 푸마가 요구하는 내용은 이랬다. 카메룬 대표팀에 월드컵 예선에서의 승점 6점을 돌려줄 것, 푸마가 지급해야 하는 벌금을 카메룬의 사회 발전을 위한 기부금으로 사용할 것, 그리고 마지막으로 2006년 독일 월드컵 입장권을 구입할 수 있도록 허용해주는 것이었다. 월드컵 공식 스폰서가 아니었던 푸마는 이에 대한 권리가 없는 상태였다. 몇 주 전에 블래터는 이를 거절했었다. 그러나 이제 상황은 역전되었고 비드만은 그때보다 좋은 카드를 손에 쥐고 있었다. 비드만은 이 요구 사항에 월드컵 VIP 티켓을 추가했다. 푸마의 친구들과 사업 파트너들이 월드컵을 즐길 수 있도록 하기 위함이었다. 1시간 뒤 합의 절차는 마무리되었고 푸마의 바람은 이루어졌다. 비드만은 FIFA와의 합의에 대해 "FIFA가 우리에게 매우 공정하고 정직한 태도를 보였습니다"라고 말했다.

FIFA와의 갈등은 푸마에 상당히 힘든 일이었다. 그러나 그 어려움은 대중 매체를 통해 몇 배의 보상으로 돌아왔다. FIFA라는 강력한 권력을 상대로 승리를 거둔 것에 대해 언론은 긍정적으로 평가했고 스포츠용품 업계는 연대감을 느끼게 되었기 때문이다. 그러나 이 결과에 대해 FIFA가 어떤 입장인지는 알 수 없다. 저자는 이 사건에 대해 FIFA의 입장 표명을 부탁했지만 FIFA는 그에 응하지 않았다. 푸마는 절대 권력으로 FIFA를 지배하는 블래터에 당당하게 맞섰다. 과거에 그 어떤 스포츠용품 기업도 엄두를 내지 못한 일이었다. 어쨌든 이 사건으로 푸마는 '저항'이라는 이미지를 더욱 견고하게 다질 수 있었다.

운동화처럼 건강한

2004년 초, 푸마의 힘은 넘쳐나고 있었다. 마치 신경제 시대신경제 시대는 지속적인 경제 성장이 가능한 경제 환경을 말한다의 호황기라도 도래한 양 푸마의 주가는 상승 곡선을 그렸다. 주식자본화 이후 푸마는 나이키와 아디다스의 뒤를 이어 전 세계에서 세 번째로 큰 스포츠용품 기업으로 우뚝 섰다. 그래도 비판하는 사람들은 여전했다. 이들은 푸마가 트렌드와 혁신에 얽매여 있으며 타깃층이 너무 젊고 조금도 신뢰할 수 없다고 주장했다. 심지어 모건 스탠리 Morgan Stanley의 애널리스트들은 2월 말에 들어서면서 푸마의 주식 등급을 하향 조정하기까지 했다. 더 이상 긍정적인 혁신을 일으킬 여지가 없다는 것이 이유였다. HSBC 트링크하우스&부르크하르트의 닐스 레서는 "스포츠용품 업계가 붕괴할 위험이 있다"라고 전망했다. 그의 전망은 부인하기 어려운 사실이기도 했다. 오늘 최고의 인기를 누린다고 해도 당장 내일 외면당할 수 있는 것이 시장의 현실이고, 실제로 푸마의 경쟁 업체인 컨버스, 필라, L. A. 기어가 그러한 쓰라린 경험에 시달리고 있었다. 이 기업들의 시장 가치는 추락했다.

과거에 스톡 옵션stock option[107]을 받았던 직원들은 처음으로 수익을 올리게 되었다. 차이츠도 그런 이 중 한 사람이었다. 2003년 9월 1일에 그는 자신의 스톡 옵션으로 1주당 24.61유로에 푸마 주식 66,707주를 사들였다. 그리고 같은 날 이 주식을 당시 시세인 1주당 101.58유로에 되팔았다. 이로써 그에게 돌아온 수익은 510만 유로였다. 차이츠의 연봉인 약 200만 유로에 견주어도 꽤 괜찮은 수익이었다. 이에 대해 〈슈피겔Spiegel〉지는 "그 어떤 주주도 차이츠의 돈을 시기하지 않는다. 차이츠는 사상 최고치의 주가 상승을 만들어낸 장본인이기 때문이다"라며 차이츠의 편을 들었다. 차이츠가 이렇게 수익을 올리면서 그에게 호의를 표하는 푸마 소유주들도 나타났다. 2003년 결산 컨퍼런스에서 차이츠는 1주당 이익 배당금이 55센트에서 70센트로 상승했다고 발표했다. 매출이 약 40%, 그리고 순이익이 111%로 증가한 것과 비교하면 이익배당금 증가율은 보통이라고 할 수 있었다. 이 밖에도 차이츠는 시세가 많이 올랐으며 이를 통해 주주들도 이익을 보았다고 덧붙였다.

---

107 기업이 임직원에게 일정 수량의 자기 회사 주식을 일정한 가격으로 매수할 권리를 부여하는 제도.

4월, 푸마의 유가 증권 가격은 처음으로 200유로를 넘어섰다. 그리고 차이츠는 감사회로부터 2009년까지 5년간의 계약 연장 통보를 받았다. 차이츠는 그 사이에 41세가 되었다. 그가 푸마에 있은 지도 벌써 14년이나 되었고, 사실 이쯤 되면 온갖 일을 다 해야 하는 CEO로서의 자리에 반기를 들고 과거의 CEO들처럼 편히 쉴 생각을 할 만도 했다. 그러나 차이츠는 여전히 지치지 않고 앞을 향해 달려갔다. 올해는 물론 다음해에도 푸마가 배불리 배를 채우게 해줄 만한 사업들이 기다리고 있었다. 먼저 포르투갈에서 유럽 챔피언스 리그가 펼쳐질 예정이었다. 여기서 이탈리아, 스위스, 체코, 불가리아 대표팀과 후원 계약을 맺은 푸마는 이어진 아테네 올림픽에서도 여러 세계 육상 선수, 그중에서도 자메이카 선수 15명과의 관계를 시작했다. 이제는 수익을 올리려면 홍보에 많은 투자를 할 필요가 있었다. 당시의 마케팅 예산은 무려 1억 8,000만 유로로, 전체 매출의 14%에 해당하는 액수였다.

비록 글래디에이터 유니폼을 입고 당당하게 경기에 나선 아주리 군단이 유럽 챔피언스 리그 본선 진출에서 탈락의 고배를 마시고 레게의 기운이 충만한 자메이카 선수들도 올림픽 메달 순위 34위에 그쳤지만, 차이츠는 만족했다. 이 두 스포츠 행사와 상관없이 스포츠용품과 패션 상품들은 인기리에 판매되고 있었다. 2004년 3분기는 푸마 역사상 최고의 시기로 기록되었다. 이보다 많은 것을 기대한 일부 애널리스트들은 푸마에 실망감을 드러내기도 했으나, 애널리스트들의 불만족에도 푸마는 DAX로 올라갈 조짐을 보였다. 푸마가 DAX로 올라가는 대신 나약해진 여행사 투이TUI가 MDAX로 내려올 가능성이 컸다. 그러나 투이의 주가는 갑작스럽게 상승세를 보이더니 결국에는 푸마와의 자리 교체를 방어했다. 차이츠는 편안한 마음으로 이 결과를 받아들였다. DAX의 라이트급에 있느니 차라리 MDAX의 헤비급에 있는 쪽을 더 선호했기 때문이다.

포뮬러1 매니저 플라비오 브리아토레, 여성들과 차이츠

    9월 8일, 홍보부는 푸마가 2005년 1월 1일부터 페라리 F1의 후원사로 활동한다는 것과 이들에게 '퓨처캣Future Cat' 컬렉션을 제공한다고 대중에 알렸다. 퓨처캣은 빨간색과 흰색이 섞인 러닝화로 위에는 페라리와 푸마의 로고가 새겨졌다. 푸마는 이 상품이 베스트셀러가 될 것이라고 자신했다. 독일과 이탈리아 간의 이 새로운 인연은 차이츠가 딱 바라던 것이었다. 전 시대를 통틀어 가장 성공적인 레이싱 팀과 계약을 맺은 회사가 아디다스도, 나이키도 아닌 바로 푸마라는 것. 게다가 이 팀에는 2000년부터 세계 챔피언 타이틀을 모두 휩쓸고 있는 슈퍼스타 미하엘 슈마허Michael Schumacher가 있었다. 이로써 푸마는 이탈리아축구협회와 후원 계약을 맺은 이후 마틴 갠슬러와 준비한 끝에 세계 3대 스포츠 축제 중 또 다른 하나인 F1까지 정복하게 된 것이다! 이번에도 차이츠의 언어 능력이 빛을 발했다. 그는 계약을 위한 협상 자리에서 페라리 F1 총감독인 장 토드Jean Todt와는 프랑스어로, 이탈리아 책임자들과는 이탈리아어를 사용했고 덕분에 협상이 채 완료되기도 전에 찬사를 받았다. 경제계는 이번에도 차이츠의 비약에 박수를 보냈다. 그뿐만 아니라 차이츠는 베인앤컴퍼니Bain&Company, WHUWissenschaftliche Hochschule für Unternehmenführung108와 함께 〈독일 파이낸셜 타임스Financial Times Deutschland〉가 수여하는 '올해의 전략가' 상 수상자로 선정되어 또 한 번 타이틀을 거머쥐었다. '그는 작은 기적을 만들어냈고 푸마를 트렌디한 브랜드로 탈바꿈시켰다' 라는 것이 선정 이유였다.

또 차이츠가 뿌듯함을 느낀 일이 있었다. 바로 소도시 헤르초겐아우라흐에서의 경쟁 업체인 아디다스의 CEO 헤르베르트 하이너Herbert Hainer의 인터뷰 기사를 읽었을 때였다. 앞으로 아디다스는 매출보다 수익성 증가에 중점을 둘 것이라고 그는 말했다. 달리 표현하자면 매번 몇백만이 오가는 거래로 나이키를 추월하려는 시도는 이제 그만두겠다는 말이었다. 이는 차이츠가 지난 몇 년간 푸마 직원들에게 강조하고 또 강조한 전략이었다. 아우라흐 강 너머의 영원한 적, 아디다스만 신경 쓰지 말라는 전략 말이다. 차이츠는 하이너의 인터뷰에 대해 이렇게 말했다.

"놀라운 일이긴 하죠. 과거에 우리를 가장 시끄럽게 비난했던 누군가가 이제는 우리를 따라 한다는 것 말이에요. 제게는 이것이 우리가 나아가야 할 길이 옳다는 것을 증명해주는 것과 같아요. 그 이상도, 그 이하도 아닙니다."

---

108 독일 경영대학교.

9 차이나 커넥션

사랑받는 기업의 기쁨과 부담
끊이지 않는 불신, 그리고 위조 공장으로의 방문

    2005년이 시작되면서 일부 애널리스트는 또다시 푸마에 대한 포트폴리오 공사를 시작했다. 유럽 챔피언스 리그와 올림픽 등 대규모 스포츠 축제가 펼쳐진 2004년에 푸마가 최고치를 기록하면서 주식 시장의 기대가 도를 넘어선 것이었다. 차이츠에게는 푸마의 주식에 대한 환상을 없애고 주주들의 변덕을 관리하는 일이 너무나도 어려웠다. 차이츠는 그와 반대로 비교적 겸손한 전망을 제시했다. 그는 푸마의 매출과 수익 상승률이 각각 5%와 10% 정도를 기록할 것이라고 내다보았다. 전년도 매출 상승률은 20.1%, 수익상승률은 43.5%였다. 예상 상승률이 조금 줄어들자 주가는 무너져 내렸다. MDAX 평균 주가지수가 약 6.5% 증가하는 동안 푸마의 주가는 10% 하락했다. 한번 승리를 거둔 사람이 다음번 경기에서 그보다 못한 활약을 보여주는 경우 사람들은 그 즉시 그가 위기에 처했다고 말한다. 어찌 보면 그것은 승자의 운명이다. 그러나 차이츠는 푸마라는 브랜드가 여전히 지치지 않는 잠재력이 있다며 이들의 비관적인 전망에 맞섰다.

한편으로는 푸마가 들어설 자리가 갈수록 줄어드는 것도 사실이었다. 그러나 그것은 또한 그만큼 커다란 수요를 내포한 잠재 고객의 범위가 넓어진다는 것을 의미하기도 했다. 또 그동안 나이키, 아디다스, 리복, 던롭, 컨버스, 골라와 같은 경쟁 업체들도 스포츠 라이프스타일 사업에 뛰어들었다. 스케이트 브랜드인 반스Vans는 과거 루이비통에서 일하던 가장 영향력 있는 미국 패션 디자이너 마크 제이콥스Marc Jacobs와 협업했고, 리복은 영국 패션계의 슈퍼 스타 폴 스미스Paul Smith와 손을 잡았다. 영국 스포츠용품 제조업체 엄브로Umbro는 영국의 유명 디자이너 킴 존스Kim Jones에게 라이프스타일 슈즈 디자인을 맡겼다. 게다가 거꾸로 패션하우스들이 스포츠용품 사업에 관심을 보이면서 푸마의 입지를 좁혀왔다. 특히 프라다, 구찌, 랄프 로렌Ralph Lauren, 헬무트 랑Helmut Lang, 호간Hogan, 토즈, 타미 힐피거Tommy Hilfiger, 디스퀘어드Dsquared, 보스Boss, 디젤Diesel, 비블로스Byblos가 그랬다. 돌체앤가바나DOLCE&GABBANA는 이미 2002년에 운동화를 출시한 바 있었다. 이탈리아 디자이너 에르메네질도 제냐Ermenegildo Zegna는 취미용 스포츠 컬렉션 Z를 선보였다. 이 컬렉션 중 하나는 녹색 스트라이프가 들어간 화이트 스니커즈였다. 라코스테도 150유로에 판매되는 레트로 테니스 슈즈를 공개했다. 그러나 실제로 테니스를 위한 기능화는 아니었다.

이 기간에 헤르초겐아우라흐의 푸마 본사에서는 진짜 대공사가 진행 중이었다. 여기저기서 톱이 끽끽거렸고 해머 드릴이 덜커덩 소리를 냈다. 뷔르츠부르크가의 베이지 그린 푸마 본사 건물은 마치 70년대 실업 학교의 분위기를 풍겼고 워낙 오래되어 여기저기에서 문제가 발생했다. 이에 차이츠가 1,000만 유로를 투자해 5층 높이의 새로운 사무실 건물을 지을 결정을 한 것

새로 지은 푸마 본사(가운데)

이었다. 가용 면적은 7,000㎡였다. 건물 정면을 유리로 만들어 스포츠 라이프스타일 및 패션 기업으로서의 세련미를 반영했고, 로비는 푸마를 상징하는 레드 컬러로 꾸몄다. 푸마가 2005/06 윈터 컬렉션을 소개하는 데 사용했던 쇼룸을 제외하고 푸마 본사 건물은 얼마간 온통 먼지로 뒤덮여 있었다.

드디어 회사 CEO는 다슬러 형제 시절부터 이어져 내려오던 마호가니 목재로 꾸며진 진부한 CEO 사무실에서 이사할 수 있었다. 이후 그 자리는 직원용 피트니스 센터로 개조되었고 러닝머신, 스테퍼, 크로스 트레이너, 근력 운동 기구 등이 설치되었다. 건강한 육체에 건전한 정신이 깃드는 법이다. 푸마 직원들에게는 일주일에 한 번씩 전문 트레이너와 물리치료사가 붙었다. 푸마 CEO의 새로운 사무실은 환하게 불을 밝혔고, 크롬을 이용해 현대적인 느낌을 주었다.

차이츠는 자신의 일에만 집중하기를 원했다. 그래서 부수적인 일로 방해받는 것을 그리 좋아하지 않았다. 〈크리스티안센Christiansen〉 같은 토크쇼에서 출연 섭외가 들어오면 모두 거절했는데, 푸마가 두각을 나타낸 후로 그런 섭외가 많았다. 파티에 모습을 잘 드러내지 않는 것도 예전과 다름없었다. 그러나 그 무엇보다도 그가 가장 어려워한 것은 정치였다. 한번은 게르하르트 슈뢰더Gerhard Schröder 독일 총리가 다른 지도층 인사들과 함께 월드컵 지원 방법을 논의하는 자리에 그를 초대한 적이 있었다. 그러나 차이츠는 이를 거절하고 대신 자신의 오른팔인 호르스트 비드만을 보냈다. 비드만과 작별 인사를 하면서 슈뢰더 총리는 "CEO에게도 안부를 전해줘요. 한번 만나보고 싶다고요"라고 말했다. 그러자 비드만은 이렇게 권했다.

"그러면 저희 회사에 오시는 게 어떨까요?"

그 말에 슈뢰더는 "네, 그러죠"라는 말로 방문을 약속했다.

베를린에서의 방문

3월 10일, 새로 단장한 푸마 본사가 공식적으로 문을 열었다. 총리는 유로콥터109의 헬리콥터를 타고 헤르초겐아우라흐의 '푸마'를 찾아왔다. 슈뢰더에게 오랜 전통의 푸마를 방문하는 것은 총리로서의 의무 그 이상의 의미가 있었다. 슈뢰더는 언제나 스포츠, 그중에서도 축구가 전쟁 미망인의 아들이었던 어린 자신에게 깊은 인상을 남겼다고 강조했다. 슈뢰더는 니더작센Niedersachsen 주 벡스텐Bexten에 있는 베헬프스하임Behelfsheim 옆의 축구

---

109 프랑스, 독일 합작 헬리콥터 개발업체

장에서 아예 살다시피 했다. 동료 선수들은 슈뢰더를 '아커'라고 불렀는데, 이 아커는 바로 그 축구장에서 존경심에 대해 알게 되었고 '자신의 인생의 길에 대한 자신감'을 키웠다.

푸마에서는 총리의 방문을 맞이하기 위한 준비가 의전에 따라 엄격하게 진행되었다. 커뮤니케이션 대표 울프 산티에르는 구체적인 의무 사항들을 점검하느라 계속해서 정부 대변인 벨라 안다와 통화했다. 방문이 예정된 사흘 전에 경호원들이 베를린에서 도착했고 혹시라도 숨겨져 있을 수 있는 폭발물을 발견하기 위해 경호견을 대동하고 구석구석 수색에 나섰다. 푸마는 최대 경비 구역이 되었다. 그러나 프랑켄 소도시는 위험한 상황이 발생할 일이 거의 없는 쪽에 가까운 곳이었다. 총리의 푸마 방문을 인정할 수 없는 격노한 아디다스 매니저들이 무슨 일을 일으키지 않는다면 말이다.

새로운 본사 건물 로비에 슈뢰더를 환영하기 위한 인사들이 자리했다. 헤르초겐아우라흐 시장 한스 랑Hans Lang, 헤르초겐아우라흐 군수 에버하르트 이얼링거Eberhart Irlinger, CDU 주 의회 의원 크리스타 마슐Christa Maschl, 그리고 물론 요헨 차이츠도 있었다. 정치인들의 자리를 매우 불편해하는 그는 이 모습에 고개를 절레절레 흔들 수밖에 없었다. 슈뢰더와 다른 정당에 속한 정치인들임에도 슈뢰더의 권력 앞에 아첨하는 지역 인사들의 모습이란! 특히 푸마와 별로 관계가 없는 아디다스의 친구 한스 랑 시장이 여기까지 와 있는 모습이 더 그랬다. 이 무리는 슈뢰더와 정부 대변인 안다의 뒤를 따라 계단을 올라가 잼, 버터 등이 발라진 빵과 커피가 있는 미팅룸으로 들어갔다. 슈뢰더는 먼저 커피를 마셨다. 독일 지역 홍보 매니저인 헬무트 피셔는 거의 매 초 디지털 카메라로 이 장면을 남기고 있었다. 총리는 깜짝 놀랄 만큼 푸마 스토리를 잘 알고 있었다. 그리고 아시아에서 생산하면서 독일에서도 일자리를 창출하는 방법을 물었다. 15분 후 이들은 잔뜩 긴장한 푸마 직

총리가 헤르초겐아우라흐를 방문하다.

원들이 기다리고 있는 강당으로 이동했다. 이 자리에서 차이츠는 짧은 환영 인사를 전했고, 그 후 슈뢰더가 몇 마디를 했으며 군수의 말이 이어졌다. 마지막으로는 시장이 헤르초겐아우라흐와 신, 그리고 세상에 대한 장황한 연설을 늘어놓았다.

총리도 지루해 보이기는 마찬가지였다. 슈뢰더는 이내 자리에서 일어나더니 "자, 이제 직원 분들이 이곳에서 어떻게 이런 일들을 하실 수 있는지 좀 볼까요?"라고 말했다. 자리에 있는 무리는 총리와 인사할 기회에 잔뜩 긴장했다.

"당신의 팀을 이렇게 보고 있자니, 이제 당신도 제일 젊은 직원이 아닌 모양입니다."

슈뢰더는 차이츠에게 이렇게 말하며 미소 지었다. 자리한 사람들도 함께 웃었다. 슈뢰더가 한 건을 올린 것이었다. 그는 끊임없이 악수하며 직원들 사이에 섞였고 그들과 사진을 찍었다. 그는 "이곳에서 훌륭한 일들을 하고 계시는군요. 세상의 그 어떤 나라도 아닌 바로 독일 본사에서 말이죠"라며 칭찬했다. 그런 다음 이들은 회사 투어를 시작했다. 제일 먼저 이들은 직물을 디자인하는 건물 가장 위층의 부서를 찾았다. 그리고 상품 개발부로 이동했는데, 그곳에서 총리는 젊은 여성들이 일하는 어깨 너머를 바라보며 그들이 노트북과 그림, 그리고 직물 샘플로 어떤 일들을 하는지 물었다. 이어서 축구, 모터 스포츠와 관련된 푸마의 성과를 보기 위해 재빨리 신발 부서로 향했다. 마지막으로 향한 곳은 주문 센터였다. 차이츠는 이곳에서 슈뢰더에게 등번호 10번이 달린 카메룬 대표팀 유니폼을 전달했다. 정치적 개그가 담긴 의미의 선물이었다. 그도 그럴 것이, 카메룬 대표팀의 색은 빨간색과 초록색인데 당시의 연합 정당과 같았던 것이다. 총리는 약 한 시간 동안 푸마에 머물렀다. 헤어지면서 그는 차이츠에게 말했다.

"대화하러 베를린에 한번 오세요."

6주 후 차이츠는 이 초대를 받아들였다. 그렇지 않아도 차이츠는 포츠담 광장의 운행이 중단된 지하철 역에서 새로운 월드컵 컬렉션을 소개할 일이 있어 베를린을 방문해야 하는 참이었다. 스타 게스트로는 축구의 전설 펠레가 참석했다. 차이츠는 펠레를 "총리실로 데려가야겠다"라고 생각했다. 그러나 펠레와 동행했음에도 이번의 만남은 헤르초겐아우라흐에서처럼 그리 편하지는 않았다. 슈뢰더의 일정이 너무 빡빡했던 것이다. 슈뢰더는 당시 국회에 재신임을 물었는데 이에 실패하여 온갖 상황이 선거에 집중된 상태였다. 어쨌거나 그의 사무실에서 커피 한 잔을 마시며 나눈 수다는 화기애애했다. 사진사가 사진을 찍으려고 하자 슈뢰더는 자신의 담배를 감췄다.

이들이 작별 인사를 하기 위해 손을 내밀었을 때 총리는 다음번 외국 여행에 동행해달라고 푸마 CEO를 초대했다. "아시아가 좋을 것 같습니다"라고 차이츠는 말했다. 어쨌거나 그곳에서 할 일이 많았던 것이다. 그러나 그 일은 이루어지지 않았다. 곧 새로운 총리인 앙겔라 메르켈Angela Merkel이 등장했다. 그래도 베를린 방문은 보상이 있었다. 적녹 연합당뿐만 아니라 그 뒤를 이은 연립정부가 푸마를 위해 중국의 관세 제한 등의 문제에 조치를 해준 것이었다. 여행 동행에 대한 슈뢰더의 오퍼까지 새 정부는 올곧게 지켰다. 2006년 차이츠는 앙겔라 메르켈과 기업 CEO 25명과 함께 중국으로 갔다. 도이치반Bahn의 CEO 하르무트 메도른Harmut Mehdorn과 같은 이들이 이 자리에 함께했고, 당시 지멘스Siemens의 감사회 회장인 하인리히 폰 피어러 Heinrich von Pierer도 있었다. 이 중에서 차이츠와 가장 마음이 잘 맞은 이는 젊은 클라우스 클라인펠드Klaus Kleinfeld로 전 지멘스 CEO였다. 좋은 대화를 나눈 시간이었지만, 돌아오고 나서 차이츠는 다시는 가지 않겠다고 다짐했다. 전략적이고 가끔은 비굴하게 행동하는 이 경제 지도자들 사이에서 매우 이질감을 느꼈기 때문이었다.

차이츠는 총리라는 자리는 자신과 전혀 어울리지 않는 것이라고 말한다. 그에게도 약간의 독재적인 성향이 있기는 하지만, 참호전을 치르기에 너무 솔직하다. 어떤 정보를 언제 사용해야 하는가? 어떤 사람을 언제 내보내야 하는가? 이러한 질문들은 그에게 구역질이 났다. 그는 스트레스를 사랑했다. 그러나 긍정적인 스트레스에 한해서였다. 그는 정치가 자신에게 부정적인 스트레스를 가져올 것이라고 말한다. 그것은 그 분야에서 성공을 거둘 기회가 없을 것이란 뜻이었다.

악마는 푸마를 입는다

가끔은 그가 자신의 일을 진행하는 데에도 정치가 필요했다. 예를 들어 메르켈 총리가 중국에 입주한 독일 기업들을 위해 추진하고 있던 '브랜드 도적과의 전쟁'이 그것이었다.

2004년 중반의 아주 평범한 날이었다. 베이징에서 남동쪽으로 천 킬로미터 떨어진 직물 및 신발 사업의 메카인 징장에서 몇몇 영국인들이 신발 공장 문을 열고 들어갔다. 공장은 미스터 딩의 소유였다. 방문자들은 유명한 미스터 딩의 상품에 관심 있는 판매업자라고 사칭했다. 미스터 딩은 이들을 친절하게 맞이하며 넓은 홀로 안내했다. 이들은 푸마 위조품을 열심히 제작하는 사람들과 기계의 모습을 넋을 놓고 바라보았다. 위조품의 품질은 훌륭했고 전문성도 갖추었다는 점에 이들은 깜짝 놀랐다. 미스터 딩은 위조품을 만들기 위해 주조용 틀에 많은 돈을 투자한 것 같았다.

자랑스러운 중국 공장주가 미처 알지 못한 것이 있었다. 사실 이들은 판매업자가 아니라 푸마의 의뢰를 받아 위조 공장 적발에 나선 영국 흥신소 직원들이었다. 의심의 여지가 없었다. 미스터 딩은 틀림없는 위조자였고, 그것도 가장 뻔뻔한 짝퉁 제조업자였다. 영국인들은 몇 주 뒤 이들을 체포하기 위해 중국 AIC 공무원들과 함께 다시 돌아왔지만 그들에게는 접근이 금지되었다. 미스터 딩은 영리하게도 공장을 군사 지역에 지었다. 낯선 이가 접근하면 즉각 중무장한 군인들이 방아쇠를 당기려고 하며 둘러싸는 곳이었다. 중국 당국이 명령해도 형사들은 출입할 수 없었다. 결국, 이들은 멀리서 거대한 운송 상자가 화물 트럭에 실리고 또 군사 지역 깊숙이 물품을 공급하는 모습을 지켜볼 수밖에 달리 도리가 없었다. 그들이 할 수 있는 일은 없었다. 군인들은 갈수록 포악해지며 이들에게 계속 들어가려고 하면 총을 쏘겠다고 협박했다. 푸마의 대표 변호사인 요헨 레더힐거Jochen Lederhilger는 '엄청난 좌절을 경험하며' 후퇴할 수밖에 없었다고 당시를 회상했다. 며칠 뒤 조사 담당자는 한 단계 더 높은 관련 당국에 도움을 요청했다. 그러나 이들은 이번에도 중국 당국이 이 사건에 분노하고 있으며 당장 처리하겠다는 약속만 받았다. 그저 약속뿐, 역시 아무런 조치도 취해지지 않았다.

　세계화는 미스터 딩과 같은 파렴치한 사람들에게도 큰 기회를 열어주었다. 그 때문에 전 세계의 기업가들이 시달리고 있었다. OECD는 2006년 위조 상품 때문에 세계 무역의 2%가 줄었다고 발표했다. 체인톱, 브레이크 패드, 약품 할 것 없이 가짜 상품으로 말미암은 손해는 1,360억 유로에 이르렀다. 모든 가짜 상품의 3분의 2가 미스터 딩의 공장과 같은 중국의 공장에서 나오는 것이었다. 절대적 수치로만 따졌을 때는 그리 우려할 일이 아니라고 생각할지 모른다. 그러나 50개가 넘는 각국 세관을 대상으로 설문 조사한 바로는 이러한 가짜 상품 문제가 갈수록 심각해진다고 했다. 그러나 OECD는 위조 공장에서 만들어진 가짜 식품이나 의약품이 국민의 건강을 위험에 빠뜨리는 문제를 더 심각하게 여겼지 가짜 푸마 스니커즈를 신고 뛰다가 다리가 부러지는 등의 문제는 덜 중요하게 여겼다.

　결국 사람들이 원하는 브랜드를 가지고 있다는 것은 이런 측면에서 양면성이 드러났다. 터키 아드리아의 마나브가트Manavgat에서 열리는 주말 바자회에서든, 독일로 넘어가는 터키 국경의 베트남 시장에서든 가판대에는 위조 상품이 가득했고 여행객들은 마치 바겐세일이라도 되는 양 대담하게 그 위조품들을 집어 들었다. 지중해 연안의 휴양 리조트에 한 차례 새로운 관광객들이 밀려들어 오면 일단 아이들의 옷이 바뀐다고 한다. 불과 며칠 사이에 아이들은 새로 산 가짜 축구 유니폼으로 옷을 갖춰 입는 것이다. 그러나 이런 소비자들을 나쁘게만 생각할 수는 없었다. 어쨌거나 위조품들은 갈수록 비싸졌고 신중하게 선별된 매장에서만 판매되었다. 게다가 이미테이션 상품의 봉합 상태, 날염 상태, 디테일 등은 매우 섬세해서 회사 직원들조차 이를 구별하는 데 문제를 겪을 정도에 이르렀기 때문이다. 심지어 위조된 신발에서 위조 방지 마크가 발견된 일도 있었다. 푸마 변호인들은 이 마크가 협력 공장에서 도난당했거나 아니면 푸마 내부에서 직원이 부정을 저질렀을 수 있다고 추측했다. 실제로 납품업자들이 위조 방지 도장을 도난당했다고 보고할 때가 가끔 있다. 그러면 푸마 책임자들은 놀라면서도 결국에는 서둘러 새로운 것을 보내줄 수밖에 없다. 푸마가 계속 빠르게 성장하는 상황에서 범죄 가능성을 가진 일부 직원들이 사례금을 받고 이메일을 통해 상품 정보를 알려줄 가능성도 배제할 수 없었다. 푸마의 법조인들은 중국, 태국, 터키, 벨로루시, 우크라이나에 있는 무역 파트너들이 이러한 비리에 연루되지 않았을 것이라고 주장한다. 그렇지만 푸마는 동시에 'S.A.F.E.' 부서를 만들어 정기적으로 제조 업체들에 감시관들을 보내 누군가가 과잉 생산을 하는 일은 없는지 등을 체크했다.

　푸마는 갈수록 모방 업체들에 대한 싸움이 치열해졌다. 90년대 초반 브랜드가 다시 자리를 잡고 이미지가 상승하면서 처음으로 푸마의 모방 제품들이 나타나기 시작했다. 2006년에는 세계적으로 흘러넘치는 푸마 위조 상품, 그중에서도 특히 신발이 200만 켤레를 넘어섰다. 브랜드 위조가 중국에서 금지되고 중앙 정부가 수공 제조업자들을 통제하기 위해 상당히 일하고 있기는 하지만 사실 중국의 14억 인구를 관리한다는 것은 불가능한 일이다. 게다가 이 문제가 더 어려운 것은 위조 공장들의 수익으로 사례금을 받는, 특히 남부 지역의 많은 성장(省長)들이 브랜드 위조를 지원한다는 것이었다. 위조에 죄책감을 느끼지도 않고 말이다!

　사실 푸마 매니저들은 어느 정도 푸마 위조품의 편재에 대해 조금은 자랑

위조 대상이 된 푸마 가방

스럽게 여길 법도 했다. 위조품의 수는 그 브랜드의 인지도를 반영하는 것이기 때문이었다. 그러나 브랜드 위조를 담당하는 '지적 자산Intellectual Property' 부서는 가차없는 조치를 내렸다. 세계 어느 곳의 국경 세관에서든 의심스러운 상품이 발견되면 공무원들은 즉각 헤르초겐아우라흐로 연락했다. 이를 위해 푸마 법조인들은 전 세계에 위조품에 대한 국경 지역에서의 전면 몰수를 신청했다. 세관 수사 요원들은 푸마 상품의 안전장치와 모든 유통 경로에 대한 루트 리스트가 있는 CD롬을 가지고 있었다. 손 안에 든 것이 위조품이라는 의심이 들면 그들은 직접 푸마에 연락하거나 사실 관계를 규명해낼 수 있도록 상품을 보관했다. 의심이 진실로 밝혀지면 이 습득물은 즉각 폐기되었다. 푸마 주주들은 이 철저한 조치에 박수를 보냈지만 한편으로는 별로 내키지 않는 심정이기도 했다. 어쨌거나 상품 처분에 드는 돈도 푸마가 부담해야 했기 때문이다.

금지된 화물

브랜드 해적들은 갈수록 탐욕스러워졌다. 그리고 푸마의 처분 비용도 갈수록 늘어만 갔다. 2006년 8월 세관 직원들은 함부르크 항구에서 위조 제품이 들어 있는 컨테이너 117개를 발견했는데 그 안에는 특히 나이키 운동화와 시계, 직물, 장난감이 있었다. 활발한 해외 무역이 이루어지는 이곳 항구의 공무원들은 그동안 한 번도 이런 일을 경험한 적이 없었다. 그들은 이 상품들의 무역 가치로 3억 8,300만 유로라는 값어치를 매겼다. 컨테이너 117개 중에 다섯 개는 각각 푸마 신발만 4,000켤레씩 꽉꽉 채워져 있었는데 대다수가 시장에서 히트하고 있는 상품 '스피드 캣' 과 '퓨처 캣' 이었다. 매장에서 판매하는 오리지널 제품은 100유로인데 위조 상품은 체코나 그 밖의 아시아 시장에서 20유로에 팔렸다. 11월에는 거의 예외 없이 중국에서 만들어진 위조 상품들이 그야말로 대대적인 조치에 의해 처리되고 불태워졌다. 컨테이너 하나를 처리하는 데는 3,000유로가 들었고 이로써 푸마는 총 1만 5,000유로를 들여야 했다. 이 위조 신발 제작 과정에 사용된 플라스틱 상당량은 다른 것들과 혼합되어 경기장 바닥재로 사용되고 있다.

차이즈는 이러한 사악한 짓은 뿌리를 잘라내야 한다고 말한다. 그래서 그의 회사는 지구상의 60개가 넘는 국가들에 법률 사무소와 경비대를 두고 촘촘한 망을 구성해 이들이 자회사와 조달 파트너, 책임자들과 함께 협력할 수 있도록 재정을 지원했다. 조사원들은 그들의 정보를 세관, 경찰, 믿을 만한 스포츠용품 판매업자나 세계 곳곳으로 출장을 다녀 시장의 구체적인 부분까지 꿰뚫는 푸마 대표들에게서 받았다. 출처를 찾아내는 것은 갈수록 어려워졌다. 브랜드 해적들은 그들의 거래 경로를 감추기 위해 계속해서 새로운 돌아갈 길을 생각해냈다. 예를 들어 최근에는 상품 거래의 대부분이 두바이를 통해 이루어졌다. 암시장 상품의 주요 판매 시장은 터키, 태국, 필리핀, 폴란드, 체코, 헝가리, 슬로바키아, 라틴아메리카 대륙의 여러 국가와 남아프리카공화국이었다. 반대로 헤르초겐아우라흐의 법률가들은 별다른 활약을 보이지 못했다. 이들은 거의 매번 위조가 의심되는 장소를 처리하는 일에 실패를 거듭했다. 2006년 불가리아 소피아의 휴양지인 산단스키에서도 그랬다. 그곳에서 이들은 위조 일당을 체포하기 위해 습격을 결정했다. 그러나 허사였다. 습격 당일에는 그 어떤 위조자도 찾을 수 없었다.

위조 상품은 심지어 전 세계로 흩어져 독일의 무역 경로에도 나타났다. 2005년 푸마의 테스트 구매자들이 대형 체인인 젤그로스Selgros에서 매우 정교하게 만들어진 이미테이션을 발견했다. 확인된 바로는 그 이미테이션 제품은 미스터 딩의 공장에서 만들어진 것이었다. 젤그로스는 푸마의 직접 고객이 아니었고, 아마도 의심하지 않고 네덜란드 거래상의 암시장에서 이를 받아왔을 것이다.

위조 상품을 찾아내는 것, 그리고 이들을 유통에서 빼내는 것은 푸마 브랜드 보호 매니저 닐 나리만Neil Narriman의 가장 중요한 과제였다. 그의 작은 사무실에는 온통 아시아의 위조 공장에서 나온 신발과 유니폼들이 쌓여 있었고 그 가운데는 함부르크 항구 컨테이너에서 발견한 갈색과 흰색으로 된 모터 스포츠 신발 '퓨처 캣'도 있었다. 체코 국경 근처의 숲에 있는 바이에른 세관에는 막 의심스러운 신발이 도착해 있었다. 또 위조품이었고, 공무원들은 2006년 크리스마스 직전 컨테이너에서 위조품 1만 4,000개를 발견했다.

나리만은 자신의 인터넷 브라우저에 'www.chaussures-sports.net' 이라는 주소를 입력했다. 유명한 브랜드 제조업체들의 위조 상품에 관심이 있는 사람이라면 주문할 수 있는 한 사이트가 열렸다. 홈페이지 지원 언어도 8개 국어나 되어서 고객들이 쉽게 물건을 구입할 수 있는 곳이었다. 홈페이지 주인의 주소를 찾으려 했지만 허사였다. 푸마든, 나이키든, 에어맥스든, 구찌든 거의 모든 상품이 오리지널 가격의 거의 3분의 1 가격으로 판매되었다. 나리만은 여기서 보내는 주문이 중국의 공장 어디엔가 도착할 것이라는 사실을 알았다. 사이버 공간의 유령 주소 뒤 어딘가에 숨어 있는 온라인 매장의 공급업자를 체포한다는 것을 그는 가망 없는 일로 여겼다. 이러한 링크 뒤에는 하나 또는 두 사람, 그리고 컴퓨터 한 대가 전부였고 그 이상은 없었다. 예컨대 중국의 법은 위조 상품이 실제로 존재하지 않으면 위조자를 처벌하는 것을 허락하지 않았다. 그리고 법적 수단을 통해 인터넷 쇼핑몰의 문을 닫게 하는 데 성공하더라도 이 사이트는 금세 새로운 주소를 달고 다시 등장했다.

푸마는 푸마의 위조품이 오가는 것으로는 넘버 원인 이베이에서 더 할 일이 많았다. 나리만의 사무실 옆방에서는 종일 실습생이 이 옥션 사이트의 끊임없는 공급 통로를 샅샅이 뒤졌다. 그녀는 거의 매일 같이 새로운 브랜드 해적질 사건을 발견해냈다. 나리만은 판매되거나 올라오는 모든 푸마 상품의 90%가 위조품일 것으로 추측했다. 이베이는 판매되는 모든 상품에 대해 수수료를 받음으로써 돈을 벌어들였다. 푸마의 법률가들은 불법 판매를 막기 위해 이베이가 하는 일이 너무 없다고 비난했으나, 이베이는 그와 같은 많은 돈과 시간이 필요한 감시는 외부에서 요구할 수 있는 것이 아니라는 입장을 고수했다. 이에 푸마 법률가들은 묻는다. 그렇다면 어떻게 어린이 포르노그라피나 극단적인 내용에 대한 감시는 가능하단 말인가?

10 백만장자의 마음

치보 상속자들의 참여
불편한 사람, 이익 배당금 대신 감자 수프, 검은 수요일, 그리고 분노의 박치기

2005년 5월 10일 저녁. 신문 편집국 경제팀에는 평소와 별반 다름없는 하루가 지나가고 있었다. 적어도 자막 뉴스에서 한 문장을 발견하기 전까지는 그랬다.

'마이파이어 페어뫼겐페어발퉁스게젤샤프트Mayfair Vermögensverwaltungsgesellschaft mbH가 총 보유 지분 16.91%로 푸마 주식회사 루돌프 다슬러 스포츠에 참여하게 됐다고 밝혀. 9.78% 지분은 아직 유보 중. 주식은 여러 주로 분할되어 2005년에 5월 2일 매입돼.'

마이파이어는 귄터 헤르츠와 다니엘라 헤르츠가 소유한 회사였다. 마이파이어라는 이름은 귄터 헤르츠가 지은 것인데, 말을 좋아하는 헤르츠는 회사를 설립할 때마다 그가 소유한 말의 이름을 따서 회사명을 지었다. 마이파이어도 말의 이름을 딴 회사명이었다. 어쨌거나 마이파이어 매니저인 힌리히

슈탈Hinrich Stahl은 "우리가 지분 25%를 소유하면 푸마 주주총회에서 대주주가 될 수 있어요"라고 말했고 이에 쌍둥이 남매는 아직 고민 중에 있었다.

기자들은 믿을 수 없다는 듯이 눈을 비벼댔다. 치보Tchibo110의 상속자인 이 남매는 10억 유로의 절반에 달하는 액수를 왜 하필이면 푸마에 투자하겠다는 결정을 내렸단 말인가? 〈한델스블라트Handelsblatt〉는 서둘러 전 커피 로스팅 전문가가 푸마 인수를 계획한다는 내용의 1보를 냈다. 그러나 마이파이어 CEO 라이너 쿠츠너Reiner Kutzner는 지분 매입 문제가 아직 확정된 것은 아니라는 입장을 밝혔다. 로이터 통신과의 인터뷰에서 그는 "우리는 아직 결정을 내린 바가 없습니다"라고 말했다. 그리고 푸마의 경영에 간섭할 생각이 없는 것만큼은 확실하다고 덧붙였다. 이때만 해도 펀드 회사 피델티Fidelty가 4.85%로 푸마에서 가장 많은 지분을 소유한 개인 주주로 있는 상태였다. 차이츠는 헤르츠의 전화로 이 상황을 전해듣고는 공식적으로 입장을 표명했다.

"푸마는 새로운 주주 마이파이어를 환영하며 푸마에 대한 투자를 감사하게 생각합니다. 특히 푸마의 전략적인 지속 발전을 기대하며 감사의 인사를 전합니다."

사실 차이츠도 놀라기는 마찬가지였다. 마이파이어가 푸마에 참여하면서 푸마의 주가도 활기를 띠었다. 주식은 5.5% 상승한 192.66유로로 마감됐다.

귄터 헤르츠Günther Herz는 사람들의 엄청난 기대를 안고 성장한 인물이었다. 그는 1940년 7월 22일 커피 회사를 운영하는 막스 헤르츠Max Herz와 잉게보르그 헤르츠Ingeborg Herz의 장남으로 태어났다. 존경받는 한자동맹111의

---

110 독일 커피 소매업체. 아주 작은 마을일지라도 매장이 꼭 있을 정도로 독일인들에게 친숙한 커피 브랜드다.

런던에 있는 푸마의 콘셉트 스토어

상인이었던 아버지 막스는 함부르크에 있는 치보 본사 로비에 걸린 유화 속에서 직원들을 향해 온화한 미소를 짓고 있다. 막스 헤르츠는 자신의 아버지 밑에서 커피 수입 사업 견습공 생활을 마치고 본격적으로 부모님의 사업 전선에 뛰어들었다. 또 자신의 노년을 대비할 목적으로 30년대 후반에는 복권 사업을 시작하기도 했다. 1950년에는 커피 회사 칼 칠링 히리안Carl Tchilling-Hiryan의 CEO가 되었고, 처음으로 칠링 커피Tchiling-Bohne, Tchi-bo 무역 회사를 설립했다. 고객들이 커피를 시음해볼 수 있도록 커피 체인점을 만들자는 것 역시 그의 아이디어에서 시작된 것이었다. 막스 헤르츠는 1965년 심근

---

111 중세 중기 북해 · 발트해 연안의 독일 여러 도시가 뤼베크를 중심으로 상업상의 목적으로 결성한 동맹.

경색으로 사망했고 자식들에게 유산과 낡은 신약전서를 남겼다. 그러나 아들 귄터와 미하엘이 치보의 경영권을 잡으면서 형제와 여동생 다니엘라, 어머니 사이의 불화가 시작되었다.

그럼에도 사업은 화려하게 번창해나갔다. 특히 아스파라거스용 냄비에서부터 여행 상품에 이르는 부수적인 상품들이 좋은 반응을 얻으며 사업에 가속을 붙였다. 1974년 헤르츠 일가는 바이어스도르프니베아에 주주로 참여했고, 1980년에는 담배 및 음료 제조업체 렘츠마Reemtsma를 인수했다. 9년 후 동생인 미하엘이 경영진에서 물러났다. 지인들에게 타협과 독재의 중간 정도 성향이라는 평가를 받는 귄터는 이제 단독 CEO가 되었다. 그는 치보 사업을 해외로 확장하고 에두쇼Eduscho를 사들였다. 그러나 곧 가족 간의 갈등이 다시 시작되었다. 감사회에 들어간 두 남동생이 2001년 이후 귄터 헤르츠의 CEO 계약 연장에 동의하지 않았던 것이다. 2001년 1월 10일 귄터 헤르츠는 항복을 선언하고 회사 내 소주주로서 형제들과 갈등을 이어갔다. 2001년 6월 말 그는 CEO를 이을 후계자가 마음에 들지 않는다는 이유로 감사회의 CEO 인준에 반대 의사를 표명하며 또 한 번의 소동을 일으켰다.

그리고 2003년 8월. 귄터 헤르츠는 최종적으로 가족과의 결별을 선언했다. 귄터는 여동생 다니엘라의 것과 합친 치보 지분 약 40%를 남동생 미하엘과 관련이 있는 주주들에게 넘기고 40억 유로를 챙겼다. 그리고 렘츠마를 팔아 추가로 수익을 거뒀다. 이후 언론과 은행가들은 이제 그가 이 많은 돈으로 무엇을 할지를 놓고 이러쿵저러쿵 추측해댔다. 2006년 〈매니저 매거진 Manager Magazin〉은 귄터와 다니엘라 헤르츠의 자산을 약 51억 유로로 산정했다. 그러자 이 두 사람이 여행사 투이TUI나 민영 은행 M. M. 바르부르크를 사들이지 않겠느냐는 소문이 돌았다. 그런 남매의 선택이 푸마가 되리라고 예측한 사람은 아무도 없었다.

모든 것이 계획대로

헤르츠가 푸마의 주주로 참여할 즈음 차이츠는 그가 계획했던 모든 것을 거의 이룬 상태였다. 노력 덕분이기도 했지만 동시에 행운이 뒤따른 덕분이기도 했다. 예컨대 이후 테니스의 여왕이 되었지만 계약 당시만 해도 별 볼 일 없던 세리나 윌리엄스가 그랬다. 이제 라이프스타일과 패션 분야는 푸마에서 훌륭한 매출을 기록하고 있었고 많은 수익을 올렸다. 사람들은 푸마를 가지고 싶어 했다. 어떤 이들은 푸마를 업계 최고의 브랜드로 여기기도 했다. 이러한 분위기 때문인지 본사 헤르초겐아우라흐에서조차 푸마가 혁신적인 스포츠용품 브랜드로 사업을 시작했고 그와 함께 성장했다는 사실을 잊은 듯했다. 히트를 기록했던 펠레, 에우제비우, 마라도나 컬렉션은 유리 진열장에 진열되었고 심지어 이를 과거의 상품으로 여기는 이들도 있었다. 지금이야말로 라이프스타일, 패션에서뿐만 아니라 퍼포먼스에서도 점수를 딸 시점이었다. 푸마는 그중에서도 축구를 공략했다. 축구계의 거물들과 협상할 용기, 그리고 아디다스, 나이키와의 격차를 줄이기 위한 투자 비용은 충분했다. 지금이 적기인 이유는 또 있었다. 진짜 홈 경기, 바로 2006년 독일 월드컵이 다가오고 있었던 것이다.

2005년 7월 요헨 차이츠는 계획 경제 4단계의 시작을 알리기 위해 언론 앞에 섰다. 그는 4단계에서 푸마가 규모를 확장하여 시장의 정상을 차지할 것이라고 말했다. 그는 2010년까지 푸마를 확장하거나 다른 회사를 인수하는 데 5억 유로를 투자했다. 경제 잡지 〈캐피탈Capital〉은 독일 컨설팅 회사 '세미온 브랜드 브로커Semion Brand-Broker'의 추산에 따라 푸마의 가치가 6억 유로 이상이라고 밝혔다. 그러면서 잡지는 덧붙였다.

"성공적으로 브랜드를 구축해놓은 회사는 새로운 상품을 도입하든, 전통으로 회귀하든 그 어떤 전략을 사용하든 상관없다. 강력한 이미지를 전달할 뿐만 아니라 분명한 타깃층에 집중할 줄 알고 상품을 신중하게 관리하며 직원들에게도 브랜드에 대한 자부심을 부여하기 때문이다."

푸마도 모든 것이 계획대로 흘러갔다. 소유주 문제만 빼고 말이다.

살이 찌다

2005년에 갑작스럽게 푸마의 주주로 등장한 헤르츠 남매는 9월에 푸마의 지분을 25%로 늘리면서 감사회에서의 의결 거부권을 손에 넣었다. 함부르크 출신의 이 남매가 푸마를 좌우할 권한을 갖게 된 것이었다. 이들은 조용히, 조심스럽게 다가왔다. 사실 이들은 푸마의 지분 매입을 결정하기 전에 푸마의 장부를 검사해본 것도 아니었다. 그 어떤 은행가도 푸마라는 회사 상황을 살펴보라는 지시를 받은 적이 없었다. 그렇다면 그들은 어떻게 푸마가 괜찮은 투자 대상이라는 것을 알게 된 것일까? 아무도 모르는 푸마의 정보에 접근할 수 있었던 것은 아닐까? 헤르츠는 푸마의 경영권을 빼앗아 자식들에게 CEO 자리를 넘겨줄 생각인 것일까? 헤르츠 남매의 이러한 행보는 헤르초겐아우라흐의 직원들, 그중에서도 경영진을 불안하게 했다. 그들은 과연 무엇을 원한단 말인가?

2006년 1월 마이파이어 CEO 쿠츠너는 푸마의 경영협의회 노동자 측 대표인 카타리나 보약체크와 에르빈 힐델을 만나기 위해 헤르초겐아우라흐를 찾았다. 이들의 만남은 작은 회의실에서 조심스럽게 이루어졌다. 힐델은 회의실 사용 이유란에 '논의'라고만 적었다. 물 한 잔을 마신 쿠츠너는 바로 마이파이어가 원하는 것이 무엇인지 이야기했다. 보약체크와 힐델은 그가 아주 솔직한 사람이라고 생각했다. 헤르츠의 이 대변인은 마이파이어가 원하는 것은 버팀목이라면서 분석 결과 푸마가 그 역할을 해줄 것으로 생각했다고 말했다. 마이파이어는 중장기를 바라보고 푸마에 참여했으며 계속해서 지분을 늘리고 싶은 생각은 있지만 회사를 인수할 생각은 없다고 다시 한 번 강조했다. 감사회에 자리를 마련해달라는 이야기는 이미 몇 주 전부터 요구하던 사항이었다. 1997년과 1999년부터 푸마의 대주주였던 리전시의 대표 아르논 밀찬과 다비드 마탈론은 2006년 1월 9일을 기점으로 감사회 의원직에서 사퇴한 상황이었다. 그리고 이어지는 2월, 쿠츠너는 푸마의 새로운 소유주로서 감사회에 들어왔고, 4월 27일에 귄터 헤르츠도 그의 뒤를 따랐다.

함부르크 출신의 이 두 남자가 참여하면서 지금까지 서로 친밀한 관계를 유지하던 감사회에는 불편한 기운이 감돌았다. 노사 측은 푸마의 성공에 푹 빠져 지난 몇 년간 좋은 관계를 이어왔던 것이다. 그러나 새로 들어온 두 신사는 이 화음에 동참하지 않았다. 이들은 회의 때마다 푸마의 전략적인 방향을 집중적으로 파헤쳤다. 사실 주식회사에서는 주주가 경영에 개입할 수 없게 되어 있지만 이들은 개의치 않았다. 그래서 차이츠는 함부르크에서 걸려온 전화를 받아야 할 일이 많았다. 대개 헤르츠의 매니저가 쇼핑하던 중에 푸마 상품의 배치나 품질에 대해 안 좋은 경험을 했을 때면 어김없이 전화가 걸려왔다. 헤르츠 매니저들은 차이츠에게 이래라저래라 지시하는 일이 많아졌다. 누군가가 간섭하는 것을 워낙 싫어하는 차이츠는 이를 그냥 흘려 넘겨 버렸으나 차이츠의 친구이자 부CEO인 마틴 갠슬러는 그들의 간섭을 견뎌내지 못하고 결국 그해 말 자신의 은퇴를 선언했다.

잔소리 많은 주주

비가 내리쏟아지는 2006년 4월 27일 뉘른베르크 지그문트가. 220번지 뒤편에 자리한 주차장에 자동차 한 대가 들어섰고 차에서 내린 사람은 넥타이를 고쳐 맸다. 푸마의 주주 총회가 있는 날이었다. 늘 그렇듯 총회에 참여하는 이들은 머리가 새하얀 나이 든 사람이 대부분이었고 약속이라도 한 듯 베이지색 재킷을 입고 등장했다. 푸마의 라이프스타일 상품을 즐기는 소비자들과 전혀 다른 차림의 사람들이었다. 비 때문에 웅덩이가 된 진흙탕을 발끝으로 조심조심 밟아가며 이들은 하나둘 푸마 브랜드센터로 향했다. 평소에는 푸마 사업자들에게 새로운 컬렉션을 선보일 때 사용되는 공간이었다. 한 시간 뒤에 주주 총회가 시작될 예정이었다. 푸마 CEO 차이츠는 이익 배당금을 두 배로 늘리자고 제안할 계획을 세우고 있었다.

참석자들은 대부분 안전문을 통과해 곧장 케이터링 룸으로 이동했다. 흑백의 옷을 입은 웨이터가 굴라쉬 수프와 감자 수프를 빵과 함께 대접했다. 벽 앞에 놓인 테이블 앞에 모여 커피를 마시는 주주들도 있었다. 푸마의 주주 총회는 독일 에너지 사업 전문업체 E. ON이나 폭스바겐 총회와는 조금 다른 모습이었다. 아무리 무료라고 해도 이런 서비스를 함부로 즐기려고 하지는 않았다.

시계가 1시를 알리기 조금 전, 총회가 열리는 홀은 거의 다 찼다. 참석자 중에는 대주주 권터 헤르츠와 그의 아들 크리스티안과 딸 미하엘라, 그리고 매니저 슈탈이 함께 자리했다. 헤르츠의 아내는 건강상의 문제로 참석하지 못했다고 했다. 차이츠는 검은 바지, 단추를 두 개 정도 풀어놓은 셔츠, 그리고 재킷을 입고 단상에 올라섰다. 그는 반드시 카리스마 있는 연설가는 아니어서 그의 대본이 투명한 플렉시 유리판 위에 반사되고 있었다. 차이츠는 자신이 CEO로 부임한 1993년 이후 푸마 주가가 4,000% 이상 올랐고 입하된 주문은 처음으로 10억 유로를 돌파했다고 전했다. 헤르츠 일가는 안도한 듯한 눈치였다. 그리고 CEO는 30분간의 발표를 마쳤다. 그러나 박수갈채는 길지 않았다. 푸마의 성공에 물든 주주들은 어느새 응석받이가 되어 있었던 것이다. 투자자 보호 단체불안전한 유가 증권 소유주들이 권익을 보호하기 위해 결성한 단체-옮긴이의 대표 한 사람이 단상에 올라와 마이크를 잡았다. 그러더니 "지난해 이익 배당금이 너무 제한적이었습니다!"라며 불만을 토로했다. 그는 많은 투자자를 대변했다. 소주주들은 회사가 갈수록 성장하면서 상대적으로 이익 배당금이 적을까봐 걱정하고 있었던 것이다.

검은 수요일

미래의 성장 기회는 아프리카가 쥐고 있다. 카메룬 축구 대표팀과 계약을 맺을 때부터 차이츠는 이 사실을 분명하게 알고 있었다. 살아 있음에 대한 환희를 즐길 줄 아는 아프리카인들의 감정은 소비자의 감성적인 면을 공략하는 데 훌륭한 브랜딩 도구가 될 수 있었다. 그리고 푸마가 선언한 계획경제 4단계에서 성공을 거둘 수 있는 적기는 물론 같은 해 독일 월드컵도 있었지만 2010 남아프리카공화국 월드컵이었다. 이에 차이츠는 주저하지 않고 '다 함께 아프리카를 위하여Gemeinsam für Afrika'에 가입하기로 했다. '다 함께 아프리카를 위하여'는 서른 개가 넘는 원조 단체들이 함께 아프리카를 위한 캠페인을 진행하는 PR 단체였다. '잃어버린 대륙'이라는 아프리카의 이미지를 부수고 이들이 겪고 있는 가난이라는 고통에 동참하며 동시에 아프리카 대륙이 가진 잠재력을 일깨우는 데 동참하자고 호소하는 것이 이 단체의 목적이었다. 차이츠에게 중요한 것은 무엇보다 대중에게 푸마는 아프리카의 친한 친구라는 이미지를 구축하여 장기적으로 이를 자본화하려는 것이었다. 아프리카는 기업의 월드컵 캠페인에 완벽하게 어울렸다.

아프리카와의 협력을 알리는 킥오프 행사는 4월 4일 수요일, 베를린의 푸마 스토어에서 치러졌다. 차이츠는 로자 룩셈부르크 9번가에 화려한 럭스호텔Lux Hotel에서 전날 밤을 보냈다. 심플하고 우아한 고급 호텔이었다. 판자 자국이 그대로 남아 있는 콘크리트 벽은 중국 도자기 색으로 페인트칠 되어 있었고 색이 바랜 흰 나무로 만들어진 탁자와 의자가 놓여 있었다. 교양 있는 부모님 밑에서 자라면서 패션과 동떨어진 삶을 살았던 차이츠는 취향이 확실했다. 뉘른베르크에 있는 그의 집도 팝아트 스타일로 인테리어를 꾸몄고 스페인 이비사 섬에 있는 콘도는 바우하우스 스타일로, 그리고 케냐에 있는 농장은 비더마이어와 루이 16세 시대풍의 스타일로 꾸며놓았다.

행사 조직 위원회는 진행을 맡아 줄 MC로 가나 출신의 소니보이, 안토니 바포에Anthony Baffoe를 선택했다. 공을 쫓아 아프리카 대륙 위로 뛰어오르는 퓨마의 모습이 그려진 런웨이 위로 매끈한 머리에 흰색 셔츠 차림의 바포에가 등장했다. 본Bonn의 바트고데스베르크Bad Godesberg 출신 외교관 아버지 밑에서 자란 바포에는 기부자들의 마음을 움직이는 억압당한 아프리카 흑인과는 전혀 상관이 없었지만, 차이츠가 브랜딩을 위해 공략하는 삶에 대한 환희를 몸소 표현하는 사람이었다. 1965년에 태어난 바포에는 차이츠보다 한 살 어렸고, 과거에 푸마가 후원한 FC 쾰른에서 선수로 활약했다. 그뿐만 아니라 그는 가나 축구 대표팀으로 발탁되어 16번의 A매치에 출전한 경험이 있었다. 대표팀이 비록 한 골 기록에 그쳐도 가나에서는 며칠간 환희의 축제가 펼쳐졌다. 바포에가 던진 농담 중에 기록으로 남아 있는 것들도 있다. 경기 도중에 심판이 옐로카드를 꺼내 든 찰나였다. 당시 바포에는 검은

베를린 PR 트램에서 아나운서 안네 빌, 클라우스 보베라이트 시장, 차이츠(왼쪽부터)

색 유니폼을 입고 있던 심판에게 말했다.

"이봐요, 흑인들끼리 단결해야 하는 거 아닙니까!"

바포에 외에도 티모시 아투바Thimothee Atouba, 기 드멜Guy Roland Demel이 이 자리에 함께했다. 두 사람 모두 흑인이면서 푸마가 후원하는 함부르크 SVHamburger SV, HSV의 비싼 스타 선수들이었다.

기자들이 테이블에 준비된 과일 퐁듀와 칵테일, 오랑지나 탄산음료를 즐기는 동안 차이츠는 독일 공영 방송 ARD의 아나운서 안네 빌Anne Will, 그리고 '다 함께 아프리카를 위하여'의 대표 수잔네 앙거Susanne Anger과 함께 했다. 그가 좋아하지 않는 일 중 하나가 토크쇼에 출연하는 것이었지만 그래도 이번에는 마음이 편했다. 예나 지금이나 차이츠는 방송사에서 출연 섭외가 들어오면 거절한다. 그러나 지금은 정치적으로 자신의 입장을 표명할 필요가 있었다. 정치는 매우 싫어하는 그였지만 어쩔 수 없었다. 그는 '다 함께 아프리카를 위하여'에 푸마가 동참한 이유에 대해 이렇게 설명했다.

"아프리카와 푸마는 잘 어울리는 한 쌍입니다."

그러면서 아프리카 축구 선수들의 '경기에 대해 느끼는 환희, 화려함과 파워'를 칭찬했다. 그러자 기자들은 푸마가 아프리카 원조에 동참하는 이유와 아프리카에서 많은 수익을 올리면서도 정작 그곳에서 제품을 생산하지 않는 이유에 대해 물었다. 푸마가 아프리카에서 제품을 생산하면 그곳의 희망 없는 이들에게 일자리를 마련해줄 수 있지 않느냐는 것이었다. 이에 차이츠는 아프리카에도 생산 공장이 있기는 하지만 근본적으로 "물류 시스템이 너무 복잡하다"라고 답했다. 〈아프리카 TV〉의 한 흑인 기자는 푸마의 캠페인 참여 의도를 의심하고 들었다. 푸마의 목적은 오로지 PR이라고 지적한 것이었다. 차이츠는 방어했다.

"아프리카는 가난하고 힘이 없는 나라입니다. 지난 300년간 아프리카에는 지원의 손길이 이어졌습니다. 그러나 아무런 도움이 되지 않았죠. 우리는 아프리카 대륙을 긍정적으로 평가합니다."

그래도 이 흑인 기자는 이해할 수 없어 하는 눈치였다. 차이츠는 그의 생각을 바꾸기 위해 말을 이었다.

"아프리카 슬럼의 환경은 그야말로 잔인합니다. 그럼에도 아프리카인은 그 속에서 살아 있음의 환희를 느끼며 살아가고 구석구석에서 축구를 즐기죠."

행사의 마지막은 젊은 모델들이 장식했다. 이들은 런웨이로 올라와 푸마의 한정판 모델인 '채리티Charity'를 선보였다. 지정된 10개 매장에서만 팔리게 될 이 컬렉션은 수익금 전부를 '다 함께 아프리카를 위하여'에 후원금으로 전달할 예정이었다. 채리티 컬렉션은 첫해에 약 50만 유로를 벌어들였다. 그뿐만 아니라 '다 함께 아프리카를 위하여'와 푸마는 아프리카 음악을 담은 CD와 '더 아프리칸 게임The African Game'이라는 책을 세트로 묶어 월드컵 기간에 베를린의 PR 트램, 모스크바의 카페인 칼 마르크스 알레 34, 푸마 PR 본부 등 푸마 콘셉트 스토어에서 판매했다. 그리고 전 동독 선박을 매입해 캠페인 PR 및 파티 장소로 개조했다.

이탈리아, 한여름의 꿈

2006년 6월 9일. 뮌헨 올림픽 경기장에서 독일 축구 역사상 가장 중요한 홈 경기가 시작되었다. 독일 월드컵이 치러지고 있었다. 독일은 코스타리카를 4대 2로 꺾었다. 태양은 빛났고 관중은 환호했다. 그러나 헤르초겐아우라흐 푸마에서만큼은 이러한 환호가 한풀 꺾여 있었다. 이번 월드컵 참가팀 중 푸마의 유니폼을 입고 뛰는 팀은 무려 12개나 되었다. 정작 독일 축구 대표팀은 아디다스가 후원했지만, 정작 독일 월드컵의 우승팀은 푸마의 파트너, 이탈리아 축구 대표팀이었다. 그렇지만 고향땅이자 개최국인 독일의 환호와 언론사의 헤드라인은 모두 위르겐 클린스만 감독이 이끄는 독일 축구 대표팀을 향해 있었다.

아마 누군가가 축구 경기장에서 차이츠를 찾았다면 그를 만나지 못했을 것이다. 그는 집에서 TV 앞에 앉아 있었다. 그는 독일과 이탈리아가 맞붙을 때만 경기장에 가기로 했다. 벌써 8강전이었다. 차이츠는 어쨌거나 그에게 승리가 찾아올 것이라고 생각했다. 애국주의자로서든, 스폰서로서든 말이다. 그는 동료에게 이렇게 말하기도 했다.

"이탈리아가 독일을 꺾으면 아예 우승까지 해야 해. 안 그러면 화가 날 것

이탈리아 축구 대표팀 사이의 푸마 CEO, 2004년

같아."

7월 4일, 도르트문트에서 4강전이 예정되어 있었다. 푸마는 이 경기를 PR의 기회로 이용할 생각이었다. 푸마 경영진은 월요일에 이탈리아 선수들이 머무르는 뒤스부르크Duisburg에서 기자회견을 하기로 했다. MSV 뒤스부르크의 근거지인 아레나 경기장은 월드컵 기간에 아주리 군단의 차지였다. 선수들은 이곳에서 훈련했고 인근에는 대표팀과 이탈리아축구협회 관계자들의 숙소도 있었다. 그런데 문제가 하나 있었다. 뉘른베르크에서 뒤스부르크로 향하는 모든 비행기의 전 좌석이 매진이었다. 이에 차이츠는 말했다.

"그럼 제가 직접 몰고 갈게요."

그는 쌍발식의 비행기 한 대를 전세 냈고 다음 날 아침 푸마 관계자들과 헤르초겐아우라흐 공항에서 뉘른베르크에 갔다가 저녁에 돌아왔다. 그리고 다음 날 그는 또다시 비행기 조종석에 앉았고, 경기가 시작되기 두 시간 전에 도르트문트 공항에 도착했다. 그가 남아 있는 마지막 비행 항로를 발견했던 것은 정말 행운이었다. 당시 베를린에서 오는 정부 전용기도 항로가 없어서 비행 허가를 받지 못하던 상황이었기 때문이다. 잔뜩 달아오른 분위기는 심지어 경기장에 소나기가 퍼부으면서 그 열기를 더했다. 그러나 경기 후 그는 독일의 패배를 몹시 안타까워했다. 이탈리아의 우승에 왠지 자신이 분열되는 느낌이었다. 그는 이겼지만, 또 패배했다. 차이츠는 3, 4위전 때도 경기장을 방문했다.

차이츠는 VIP 라운지가 아닌 응원석에서 결승전을 즐겼다. 그의 곁에는 동생 라인하르트, 지인인 전 포르쉐 CEO이자 기업 컨설턴트인 아르노 본Arno Bohn, 그리고 이탈리아 출신 친구 여섯 명이 함께했다. 경기장에 신의 손이 있기라도 한 듯, 아주리 군단은 프랑스 대표팀을 상대로 승부차기에서 극적인 승리를 거뒀다. 경기 110분경에 광분한 프랑스의 슈퍼스타 지네딘 지단이 상대 선수인 마르코 마테라치Marco Materazzi의 머리를 들이받아 상처를 입히고 퇴장당했을 때는 차이츠도 함께 격분했다. 경기가 끝난 후 차이츠는 동생, 본, 그리고 잔뜩 신이 난 이탈리아 친구들과 함께 베를린에서 파티를 벌였다. 이들은 먼저 하케쉐회페Hakesche Höfe 근처에서 식사하고 최신 유행의 라이브 음악과 테이블 축구 게임기 6개, 여러 개의 스크린이 있는 모스카우 레스토랑으로 이동했다.

사업적인 측면에서 차이츠는 언제나 시대를 앞서 갔다. 6월 15일, 남아프리카 공화국 조별 예선에서 독일과 같은 조에 속한 에콰도르와 코스타리카가 3대 0으로 함부르크에서 경기를 마치자 차이츠는 즉각 남아프리카공화국으로 향했다. 2010 남아공 월드컵의 시작을 알리는 기자회견에 참석하기 위해서였다. 푸마가 후원하는 10개 이상의 아프리카팀이 참가할, 그래서 푸마에 수익을 가져다줄 '자신의' 월드컵을 위해서였다. 그는 아프리카 대륙에서의 매출이 앞으로 5~6년 안에 지금보다 4배 이상 늘 것이라고 예측했다.

11 명예의 문제

푸마와 윤리
따뜻한 말, 깨끗한 옷, 그리고 불편한 의료비

월드컵은 효과를 나타냈다. 2006년에는 일부 사업 기록이 갱신되었다. 전년도 대비 34%가 상승해 24억 유로에 육박하는 매출을 기록하면서 푸마는 사상 처음으로 20억 유로 매출을 넘어섰다. 7,000명에 이르는 직원들은 평균 37만 유로의 연봉을 챙겨갔다. 수익은 3억 6,600유로였다. 투자로 지출이 많아 전년도 대비 약간 줄어든 수치였다. 증권 시장에서 푸마의 가치는 약 48억 유로를 기록하고 있었다. 1993년을 시작으로 4,300% 늘어난 것이었다. 주주들도 수익을 올리기는 마찬가지였다. 1주당 2.50유로의 이익 배당금으로 그 어느 때보다 푸마의 성공 덕을 톡톡히 보고 있었다.

푸마 경영진은 푸마의 사업에는 승자만 있다고 주장한다. 성과에 따른 보너스 시스템으로 회사의 성공가도에 힘을 보태는 직원들이 그렇고, 주가 상승과 이익 배당금으로 이익을 얻는 주주들이 그렇고, 최상의 품질을 자랑하는 기능성 상품 또는 패션 상품을 공정한 가격에 구입하는 소비자들도 그렇다. 상품 생산의 대부분을 책임지는 중국, 베트남 등 아시아 저임금 국가의 공급 업체들도 이득을 보았다. 이 덕분에 일자리와 부가 창출되고, 그 결과 안정적인 국민 경제가 자리 잡을 수 있기 때문이다. 경제 관계자들은 바로 이러한 방식을 통해 '호랑이의 나라' 대한민국과 홍콩, 대만 같은 과거 저임금 국가들도 서양의 산업 세계에 진출할 기회를 얻게 되었다는 주장을 그 증거로 내놓았다.

전 세계적으로 푸마의 상품을 생산하는 데 관여하는 이들은 2만 5,000명이 넘는다고 해도 과언이 아닐 것이다. 아마 독자 여러분은 이러한 수치가 상상이 되지 않을 것이다. 그러나 여기에는 치열한 노동력 경쟁을 부추긴 세계화라는 배경이 자리하고 있다. 과거에는 정책을 통해 무역을 차단하고 조절하여 국민의 살림살이를 개선할 수 있었다. 그러나 이동이 자유롭고 심지어 가상 기업이 존재하는 요즘에는 이러한 것이 불가능하다. 일하는 조건이 만족스럽지 않으면 그냥 다른 저임금 국가로 옮기면 된다푸마의 경우 이러한 조건에는 비용, 상품의 품질, 공급 업체에 대한 신뢰, 그리고 사회적 수준이 해당한다. 따라서 노동자들의 임금을 줄이는 저임금 국가들이 늘어나는 것이다.

뮌스터의 기독교 단체 '개신교 이니셔티브 로메로 e.V.Die Christliche Initiative Romero e.V., CIR'는 특히 중앙아메리카의 공장에서 일하는 가난한 사람들의 어려움을 대변해주고 있다. 단체는 직물 공장에서 일하는 노동자들의 임금이 갈수록 낮아지고 있다고 주장했다. 그리고 이 공장들에서는 푸마의 상품도 생산되었다. CIR의 2006년 보고에 따르면 엘살바도르는 노동자들이 국가가 정한 최저 임금, 약 119유로를 받는다. 그리고 정부에 따르면 인간의 존엄성을 유지하며 살아가려면 가족 구성원 4명이 종일 공장에서 일해야 한다고 한다. 거기에 매해 찾아오는 인플레이션으로 기업의 임금 지불능력도 갈수록 줄어드는 추세이다. 푸마와 같은 기업의 잘못은 아니지만 말이다. 어쨌거나 엘살바도르에서는 2005~2006년 공장 노동자의 최저 임금 상승률이 약 5%에 그쳤다. 반면에 같은 기간의 근본적인 생필품은 두 배 이상 올랐다.

이러한 국가들이 서양과 같은 사회적 수준을 갖추지 못하는 것을 무조건 세계화의 책임으로만 떠넘길 수는 없다. 또한 이들의 사회적 수준을 끌어올리는 것이 기업의 일차적인 과제도 아니다. 어쨌거나 기업가들은 경제 원리에 따라 기업의 수익을 높여야 할 의무가 있고, 그래야만 계속해서 투자하고 일자리를 창출할 수 있는 법이다. 이 과정에서 기업이 자신의 직원과 사업 파트너의 복지를 얼마나 중요하게 여기느냐는 그 나라의 정책이 해결해주어야 할 문제이다. 그리고 바로 이러한 부분에서 아시아와 동유럽 저임금 국가의 정부들은 큰 차이를 보인다.

GM 회장 릭 왜고너Rick Wagoner가 이런 말을 한 적이 있다. 자동차 한 대가 미국에서 만들어질 때 최종 소비자는 사회적 비용 1,500달러를 지불해야 한다. 그러나 중국의 자동차 생산 업체 체리 오토모빌Chery Automobile에서는 오지 출신의 노동자 수백만 명이 제대로 임금을 받지 못하고 일해도 이들의 권익을 주장해줄 단체가 없어서 이 사회적 비용을 줄일 수 있다는 것이다. 만일 같은 경우 환경세를 놓고 비교해도 비슷한 결과가 나타날 것이다.

결론은 이렇다. 중국, 베트남 또는 터키와 같은 저임금 국가에서 만들어진 아디다스, 나이키 또는 푸마의 신발 몇 켤레를 사는 사람은 암묵적으로 이 불공평한 삶의 조건을 수용하고 있다. TV, 장난감, 자동차와 같은 다른 소비 물품에 대해서도 똑같다. 이에 대한 비난은 그 누구보다 산업 국가들의 국민들에게 향해야 하는데, 푸마 고객들도 예외는 아니다. 스위스 작가인 아돌프 무쉬그Adolf Muschg는 서양 소비자들의 '아껴야 잘 산다'와 '이익을 남기자'라는 생각이 저임금 국가의 발전에 어떤 영향을 미치는지를 한 문장으로 요약했다.

"고객들이 가장 신자유주의적이다."

푸마가 만일 독일이나 유럽연합의 다른 국가 또는 미국에서 생산했다면 아마 매장의 상품가는 지금보다 약 4배 정도 비쌌어야 그동안 거둔 매출, 수익, 주가 성장률을 기록할 수 있었을 것이다.

그래도 오늘날 국제 기업들은 한 국가의 사회 수준을 지켜주기 위해 여러 활동을 하고 있다. 대부분은 PR 부서나 커뮤니케이션 부서가 이러한 역할을 책임지는데 푸마에서도 다음과 같은 부분을 강조한다.

"푸마는 전 세계적으로 활동하는 기업으로서 그 책임을 인식하고 있습니다. 환경에 대한 책임은 기업 발전 전략의 중요한 부분입니다. 푸마의 모든 활동은 지속 가능한 발전의 원칙들을 고려합니다. 이는 다음 세대가 누릴 기회를 등한시하지 않으며 현 시대의 요구에 부응한다는 것을 의미합니다. 이러한 지속 가능성은 모든 제조 업체에 주어지는 푸마의 윤리 강령을 통해 실현되고 있습니다. 이 강령으로 푸마는 개인적, 기업가적 영역에서 윤리적이고 책임감 있는 행동을 할 의무를 인식하고 있습니다."

푸마 PR팀은 자랑스럽게 이야기한다. 푸마가 기업 내에 'S.A.F.E.Social Accountability and Fundamental Environment Standards' 부서를 만들어 저임금 국가의 사회적 보호를 위한 인식을 일깨우고 있으며, 뿐만 아니라 공정노동위원회Fair Labor Association, FLA와 UN 글로벌콤팩트UN Global Compact의 회원으로도 활동하고 있다고 말한다. 이 중 FLA는 생산 공장에 대한 사회적 수준 유지에 엄격한 기준을 요구한다고도 덧붙였다. 실제로 비판적이기로 유명한 비정부기구 CIR은 헤르초겐아우라흐의 푸마에 대해서는 구체적인 비난을 한 적이 없다. 푸마 CEO 차이츠는 2006년에 푸마가 300개가 넘는 공장을 점검했고, 전체 공급 업체의 3분의 2가 넘는 약 90%가 아무런 문제가 없었다고 전했다. 이들은 가장 낮은 임금을 받는 노동자들에게도 국가가 규정한 최저 임금을 지급했다는 것이다. 그러나 CIR 직원인 마이크 플라움Maik Pflaum은 그릇된 추론에 대해 경고한다. 공급 업체 회사의 건물이 깨끗하다고 해서 노동자들에게 제대로 된 임금이 지급될 것이라고 생각해서는 안 된다는 것이다.

깨끗한 옷

푸마는 생산 국가에서의 공정한 노동 조건 확보를 위해 일하는 기관들과 협력했다. 이러한 협력이 항상 결실을 본 것은 아니었다. 2002년 5월 3일 쾰른에서는 '공정한 옷Fit for fair'이라는 이름의 회의가 열렸다. 이 회의를 소집한 것은 독일의 '깨끗한 옷을 위한 캠페인Clean Clothes Campaign, CCC'과 쾰른 독일 스포츠 대학의 총학생회였다. 베를린과 프랑크푸르트에서는 고위 인사들이 참가했다. 소비자보호부 장관인 레나테 퀴나스트Renate Künast, 독일 스포츠연맹 회장인 만프레트 폰 리히트호펜Manfred von Richthofen이 참가했다. 이들은 전 세계적인 스포츠웨어 산업에서의 노동 조건에 대해 정보를 얻기를 원했다. 인도네시아, 불가리아, 중미에서 온 노동자들은 스포츠용품 제조 업체들의 생산 공장에서 인간의 존엄성이 지켜지지 않는 현실을 고발했다. 푸마를 대표한 환경 및 복지 책임자인 라이너 헹스트만Reiner Hengstmann 박사도 청중 사이에서, 그리고 이후에는 단상 위에서 자리를 함께했다. 회의 두 번째 날 마지막에 그는 CIR 전문가들과 함께하는 공동의 프로젝트를 통해 일부 공급 업체들을 조사해보자고 제안했다. 당시 150개 공급 업체를 책임지는 푸마 감시관은 8명밖에 없었고, 이들은 "인력이 부족해 사실상 이곳저곳 이동하는 데 시간이 더 많이 걸립니다"라고 고백할 수밖에 없는 상황이었다.

이 제안이 현실이 되기까지는 거의 4년이 걸렸고, 수많은 미팅이 있었다. 2006년 1월 26일 푸마와 CIR은 공동 기자회견을 통해 1년간의 협력을 알렸다.

"직·간접적인 푸마 공급 업체에서의 노동 조건에 대한 검사와 비정치적 조사의 실현과 확장, 그리고 사회적 수준의 보호를 입증할 것이며, 동시에 여성과 관련된 문제들과 지역 기관들의 직접적인 참여에 특히 주의를 기울일 것입니다."

검사를 통해 이에 따라 여성 차별, 시간 외 노동, 임금 미지급 등을 비롯해 연합의 자유에 대한 법의 실행이 있을 것이라고 했다. 참고 문서는 CCC 강령과 푸마 자체의 '윤리 강령Code of Conduct'이 될 것이라고 덧붙였다. 프로젝트를 위한 비용은 CIR 직원들의 개인 경비를 제외하고 푸마가 맡았다.

CIR은 지역 사정을 잘 알고 있는 직원을 보유한 중미, 그중에서도 엘살바도르의 공장과 하청 업체를 검사해보자고 주장했다. 그러나 이는 불가능했다. 푸마는 CIR의 주장에 따라 두 개 업체를 선정해 협력을 시작했지만, 그중 한 업체가 푸마와의 협력을 중단하겠다고 갑작스럽게 선언하면서 CIR과 푸마의 사이는 조금씩 멀어졌다. 협력은 끝을 향해가고 있었고 그런 한편 조사가 필요한 두 번째 공장을 아직 선정하지 않은 상태였다. CIR은 멕시코에 있는 한 공장에 들이닥쳤다. 이에 푸마의 지출은 3만 유로가 더 들었다. 헤르초겐아우라흐의 대표는 투자의 3분의 2를 승인하고 CCC에도 일부 기여를 요구했다. 그러면서 대부분 상품이 만들어지는 아시아, 동유럽, 아프리카의 생산 공장들을 위한 프로젝트를 계속하자고 제안했다. 그러나 결국에는 모든 프로젝트가 물거품이 되었고, 양측은 서로에게 책임을 전가했다. 이 이야기가 주는 교훈은 이렇다. 기업가와 비영리 단체는 조화되기가 어렵다는 사실이다.

자신을 돕기 위한 원조

　스포츠용품 업계에서는 협력을 통해 이득을 보는 일이라면 돈에서 손해를 보아도 그냥 받아들이는 편이다. 이것은 이미 앞 장에서 다슬러 형제와 시장에서의 관습에서 나타난 바 있다. 의심의 여지없이 오늘날의 푸마 매니저들은 이 업계에서 받는다는 것은 이전에 주었던 것에 크게 좌우된다는 것을 알고 있다. 그리고 그것이 반드시 현금일 필요는 없다.

　그 예가 카메룬이다. 아프리카 축구 대표팀이 전 세계의 관중을 점점 마법에 빠지게 할수록 이들은 재정이 탄탄한 푸마 경쟁 업체들의 관심의 대상이 되었다. 따라서 푸마의 외교 책임자인 호르스트 비드만그가 좋아하는 개념 중 하나가 '커넥션'이다은 처음부터 임원들, 특히 카메룬 축구 대통령인 모하메드 이야를 자신의 편으로 만들고자 노력을 기울였다. 목적에 도달하기 위해 두둑하게 채워진 돈 봉투를 나눠주는 것은 그의 스타일이 아니었다. 비드만은 사업 파트너를 얻는 자신만의 방법을 개발했다. 예를 들어 그는 카메룬 협회의 잔고로 돈이 많이 흘러들어 가는 친선 경기를 많이 조직했다. 그의 행보는 이야에게 신뢰를 주었다.

　이야가 자신은 심한 당뇨병을 앓고 있으며 1년밖에 살 수 없을 것이라고 말했을 때 비드만은 이야를 위해 독일의 당뇨병 전문 병원을 연결해주었다. 덕분에 이야는 곧 회복되기 시작했다. 푸마인들은 비드만이 타인을 사심 없이 돕는다는 점을 높이 샀지만 비드만은 자신의 이 행동으로 앞으로의 계약 연장에서 보상을 받을 수 있기를 희망하고 있었다. 카메룬은 푸마의 브랜드 심벌로 자라났고, 푸마는 이제 이들을 잃는다면 그 손실을 극복할 수 없을 정도였다.

　2006년 11월 카메룬의 수도 아운데에서 포커 놀이가 시작되었다. 이곳에는 대형 스포츠용품 업체 모두가 자리하고 있었다. 2010년 축구계의 넘버 원을 노리는 나이키는 카드 한 장에 모든 것을 걸었다. 검은 대륙에서 푸마의 입지는 미국인들에게 너무 커졌다. 나이키 협상자는 푸마가 제안한 금액의 3배로 시작해 마지막에는 6배를 불렀다. 매우 비싼 게임이었다. 왜냐하면 오늘날 이러한 협상에서 낙찰되면 즉각 사이닝 보너스, 즉 후원 금액의 일부를 바로 지급해야 했기 때문이다. 이 계약이 설령 1년 뒤부터 효력이 발생하게 된다고 할지라도 말이다. 비드만은 윤리적인 압력을 가하기 위해 독일에서 차이츠를 불러들였다. 그리고 결국, 마지막에는 여러 해에 걸친 그의 행동이 보상을 받았다. 카메룬은 유혹에 넘어가지 않았고 푸마에 머물렀다.

"바르샤, 바르샤, 바아아르샤"

2006년 월드컵 이후로 푸마는 아주 큰 득점을 올릴 시도를 했다. 세계에서 최고의 팀 중 하나인 FC 바르셀로나와 계약하려고 한 것이다. 네덜란드 출신의 감독 프랑크 레이카르트Frank Rijkaard가 이끄는 이 스페인 팀은 오랜만에 다시 한 번 스페인 리그에서 승리를 거두었다. 몇 년간 그들에게 수백만을 후원해준 것은 나이키였지만 이제 그 계약이 끝날 시점이 된 것이었다. 나이키 스파이가 헤르초겐아우라흐에서 구단의 행정 건물을 방문했다는 사실을 오리건에 있는 비버턴Beaverton 나이키 본사에 알렸을 때, 나이키 CEO 마크 파커Mark parker는 다급해져서 돌발적으로 제안 액수를 두 배로 늘렸다. 그러나 차이츠는 이에 동요하지 않았다. 그에게는 근거로 삼을 만한 좋은 근거가 있었다. 그가 스페인어로 직접 나눈 사적인 대화에서 바르셀로나의 구단 회장인 호안 라포르타 이 에스트루크Joan Laporta y Estruch는 나이키에 앙심을 품고 있었고 반드시 푸마로 옮기기를 원했던 것이다. 그는 심지어 협력에 대해 '의향서Letter of intent'를 쓰기까지 했다. 게다가 헤어질 때 차이츠를 안고 영원한 우정을 약속했다. 그러나 결국에는 돈이 승리했다. 라포르타는 건조한 두 마디로 푸마 CEO를 거절했다.

"나이키가 더 나은 제안을 했습니다. 그는 한 해에 3억 유로 이상을 제안했습니다."

라포르타는 돈이 필요했다. 2003년에 그가 회장 자리에 부임했을 때 바르셀로나는 약 1억 8,000만 유로로 많은 빚을 지고 있었다. 그 밖에도 그는 축구 엘리트들에 대한 욕심이 있었다. 그는 파리의 생제르맹Saint Germain에서 호나우딩요를 데려왔고, AS모나코에서 루도빅 지울리Ludovic Giuly를, 그리고 레알 말로카에서는 사무엘 에투Samuel Eto'o를, PSV 에인트호벤에서 마르크 판 보멀Mark Van Bommel을, 또 FC 포르투에서 데쿠Deco를 데리고 왔다.

12 푸마의 미래

푸마 CEO의 모습
밀림의 오프라인 상태, 로스팅 기업과의 불화, 그리고 환영받은 명품 기업

    2007년 2월 23일, 케냐 나이로비의 전세기 공항. 오전 9시 2분에 엔진 하나짜리 파이퍼사 경비행기 한 대가 활주로를 향해 달렸다. 조종석에는 비행 경험이 2만 시간에 이르는 노련한 밀림 지대 전문 파일럿 데릭 서튼Derek Sutton이 앉아 있었다. 그는 노란색 파일럿 안경 너머로 한 번 더 내비게이션을 확인하고 방향을 잡았다. 북쪽으로 230km. 그의 좌석 뒷주머니에는 접시만한 나무 십자가가 있었고 그 십자가 옆에는 차이츠가 앉아 있었다. 그는 지금 경비행기 운전대를 잡고 싶어 안달이 난 상황이었다. 차이츠는 지난 20년간 취미로 경비행기 조종을 즐겼다. 전날, 그는 KLM 네덜란드 항공편으로 뉘른베르크에서 암스테르담을 넘어 케냐의 수도에 도착했고 케냐의 고급스러운 세리나 호텔에서 하루를 묵었다. 차이츠는 이제 조금이라도 빨리 농장으로 가고 싶었다. '다 함께 아프리카를 위해' 와 함께하는 프로젝트 일정으

로 우간다에 가기 전 차이츠에게 며칠 간 휴식을 즐길 수 있는 시간이 생겼기 때문이다. 아니, 엄밀하게 말하자면 쉬면서 일할 수 있는 시간이라는 표현이 더 낫겠다. 어쨌거나 차이츠는 그 두 가지를 함께 할 수밖에 없는 타입이니 말이다.

경비행기는 이륙했고 나이로비 위로 출렁이는 노란색 짙은 안개를 뚫었다. 이 스모그는 마치 숨을 쉴 때 공기처럼 반드시 필요한 것이었다. 경비행기는 100만 명이 사는 도시 슬럼가 위를 날아갔다. 도심을 지나자 숲 속으로 기린 떼가 지나가고 있었다. 차, 커피 농장이 드넓게 펼쳐진 고원 지대가 경비행기 아래로 출렁이고 있었다. 저 멀리 케냐 산의 능선이 보였고 5,200m 높이의 정상이 태양 아래 빛나고 있었다. 경비행기가 산맥의 비가 오지 않는 쪽으로 들어가면서 숲이 점점 사라지고 드넓은 초원이 펼쳐졌다. 코끼리 떼가 웅덩이 주변에 모여 있었다. 차이츠는 경비행기 창문에 이마를 딱 붙인 채 "코끼리들은 벌써 세게라Segera에 도착했네요"라고 말했다. 차이츠는 2년 전에 200m² 면적의 농장을 구입해서 관리하고 있었다.

데릭은 한 번 더 공중회전한 후 부드럽게 농장의 활주로 위로 경비행기를 안착시켰다. 경비행기는 덜커덩거리며 야자나무로 뒤덮인 주택을 향해 움직였다. 차양을 달아놓은 테라스에서 차이츠는 차와 소시지, 신선한 과일로 한 번 더 아침 식사를 즐겼다. 그는 서비스를 해주는 사람과 영어가 아닌 수아헬리어로 대화를 나눴다. 그는 뉘른베르크 집에서 헤르초겐아우라흐로 자동차를 타고 이동하면서 CD로 이곳 원주민들의 언어를 집중적으로 공부했고, 이제는 급한 대로 매우 훌륭하게 말하고 있었다. 그는 이러한 방식으로 나라, 사람, 그리고 문화에 더 가까이 다가가기를 원했다.

13년간 그는 이 농장과 같은 곳을 찾기 위해 아프리카의 절반을 뒤졌다. 그는 아내와 함께 탄자니아, 나미비아, 짐바브웨, 남아공, 보츠와나, 카메룬,

그리고 그 밖의 국가들에도 가보았다. 그러나 그 어디에서도 딱 적합한 곳을 찾을 수 없었다. 그러던 중 호주 그랑프리가 열리던 2005년에 F1 구단주 플라비오 브리아토레Flavio Briatore가 케냐의 농장에 대한 정보를 주었다. 차이츠는 즉각 경비행기에 올라타고 48시간 만에 그곳으로 갔다. 그곳에 관심 있어 하는 또 다른 이가 계약서에 서명할 의향을 보였기 때문이었다.

농장에서는 아프리카인 130명이 일했다. 이곳에서 차이츠는 마치 푸마의 힘겨웠던 시간을 되풀이하는 것처럼 일을 했다. 일단 적자를 해결하고, 브랜드에 투자하고, 그리고 성장을 이룩하는 그 모든 과정을 말이다. 그러나 그는 돈을 벌기 위해서 이 농장을 구입한 것이 아니었다. 그가 농장을 인수했을 때 이곳 농부들 사이에는 무기력과 파벌, 비리가 지배하고 있었다. 마치 1993년의 헤르초겐아우라흐에서처럼 말이다. 그는 농장의 구조를 바꾸고 투자를 했다. 새로 학교도 세우고, 사냥터지기와 소를 돌보는 사람의 가족들이 지낼 마을을 만들고, 연구소를 만들었다. 이 밖에도 그가 직접 투자하고 또 기부금을 받는 '상호문화적 생태권 보호를 위한 차이츠 재단'을 설립했다. 아프리카에 대한 투자 비용을 만회하고 새로운 일자리를 창출할 목적으로 차이츠는 사파리 관광객들을 위한 럭셔리 캠프도 기획했다. 시설이 완공되면 관광객들은 700달러에 텐트에서의 하룻밤을 보낼 수 있었다. 그리고 이곳의 홍보대사로 스웨덴의 맹수 여자 사냥꾼인 바론 브로어 폰 블릭센Baron Bror von Blixen를 선택했다. 그녀의 재미난 삶은 〈아프리카의 저편〉이라는 영화가 히트하면서 세계적으로 유명해진 바 있었다. 바론 브로어라. 차이츠가 전문 마케터라는 사실이 분명하게 드러나는 대목이다. 그는 단순히 신발과 유니폼 마케터가 아니었다.

케냐의 농장은 창조주의 선물이었다. 케냐의 그 어느 곳에도 기린, 코끼리, 물소, 그리고 다른 야생 동물들이 이 지대보다 풍부하지 않았다. 차이츠

자신의 케냐 농장에서의 차이츠. 직원들을 위해 새로운 유니폼을 주고 있다.

는 이 풍성함을 누렸다. 물론 이 나라에 있는 모든 문제를 감수해야 했지만 말이다. 그 문제는 이랬다. 그가 자신의 도요타 랜드크루저를 끌고 울퉁불퉁한 비포장도로를 달릴 때면 오래 기다릴 것도 없이 곧 사냥감이 나타났다. 파라다이스였다. 그러나 푸마 CEO 같은 사람들에게는 약간의 걸림돌이 있는 파라다이스였다. 휴대전화가 터지는 곳이 매우 적었기 때문이다. 그는 몇 분마다 블랙베리로 이메일을 확인하려 노력했지만 허사였다. 이제 막 무선 통신망을 설치하는 중이었다. 세상으로의 접속은 집에서 2km 떨어진 매니저 하우스에 마련해둔 그의 비상 사무실에서만 가능했다. 그곳에서 차이츠는 위성 통신망을 통해서 인터넷에 접속할 수 있었다. 주말이나 휴가에 이곳에서 사자들과 얼룩말들 사이에서 시간을 보내면서도 그는 푸마를 시야에서 놓지 않았다. 그는 언제나 100% 가동되는 가상 기업을 만들었다. CEO가 지구상 어디에 있든지 상관없었다.

차이츠를 아프리카에서 만나는 사람은 독일 전후 시대 이후 그가 어떻게 화려한 기업 성장에 성공할 수 있었는지를 곧 알 수 있게 된다. 겉보기에 가망이 없어 보이는 프로젝트를 책임지고, 건강을 회복하고 새롭게 일으켜 세우는 것은 그의 안에 열정을 불러일으켰다. 그에게는 그것이 농장과 마찬가지로 그의 고향에서 6,000km가 떨어져 있다고 해도 상관이 없었다. 5년 계약의 CEO였던 그는 90년대 중반, 이와 같은 동기로 헤르초겐아우라흐의 회사 본부를 떠났었다. 6,000km 떨어진 보스턴에서 자신의 손으로 자신의 기업을 미국 시장에서 직접 일으켜 세우기 위함이었다. 그는 당연하다는 듯이 가상 작업 세계를 만들었다. 그에게는 육체적으로 자리해 있지 않아도 결정하는 일에 문제가 없었다. 그에게 성공보다 더 큰 자극을 주는 것은 없었다. 그리고 최고 경영자에 대한 푸마 직원들의 충성은 이전과 변함없이 거의 엄청나다고 할 수 있다.

위에서도 이미 언급했듯, 차이츠가 일을 처리하는 방식은 많은 부분에서 전 독일 축구 대표팀 감독인 위르겐 클린스만을 떠올리게 한다. 그는 2006년 독일 월드컵을 준비하면서 손대기 어려운 인물들을 즉각 차례차례 내쳤다. 자신의 소신대로 밀어붙이기 위해서였다. 차이츠 역시 직원이든, 협회 사람이든, 경쟁 업체든 그 누구와도 타협하지 않았다. 결정을 위한 그의 원칙은 언제나 그의 이성에 있었다. 그리고 그가 마음 가는 대로 결정했을 때 그는 그 결정을 분별력이라는 도구로 검사했다.

모든 것을 시야에서 놓치지 않는 것, 언제나 공격·수비할 준비가 되어 있는 것, 차이츠는 그것을 몇 년간 완성했다. 그가 새로운 사람들을 알게 되거나 알지 못하는 곳에 가면 그의 눈은 마치 데이터를 인식하고 뇌로 보내 빠른 속도로 처리, 분류하는 스캐너처럼 일했다. 그는 고향에서 그의 파트니

웅덩이에서 코끼리를 기다리는 차이츠

스 및 복싱 코치와 이러한 능력을 연습했다.

"요헨, 리모컨이 어디 있지요?"

코치는 트레이닝 싸움 중에 불쑥 소리쳤다. 그러면 푸마 CEO는 방어를 멈추지 않은 상태에서 재빨리 리모컨의 위치를 알아내야 했다.

차이츠가 케냐의 농장에서 보낸 주말이 지나갔다. 월요일에 그는 다시 우간다로 가야 했다. 그곳에서 원조 연합 기구 '다 함께 아프리카를 위하여' 대표들을 만났다. 차이츠는 지난번 월드컵 당시 푸마가 모은 기부금이 어떤 프로젝트에 사용될지를 알고 싶어 했다. 케냐의 상황은 좋지 않았다. 전쟁 지역 키트굼의 악취 나는 난민 수용소, 배고픔에 굶주리는 굴루의 오두막 마을, 콤브라의 나병에 걸린 노인들. 차이츠는 "잔인해!"라며 여러 번 탄식했

차이츠가 우간다에서 여자들과 함께 찍은 사진

다. 그리고 이 헤아릴 수 없는 비극에 대한 규명과 해결책을 그의 이성 속에서 찾아내고 있었다.

정글 한가운데에서는 푸마 CEO의 다른 모습이 드러났다. 그는 진지하게 삶에 대해 사색했고 함께 여행 온 사람들과 수다를 떨었다. 그는 자신의 부모가 어떻게 살해당했는지를 넋이 나가서 이야기하는 어린이 군인들의 이야기를 들었다. 그는 팔에 매달리는 파란색 학교 유니폼을 입은 고아들에게 사랑스럽게 머리를 쓰다듬어 주었다. 나병 환자들이 가득한 곳을 떠날 때면 그는 흑인 영가 CD를 넣고 〈오 해피 데이Oh happy day〉를 들으며 운전했다. 저녁에는 '주님의 영광을 위해To the Glory of the Lord'라고 쓰인 자신의 경비행기를 타고 굴루의 소박한 호텔에 가서 지그문트 프로이트Siegmund Freud의 작품 《인간 모세와 일신교》를 읽었다. 그는 매 페이지를 열심히 읽었고, 마치 학생처럼 문구에 밑줄을 긋기도 했다. 그는 정신분석의 창시자인 프로이트의 주장처럼 정말 종교가 그저 강압신경증일 뿐인지, 아니면 신이 모든 것에 대한 책임을 지는 것인지 알아내고 싶었다.

사람들이 하루에 50센트로 살아가야 하는 우간다의 도심 어디에서도 그의 휴대전화는 수신 신호가 꽉 차지 않았다. 그는 전화를 할 수는 있었지만 이메일을 받지는 못했다. 그는 자판을 만지작거리면서 또 다리를 떨었다. 그는 사흘간 이메일을 확인하지 못하고 보냈다. 이전에는 한 번도 이메일에서 떨어져 지내본 적이 없었다. 사흘간 전기가 나가는 바람에 뒤뜰에 전기 발전기를 가져다 놓아 발전기 돌아가는 소리가 '따따따따' 울리는 굴루의 호텔에서 그는 TV를 통해 중국에서 들려온 안 좋은 소식으로 증권 시장이 무너졌다는 것을 알게 되었다. 차이츠는 블랙베리를 집어들고 독일과 통화했다. 그는 기업을 위해 푸마 주식을 추가로 매입했다. 회사에 대한 그의 믿음은 확고했다.

로스팅 기업이 떠나다

차이츠가 이렇게 철학적인 고민을 했던 것은 어쩌면 푸마 CEO로서의 삶이 그리 재미 있지 않아서였을지도 모른다. 헤르츠가 푸마의 대주주로 등장하면서부터 이들의 관계는 한 번도 호의적이었던 적이 없었다. 차이츠는 함부르크 출신의 헤르츠가 이뤄낸 기업가적 성과에 대해서는 높이 평가하고 존경했다. 그러나 푸마에 승선한 후 헤르츠는 너무 과감하게 행동했고 이 때문에 일부 매니저들을 떠나보내야 하기도 했다. 마이파이어와 푸마의 세계는 그냥 너무 달랐다. 그러나 차이츠는 겉으로는 한 번도 그런 티를 내지 않았다. 어떤 경우에도 그는 갈등을 일으키고 싶은 마음이 없었다. 그의 가까운 직원들만이 무언가가 잘 맞지 않는다는 것을 눈치 채고 있었다. 공개적인 논란을 불러오지 않기 위해 그는 2년 동안 절망감을 혼자서 인내했고, 할 수 있는 한 헤르츠와 조화롭게 일하면서 문제의 해결책을 찾기를 원했다. 그러나 함부르크 출신의 헤르츠와 그의 팀은 갈수록 푸마의 경영을 간섭했다.

〈매니저 매거진〉의 조사에 따르면 이들의 이런 행동 때문에 부CEO인 마틴 갠슬러가 회사를 떠나버렸다고 했다. 헤르츠 쪽 대표들은 헤르츠가 이런저런 이유로 만족하지 않는다고 종종 알렸다. 푸마 세상에는 더 이상 자유가 없었다. 경영협의회 회의도 고통스러웠다. 마이파이어는 소매업자의 입장에서 주장을 펼쳤고 자신들에게 유리한 쪽으로만 기업의 발전을 도모하려고 했다. 이 모든 불일치에도, 차이츠는 이 상태의 긍정적인 측면을 이끌어내기 위해 애썼다. 예컨대 그가 요트 경기를 후원하겠다고 결정했을 때 요트를 아주 좋아하는 헤르츠는 '볼보 오션 레이스'의 주최 측과 연결해주기도 했다. 이는 3년마다 열리는 가장 어려운 요트 레이스였다. 요트는 차이츠가 봤을 때 푸마의 브랜드 이미지와 딱 맞아떨어졌다. 그는 이 경기를 '아메리카의 엘리트 컵그는 매년 열리는 고급 요트 경기를 이렇게 불렀다'에 대항하는 경기로 자리 잡게 했다. 고급 요트 경기에 참여하려면 예산 1억 달러 또는 그 이상을 가지고 있어야 했기 때문이다.

그러나 푸마 경영진과 함부르크 사이에 형성된 갈등은 갈수록 악화되었다. CEO로서 차이츠의 계약은 2009년 4월까지 아직 남아 있는 상태였다. 늘 그렇듯 이 계약은 별문제가 없는 상황에서는 만료 2년 전에 연장해왔다. 즉 2007년 4월까지는 계약 연장 이야기가 마무리되어야 하는 것이었다. 그러나 차이츠는 망설였다. 이런 상황에서 정말 한 번 더 서명해야 할까? 그는 내면으로는 주주 헤르츠와 장기적인 성공을 거둘 수 있을 것이라고 믿지 않았다.

그러나 함부르크 출신의 눈에는 차이츠가 푸마였고 푸마가 차이츠였다. 긴 기업의 역사 속에서 주주들에게 이렇게 높은 수익률을 달성해준 것은 차이츠였고, 그가 유일했다. 차이츠 없이 계속할 위험을 감수할 것인가? 그렇다면 그 대안은 무엇인가? 마이 파이어의 지분을 양도하는 것?

차이츠는 계산해보았다. 만일 그가 귄터 헤르츠에게 푸마 주식에 관심을 보이는 사람을 소개해서 헤르츠

볼보 오션 레이스 참가를 위한 푸마 보트

가 그 주식을 넘기고 대신 엄청난 수익을 올릴 수 있다면 혹시라도 헤르츠의 하차를 생각해볼 수도 있었다. 푸마 CEO는 비상수단으로 적합한 후보를 확보해두고 있었다. 차이츠는 2004년부터 재정이 풍족한 프랑스 기업 PPR의 사장인 프랑수아 앙리 피노와 관계를 맺고 있었다. 당시 PPR은 차이츠에게 구찌 CEO 자리에 앉지 않겠느냐고 제안한 적이 있었다. 그리고 현재 PPR은 잠재력 있는 새로운 세계적인 브랜드를 찾고 있었다. 이런 투자자라면 차이츠에게는 이상적인 파트너일 것이다. 바로 피노 같은 남자였다. 여러 나라 언어에 능통하고, 인터넷을 잘 다룰 줄 알며, 명품의 최고 유통 경로를 확보하고 있는 사람. 푸마의 기업 문화를 이해하지 못하는 넥타이쟁이도 아니고, 스포츠 라이프스타일 패션 상품의 감정적인 세상을 커피콩이나 에스프레소 머신 이상의 것으로 보지 않는 사람도 아닌 그런 사람이었다.

프랑수아 앙리 피노는 1962년 5월 28일 브르타뉴Bretagne 주에서 태어났고 오랫동안 유명한 아버지인 프랑수아 피노의 그늘에서 살아야 했다. 그의

아버지는 8,90년대에 강력한 거물로 명품 및 무역 기업을 정제해낸 인물이었다. 아들은 렌에서 아버지와 이혼한 어머니 밑에서 자라났고, 경영학을 전공한 이후 아버지의 기업에 뛰어들었다. 부자 간에는 장기적인 갈등이 이어졌다. 2005년에 그는 경영권을 혼자 쥘 수 있게 되었다. 보르도 근처 하우스에 머물고 있던 아버지는 포도주 양조장에서 난 프랑스의 최고급 레드 와인인 샤토 라투르를 마시면서 그에게 이 소식을 전달했다. 구찌, 이브 생 로랑, 또는 스텔라 매카트니와 같은 브랜드와 무역 고리인 가구 회사 콩포라마 Conforama, 언론사 FNAC, 그리고 홈쇼핑과 이커머스 회사 레드캣츠Redcats를 가지고 PPR은 2006년에 약 180억 유로의 매출을 올렸다.

아버지의 아들

'필스 드 빠빠부자 부모를 둔 아들을 프랑스에서는 이렇게 부른다' 인 프랑수아 앙리가 갑자기 대중의 관심을 받게 되었다. 기업가적 성공이 아니라 〈프리다〉와 〈와일드 와일드 웨스트〉와 같은 영화 외에도 화장품 판매 업체 에이본Avon의 광고 모델로 유명한 멕시코 여배우 셀마 헤이엑Salma Hayek과의 열애로 유명해진 것이다. 경제의 선장과 여배우, 할리우드와 대중 신문 기자들은 이 사실을 너무나도 사랑했다. 푸마의 인수 직전에 이 커플은 선정적인 잡지 〈파리 매치〉에 그들이 서로 알게 된 경위와 사랑 이야기, 베네치아에서의 로맨스로 화제가 되었다. 또 그와 그의 약혼녀가 아이를 기대하고 있다는 것으로도 관심을 받았다. 그는 이미 첫 번째 결혼에서 얻은 두 아이가 있었다. 지인들은 프랑수아 앙리가 거친 사업보다는 조화로운 삶을 더 좋아했다고 전했다. 그는 자회사에서 직원들을 해고해야 했을 때 사흘 밤을 잠을 이루지 못했다고 한다.

헤르츠의 마이파이어와의 만남은 그에게 덜 어렵게 여겨졌다. 2007년 3월 20일 화요일, 피노와 차이츠, 푸마의 감사회 토레 올슨과 헤르츠 쪽의 대표가 처음으로 고급스러운 함부르크의 피어야레스차이텐 호텔에서 만나 대화를 시작했다. 그리고 헤어졌을 때, 분명한 것은 없었다. 아무것도 없었다. 헤르츠는 자신의 결정을 어떻게 할지 비밀로 하고 참석자들에게 늦어도 부활절 월요일인 4월 9일 12시까지 결과를 알려주겠다고 말했다. 헤르츠는 기업의 미래에 대한 유일한 결정자가 되고 싶었다. 지분 73%를 가진 다른 주주들이 그에 대해서 어떻게 생각하는지에는 상관없이 말이다.

성목요일[112]에 시장에는 푸마가 새로운 투자자를 얻게 될 것이라는 소문이 돌기 시작했다. 이러한 의혹이 더 커진 것은 푸마가 회사 주식을 매점할 수 있도록 주식 127만 주를 회수하고 그 결과 기초 자본금이 하락하면서였다. 이날 오후 〈월 스트리트 저널〉의 통신원이 헤르초겐아우라흐에 전화를 걸었고 자신의 리서치 결과에 대한 입장을 표명해주기를 원했다. 이 내용에 따르면 PPR이 새로운 소유주가 될 것이라는 것이었다. 그는 프랑스 기업의 매니저를 이야기했고, 놀라울 정도로 확실한 정보를 가지고 있었다. 푸마 대표는 침묵했다. 다음날 〈월 스트리트 저널〉은 PPR이 푸마에 승선한다는 소식을 내보냈다. 쌓아놓은 둑이 모두 무너졌다. 푸마 커뮤니케이션 매니저인 울프 산티에르는 이 과정에 대해서 언급할 수가 없었다. 그도 그럴 것이, 아직 헤르초겐아우라흐의 그 누구도 헤르츠가 PPR의 제안을 받아들일지 거절할지 알 수 없었기 때문이다.

사람들은 앞으로 며칠간 현실이 될 수 있는 모든 시나리오를 추측했다.

---

[112] 부활절 전주의 목요일.

함부르크 〈벨트〉는 이런 기사를 냈다.

"스포츠용품 제조 업체 푸마의 대주주인 투자 회사 마이파이어는 자신의 지분을 프랑스 명품 기업 PPR에 팔기를 원하지 않는다."

프랑켄은 이 문장을 끔찍해하며 읽었다. 이들은 발로 뛰어다니는 기자들이 투자자의 계획에 대해 매우 정확한 정보를 가지고 있을 것이라고 추측했기 때문이었다. 뉘른베르크 집의 책상 앞에 앉은 차이츠는 항상 대기중인 상태였다. 필요할 때 반응하기 위함이었다.

결정의 밤

예고되었던 부활절 월요일 결정의 시간이 가까이 다가오고 있었다. 시계가 12시를 알렸을 때, 헤르츠는 아직 연락해오지 않았다. 시간이 흘려갔고, 전화는 냉혹하게 침묵했다. 화요일로 넘어가는 새벽, 정확히 2시 22분에야 차이츠는 함부르크에서 걸려온 전화를 받았다. 헤르츠가 PPR에 지분을 팔기로 한 것이었다. 27.1%를 14억 유로에 말이다. 이로써 그는 약 2년 동안 6억 유로에 달하는 수익을 벌어들인 것이었다. 그러나 피노는 더 많이 원했다. 그는 다른 주주들에게도 마찬가지로 제안했다. 1주당 330유로. 피노는 푸마를 530억 유로의 가치를 가진 회사로 만들고 싶었다. 주식은 계속 올라가 주당 330유로를 훨씬 넘어섰다.

차이츠는 만족 그 이상이었다. 최종적으로 그의 시각에서 볼 때 모두가 승자였다. 헤르츠는 2년 안에 배부른 수익을 올렸고, 푸마의 주주들은 풍족한 배당금에 만족할 수 있고, 기업은 처음으로 전략적인 투자자를 얻은 것이다. 그의 가까운 지인들이 후에 말한 바로는 그것이 차이츠의 대작이었다고 말한다. 청소년기에 게임을 통해서 자신의 사고력을 날카롭게 키웠던 그는 완벽한 한판 승부였다고 이야기할 수 있게 되었다.

차이츠는 당장 PR을 작동시켰다. 3시 30분에 의도되었던 주식 매각에 대한 애드혹 리포트가 티커ticker113를 통해 흘러나갔다. 산티에르는 인트라넷을 통해 전 세계에 소식을 알렸고 밤잠을 자는 주요 금융 기자들에게 전화를 걸었다. 겨우 한 시간을 자고 나서 그는 아침 8시에 푸마의 공식적인 입장을 표명했다.

"푸마 주식회사 CEO 차이츠는 마이파이어 투자 회사의 지분이 프랑스 명품 기업인 피노프렝탕르두PPR를 통해 매입된 것과 푸마 주식에 대한 자발적이고 공개적인 매입 제안에 대해 기쁘게 생각합니다. 이로써 푸마는 확장 전략 4단계에서 재정이 탄탄하고 선두를 이끄는 국제 기업의 지원을 받게 되었을 뿐만 아니라 동시에 세계적인 지위와 프리미엄 브랜드의 강력한 포트폴리오, 그리고 리테일 분야에서의 노하우와 경험을 통해 이익을 얻게 되었습니다."

이 결정 후처럼 헤르초겐아우라흐의 뷔르츠부르크가 이렇게 생기 있던 적은 많지 않았다. 기자들은 직원들을 붙잡고 PPR의 푸마 승선 이후 일자리를 잃을까봐 두렵지 않느냐고 물었다. 쉴 새 없이 기자들이 전화하거나 문을 두드렸고 차이츠와 인터뷰하기를 원했다. 그러나 차이츠는 〈타게스샤우〉와 〈호이테저널〉과 같이 자신이 선별한 소수의 언론사에만 집중했다. 거기서 그는 인사 해고와 본사 이전은 없다고 강조했다. 이어서 CNBC와 N-TV마이크 앞에 섰고 뉘른베르크에서 ZDF 아침 방송에 등장했다. 그의 소식이 대중

---

113 증권 거래소에서 시시각각으로 변동하는 시세를 보도하는 유선 인자식 전신기. 한 사람이 발신하면 이 수신기를 가진 가입자는 동시에 동일한 부호나 숫자를 수신함으로써 항상 가격의 변동을 알 수 있다.

에게 알려졌다. 거의 모든 언론과 애널리스트들이 주주 교체의 긍정적인 전망에 대한 그의 주장에 동의했다. PPR이 무엇보다 패션에 주력하는 기업이며 4단계에서 차이츠가 밀어붙이려고 하는 스포츠용품 분야에서는 전혀 경험이 없다는 부분에 대해 상기하는 칼럼니스트는 거의 없었다. 혹은 독일과 프랑스의 기업 문화를 조화시킨다는 것이 아디다스-살로몬이나 우주 항공 전문 업체인 EADS에 얼마나 어려웠는지를 상기시키는 사람도 적었다.

다음 날 뉘른베르크의 푸마 브랜드 센터에서 총회가 열렸다. 한 번도 이렇게 많은 TV 중계차가 주변에 자리했던 적이 없었다. 차이츠는 잔뜩 신이 나서 로비에서 수다를 떨었다. 그에게서는 종일 이어진 마라톤 협상의 흔적을 찾아볼 수 없었다. 귄터 헤르츠와 함부르크 측근들이 분노한 얼굴로 다가왔을 때 그는 재빨리 단상으로 올라갔다. 헤르츠는 행사 동안 평범한 감사회 위원으로 차이츠의 뒤에 앉아 있었다. 차이츠가 그에게 공식적으로 PPR과의 협력을 가능하게 해준 것에 감사 인사를 전했을 때 헤르츠는 태연자약했다. 정확하게 왜 헤르츠가 하차하게 됐는지에 대해서는 그는 알아들을 수 없게만 대답했다.

"저의 이유는 매우 복잡합니다. 저는 결과적으로 회사의 번영을 가장 우선으로 생각했습니다."

진짜 이유는 아마도 오랫동안 비밀로 남아 있을 것이다. 아군 중 한 사람이 협상의 정확한 경위에 대해 누설하지만 않는다면 말이다. 차이츠는 침묵했고, 자신의 전 대주주에 대해 나쁜 말은 한마디도 하지 않았다. 그는 헤르츠가 마지막에는 자신의 투자로 푸마에 긍정적인 기여를 해주었다고 강조했다. 많은 투자가가 새롭게 소개된 기업 계획의 4단계를 또 한 번 비판적으로 평가하는 시점에 주식을 팔아주어서 말이다. 오늘날 그는 사람들이 헤르츠의 시대와 그의 작별에 대해 말을 걸면 그저 장난기 어린 미소를 지을 뿐이다.

총회가 끝난 날 저녁 피노는 그의 매니저 동료들과 함께 소박한 뉘른베르크 레스토랑 '바르퓌서Barfüßer'로 이동해 돼지 요리와 구운 소시지 2인분을 먹어치웠다. 차이츠는 빈으로 갔다. 다음 날 모이게 될 국제 스포츠 소매업자들에게 다음 오스트리아와 스위스에서 치러질 유럽 챔피언스 리그 기간 중의 푸마 전략을 설명하기 위해서였다. 연설을 시작하면서 그는 5분간 대본을 밀어두고 즉흥적으로 자신이 PPR과의 새로운 전략적 파트너십을 통해 희망하는 기회와 가능성에 대해 이야기했다. 그는 불과 3시간 만인 10시 30분에 피노와 함께 첫 번째 공동 기자회견을 했다. 푸마 직원들은 전 세계에서 이 사건을 지켜볼 수 있었다. 웹상에서 라이브로 전송되었기 때문이다. 프랑켄 본사에서는 직원들이 '북아메리카' 룸에 앉아서 대형 스크린으로 보았다. 전 주주의 하차와 새 주주의 승선에 대한 공동의 안도감을 분명하게 느낄 수 있었다.

푸마와 요헨의 미래

2007년 4월 24일 베를린의 날씨는 이상하리만치 더웠다. 정오가 되기도 전에 온도계는 이미 20도를 가리키고 있었다. 마리팀 호텔 앞에서 택시들이 1분 1초를 다투며 슈타우펜베르크가로 향했고, 전 세계에서 모인 젊은이들을 토해냈다. 남유럽, 미국인, 스칸디나비아인, 아시아인, 아프리카인 할 것 없이 말이다. 이들은 이 고급 호텔에서 일반적으로 입는 것처럼 검은 정장이나 의상을 입고 있지 않았고 셔츠, 스니커즈, 넓은 바지, 가끔은 푸마 로고가 있는 플립플롭 등 패셔너블한 평상복을 입고 있었다. 또 그들은 손에 가죽가방이 아닌 휴대전화를 들고 있었는데, 일부는 여러 개를 들고 있기도 했다.

차이츠(왼쪽)와 피노(오른쪽). 가운데에는 푸마의 파트너인 리디아 허스트, 히바우두

그들의 어깨에는 마치 그들이 사업 회의가 아닌 여행을 가기라도 하는 듯 격식 없는 천가방이 매달려 흔들리고 있었다. 이날처럼 마리팀 호텔에서 많은 사람들로 인해 노트북 망이 이토록 좁게 느껴졌던 적은 없었다. 편안해 보이고 의연하게 대화하는 것은 푸마의 특징 중 하나였다. 특히 국제 판매 컨퍼런스 '고 라이브 2Go live 2'가 시작되는 이 월요일에는 더욱 그러했다. 많은 참가자가 정기적으로 열리는 박람회를 그들 국가의 고유한 상품들을 뽐내는 데 이용했다. 외부 인사는 이 패션쇼를 웃어넘길지 모르지만, 푸마 경영진에게 이것은 완결의 표시였다. 푸마 경영진이 상품을 칭찬하고 그 가운데 편안함을 느끼면 그것은 시장 성공에 대한 좋은 신호인 것이었다.

로비의 커다란 샹들리에 아래에는 푸마 직원들이 서 있거나 웹 서핑을 하고 있었다. 다른 이들은 무리를 지어 서로 이야기하고 있었다. 물론 영어로 말이다. 로비 가장자리에는 2008년의 가장 중요한 상품 분야를 묘사한 휘장 네 개가 걸려 있었다. 바로 스포츠화와 패션 부서인 '푸마 런웨이', 세련된 도시인들을 위한 패션 상품 '어반 모빌리티Urban Mobility', 오스트리아와 스위스에서의 유럽 챔피언스 리그를 위한 축구 상품 '브이 스피드V-Speed', 그리고 명품 스포츠 컬렉션의 의류 '더 블랙 라벨The Black Label'이었다. 전 세계적으로 푸마 개발자들이 어떤 마술을 부렸는지를 보고 싶은 사람은 '베를린' 관으로 갔다. 그곳에는 수십 개의 전시 벽에 국내 소매업자들이 매장에서 판매할 수 있는 모든 신발이 정렬되어 있었다. 이들은 주제 그룹별로 모여 있었고 각각 '헤리티지', '퍼포먼스', '트레이닝', '골프' 또는 '샌들'이라는 이름이 있었다. 반대편 홀에는 같은 모습으로 직물들이 꾸며져 있었다. 푸마가 2008년 시장에서 밀어붙이고자 하는 트렌드 중 하나는 팝아트 풍의 신발과 옷이었다. 로이 리히텐슈타인이 신발에 등장하는 것은 패션계에서 그리 새로운 것은 아니었지만 어쨌거나 이 업계에서의 오래된 법칙은 '모든 것은 다시 돌아온다'이지 않은가? 업계가 원하기만 한다면 말이다.

그해는 요헨 차이츠가 푸마를 이끌기 시작한 지 15년이 되는 해였고, 자리한 모든 이는 업계의 대적, 특히 나이키와 아디다스와의 싸움을 계속 이어갈 것과 그들 앞에 놓인 부족한 주문에 대해 해결할 준비를 내비치고 있었다. 2007년 5월 7일 차이츠는 분기 실적을 발표하는 자리에서 처음으로 사업 경고를 내릴 수밖에 없었다. 그는 이 해에 한 자리 수 이하의 낮은 매출 및 성장을 전망하고 있었다. 얼마 전까지만 해도 성장률이 한 자리 수여도 후반대 숫자가 될 것이며 최소 10%를 달성할 수 있을 것이라고 보았다. 그러나 지금은 무엇보다 '풋 라커Foot Locker' 시리즈의 성공이 크게 좌우될 미국 시장에서 푸마는 다시 한 번 걱정하고 있었다. 미국에서는 첫 분기의 상품 주문량이 지난 몇 년간의 성장 이후로 거의 18% 하락했다. 주주들과 애널리스트들

차이츠 삶의 친구는 바로 푸마였다.

은 다양하게 추측했다. 이는 업계 스프린터의 휴식인가, 아니면 성공의 단계가 이렇게 천천히 무너져내릴 것인가? 프랑켄은 주가를 떨어뜨려서 주식 가격을 330유로로 제안한 새로운 투자자 PPR을 도와줄 것인가? 마지막 두 가지에 대해 차이츠는 '말도 안 되는 소리'라고 이야기했다.

채 2주도 지나지 않아 푸마는 다시 축배를 들 수 있었다. 그것도 동시에 두 번이나 말이다. 2007년 5월 19일 Yfb 슈투트가르트가 분데스리가 시즌 마지막 날 마이스터 컵을 가져온 것이었다. 그리고 일주일 후에는 DFB 포칼이 준우승을 거뒀다. 신문 1면에 실린 환호하는 선수들의 빨간 유니폼 위에서 푸마 로고가 빛나고 있었다. 푸마는 2002년 슈투트가르트와 계약을 체결했다. 이 '젊은 야수'들은 푸마의 포트폴리오에 완벽하게 어울렸고, 이미 1년 후 챔피언스 리그에도 진출했다. 2005년에 차이츠는 계약을 연장했다. 그의 독일 사업 매니저의 조언에 반대해가면서 말이다. 이는 또 한 번 푸마 CEO의 직감과 이성적인 판단이었던 것이다.

파티는 계속되었고 질문은 남았다. 차이츠는 얼마나 더 이 일을 할 것인가? 이제 돈 하나만으로는 더 이상 그를 자극할 수 없을 것이다. 그는 2006년에만 약 720만 유로의 월급을 손에 넣었다. 죽는 날까지 일하지 않고도 호화스러운 삶을 유지하기에 충분했다. 그뿐만 아니라 매니저로서의 성공 면에서도 그는 더 깨뜨릴 것이 없었다. 피노의 승선 시점에 그는 34분기를 잇달아 거의 매번 두 자리 수 매출 성장을 기록했기 때문이다.

푸마가 앞으로도 프랑켄 지방에 기반을 둔, 성공적인 기업으로 남을 것인지에 대해서는 예측할 수 없다. 분명한 것은 1948년 6월 20일 프랑켄 도시인 헤르초겐아우라흐의 뷔르츠부르크가에서 시작된 푸마 스토리는 계속될 것이라는 사실이다. 이 스토리의 성공 여부는 미래의 매니저들이 결정할 것이다. 올바른 성공 레시피는 덴마크 철학자인 쇠렌 키르케고르 Søren Kierkegaard의 말에서 찾을 수 있다.

"인생은 뒤를 돌아봤을 때만 이해할 수 있다. 사는 것은 앞을 보며 살아야 한다."

부록
연대기

1898	4월 29일 루돌프 다슬러가 태어나다.
1923	다슬러 형제가 사업 공동체를 시작한다. 연 매출은 3,357라이히스마르크를 기록한다.
1924	스포츠화에 생산을 집중한다. 7월 1일 다슬러 형제 신발 공장 헤르초겐아우라흐가 설립된다.
1931	연 매출이 235,629라이히스마르크로 막대한 성장을 기록한다.
1933	1월 30일 독일에서 히틀러가 권력을 이양받는다.
1935	다슬러 공장의 매출이 약 40만 라이히스마르크를 기록한다. 전년 대비 35% 성장한다.
1936	제시 오언스가 베를린 올림픽에서 다슬러 형제의 운동화를 신고 금메달 4개를 획득한다.
1940	운동화 전문 생산 업체에 대한 운영 금지령이 내려진다. 아돌프 다슬러는 12월 일시적으로 징집된다.
1943	루돌프가 징집된다.
1945	러시아군이 진군해오자 루돌프는 탈주를 시도한다. 4월 2일 아버지 크리스토프가 사망한다.
1946	루돌프가 함멜부르크의 수용소에서 석방되고 곧바로 미군에 체포된다.
1948	6월 20일 루돌프 다슬러 스포츠 공장을 정식 등록한다. 과거 형제의 자산은 분리된다.
1952	루돌프의 아들 아르민 다슬러가 경영에 뛰어들고 미국 자회사를 맡는다.
1955	냄새 억제 기능이 있는 '위생' 스포츠화를 개발한다.
1956	푸마가 미국 올림픽 대표팀을 후원한다.

1957	공장 건물이 확장된다.
1958	폼 스트라이프가 브랜드 로고가 된다. 루돌프의 아내 프리들 다슬러와 아들 아르민, 게르트가 합자회사의 책임사원이 된다.
1959	회사를 푸마 스포츠화 공장 루돌프 다슬러 합자회사로 변경한다.
1960	푸마가 신발골을 개발한다.
1962	아르민 다슬러가 오스트리아 잘츠부르크에 첫 번째 공장을 세운다.
1963	특수화 및 러닝화 생산을 위한 포르트 공장을 설립한다.
1966	밤베르크 레켄도르프에 트레이닝화 공장을 설립한다.
1967	게르트 다슬러가 주펠른하임에 공장을 설립한다. 미국 시장이 붐을 일으킨다.
1968	현재의 푸마 로고가 탄생한다.
1970	펠레가 푸마의 '킹'을 신는다.
1974	10월 26일 루돌프 다슬러가 사망하고 아들 아르민이 경영을 이어받는다.
1975	푸마가 스포츠 직물 상품을 생산하기 시작한다.
1976	전 세계적으로 스포츠화 시장이 50억 달러 이상의 규모로 성장한다. 푸마가 시장 점유율 4위를 차지한다.
1977	3월 아르민 다슬러는 값싼 생산 비용 및 임금으로 이윤을 남기기 위해 생산의 큰 부분을 국외로 옮기겠다고 밝힌다.
1978	푸마가 5억 마르크의 매출을 올리는 브랜드로 성장하고 직원이 5,000명에 이른다.
1979	푸마가 건물 관리인의 아들 로타어 마테우스를 발굴한다.
1983	오버라이헨바흐에 새로운 중앙 창고를 짓는다.
1984	테니스 라켓을 생산 품목에 포함한다.
1985	푸마의 최신 개발품 센서와 미니컴퓨터를 탑재한 'RS 컴퓨터' 조깅화가 출시된다. 푸마가 후원하는 테니스 선수 보리스 베커가 윔블던 우승을 거둔다.
1986	6월 16일 푸마가 주식 시장에 상장된다. 주식 발행가는 310마르크를 기록한다.
1987	다슬러 형제가 CEO 자리에서 물러나 감사회로 내려간다. 빈첸츠 그로트가를 거쳐 한스 보이체츠케가 새로운 CEO가 된다.

1988	푸마가 저렴한 브랜드로 전락한다.
1989	다슬러 형제가 그들의 지분을 무역 회사 코사 리베르만에 넘긴다.
1990	요헨 차이츠가 푸마에 나타난다. 스웨덴 기업 아리트모스가 새로운 대주주가 된다. 10월 14일 아르민 다슬러가 사망한다. 푸마의 부채가 1억 8,000만 마르크를 기록한다.
1991	슈테판 야콥슨이 새로운 CEO가 된다.
1992	푸마 '디스크'가 출시된다.
1993	닐스 스텐호이가 CEO를 맡는다. 프로벤투스가 새로운 대주주가 된다. 5월 1일 요헨 차이츠가 CEO가 된다. 주가는 최저치를 기록한다. 헤르초겐아우라흐에서는 생산이 중단된다. 차이츠가 단계별 계획 경제의 시작을 알린다.
1994	푸마가 또 한 번 적자를 기록한다. 은행 컨소시엄이 해체된다. 처음으로 스트리트 사커 대회가 열린다.
1996	푸마의 라이선시 회사인 노스 아메리카 주식회사가 100% 푸마 자회사로 변경된다.
1997	미국 영화 제작 및 판매 주식회사인 모나키/리전시 엔터프라이즈가 대주주가 된다.
1998	장기적 기업 발전을 위한 계획 경제 2단계가 시작된다. 디자이너 질 샌더와 협업한다. 테니스 선수 세리나 윌리엄스를 후원한다. 처음으로 할리우드 영화 〈시티 오브 엔젤〉에 푸마 상품이 등장한다.
1999	캘리포니아 주 산타 모니카에 첫 번째 '콘셉트 스토어'를 연다. 세리나 윌리엄스가 US 오픈 우승을 거둔다.
2000	크리스티 털링턴과 협업한다. 푸마가 후원하는 카메룬 축구 대표팀이 아프리카 컵에서 우승을 차지한다.
2001	포뮬러1 후원에 나선다.
2002	이탈리아 축구 대표팀과 4년 후원 계약을 맺는다. 장기적 기업 발전을 위한 계획 경제 3단계가 시작된다.
2003	모나키/리전시가 하차한다. 푸마는 대주주 없는 회사가 된다. 매출은 처음으로 10억 유로를 넘어선다.
2004	카메룬 대표팀 선수들이 입은 원피스 유니폼으로 FIFA와 갈등을 겪는다. 디자이너 필립 스탁

과 협업한다. 미하엘 슈마허를 후원한다.

2005　함부르크 출신의 귄터 헤르츠가 이끄는 마이파이어 페어뫼겐페어발퉁스게젤샤프트가 푸마의 새로운 대주주가 된다.

2006　장기적인 기업 발전을 위한 계획 경제 4단계가 시작된다. '다 함께 아프리카를 위하여'와 협력을 시작한다. 푸마가 후원하는 이탈리아 축구 대표팀이 독일 월드컵에서 우승을 거둔다.

2007　마이파이어가 자신의 지분을 프랑스 기업 피노프렝탕르두(PPR)에 넘긴다. 요트 대회 '볼보 오션 레이스'를 후원한다.

사망선고 브랜드의 화려한 부활 전략

푸마 리턴

초판 1쇄 펴낸 날 2011. 9. 2

지은이	롤프 헤르베르트 페터스(Rolf-Herbert Peters)
옮긴이	박여명
발행인	홍정우
편집인	이민영
디자인	문인순
마케팅	김성규, 한대혁
발행처	브레인스토어
등록	2007년 11월 30일(제313-2007-000238호)
주소	(121-841)서울시 마포구 서교동 465-11 동진빌딩 3층
전화	(02)3275-2915~7
팩스	(02)3275-2918
이메일	brainstore@chol.com
홈페이지	www.grbs.co.kr

한국어출판권 ⓒ 브레인스토어, 2011
ISBN 978-89-94194-21-9(13320)

값은 뒤표지에 있습니다.
잘못 만들어진 책은 구입하신 서점에서 바꾸어 드립니다.